WARSCHAU

Magdalena Niedzielska
Jan Szurmant

Die Seitenzahlen beziehen sich auf die Kartenausschnitte

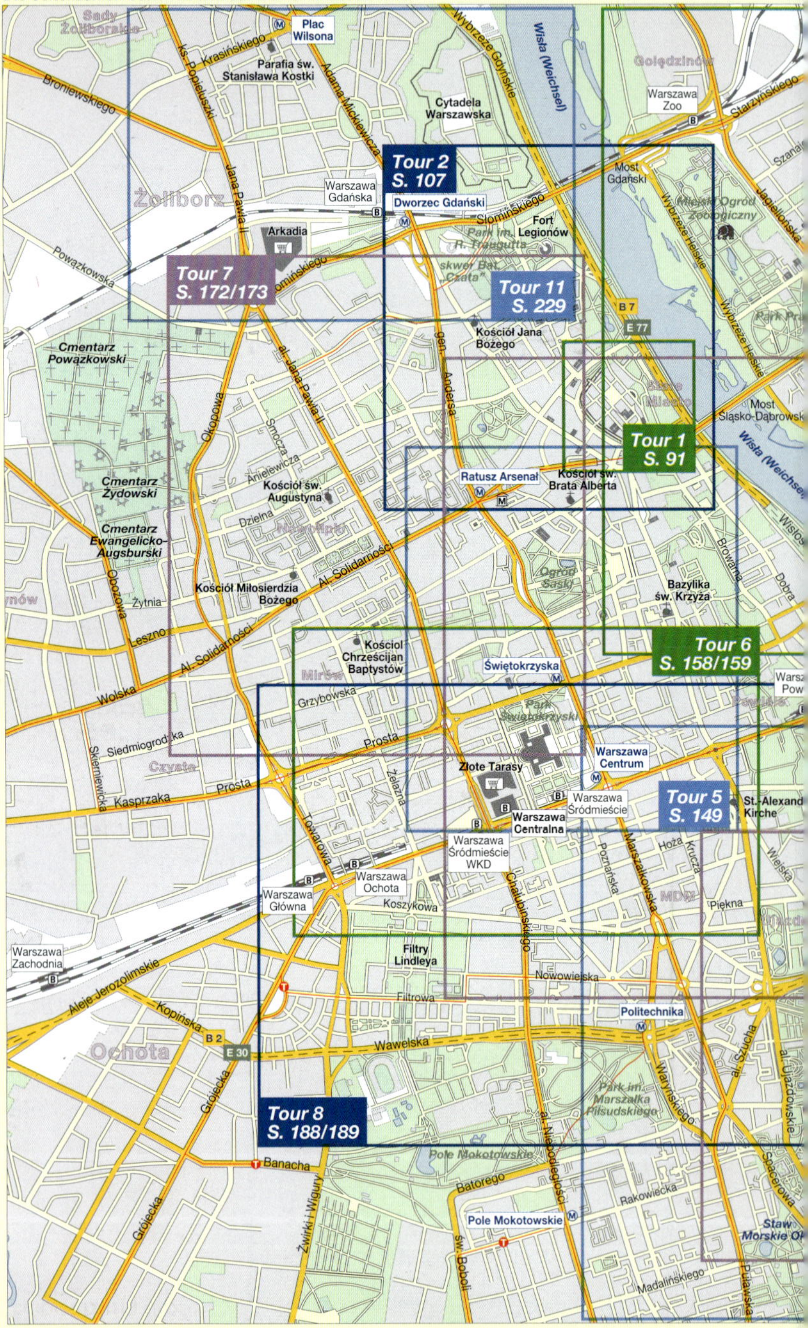

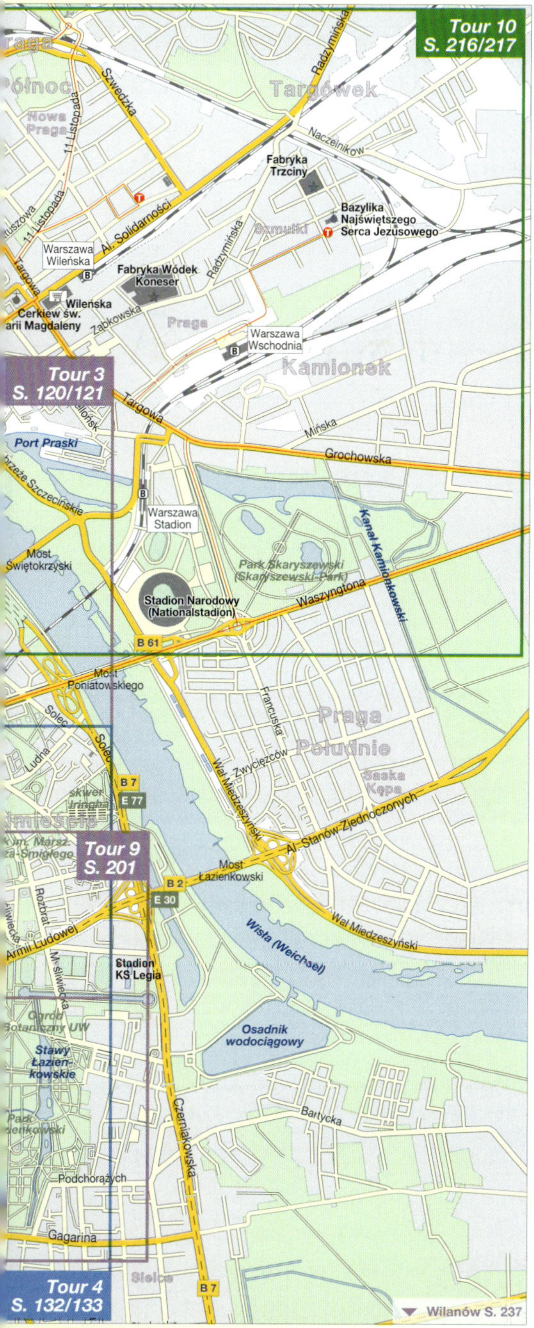

Reisepraktisches

Stare Miasto

Nowe Miasto

Trakt Królewski

Mariensztat und Powiśle

Park Saski

Centrum

Śródmieście Północne

Śródmieście Południowe

Łazienki Królewskie

Praga

Żoliborz

Wilanów

Ausflüge in die Umgebung

Text und Recherche: Magdalena Niedzielska, Jan Szurmant
Lektorat: Horst Christoph
Redaktion und Layout: Claudia Hutter
Fotos: Magdalena Niedzielska,
außer S. 45, 140, 192, 246, 249, 250, 251, 252 (Jan Szurmant)
Covergestaltung: Karl Serwotka
Coverfotos: Altstadthäuser (oben)
Syrenka auf dem Altmarkt (unten)
Karten: Judit Ladik, Michaela Nitzsche

Danksagungen:
Vielen Dank an Iwona Derecka-Weber für wertvolle Tipps zu Geschichte, Kultur und Stadtentwicklung, an Christof Schimsheimer für hilfreiche Tipps zu Nachtleben, Cafés und Restaurants. Dziękujęmy Agnieszce Ciarkowskiej za pokazanie nam uroków swojego miasta.

ISBN 978-3-89953-494-8

Druck: Wilhelm & Adam, Heusenstamm.

1. Auflage 2010

INHALT

Warschau – Reisepraktisches

Spaziergänge durch Warschau

Ausflüge in die Umgebung

Zeichenerklärung für die Karten und Pläne

	Hauptstraße		Anfang des Rundgangs		Zoo
	Sonstige Straße		Ende des Rundgangs		Sehenswürdigkeit
	Fußweg		Grünanlage		Supermarkt
	Straßenbahnlinie		Jüdischer Friedhof		Synagoge
	Eisenbahn	P	Parkplatz	T Name	Straßenbahnhaltestelle
		M	Museum		Denkmal

Alles im Kasten

Was haben Sie entdeckt?

In welchem Hotel haben Sie sich wohlgefühlt, wo befindet sich Ihre liebste Kawiarnia, in welcher Karczma war es am urigsten, in welchem Restaurant am feinsten? Wenn Sie Tipps, Anregungen oder Verbesserungsvorschläge zum Buch haben, lassen Sie es uns bitte wissen.

Magdalena Niedzielska/Jan Szurmant
c/o Michael Müller Verlag
Stichwort „Warschau“
Gerberei 19

91054 Erlangen
E-Mail: niedzielska.szurmant@michael-mueller-verlag.de

▲ Spielende Kinder im Innenhof des Metropolitan

Warschau – Reisepraktisches

Altstadthäuser am Schlossplatz

Warschau im Wandel

Die Hauptstadt Polens ist eine Metropole voller Kontraste, harter Schnitte, krasser Gegensätze und spannender Widersprüche. Zwischen der Tragik ihrer Geschichte und einer viel versprechenden Zukunft bewegt sich eine Stadt, die nie still zu stehen scheint. Und in der man sich dann doch ein paar entspannte Stunden gönnt, bei einem Spaziergang in einer der vielen Parkanlagen beispielsweise oder bei einer heißen Schokolade im traditionsreichen Kaffeehaus Wedel.

In stimmiger Harmonie präsentiert sich Warschaus touristische Achse, die von der Altstadt über den Königstrakt (Trakt Królewski) bis hin zum berühmten Park Łazienki Królewskie, den „Königlichen Bädern", führt. Hier flaniert man vorbei an Bürgerpalästen, luxuriösen Geschäften, feinen Cocktailbars und exklusiven Restaurants – ein Vergnügen für Warschauer und Touristen gleichermaßen. Doch auch das chaotisch pulsierende Warschau sollte man sich nicht entgehen lassen. Gelegenheit dazu bietet sich schon bei der Ankunft in der Weichselmetropole. Kaum ist man dem labyrinthartigem Gewürm im Untergrund des Zentralbahnhofs entkommen und ans Warschauer Tageslicht gelangt, zeigt sich die Stadt wie in einem schrillen Kaleidoskop. Der von den Warschauern geliebt-gehasste Kulturpalast erschlägt mit seinem Bombast, fast ein Gefühl des Schwindels erzeugen gigantische Plakatwände, vorbeihetzende Menschen, himmelsstürmende Wolkenkratzer, zwischendurch ein restaurierter Jugendstilpalast oder ein fahlgraues Überbleibsel aus sozialistischer Zeit. Innerhalb von Sekunden steckt man drin in dieser Stadt, die zwar nicht immer schön ist, dafür umso spannender. Dieses seltsam-faszinierende Spektakel wird aber

Ein Hauch von Exotik auf den Jerusalemer Alleen

wohl nicht mehr allzu lange zu erleben sein: Das Warschauer ABC aus Arbeiten, Baustellen und Chaos wird einer Innenstadt des 21. Jahrhunderts weichen – die schon heute beeindruckende Skyline gibt die Richtung vor: Ein scheinbar grenzenloses Streben nach oben. Das heutige Warschau ist in seiner Gesamtheit keine Stadt, die schnell zu greifen und einfach zu begreifen ist.

Immer wieder vergleichen Warschauer ihre Stadt mit einer etwas unnahbaren Frau, die nicht sofort alles preisgibt von sich, um mit jedem Tag interessanter zu werden. Vielleicht deshalb lautet das Motto der Tourismuswerber schlicht: „Verliebe Dich in Warschau". Und von dieser Tiefe und Widersprüchlichkeit lassen sich jährlich mehr Besucher verzaubern.

> „Warschau. Eine seltsame Stadt. Nicht gemocht. Ständig kritisiert. Voller Unordnung. Abgewendet vom Fluss. Eine Stadt, die nicht sein sollte, aber ist. Schön. Stolz. Geheimnisvoll. Mit einer Atmosphäre, wie sie sonst nirgendwo zu finden ist. Voller Widersprüche."
>
> *Agnieszka Grochowska, geb. 1979 in Warschau, Theater- und Filmschauspielerin*

Warschau für …

… Kulturfreunde

„Ansporn" ist der deutsche Name der europaweit gerühmten Nationalgalerie Zachęta. Ganz in diesem Sinne scheinen in der Stadt immer neue Galerien zu eröffnen. Dabei ist es nicht die Masse, die imponiert, sondern die überall zu entdeckende Qualität: in einem der zahlreichen Museen, im Zentrum für Zeitgenössische Kunst im Ujazdowski-Schloss, im weltweit wichtigsten Museum für Plakatkunst, in zahllosen privaten Galerien – oder eben in der Nationalgalerie Zachęta.

Kunstfreunde sollten sich nicht nur deshalb genügend Zeit für einen Warschaubesuch nehmen. Denn durchweg hoch ist auch das Niveau der klassischen Orchester und Theater. Und wem es in den bekannten Institutionen zu bieder ist, kann sich auf spektakuläre Street-Art freuen, die es auf Warschaus Häuserwänden zu entdecken gibt; spontane HipHop-Jams bieten dazu den passenden Soundtrack, zu dem Breakdancer ihre kunstvollen Moves zeigen ...

... Gourmets

Wie in keiner anderen Stadt Polens genießt man in Warschau die ausländische Küche. Sushi scheint derzeit das Butterbrot der hiesigen Manager zu sein, zur Lunchzeit strömen sie in eines der vielen Lokale mit den Fischhäppchen im Angebot. Hinzu kommen luxuriöse Restaurants mit französischen, spanischen und anderen internationalen Spitzenköchen. Wer weniger tief in die Tasche greifen will, kann eine der asiatischen Suppenküchen ansteuern. Wegen der großen vietnamesischen Gemeinschaft isst man dort so authentisch wie in Fernost. Nicht zu vergessen natürlich die polnische Küche, die man einfach und billig in einer *bar mleczny* („Milchbar“) entdecken kann. Die Warschauer Gaststätten wiederum bringen altpolnische Spezialitäten in einfallsreichen Variationen von Wildgerichten und Mehlspeisen auf den Tisch, die in den derzeitigen „In-Restaurants“ moderner und leichter interpretiert werden.

Von Diplomaten geschätzte Küche

... Architekturbegeisterte

Als Erstes ins Auge fällt die Skyline, die Warschau neben London und Frankfurt zur bedeutendsten Hochhausstadt in Europa macht, nach Meinung des renommierten Architekten Daniel Libeskind sogar zur architektonisch interessantesten europäischen Metropole. Stars der internationalen Architektenszene wie Libeskind oder Sir Norman Foster haben bereits Spuren hinterlassen, seit 2009 ist ein Turm von Zaha Hadid in Planung. Eine städtebauliche Zukunft also irgendwo zwischen New York, Dubai und Tokyo. Doch nicht nur zeitgenössische Architektur lässt sich bestaunen. In den 50er Jahren entstanden zahllose Prunkbauten im Stil des Sozialistischen Realismus, mit dem monströsen Kulturpalast als 231 Meter hohe Sahnehaube. Mindestens ebenso imposant sind die Schlösser und Paläste im Styl Stanisławowski, einer polnischen Interpretation des Klassizismus. Und nicht zuletzt die Altstadt ist für Architekturbegeisterte ein lohnendes Ziel. Nach dem Zweiten Weltkrieg vollkommen zerstört, wurde sie in einer bis heute beeindruckenden Anstrengung nach alten Plänen originalgetreu rekonstruiert.

... Nachtschwärmer

Kurz nach der Wende eröffnete fast täglich ein neuer Club oder eine Kneipe. Und es gibt sie noch immer, versteckt auf stillgelegten Fabrikgeländen oder in sozialistischen Wohnblocks. Mit den Jahren sind sie zwar weniger geworden, doch längst haben die alternativen Nachtschwärmer auf der rechten Weichselseite eine neue Heimat gefunden: Im hippen Praga treffen sich Künstler und Outsider in außergewöhnlichen Bars und verruchten Kneipen. Rund um das Zentrum jedoch geht der Trend zu eleganten Cocktailbars und Clubs mit exklusiver Gästeschar und ebenso exklusiven Preisen. Hier genießt man dann eher Whiskey als Wodka, nippt lieber am Schampus als ein Bier zu kippen. Kurz: Auch das sich stets neu erfindende Warschauer Nachtleben spiegelt die bunte Widersprüchlichkeit der Metropole.

Im Club-Bistro Pędzący Królik

... Shoppinglustige

Natürlich ist die polnische Hauptstadt ein Konsumparadies. In eleganten Boutiquen und feinen Einkaufstempeln finden sich die gängigen internationalen Marken ebenso wie die polnischen. Im Westen noch unbekannte junge Designer verblüffen dabei mit ihren Einfällen zwischen zeitloser Schlichtheit und anarchischer Kreativität. Doch wer auf ein Schnäppchen hofft, hofft meist vergebens, denn die Preise liegen gelegentlich sogar über denen in anderen europäischen Touristenzentren. Billiger und oft auch spannender wird es, einen der *Lumpex*-Läden zu erkunden, in denen getragene Kleidung nach Kilopreis abgerechnet wird. Und während anderswo Vintage als großer Trend gepriesen wird, stöbern modebewusste und wählerische Warschauerinnen wie schon seit Jahrzehnten in Hunderten dieser Second-Hand-Geschäfte, immer auf der Suche nach dem schicksten Teil.

... Business-Reisende

Zwischen Frankfurt und Moskau rangiert Warschau als die mit Abstand wichtigste Wirtschaftsmetropole, ein Finanzzentrum, das sogar auf die Krise von 2008/09 recht gelassen reagiert hat. Der Erfolg der letzten und die Erwartungen der kommenden Jahre verdichten sich wie so oft in immer höheren Gebäuden. In Warschau herrscht heute im Prinzip Vollbeschäftigung, weshalb neben schillernder Eleganz und offen gezeigtem Reichtum die Wendeverlierer umso deutlicher auffallen. Menschen, die den Anschluss an das entfesselte Warschau verloren haben, tummeln sich neben gehetzten Bankern, Rentner, die jeden Złoty dreimal umdrehen müssen, neben Jugendlichen, die die harten Zeiten der Stadt nur noch aus Erzählungen kennen. Inzwischen leben in Warschau neben den vielen Ausländern auch Polen aus dem ganzen Land, die der wirtschaftliche Erfolg angelockt hat. Schier grenzenloser Optimismus und ein pralles Selbstbewusstsein – das ist heute der dominierende Ton in der Stadt an der Weichsel ...

... Kinder

Polen sind ungemein kinderfreundlich, die Warschauer machen da keine Ausnahme. Das zeigt sich nicht nur im Umgang, sondern auch bei den fast überall geltenden Ermäßigungen oder freiem Eintritt für die Kleinen. Obwohl die wenigsten Kinder begeistert Städte bereisen, bietet Warschau viele Möglichkeiten, damit es nicht langweilig wird: Ein Zoo, drei phantasievolle Kindertheater, der Park Łazienki Królewskie, in dem zahme Eichhörnchen aus Kinderhänden fressen, das riesige Spielzeug-Kaufhaus Smyk, auf Kinder zugeschnittene Museen ... In vielen unserer Stadtspaziergänge werden Sie kindgerechte Ziele finden, zum Beispiel auch das Fotoplastikon. Diese Mischung aus Diaprojektor und Kino der Pionierzeit begeistert die Kleinen – nicht zuletzt, weil es aus einer Zeit stammt, in der noch nicht einmal Oma und Opa geboren waren. Und die heiße Schokolade im Kaffeehaus Wedel sorgt seit mehr als 150 Jahren für schokoladenverschmierte, zufriedene Münder. Sollte aber gar nichts mehr helfen: ein Abstecher ins Kinderparadies Kalimba nach Żoliborz, in dem es auch ein Café für die Eltern gibt, hat noch jeden Kurzurlaub gerettet.

... Geschichtsinteressierte

Wohl in keiner Stadt der Welt ist der Zweite Weltkrieg noch so präsent wie in Warschau. In einer Dokumentation der Kriegsereignisse wird sie treffend als die Stadt bezeichnet, die ihren eigenen Tod überlebte. Wo immer man einen Augenblick verweilt, erinnern große Denkmäler und kleine Schilder an die Opfer der Stadt. Zwischen den Wolkenkratzern tauchen unvermittelt Reste der Ghettomauer auf, ohne dass sie als solche zu erkennen sind, stehen Kriegsruinen neben hochmodernen Neubauten. Die russische Besatzung zur Zeit der polnischen Teilungen im 19. Jh., nationalsozialistischer Terror und Vernichtungswahn sowie der aufgezwungene Sozialismus haben die Metropole in ihrer Entwicklung um Jahrzehnte zurückgeworfen. Umso bewundernswerter sind die Veränderungen der letzten zwanzig Nachwendejahre, in denen sich Warschau zu einem der großen Zentren des modernen Europas entwickelt hat – in Warschau lässt sich die Geschichte von morgen schon heute erleben.

Im Park Łazienki Królewskie fressen zahme Eichhörnchen aus Kinderhänden

Warschau – das Beste auf einen Blick

Die folgenden Sehenswürdigkeiten sind unbedingt eine Visite wert:

Stare Miasto (→ S. 87): Die *Altstadt*, zusammen mit der *Neustadt* (Nowe Miasto) im Zweiten Weltkrieg völlig zerstört, strahlt seit dem Wiederaufbau in altem Glanz und steht heute auf der UNESCO-Weltkulturerbeliste. Die bedeutendsten Sehenswürdigkeiten: Marktplatz und Johanniskathedrale.

Zamek Królewski (→ S. 93): Das imposante *Königsschloss* wurde bis 1974 rekonstruiert, die Wiederherstellung der Inneneinrichtung dauerte gar bis 1988. Den Schlossplatz schmückt die berühmte Sigismund-Säule.

Trakt Królewski (→ S. 117): Der *Königstrakt* ist die Prachtstraße Warschaus. Vom Schlossplatz bis zum Łazienki-Park passiert man klassizistische Paläste, die Heiligkreuzkirche mit dem Herz von Frederik Chopin, das Präsidentenpalais und edle Bürgerhäuser.

Pałac Prezydencki (→ S. 123): In diesem Prunkbau residieren die polnischen Präsidenten. Charakteristisch sind die beiden Löwenstatuen und das Reiterdenkmal von Fürst Józef Poniatowski.

Uniwersytet Warszawski (→ S. 124): Die *Warschauer Universität* hat für Polen politisch wie akademisch große Bedeutung. Den Campus um den Kazimierzowski-Palast betritt man durch das denkmalgeschützte Tor.

Biblioteka Uniwersytecka (→ S. 136): Der Bau der *Neuen Universitätsbibliothek* mit grüner Dachterrasse ist heute ein beliebtes Ziel der Touristen.

Muzeum Fryderyka Chopina (→ S. 137): Das *Chopin-Museum* im restaurierten Ossolinski-Palais ist wegen der Memorabilien des berühmten Komponisten ein Muss für Liebhaber des musikalischen Genies.

Grób Nieznanego Żołnierza (→ S. 152): Das *Denkmal des Unbekannten Soldaten* (Wachablösung täglich 12 Uhr) steht auf dem Józef-Piłsudski-Platz. An einem Ende des Platzes ist das moderne Metropolitan-Gebäude von Sir Norman Foster zu bewundern, am anderen der Sächsische Garten; das Sächsische Palais wird derzeit wieder aufgebaut.

Pałac Kultury i Nauki (→ S. 162): Der *Kulturpalast*, das von Warschauern hassgeliebte Wahrzeichen der Stadt, beeindruckt allein durch seine bloße Größe.

Złote Tarasy (→ S. 164): Mit dem Einkaufszentrum *Goldene Terrassen* steht gegenüber vom Kulturpalast ein moderner, kaum weniger eindrucksvoller Bau.

Wieżowce (→ S. 160/175/190): Rund um das Zentrum ragen architektonisch interessante Wolkenkratzer in den Himmel, darunter der Marriott-Tower, das Inter-Continental und, etwas abseits, der Warsaw Trade Tower. Noch eindrucksvoller werden der Złota 44 von Daniel Libeskind (Fertigstellung 2011) und der Lilium Tower von Zaha Hadid (2012) sein.

Muzeum Powstania Warszawskiego (→ S. 177): Das *Museum des Warschauer Aufstands* zählt zu den spannendsten und bewegendsten Museen Europas. Interaktive Museumsgestaltung wurde hier überzeugend verwirklicht.

Reste des Ghettos (→ S. 175): Vom einstigen Ghetto ist bis auf wenige Mauerreste kaum mehr etwas zu sehen. Gedenkstätten sind u. a. das Pawiak-Gefängnis, das Mahnmal am Umschlagplatz und das Ehrenmal, an dem Willy Brandt den berühmten Kniefall machte. Dort wird 2010 das Museum zur Geschichte der polnischen Juden eröffnet.

Cmentarz Powązkowski (→ S. 182): Eindrucksvolle Grabsteine schmücken diesen Friedhof, darunter die von bedeutenden Warschauern inmitten von nicht weniger als 2,5 Millionen Ruhestätten von Menschen verschiedenster Konfessionen.

Filtry Lindleya (→ S. 190): Die städtischen *Wasserfilteranlagen* sind ein einzigartiges und bis heute genutztes Relikt aus dem 19. Jh.; über seine Aufnahme in die UNESCO-Weltkulturerbe-Liste wird zurzeit verhandelt.

MDM (→ S. 194): Das Wohnviertel dokumentiert den Stil des Sozialistischen Realismus. Besonders sehenswert sind der Plac Zbawiciela, der Plac Konstytucji sowie die namensgebende *ulica Marszałkowska*.

Łazienki Królewskie (→ S. 199): Der *Königliche Bäderpark* ist die größte Grünanlage der Stadt – und einer der schönsten Parks Europas. Die Gärten, Paläste, Seen und das berühmte Theater sind bei Warschauern und Touristen gleichermaßen beliebt, nicht nur zu den sonntäglichen Chopin-Konzerten im Sommer.

Praga (→ S. 212): Der *Stadtteil am rechten Weichselufer* blieb von den Zerstörungen im Zweiten Weltkrieg weitgehend verschont – und verkam danach zum Armenhaus Warschaus. Heute tummeln sich hier Künstler, Outsider und Studenten zwischen Galerien und interessanten Kneipen.

Cytadela (→ S. 230): Die *Zitadelle*, ein russisches Fort aus dem frühen 19. Jh., spielte bei mehreren Aufständen der Warschauer gegen die russischen, preußischen und nationalsozialistischen Besatzer eine wichtige Rolle.

Wilanów (→ S. 235): Das Schloss mit seiner prachtvollen barocken und klassizistischen Gartenlage gilt als das polnische Versailles.

Geschichte der Stadt

Bei der Geschichte von Warschau denken viele an die Zeit der Nazibesatzung und die Zerstörung der Stadt. Schöne und stolze Spuren hinterließen in den Jahrhunderten davor die masowischen Herzöge, später die polnischen Könige. Und nach Jahren des anfangs hoffnungsvollen und schließlich hoffnungslosen Sozialismus hat sich Polens Hauptstadt zu einem internationalen Wirtschafts- und Finanzzentrum entwickelt, zur aufstrebenden Metropole Mitteleuropas.

Laut Legende stammt der Name der Stadt vom Fischer *Wars* und seiner Frau *Sawa*, denen eine Nixe ans Herz gelegt hatte, an der Weichsel eine Stadt zu errichten, die unzerstörbar sein werde. Nach einer anderen Legende durchschwammen einst zwei Sirenen die Tiefen der Ostsee. Die eine der Sirenen, ein Mischwesen aus Mensch und Fisch, ließ sich am Kopenhagener Hafen nieder, wo sie bis heute zu sehen ist. Die andere hingegen setzte ihren Weg bis Danzig fort und schwamm flussaufwärts bis zu einer schönen Sandbank im Urstromtal der Weichsel. Dort, wo sich das heutige Warschau befindet, wurde sie von Fischern gefangen, da sie ihren Fang aus den Netzen befreite. Ihr Gesang entzückte die Fischer jedoch so sehr, dass sie die Sirene freiließen und sich fortan ihrer Lieder erfreuten. Bald aber wurde sie von einem reichen Kaufmann gefangen, der sie auf Jahrmärkten als Sensation anpreisen wollte und sie bis zu ihrem ersten Auftritt einsperrte – bis ein Fischerjunge ihr Wehklagen hörte und sie befreite. Dankbar versprach sie, die Stadt fortan zu verteidigen.

Aus diesem Grund ist die Sirene heute als Skulptur, an Hauseingängen und als Maskottchen in Warschau allgegenwärtig – stets mit Schwert und Schild bewaffnet. Und sie sollte viel Arbeit haben, denn die Geschichte Warschaus ist eine Geschichte von Krieg, Fremdherrschaft, Unterdrückung, Zerstörung und Aufständen. Ein Grund, weshalb viele berühmte Söhne und Töchter ihre Heimatstadt verlassen mussten. Fryderyk Szopen beispielsweise wurde als Frédéric Chopin in Paris bekannt, Maria Skłodowska erhielt als Marie Curie ihre Nobelpreise ebenfalls in der Seine-Metropole, und Isaac B. Singer bekam den Literaturnobelpreis für seine in New York verfassten Werke – die aber fast ausschließlich von seiner Warschauer Heimat handeln. Sie alle waren Warschauer zu Zeiten, als es hart war, hier zu leben. Dies hat sich mit dem Ende des Sozialismus grundlegend verändert: Die aktuelle Situation ist seit Jahrhunderten die freieste und wirtschaftlich stabilste: Warschau schickt sich an, seine traumatischen Erfahrungen endgültig als Vergangenheit abzustreifen.

Urne mit dem Herzen von Chopin in der Heiligkreuzkirche

Piasten-Dynastie und Gründung der Stadt

Im 6. Jh. ließen sich die slawischen Stämme der *Wislanen* und *Polanen* im Land nieder. Die Wislanen gründeten den so genannten Weichselstaat mit Krakau als Hauptstadt. Die Polanen, die den heutigen Landesnamen prägten, siedelten um Posen und Gnesen. Am Ende des ersten nachchristlichen Jahrtausends trat die *Dynastie der Piasten* auf den Plan, ein Königsgeschlecht der Polanen. Die Piasten kontrollierten das erstmals Polen genannte Herrschaftsgebiet, in dem Warschau zunächst keine Rolle spielte.

Die erste bescheidene Siedlung auf dem heutigen Stadtgebiet war das im 9. Jh. errichtete *Bródno*, heute ein Stadtteil auf der rechten Weichselseite nördlich von Praga (→ Tour 10). Ende des 10. Jh. eroberten die Piasten die um Warschau liegende Region Masowien. *Jazdów*, damals an einem bedeutenden Handelsweg zwischen dem Schwarzen Meer und der Ostsee gelegen, war eine weitere Ansiedlung im 12. Jh. an der Stelle, an der heute das Warschauer Ujazdowski-Schloss (→ Tour 9) steht. Hier zeigte sich zum ersten Mal, wie wichtig die Gegend des heutigen Warschaus für die zur Dynastie der Piasten zählenden masowischen Herzöge war: Hier in Jazdów bauten sie eine ihrer Burgen. Die um die Burg siedelnden Bewohner mussten sich immer wieder gegen Angriffe zur Wehr setzen – und sich schließlich ergeben: Jazdów wurde 1262 von den Litauern erobert und mitsamt der Burg zerstört. Die vertriebenen Bewohner gründeten daraufhin die heutige Altstadt (→ Tour 1) rund um die Stelle, an der der masowische Herzog Bolesław II. später den Grundstein für das Königsschloss legte. Dieser Schritt war gleichbedeutend mit der Gründung Warschaus. Der genaue Zeitpunkt der Stadtgründung ist nicht historisch gesichert, auch wenn Warschau 1965 sein 700-jähriges Jubiläum feierte – erstmals urkundlich erwähnt wird Warschau aber erst im späten 13. Jh.

In den folgenden Jahren ging es mit der Siedlung schnell bergauf: Bereits 1334 erhielt Warschau unter dem damaligen Namen Warszowa das Stadtrecht. Viele Neuankömmlinge siedelten sich in dem neuen Städtchen an, und auch die Juden wussten nach den Pestpogromen in Westeuropa das „Land der goldenen Freiheit" zu schätzen – Warschau entwickelte sich schnell zu einem der wichtigsten Zentren des jüdischen Lebens in Mitteleuropa. Schon um 1350 war Warschau eine Stadt mit einigen Tausend Einwohnern, die meisten Gebäude der heutigen Altstadt entstanden in dieser Zeit.

Polens goldene Zeiten – Ende der Warschauer Provinzialität

Der Auftakt von Polens goldenem Zeitalter war gar nicht glänzend, König Kazimierz Wielki (der Große) blieb die Geburt eines Thronfolgers verwehrt. Deshalb wurde Jadwiga, seine erst zwölfjährige Tochter, aus machtpolitischem Kalkül dem litauischen Herrscher Jagiełło versprochen – die vereinigten Königreiche wurden damit zu Europas mächtigstem Reich: Polen erstreckte sich nun zwischen Ostsee und Schwarzem Meer, und es entwickelte sich zu Europas fortschrittlichstem und liberalstem Land. Auch Warschau profitierte von dieser Stärke – es lag zentral an der wichtigen Handelsstraße zwischen Krakau und dem litauischen Wilna. In dieser Zeit festigte die Stadt ihre Position im Herrschaftsgebiet der masowischen Herzöge, Warschau wurde zur Hauptstadt des Herzogtums. Die Regierungszeit von Herzog Janusz I. (1374–1429) gilt als die erste Blütezeit der jungen Stadt. Janusz´ Nachfolger Bolesław IV. garantierte der jüdischen Gemeinde weit reichende Privilegien und förderte so die weitere Entwicklung der Stadt.

Unter König Zygmunt I. Stary erreichte das Königreich Polen seine größte Machtfülle, Wissenschaft und Kultur blühten auf. Die aus Mailand stammende Königsgattin Bona Sforza brachte die Renaissance und einige ihrer wichtigsten Künstler an den Königshof nach Krakau. Aber auch machtpolitischen Intrigen war sie nicht abgeneigt – die Vergiftung der beiden letzten masowischen Herzöge Stanisław I. und Janusz III. soll auf ihr Konto gehen. Mit deren Tod endete die bisherige herzögliche Provinzialität Warschaus, das von nun an zu einer bedeutenden Stadt unter der polnischen Krone wurde. Bona Sforza, inzwischen Königswitwe, verlegte 1548 ihren Hof schließlich vom Krakauer Wawel zum Warschauer Ujazdowski-Schloss. Damit bahnte sie eine entscheidende Veränderung an, die ein halbes Jahrhundert später Wirklichkeit werden sollte, als Warschau zur Hauptstadt des Königreichs wurde.

Zygmunt II. August gelang es, die Errungenschaften seines Vaters, mit dem er zeitweise zusammen regierte, weiterzuführen. Erst mit dem Tod von Zygmunt II. im Jahr 1572 endete Polens goldenes Zeitalter, von dem Krakau weitaus mehr profitierte als die kommende Hauptstadt Warschau.

Warschau wird Polens neue Hauptstadt

Auch König Zygmunt II. August war kein Sohn vergönnt, die Thronfolge wurde deshalb ab 1573 durch Wahlen bestimmt. Diese Abhängigkeit des Königs vom Adel führte immer wieder zu Machtkämpfen innerhalb der Aristokratie – es kam zu Wahlen, die für das

Land nicht immer vorteilhaft waren. So stammten viele polnische Könige aus europäischen Adelshäusern, wovon sich der polnische Adel größeren Einfluss auf den König, aber auch einen Machtgewinn in Europa versprach. Von diesen höfischen Querelen war in Warschau nicht viel zu spüren – die Stadt hatte Anfang des 17. Jh. mit einer zweijährigen Pestepidemie und 1607 mit einem verheerenden Großbrand in der Altstadt zu kämpfen.

In dieser Zeit zog König Zygmunt III. Waza mit seinem Hof nach Warschau um, das ab 1609 endgültig zur neuen Hauptstadt Polens wurde. Mit diesem Umzug begann eine zweite Blütezeit der Stadt: Unzählige Prachtbauten und Kirchen im frühbarocken Stil wurden gebaut. Warschau boomte, und bald zählte die Stadt mehr als 50.000 Einwohner, darunter viele Geistliche, Magnaten und vermögende Vertreter des Landadels, die in den neu erschlossenen Stadtvierteln an den beiden Ufern der Weichsel wohnten. Die damals längste Brücke Europas wurde gebaut, um das ebenfalls aufblühende Praga (→ Tour 10) mit den linksseitigen Gebieten zu verbinden.

Die chronische politische Schwäche Polens im Machtkonzert der europäischen Staaten war jedoch ein gefundenes Fressen für seine Nachbarn. Mitte des 17. Jh. richteten Kosaken und Schweden mit Raubzügen im ganzen Land wie auch in Warschau schwere Schäden an. Während der Regierungszeit der drei polnischen Waza-Könige blutete das Land aus und verlor etwa ein Drittel seiner Bevölkerung! Gleichzeitig musste sich das damals an das Osmanische Reich grenzende Polen auch noch gegen die Türken wehren. Erst nach der Entscheidungsschlacht 1675 vor Wien unter dem Oberbefehl des polnischen Königs Jan III. Sobieski gelang es den europäischen Herrscherhäusern in einer konzertierten Aktion, das Osmanische Reich wieder zurückzudrängen.

Gemälde der Königin Jadwiga im Nationalmuseum

So ging es um 1680 mit Polen noch einmal aufwärts, erneut setzte ein Aufschwung ein, der vor allem in Warschau zu spüren war: König Sobieski III. holte zahlreiche deutsche, niederländische und italienische Künstler und Baumeister in die Stadt, die mit ihren polnischen Kollegen Meisterwerke wie das Schloss in Wilanów (→ Tour 12) schufen. Die Regierungszeit von König August II. Mocny (der Starke) von 1697 bis 1733 war dann erneut von den Machtkämpfen des Adels bestimmt, der fließend Polnisch sprechende König aus Sachsen wurde in Thronfolgekriegen politisch aufgerieben. Umso erstaunlicher war es, dass er trotz alledem in

Warschau weitere barocke Prachtbauten hinterließ, darunter die sog. Sächsische Achse (→ Tour 5) mit ihren Anleihen an das französische Versailles. Nicht weniger bedeutend war die Regierungszeit von König Stanisław August Poniatowski (1764–1795). Ganz im Sinne der Aufklärung förderte die freie Kunst, gründete 1773 das erste Bildungsministerium der Welt und veranlasste Europas erste moderne demokratische Verfassung, die 1791 verabschiedet, aber schon zwei Jahre später von Preußen und Russland außer Kraft gesetzt wurde. Ganze Straßenzüge wurden in diesen Jahren im Stil des Klassizismus umgestaltet, der Königstrakt (→ Tour 3) auf seine heutige Länge erweitert und der Park Łazienki Królewskie (→ Tour 9) erweitert. Warschaus Bevölkerung stieg in diesen Jahrzehnten auf 150.000 Einwohner – Ende des 18. Jh. zählte die Stadt zu den größten Städten Europas. Des Königs politisches Schicksal stand allerdings unter einem schlechten Stern: Stanisław August Poniatowski sollte der letzte Polenkönig sein.

Sigismundsäule auf dem Schlossplatz

Die Teilungen Polens – Zeit der Fremdherrschaft

Im Gegensatz zu seiner Hauptstadt war Polen als Nation Ende des 18. Jh. durch Konflikte und Kriege geschwächt. Die expansiven Nachbarstaaten Russland, Preußen und Österreich-Ungarn nutzten diese Schwäche aus und teilten den „polnischen Kuchen“ nach und nach unter sich auf – Russland biss von Osten zu, Preußen von Westen, das Habsburger Reich von Süden. Der erste „Bissen“, historisch korrekt als „Erste Teilung Polens“ bezeichnet, fand 1772 statt, die nächsten beiden 1793 und 1795. Sah es nach der Ersten Teilung 1772 noch so aus, als ob sich Polen erholen könnte, beendete die Zweite Teilung 1793 alle Hoffnungen. Der 1794 in Warschau vom Schustermeister Jan Kiliński geführte Aufstand gegen die russischen Besatzer scheiterte ebenso wie das gesamtpolnische Befreiungsstreben unter der Führung von General Tadeusz Kościuszko, einem späteren amerikanischen Freiheitskämpfer und Vertrauten von George Washington. Im Warschauer Stadtteil Praga folgte der Niederlage ein Massaker an der Zivilbevölkerung durch die russischen Truppen.

Schlimmer noch: Bald sollte Polen für mehr als ein Jahrhundert ganz von der Landkarte verschwinden. Nach der Dritten Teilung Polens 1795 wurde Warschau zunächst von Preußen besetzt. Verheerende wirtschaftliche Probleme waren die Folge, nicht zuletzt, weil ein Drittel der Bevölkerung vor den Besatzern aus der Hauptstadt geflohen war. Gänzlich verworren gestaltete sich die Lage von 1807 bis 1815, als das Herzogtum Warschau zu einem Satellitenstaat auf preußischem Boden von Napoleons Gnaden wurde. Nach dem Wiener Kongress (1815) wurde Warschau zunächst zur Hauptstadt des auch als „Kongresspolen" bezeichneten Königreichs Polen unter dem russischen Zaren. Die anfängliche weitgehende Souveränität unter dem Statthalter des Zaren erlaubte ein kurzes Aufblühen der Stadt in den Jahren bis 1830: Das Große Theater (→ Tour 5) wurde gebaut, die Zeit der Industrialisierung setzte ein.

Ein von jugendlichen Verschwörern initiierter Aufstand gegen das immer härtere russische Regime, der sog. *Novemberaufstand von 1830*, auch als Kadettenaufstand bekannt, scheiterte, die Besatzer zogen die Daumenschrauben weiter an. Für Warschau bedeutete dies eine Zeit der „Russifizierung": Die polnische Sprache wurde unterdrückt, die Kultur gemaßregelt, willkürliche Festnahmen und Folterungen in der Stadt waren an der Tagesordnung (→ Tour 11). Viele Intellektuelle, Künstler und Politiker flohen nach Paris, das sich zur Hochburg der polnischen Exilanten entwickelte, unter ihnen Frédéric Chopin oder Polens Nationaldichter Adam Mickiewicz. Im Ausland führten diese Ereignisse zu einer Romantisierung der polnischen Tragödie. So feierten die liberalen Kräfte in Deutschland auf dem Hambacher Fest 1832 geradezu begeistert die polnischen Freiheitsbestrebungen. Und auch die katholische Kirche war ein Hort der Freiheitskämpfer, einer der Gründe, der ihren bis heute andauernden Einfluss auf die polnische Gesellschaft erklärt.

Aber auch der *Januaraufstand von 1863* gegen die russischen Besatzer führte nicht zur ersehnten Freiheit, im Gegenteil: Das Königreich Polen wurde aufgelöst, Polen wurde nun endgültig ein Teil des russischen Reichs. Für Warschau hatte dies aber auch wirtschaftliche Vorteile: Die Stadt stieg nach Moskau und St. Petersburg zur wichtigsten Metropole des Zarenreichs auf; vor allem der industrielle Fortschritt und ein vorsichtiger Optimismus prägten die letzten Jahrzehnte des 19. Jh.

Die endgültige Befreiung Polens von russischer, deutscher und österreichischer Fremdherrschaft gelang den Truppen unter Marschall Józef Piłsudski am Ende des Ersten Weltkriegs von Krakau aus, der den politischen und militärischen Zusammenbruch Russlands und Deutschlands als Chance für Polen nutzte. Am 11. November 1918 traf Piłsudski im bis dahin von deutschen Truppen besetzten Warschau ein – ein Tag der Befreiung, der seitdem als polnischer Unabhängigkeitstag gefeiert wird.

Zwischen den Kriegen: Die 1920er und 30er Jahre

Der Versailler Vertrag von 1919 sah vor, dass Warschau und die umliegenden Gebiete unter bisher russischer Herrschaft dem seit 1918 wieder auf der Landkarte verzeichneten Polen eingegliedert werden sollten – die den Teilungen Polens folgende politische Nichtexistenz des Landes war damit Geschichte.

Doch schon bald musste sich der junge Staat gegen einen neuen Angriff wehren. Das nach der Oktoberrevolution 1917 im Bürgerkrieg befindliche Sowjetrussland versuchte, die Revolution gen Westen über Polen nach Deutschland auszubreiten. Doch unter dem Oberbefehl von General Piłsudski gelang es der polnischen Armee 1920, die Schlacht gegen eine überlegene Rote Armee für sich zu entscheiden: Das „Wunder an der Weichsel" sicherte den Fortbestand Polens. In den 30er Jahren wird General Piłsudski zur zentralen politischen Identifikationsfigur: Polen sollte zur „Heimat vieler Nationen und

Gemeinschaft vieler Kulturen" werden, in der auch die Menschen jüdischer Herkunft ihren Platz haben sollten.

Die kurze Zeit zwischen den beiden Weltkriegen, besonders die „Goldenen Zwanziger" waren von schneller Veränderung geprägt, Warschau erlebte einen regelrechten Bauboom, die Warschauer Bohème feierte, wie in Berlin, ihre neuen Freiheiten – die Stadt entwickelte sich zu einem blühenden kulturellen Zentrum, dessen Vielfalt nicht zuletzt die jüdischen Neuankömmlinge bereicherten – die jüdische Bevölkerung machte bald ein Drittel der Gesamtbevölkerung aus. Doch ähnlich wie in Deutschland war dieser Neuanfang angesichts von Inflation und Arbeitslosigkeit auf Sand gebaut. So wurde 1922 der erste Präsident der Zweiten Republik, Gabriel Narutowicz, von einem nationalistischen Fanatiker ermordet; die Wut über bittere Armut und soziale Ungerechtigkeit entluden sich 1923 in einem Aufstand der Arbeiter. 1929 folgte schließlich der Schock der Weltwirtschaftskrise, von dem sich das Land nur langsam erholte. In Warschau gelang es dem seit 1934 amtierenden Stadtpräsidenten Stefan Starzyński, die Arbeitslosigkeit allmählich wieder zu senken und Infrastrukturprojekte in Gang zu setzen. Warschau begann sich wieder zu erholen. Mitte der 30er Jahre zählte die Stadt 1,3 Millionen Einwohner, und für die 40er Jahre zeichnete sich eine Fortsetzung des Aufschwungs ab – eine Entwicklung, die durch den Kriegsbeginn und die deutsche Besetzung beendet wurde.

Zweiter Weltkrieg und deutsche Besetzung

Der Überfall Deutschlands auf Polen im September 1939 bedeutete den Beginn des Zweiten Weltkriegs, wenige Wochen später war auch Warschau von den deutschen Truppen besetzt. Die Besatzer zerstörten oder raubten viele Kunstschätze der Warschauer Museen und Kirchen und begegneten der Bevölkerung arrogant und voller Hass – ein Ergebnis der antipolnischen Vorkriegspropaganda in Deutschland. Weit schlimmer aber war, als der rassistischen Ideologie Taten folgten. Die jüdische Bevölkerung wurde fast ausnahmslos in einem in den Stadtvierteln Wola und Nördliche Innenstadt neu errichteten Ghetto interniert oder in Konzentrationslager wie Treblinka und Auschwitz deportiert. Von den fast 500.000 Warschauer Juden der Vorkriegszeit überlebten am Ende nur etwa 20.000, denen mit Hilfe andersgläubiger Polen und einiger weniger frei gebliebener Juden die Flucht gelungen war – das Schicksal eines dieser Überlebenden hat Roman Polański in seinem Film „Der Pianist" verewigt. Doch nicht nur die jüdische Bevölkerung musste Qualen erleiden, einem großen Teil der katholischen Polen und auch der Elite des Landes erging es nicht besser. Insgesamt starb in den Kriegsjahren fast die Hälfte der Warschauer, die Stadt war 1945 zu 80 % zerstört, die Viertel am linken Weichselufer sogar noch mehr.

Zwei Warschauer Aufstände gegen den Naziterror waren und sind für das polnische Selbstverständnis von zentraler Bedeutung, weshalb wir sie hier genauer schildern. Bemerkenswert in diesem Zusammenhang ist, dass sich der frühere Bundespräsident Roman Herzog einen peinlichen Schnitzer erlaubte, als er anlässlich des 50. Jahrestags des *Warschauer Aufstands* (1944) diesen mit dem *Aufstand im Warschauer Ghetto* (1943) verwechselte ...

Warschauer Ghetto und Ghettoaufstand 1943

Das von den deutschen Besatzern verharmlosend als „Jüdischer Wohnbezirk in Warschau" bezeichnete Ghetto war das größte seiner Art in den vom Dritten Reich kontrollierten Gebieten. Mitte 1940 trieben die Nazis zwischen den Bahnhöfen im Süden und dem Jüdischen Friedhof im Norden fast alle der rund 500.000 Juden der Hauptstadt zusammen. Doch nicht nur die Warschauer jüdischer Herkunft, auch Juden aus ganz Europa wurden deportiert und ins Warschauer Ghetto gepfercht. Trotz der relativ großen Fläche von 400 ha war der Platz für die Internierten extrem eingeschränkt, auf 2,4 % der Fläche Warschaus musste nun mehr als ein Drittel seiner Einwohner leben. Und die Lebensbedingungen hinter den Ghettomauern waren katastrophal: Die Lebensmittelrationen waren auf 180 Kalorien täglich beschränkt (das ist etwa ein Butterbrot), zudem fehlten Medikamente, Seife und Ähnliches. Obwohl die jüdische Selbsthilfe Żytos, amerikanische Hilfsorganisationen und Warschauer Bürger unter Einsatz ihres Lebens zu helfen versuchten, waren bereits Mitte 1942 fast 100.000 Bewohner des Ghettos an Mangelerscheinungen gestorben.

Nachdem das Ghetto in einen nördlichen und südlichen Teil getrennt worden war, verbunden durch einen hölzernen Übergang, begannen die Nazis mit der „Auflösung" des Lagers: Über den Umschlagplatz (→ Tour 7) wurden ab Juli 1942 in nur zwei Monaten mehr als 250.000 Juden mit Viehwaggons in das Vernichtungslager Treblinka (→ Ausflug Gedenkstätte Treblinka) transportiert und dort ermordet. Diese Schrecken dokumentierte der Historiker *Emanuel Ringelblum* in seinem bekannten Archiv mit der Tarnbezeichnung Oneg Schabbat. In zehn wasserdichte Metallkisten verstaut, wurden seine Dokumente im Keller einer ehemaligen Schule eingemauert, heute sind sie im Jüdischen Historischen Institut (→ Tour 5) zu finden. Prominente Persönlichkeiten im Ghetto waren neben Ringelblum der Pädagoge *Janusz Korczak* (→ Tour 8 und Ausflug nach Treblinka) und der Kommandant der Jüdischen Kampforganisation ŻOB, *Mordechaj Anielewicz*, die wie Ringelblum später ermordet wurden. Von den wenigen Überlebenden wurde der Pianist *Władysław Szpilman* durch Roman Polańskis Verfilmung seiner Biographie bekannt, sowie in Deutschland der Literaturkritiker *Marcel Reich-Ranicki*. Insgesamt 20.000 Juden, darunter viele Kinder, konnten von Privatleuten und Organisationen wie der Żegota (→ Kasten S. 170) gerettet werden; sobald sie befreit waren, wurden sie mit gefälschten Pässen in Waisenhäusern und bei Gastfamilien versteckt.

Den Tod vor Augen, fand von Mitte April bis Mitte Mai im Ghetto die größte jüdische Widerstandsaktion gegen die Shoah statt, die als Aufstand im Warschauer Ghetto in die Geschichte einging: Heinrich Himmler, Reichsführer der SS, hatte für den 19. April 1943 ein grausiges Geburtstagsgeschenk für Hitler geplant: Er wollte bis zu diesem Tag die rund 56.000 noch lebenden Ghettobewohner auslöschen. In dieser verzweifelten Lage begann der Aufstand, die Jüdische Kampforganisation ŻOB (Żydowska Organizacja Bojowa) schlug mit Hilfe von Waffen der polnischen Armee zurück. Fast einen Monat dauerten die Kämpfe, bevor es den deutschen Truppen gelang, den Aufstand blutig niederzuschlagen. SS-Brigadeführer Jürgen Stroop sprach anschließend von einer „unvergesslichen Allegorie des Triumphes über das Judentum", nachdem mit der Sprengung der Großen Synagoge am 16. Mai die Kämpfe beendet waren und alles in Trümmern lag. Den Sieg seiner Truppen rapportierte er mit folgendem Telegramm: „Gesamtzahl der erfassten und nachweislich vernichteten Juden beträgt insgesamt 56.065." Und lobend berichtete er: „Meine Leute haben ihre Pflicht einwandfrei erfüllt. Ihr Kameradschaftsgeist war beispiellos." Bei den Kämpfen wurden etwa 7000 Juden und rund 300 SS-Soldaten getötet, die noch lebenden Juden wurden in Massenerschießungen hingerichtet oder nach Treblinka deportiert. Vergeblich war der Aufstand dennoch nicht, so die Historikerin Leni Yahil, denn „die Botschaft ging weit über die Mauern des in Ruinen gelegten Ghettos hinaus".

Warschauer Aufstand 1944 und Ende des Weltkriegs

Der Warschauer Aufstand hingegen war die weltweit größte Widerstandsaktion gegen die Nazis. Für Polen war er einer der blutigsten und am Ende aussichtslosesten Kämpfe, mit denen das Land je konfrontiert war. Schon vor dem Ghetto-Aufstand 1943 leisteten die Warschauer aus dem Untergrund Widerstand, es gab Zeitungen und geheim organisierte Hochschulen. Das Erkennungszeichen war das bis heute überall in der Stadt zu sehende Kürzel PW (Polska Walcząca – „Kämpfendes Polen"), wegen seiner Form auch *Kotwica* (Anker) genannt. Anfang 1942 formierten sich mit Hilfe der polnischen Exilregierung in Großbritannien Widerstandsgruppen zur sogenannten Heimatarmee (Armia Krajowa – AK). Ihr unterstellt war der ebenfalls in die Partisanenaktionen eingebundene Pfadfinderverband Szare Szeregi (Graue Reihen). Die deutschen Besatzer reagierten auf die Kämpfer – sie konzentrierten sich bei ihren Attentaten auf ranghohe und besonders grausame Nazis – sowie die ständige Nicht-Kooperation der Warschauer mit drakonischen Strafen gegen die Zivilbevölkerung: Hinrichtungen und Deportationen in die Konzentrationslager waren an der Tagesordnung.

Nach immer heftigeren Kämpfen an der Ostfront erreichte die Rote Armee Anfang Juli 1944 Polen und stieß in wenigen Tagen bis an das rechte Weichselufer vor. Der Zeitpunkt für einen Auf-

Noch heute überall sichtbares Kürzel der Warschauer Widerstandsbewegung

stand schien günstig, und der Oberbefehlshaber der Heimatarmee, General Tadeusz Bor-Komorowski, gab am 1. August 1944 den Befehl zum Losschlagen, zur sogenannten godzina W. (Stunde der Befreiung).

Trotz schlechter Ausrüstung gelang es den Aufständischen unter hohen Verlusten, die Stadtteile am linken Weichselufer zu befreien. Als Reaktion ließ Heinrich Himmler am 3. und 4. August mehrere Tausend SS-Leute aufmarschieren und gab den Befehl, Warschau vollkommen zu vernichten und jeden Einwohner, ohne Rücksicht auf Alter und Geschlecht, zu töten. Es folgten Massenerschießungen, Brandschatzungen und die Sprengung von Wohnhäusern. Daraufhin schlossen sich weitere Untergrundorganisationen dem Aufstand an, unter ihnen notgedrungen auch viele Kinder.

Während die britische Royal Air Force die Aufständischen mit Versorgungs- und Waffenflügen unterstützte, ließ Stalin die Rote Armee tatenlos abwarten. In der Nacht vom 4. auf den 5. August musste die Royal Air Force schwere Verluste hinnehmen; den USA, die mit Bombern zu Hilfe kommen wollte, wurde die Zwischenlandung auf sowjetischen und von der Roten Armee kontrollierten Flughäfen untersagt. Die deutsche Armee nutzte die Situation und verstärkte ihre Truppen mit schwerer Artillerie, Panzern und Bombern. Erst als die Niederlage der Warschauer Aufständischen feststand, begann die Rote Armee mit ersten Vorstößen und erlaubte den US-Flugzeugen die Zwischenlandung. Doch die Hilfe kam zu spät – so wie es Stalin beabsichtigt hatte.

Den Warschauer Aufständischen blieb nur die Flucht in das Kanalisationssystem, das sie zur Kommunikation und Fortbewegung nutzten. Als die polnische Armee am 2. Oktober nach 63 Tagen kapitulierte, waren fast 200.000 zivile Opfer zu beklagen, hinzu kamen 20.000 tote Soldaten der Heimatarmee. 300.000 Warschauer wurden vertrieben oder in die Konzentrationslager verschleppt. Danach begann die systematische Zerstörung der Stadt, d. h. die Zerstörung all dessen, was den Krieg noch halbwegs unbeschadet überstanden hatte. Fast 90 % der Gebäude westlich der Weichsel waren vernichtet, als die Rote Armee Mitte Januar 1945 endlich in Warschau einmarschierte.

Das ersehnte Ende des Zweiten Weltkriegs bedeutete für Polen nicht nur Befreiung: Die für ein unabhängiges und demokratisches Polen kämpfenden Aufständischen wurden von den stalinistischen Befehlshabern kriminalisiert, viele von ihnen, vor allem die Offiziere, wurden in sibirische Arbeitslager verschleppt. Auch in den Nachkriegsjahren zählte Polen nicht wirklich zu den Siegermächten: Es verlor einmal mehr seine Souveränität, ein fast vollkommen verwüstetes und zerstörtes Land musste wiederaufgebaut werden; zudem verhinderten der Staatssozialismus und die allgegenwärtige Mangelwirtschaft eine Entwicklung wie in Westeuropa. Insofern ist das im Jahr 2004 zum 60. Jahrestag eröffnete *Museum des Warschauer Aufstands* (→ Tour 7) auch ein Versuch, die damaligen Kämpfe aufzuarbeiten und ihnen einen gebührenden Platz in der Geschichte Polens zu geben.

Der ganz reale Sozialismus: Warschau 1945 bis 1989

Noch in letzten Kriegsmonaten 1945 wurde Polen von der Sowjetunion besetzt und die polnischen Grenzen im selben Jahr nach Westen hin verschoben. Warschau wurde zwar erneut zur Hauptstadt, doch musste sie erst einmal von Trümmerbergen befreit und Stein für Stein wieder aufgebaut werden. Aufgrund der gewaltigen Zerstörungen, der immensen Kosten und der bitteren Wohnungsnot konnten viele Gebäude nicht wieder rekonstruiert werden, ganze Straßenzüge wurden neu geplant. Davon waren besonders die als bürgerlich verschrienen Häuser und Paläste im Jugendstil betroffen – das Architektur-Dogma des „Sozialistischen Realismus" gab in diesen Jahren auch in Warschau den Ton an. Die Spuren dieser Zeit lassen sich heute in der ulica Marszałkowska (→ Tour 8) und besonders bei Stalins ungeliebtem Geschenk, dem Kulturpalast (→ Tour 6), begutachten.

Trotz alledem dominierte im ersten Nachkriegsjahrzehnt zuversichtliche Aufbruchstimmung – auch wenn der sowjetische Diktator Stalin an der Bereitschaft des jungen Polens, sich auf den Sozialismus einzulassen, zweifelte – zu Recht, wie sich bald zeigte. Vielleicht wurde eben deshalb, gleichsam zur Untermauerung des sowjetischen Herrschaftsanspruchs, 1955 der Vertrag in der polnischen Hauptstadt unterzeichnet, der als der Warschauer Pakt in die Geschichte einging.

Skulptur am Kulturpalast

Überall im Land gab es in den Nachkriegsjahren immer wieder Aufstände und Protestaktionen für mehr Demokratie und gegen das stalinistische Regime, die von staatlicher Seite gewaltsam und blutig unterdrückt wurden. Ironischerweise waren es vor allem die von der Polnischen Arbeiterpartei umworbenen Proletarier, die sich für die Kirche einsetzten und gegen die sozialistische Bürokratie rebellierten. Nach den landesweiten Aufständen von 1956 gegen das stalinistische Regime von Ministerpräsident Bolesław Bierut gelang es der Elite des Landes, sich Freiheiten zu erkämpfen, die im Vergleich zu den benachbarten „sozialistischen Bruderstaaten" geradezu großzügig waren, allerdings besonders Künstlern und Intellektuellen zugute kamen – die Arbeiter hingegen mussten noch lange warten.

Die Beziehungen zur BRD als westlicher Staat des damals noch geteilten Deutschlands verbesserten sich Schritt für Schritt. 1970 tat der damalige Bundeskanzler Willy Brandt in Warschau seinen legendären Kniefall, mit dem er symbolisch um Vergebung bat für all das Leid, das Nazideutschland seinem Nachbarn zugefügt hatte (→ Tour 7). Anlass für Brandts historischen Kniefall war die Unterzeichnung der sog. „Ostverträge", in denen Deutschland (West) die Oder-Neiße-Grenze als Ostgrenze Deutschlands endgültig anerkannte.

Schon in den späten, von Massendemonstrationen und Widerstand geprägten sechziger Jahren war es der Kirche gelungen, zur bedeutenden Gegenmacht im Staat zu werden. Eine zentrale Rolle spielte dabei der Warschauer Geistliche Stefan Wyszyński, der wegen seiner Verdienste später als polnischer „Primas des Jahrtausends" gefeiert wurde. Der Verlust an Ansehen und Einfluss der sozialistisch-atheistischen Machthaber verstärkte sich 1978 mit dem Pontifikat von Johannes

Paul II., der bereits kurz nach seiner Wahl sein Heimatland als „polnischer Papst“ besuchte.

Von diesem Zeitpunkt an kämpfte die Opposition immer offener und selbstbewusster gegen das System, so auch der der Gewerkschaft Solidarność nahestehende Priester Jerzy Popiełuszko, der 1984 vom polnischen Staatssicherheitsdienst entführt und ermordet wurde, was den Widerstand aber nur verstärkte.

In den von Mangelwirtschaft und Armut geprägten achtziger Jahren versuchte die Staatsspitze unter General Jaruzelski verzweifelt, die Lage durch die Verhängung des Kriegszustands unter Kontrolle zu bekommen, doch der Freiheitswille war inzwischen stärker als die staatlichen Repressalien. Die Frage, ob Jaruzelski wegen des drohenden Einmarsches der russischen Armee zu diesem Schritt gezwungen war, wird wohl unbeantwortet bleiben. Fakt aber ist: Der europäische Sozialismus endete 1989 in Polen, das mit Tadeusz Mazowiecki den ersten nichtkommunistischen Ministerpräsidenten im damals noch existierenden Ostblock wählte.

Bunte Träume von Warschau

Westeuropäer stellen sich den sozialistischen Alltag meist als eine einzige graue Langeweile vor. Wenig bekannt ist, dass es auch im real existierenden Sozialismus eine Studentenbewegung gab. Die polnischen Blumenkinder schneiderten sich ihre bunten Klamotten selbst, es gab Demos, haschgeschwängerte Träume und Rockstars. Der Star dieser Zeit in den Grenzen des Warschauer Pakts war Czesław Niemen (1939–2004), der sich von einigen seiner westlichen Rock-Kollegen allerdings klar unterschied. Statt hemmungslosem Drogenkonsum zu frönen, blieb er abstinent, statt zerstörte Hotelzimmer zu hinterlassen, blieb er bescheiden und höflich – Niemen war tief verwurzelt im katholischen Glauben. Zur Hymne seiner Generation wurde 1967 „Dziwny jest ten świat“ (Seltsam ist diese Welt), eine gefühlvolle Anklage gegen Hass, Gewalt und die Schlechtigkeit des Menschen. Von Danzig bis nach Skopje, von Prag bis Wladiwostok sang die Jugend seine Zeilen. Musikalisch startete der Multiinstrumentalist und Sänger mit beatle-inspirierten Balladen und Schlagern, bevor er seinen eigenen Stil fand, irgendwo zwischen avantgardistischem Rock, Jazz, Kirchenmusik und ostpolnischer Folklore mit Texten voller Poesie. Beeindrucken konnte er auch Marlene Dietrich bei einem gemeinsamen Konzert im Warschauer Kulturpalast 1964, woraufhin sie sein „Czy mnie jeszcze pamiętasz“ (Erinnerst du dich noch an mich) unter dem deutschen Titel „Mutter, kannst du mir vergeben“ neu vertonte. Bis auf kurze Aufenthalte in Italien und den USA, einige Touren und Aufnahme-Marathons blieb Niemen seiner Heimatstadt Warschau treu, der er im Lied „Sen o Warszawie“ (Traum von Warschau) diese Zeilen widmete:

Ich habe, wie du / Meine Stadt und darin / Meine schönste Welt / Meine schönsten Tage / Dort ließ ich bunte Träume / Irgendwann werde ich die Zeit anhalten / Und mit den Flügeln wie ein Vogel / Werde ich fliegen mit aller Kraft / Dorthin wo meine Träume sind / Und die bunten Warschauer Tage.

Derzeit will eine Bürgerbewegung diese inoffizielle Hymne der polnischen Hauptstadt zur offiziellen adeln lassen.

Wendezeit, EU und 21. Jahrhundert

Nach der Wende 1989 herrschte in Warschau wie überall im Land Aufbruchstimmung. In das Gebäude der Polnischen Arbeiterpartei zog die Wertpapierbörse, ein Vorgang mit geradezu symbolischem Charakter. Auch die frühen neunziger Jahre haben die Warschauer als aufregend in Erinnerung. Endlich konnte die Metro ihren Betrieb aufnehmen, dringende Renovierungsarbeiten wurden angepackt, zahlreiche Wolkenkratzer gebaut, als wollten sie den Anspruch Warschaus als neues Finanzzentrum in Mitteleuropa unterstreichen. Die Stimmung in der Stadt war ähnlich anarchisch wie im Berlin der Nachwendezeit, mit dem Warschau um den Titel als größte Baustelle Europas zu konkurrieren schien. Allerdings brachte die Zeit des Umbruchs besonders in der zweiten Hälfte der 90er Jahre auch gravierende Probleme. Die Arbeitslosenzahlen stiegen rasant, die wirtschaftliche und soziale Situation veränderte sich so schnell, dass viele Polen den Anschluss verloren. Doch mit dem Erreichen der „kapitalistischen Volljährigkeit" präsentiert sich Warschau so schön und stolz wie lange nicht mehr. Etwa seit 2005 herrscht in Warschau – im Gegensatz zu ländlichen Regionen – Vollbeschäftigung, das Durchschnittseinkommen in Warschau ist inzwischen höher als etwa in Berlin. Die städtische Infrastruktur verbessert sich Schritt für Schritt, lange aufgeschobene Restaurierungsarbeiten werden vollendet, die Bauwirtschaft boomt ... das polnische „Wirtschaftswunder" – ein Quantensprung im Vergleich zu 1989 – wurde Wirklichkeit.

Das Intraco I ist ein Vorreiter des derzeitigen Hochhausbooms

Nicht zuletzt der Beitritt Polens zur EU im Mai 2004 brachte Warschau wieder zurück ins Blickfeld des Kontinents. So steht die seit 2006 amtierende Warschauer Stadtpräsidentin Hanna Gronkiewicz-Waltz von der liberalkonservativen Partei PO des Ministerpräsidenten Donald Tusk heute in engem Kontakt zu Berlins Regierendem Bürgermeister Klaus Wowereit; der wirtschaftliche und künstlerische Austausch zwischen den beiden Nachbarhauptstädten ist intensiv wie nie zuvor, und auch touristisch erfreut sich die Weichselmetropole großer Beliebtheit: Mit etwa 10 Millionen Besuchern gelang es Warschau 2008 erstmals seit Jahrzehnten, Krakau, die frühere Hauptstadt und zweites touristisches Zentrum des Landes, bei den Touristenzahlen zu überholen.

So blickt Warschau voller Optimismus in die Zukunft; kein Wunder, berichten die Zeitungen doch ständig von neuen, spektakulären Bauvorhaben. Und wenn 2012 zur Fußball-EM die Massen in die Metropole strömen, wird es nicht nur bei Polenkennern staunende Augen geben– und nicht nur im neuen Nationalstadion.

Spannende Kontraste und ungewöhnliche Fotomotive bietet Warschaus Architekturcocktail

Architektur

Drastische Worte zur Architektur der polnischen Hauptstadt fand der Korrespondent der „Welt“ und Warschau-Kenner Gerhard Gnauck: „Irgendwie erinnert diese Metropole an eine lebenshungrige, einstmals schöne Frau, der ein Säureanschlag einen Teil ihres Gesichts entstellt hat.“ Doch seit Jahren schon machen sich Stadtplaner, Architekten und Restaurateure als „plastische Chirurgen“ verdient, um den weniger schönen Teilen Warschaus ein neues Antlitz zu geben.

Während sich das touristische Warschau von der Neustadt und Altstadt einem Rückgrat gleich über den Königstrakt bis zur Parkanlage der Łazienki Królewskie, den „Königlichen Bädern“, zieht, sieht es außerhalb dieser harmonischen Achse tatsächlich chaotischer aus. Die meisten der touristisch interessanten Teile der Stadt mit ihren Kirchen, Häusern und Palästen wurden übrigens erst nach dem Zweiten Weltkrieg wieder aufgebaut: gotische, barocke und klassizistische Bauten – sie alle sind meist kaum älter als ein halbes Jahrhundert. Aus diesem Grund gilt der Stadtteil Praga auf der rechten Weichselseite bei vielen Warschauern als die eigentliche Altstadt – hier stehen die meisten der Häuser, die den Krieg ohne Zerstörung überlebt haben.

Vor dem Zweiten Weltkrieg zählte Warschau zu den schönsten Städten Europas. Und die nächsten Jahre werden zeigen, dass sich die immer wieder neu erfindende Stadt mit ihrem architektonischen Cocktail aus neuen Wolkenkratzern und modernen Glaspalästen kaum mehr vor den anderen Metropolen des Kontinents verstecken muss.

Barock und Styl Stanisławowski

Im Gegensatz zu Gotik und Renaissance ist der **Barock** einer der beiden dominierenden klassischen Architekturstile in Warschau, so prägend und eigenständig, dass auch vom Warschauer Barock gesprochen wird. In der ersten Hälfte des 17. Jh. waren vor allem die Bauwerke von *Giovanni Lorenzo Bernini* (1598–1680), *Matteo Castelli* (1560–1632), *Augustyn Locci* (1601–1660) und *Józef Szymon Bellotti* (gest. 1708) bedeutend; die Werke dieser italienischen Einwanderer beeinflussten viele polnische Architekten. Trotzdem war auch im 17. Jh. ein Ausländer als Vertreter der klassizistischen Strömung im Barock der gefragteste und einflussreichste Architekt: der Niederländer *Tylman van Gameren* (1632–1706).

Ein namhafter Architekt des **Rokoko** war der in Sachsen geborene *Jan Zygmunt Deybel von Hammerau* (Johann Sigmund Deybel, 1685–1752). Beeinflusst von der französischen Architektur seiner Zeit, plante er u. a. den **Pałac Saski** (Sächsisches Palais, 1713–1749, der zurzeit rekonstruiert wird, sowie weitere Paläste auf der sogenannten **Sächsischen Achse** (Tour 5), die von der ulica Krakowskie Przedmieście bis zu den Koszary Mirowskie (Mirów-Kasernen) verlief.

Das Wilanów-Palais ist ein Paradebeispiel für den Warschauer Klassizismus

Unter König Stanisław August Poniatowski (1764–1795) war Warschau eines der Zentren des Klassizismus. Der Einfluss des Königs auf seine Hofarchitekten und sein Mäzenatentum waren so bedeutend, dass auch vom **Styl Stanisławowski** (Stanisław-Stil) gesprochen wird. Obwohl er von italienischen und französischen Bauten inspiriert ist, handelt es sich hier um einen eigenständigen Stil; seine Formgebung war eher klassizistisch, doch sein prunkvoller Detailreichtum, die Verzierungen, der Stuck und der Einsatz intensiver Farben erinnert an den Barock. Nicht nur in der Gebäudearchitektur war der Styl Stanisławowski präsent, auch in der Gestaltung des Interieurs, in Malerei und Bildhauerei hinterließ er Spuren, bestens zu sehen im **Zamek Królewski** (Königsschloss, Tour 1) und im **Pałac Wilanowski** (Wilanów-Palais, Tour 12). Die Säle im Schloss gestaltete *Jakub Fontana* (1710–1773), den Umbau setzte nach dessen Tod der ebenso kunstfertige *Domenico Merlini* (1730–1797) fort; bedeutende Skulpturen und Büsten im Schloss hinterließ der Bildhauer *Andrzej Le Brun* (1737–1811). Auch in den **Łazienki Królewskie**, den „Königlichen Bädern" (Tour 9), dominiert der vom König protegierte Stil die Gebäude und Inneneinrichtung, z. B. im von Merlini gestalteten **Pałac na Wodzie** (Palast auf dem Wasser, Umbau 1788–1793). In seiner Nähe hat mit dem **Teatr na Wyspie** (Theater auf der Insel, 1790) der aus Dresden stammende *Jan Chrystian Kamsetzer* (1753–

1795), einer der wichtigsten Vertreter des Klassizismus in Warschau, seine Spuren hinterlassen. Erwähnenswert auch der einflussreiche Merseburger Baumeister *Szymon Bogumił Zug* (1733–1807), der u. a. den *Pałac Potockich* (Potocki-Palais, 1780–1782) in Natolin (Abstecher 2) baute, sowie *Efraim Szreger* (1727–1783) und *Chrystian Piotr Aigner* (1756–1841).

Neoklassizismus und Historismus

Charakteristisch für den Historismus sind die Neuinterpretationen älterer Baustile. In der polnischen Hauptstadt spielte vor allem der Neoklassizismus eine wichtige Rolle, der sich vom Styl Stanisławowski durch einen politischen Schnitt unterscheidet. Nach den Teilungen Polens war Warschau von 1796 bis 1807 preußisch besetzt, von 1807 bis 1815 wurde es zum bedingt selbstständigen Herzogtum Warschau. Die Zeiten imposanter Architektur waren also erst einmal vorbei. Erst seit dem auf dem Wiener Kongress (1815) beschlossenen Ende des von Napoleon Bonaparte abhängigen Satellitenstaats ging es mit „Kongresspolen" architektonisch wieder bergauf. In der Folgezeit entstanden viele Paläste, Wohnhäuser und Gebäude des politischen, öffentlichen und kulturellen Lebens: u. a. die **Giełda Papierów Wartościowych** (Wertpapierbörse, 1817), die **Bank Polski** (1828) und die **Uniwersytet Warszawski** (Warschauer Universität, 1816). Das Zentrum des neuen Baubooms befand sich nun zwischen der Altstadt und dem Plac Teatralny (Tour 5). Wichtigster Vertreter der neoklassizistischen Schule war *Antonio Corazzi* (1792–1877), der mit etwa 50 Bauten einen großen Teil des heutigen Warschaus rund um den Theaterplatz prägt. Die sehenswertesten Bauten aus dieser Zeit sind das **Teatr Wielki** mit der **Opera Narodowa** (Großes Theater und Nationaloper, 1825–1833) sowie die Gebäude auf dem von Corazzi gestalteten **Plac Bankowy** mit dem Rathaus (1825–1829). Zu nennen ist auch das **Zespół pałacowo-parkowy** (Palast-Park-Komplex, Umbau 1834–1838) in Natolin (Abstecher 2) von *Henryk Marconi* (1792–1863). Auch viele der Warschauer Festungen wie die **Cytadela** (Zitadelle, 1832–1824, Tour 11) zeigen neoklassizistische Merkmale.

Darüber hinaus knüpfte der Warschauer Historismus Ende des 19./Anfang des 20. Jh. vor allem an die masowische Gotik und an die barocke Tradition an. Einer der beiden größten Architekten dieser Zeit ist *Stefan Szyller* (1857–1933); die **Politechnika** (1915, Tour 8) mit ihrer wunderschönen Aula zählt zu seinen bedeutendsten Werken. Der zweite, *Józef Dziekoński* (1844–1927), hinterließ Warschau zwei der schönsten Kirchen: die mit Anleihen an Renaissance und Barock gestaltete **Kościół Najświętszego Zbawiciela** (Erlöserkirche, 1901–1927, Tour 8) am gleichnamigen Platz sowie die **Bazylika katedralna św. Floriana** (St.-Florian-Basilika, 1887–1904, Tour 10) in Praga. Letztere galt als schönste polnische Kirche ihrer Zeit und wurde im ganzen Land von vielen Architekten kopiert.

Jugendstil und Modernismus

Die polnische Variante des Jugendstils heißt **Młoda Polska** (1895–1914). Wie damals üblich, bediente sich die Architektur spielerischer und romantischer Elemente, die heute allerdings nur noch an wenigen Warschauer Häusern zu bewundern sind. Im Gegensatz zum übrigen Europa verwendete der polnische Jugendstil auch historistische Elemente und folkloristische Motive. Vielleicht wurde der auch als Frühmodernismus oder Secession (Secesja) bezeichnete

Stil deshalb schneller akzeptiert als in anderen Ländern. Einst war die **ulica Marszałkowska** (Tour 6 und 8) und die Umgebung rund um den heutigen Kulturpalast von wunderschönen Bauten im polnischen Jugendstil gesäumt – Warschau wurde in einem Atemzug mit Barcelona, Wien, Krakau, Lemberg oder St. Petersburg genannt. Den Zweiten Weltkrieg überlebte jedoch fast keines dieser Häuser, eine Rekonstruktion lehnten die sozialistischen Machthaber in den meisten Fällen ab – sie kritisierten den Jugendstil als bürgerlich-elitär. Warschaus heute wohl berühmtestes Jugendstil-Werk ist das **Pomnik Fryderyka Chopina** (Frédéric Chopin-Denkmal, 1904, Tour 9) im Łazienki-Park. Erhaltene oder in den letzten Jahren rekonstruierte Secessions-Gebäude finden sich verstreut in mehreren Straßen, darunter in den aleje Jerozolimskie (Tour 3, 4, 6 und 8), in der ul. Senatorska (Tour 4), ul. Hoża, ul. Wilcza und ul. Lwowska (alle Tour 8). *Artur Gurneys* erhaltenes **Stadtschloss** aus dem Jahr 1910 (al. Jerozolimskie 93-99, Tour 6) zeigt, wie reizvoll und harmonisch es hier früher aussah. Die meisten erhaltenen Jugendstil-Gebäude finden sich im Stadtteil **Praga** (Tour 10).

In der Zwischenkriegszeit (1919–1939) entstanden u. a. in Ochota, Mokotów, Saska Kępa und Żoliborz viele neue Wohnsiedlungen. In Żoliborz, dem von *Tony Garnier* (1869–1948) geplanten neuen Stadtteil, entstanden reizvolle **modernistische Wohnblocks und Villen**, für die *Romuald Gutt* (1888–1974), *Aleksander Bojemski* (1885–1944), *Tadeusz Tołwiński* (1887–1951) und *Rudolf Świerczyński* (1883–1943) verantwortlich zeichneten.

Sozialistischer Realismus

Noch bevor Polen 1955 Teil des Warschauer Pakts geworden war, war man bestrebt, die Gemeinsamkeiten der sozialistischen Bruderstaaten auch in der Architektur sichtbar zu machen; in dieser Zeit wurden in Warschau die wichtigsten Bauprojekte Polens verwirklicht. Ironischerweise setzte der Sozialistische Realismus hier die Tradition der Monumentalbauten fort, die es schon vor dem Krieg gegeben hatte; dabei wurde auch an bereits 1934 entstandene Pläne angeknüpft. Als Erstes zu nennen ist der berühmt-berüchtigte **Pałac Kultury i Nauki** (Kulturpalast, 1952–1956, Tour 6), Warschaus 231 Meter hohes Wahrzeichen. Der monströse Wolkenkratzer im Stil des Sozialistischen Klassizismus stieß auf breite Ablehnung, obwohl sein russischer Architekt *Lew Rudnew* (1885–1956) eigens für diesen Bau durch ganz Polen reiste, um die traditionellen Stile des Landes zu studieren. Eine ganze Siedlung in diesem Stil ist die von *Józef Sigalin* (1909–1983) geplante **Marszałkowska Dzielnica Mieszkaniowa MDM** (1950–1952, Tour 8) entlang der ulica Marszałkowska mit beeindruckenden Wohnblocks auf dem **Plac Konstytucji** mit seinen hohen Straßenlaternen sowie kreisförmigen angelegten Wohnhäusern am **Plac Zbawiciela**. Eine weitere sehenswerte Siedlung ist die **Osiedle Muranów** (1948–1956, Tour 7) von *Bohdan Lachert* (1900–1987) auf dem Areal des ehemaligen Ghettos.

Verkehrsplanerisch war die ebenfalls kurz nach dem Krieg vollendete **Trasa W-Z** (Ost-West-Trasse, 1947–1949, Tour 3) ein wichtiger Schritt hin zu einer modernen Metropole.

Der Architekturstil des Sozialistischen Realismus, der mit der Person Josef Stalins verknüpft ist, wurde nach dem Tod des Diktators (1954) bald aufgegeben. In den Jahren danach gab es keinen nennenswerten eigenen Stil in Warschau, stattdessen schoss am Stadtrand und in den Vororten ein Plattenbau nach dem anderen aus dem Boden. Geldmangel, fehlende Freiheiten und die Strukturprobleme des real existierenden Sozialismus sorgten in den 60er und 70er Jahren für zahlreiche Bausünden. Dennoch gab es auch in dieser Zeit einige bemerkenswerte Bauprojekte. Die von *Zbigniew Karpiński* (1906–1983) geplante **Ściana Wschodnia** (Ostwand, 1962–1969, Tour 6) mit Ladengalerien und das **Hotel Forum** (1972–1974, Tour 8) waren Versuche, ein Gegengewicht zur Dominanz des Kulturpalastes zu schaffen. In diesem Sinne wurden auch das **Hotel Marriott** (1980–1989, Tour 8) errichtet. Mit dem Bau des **Błękitny Wieżowiec** (Himmelblaues Hochhaus, Tour 5) am Plac Bankowy wurde bereits Ende der 80er Jahre begonnen, fertiggestellt wurde er jedoch erst 1991 – ein durchaus gelungenes Beispiel dafür, dass im Sozialismus nicht nur hässliche Plattenbauten entstanden.

Zeitgenössische Architektur

Die Wende von 1989 war für das polnische Bauwesen gleichbedeutend mit einem Quantensprung, und die Hauptstadt spielte dabei naturgemäß eine für das Land wegweisende Rolle. Doch erinnert der heutige städtebauliche Zustand immer noch an eine wild-chaotische Photoshop-Collage, auch wenn Architekten von Weltrang schon jetzt ihre Spuren in Warschau hinterlassen haben. *Sir Norman Foster* (geb. 1935) schuf mit dem Bürogebäude **Metropolitan** (2003, Tour 5) ein Meisterwerk moderner Baukunst. *Marek Budziński* (geb. 1950) und *Zbigniew Badowski* (geb. 1932), eines der stilprägendsten Warschauer Architektenteams, planten unter anderem den symbolträchtigen **Gmach Sądu Najwyższego** (Oberster Gerichtshof, 1996, Tour 2) und die beeindruckende **Biblioteka Uniwersytecka BUW** (Universitätsbibliothek, 1999, Tour 4) mit ihrem begrünten Dachgarten. In den letzten Jahren wurden auch viele kommerzielle Bauprojekte realisiert, darunter herausragend die **Złote Tarasy** (Goldene Terrassen, 2002–2007, Tour 6) mit ihrem blasenförmig geschwungenen Glasdach; das Team um *Jon Jerde* (geb. 1940) schuf mit dem vielfach ausgezeichneten Bau eine der weltweit eindrucksvollsten Shopping-Malls, die schon in der ersten Woche nach der Eröffnung mehr als eine halbe Million Besucher auch von

Złote Tarasy – Goldene Terrassen

innen sehen wollten. Zu den neuen architektonischen Highlights zählt auch das **Centrum Olimpijskie** (Olympiazentrum, 2004, Tour 11) von *Bogdan Kulczyński* (geb. 1953) und *Paweł Pyłka* (geb. 1969), die sich auch um die Rekonstruktion der **Fabryka Trzciny** (2003, Tour 10) in Praga verdient machten. Das **Muzeum Powstania Warszawskiego** (Museum des Warschauer Aufstands, 2003–2004, Tour 7), das in einem von 1904 bis 1908 errichteten früheren Straßenbahndepot untergebracht ist, wurde vom Krakauer Architekten *Wojciech Obtułowicz* (geb. 1934) restauriert und sehenswert umgebaut. Während die Warschauer Bahnhöfe noch auf ihre Renovierung warten und der Flughafen architektonisch eher schlicht ausfällt, zählen die Schrägseilbrücke **Most Świętokrzyski** (1998–2000) und die Metrostation **Plac Wilsona** (2005, Tour 11), beide von *Andrzej M. Chołdzyński* (geb. 1960), zu den neuen Schmuckstücken der Verkehrsarchitektur.

Im Blickpunkt stehen höhebedingt natürlich die vielen Wolkenkratzer, von denen das **Rondo ONZ** (2003–2006, Tour 6) des Architektenbüros *Skidmore, Owings and Merrill* und der **Warsaw Trade Tower** (1997–1999, Tour 7) von *Majewski, Wyszyński, Hermanowicz* die gelungensten sind.

Zukünftige Projekte

Wohl noch spannender sind die zurzeit in Bau oder Planung befindlichen Projekte; in den Stadtrundgängen finden Sie Informationen zu den Baustellen oder Orten, an denen die neuen Gebäude entstehen oder entstehen werden. Zuerst ist hier der Wolkenkratzer-Turm **Złota 44** (Tour 6) zu nennen (Planung *Daniel Libeskind*; geb. 1946), der wahrscheinlich bis 2011 fertiggestellt sein wird. Der auch für das Berliner Jüdische Museum und den Freedom Tower in New York verantwortliche Stararchitekt bezeichnete Warschau immer wieder als architektonisch interessanteste Metropole Europas, und sein direkt gegenüber dem Kulturpalast in die Wolken ragender Wolkenkratzer wird die Stadt noch ein Stück attraktiver machen. Eine ebenso willkommene Ergänzung der Warschauer Skyline wird der **Lilium Tower** (Tour 8) der irakischen Architektin *Zaha Hadid* (geb. 1950) sein; mit den für ihren Stil charakteristischen abgerundeten Formen wird der Wolkenkratzer voraussichtlich ab 2012 den nahen Kulturpalast überragen.

Die Eröffnung des auch architektonisch interessanten **Muzeum Historii Żydów Polskich** (Museum der Geschichte der Polnischen Juden, Tour 7) nach Plänen der finnischen Architekten *Ilmari Lahdelma* (geb. 1959) und *Rainer Mahlamäki* (geb. 1956) ist für 2011 geplant. Die in Bau befindliche Kirche **Świątynia Opatrzności Bożej** (Tempel der Göttlichen Vorsehung, Tour 12), für die die Architekten *Wojciech* und *Lech Szymborski* (geb. 1951 bzw. 1956) verantwortlich zeichnen, ist das seit drei Jahrhunderten bedeutendste sakrale Bauwerk in Polen.

Quer über die Stadtautobahn Trasa Łazienkowska wird ab 2013 das **Muzeum Historii Polski** (Museum der Geschichte Polens, Tour 9) in Form einer Glasbrücke thronen. Das **Centrum Nauki Kopernik** (Wissenschaftszentrum Kopernikus, Tour 4) wird bereits Ende 2010 fertig gestellt sein. Das faszinierend verschachtelte und begrünte Gebäude wird ebenso wie die benachbarte neue Universitätsbibliothek von einem Dachgarten gekrönt sein – ein weiteres Beispiel für das neue ökologische Bauen in der polnischen Metropole. Auf der rechten Weichselseite wird im Mai 2011 – ein Jahr vor der EM 2012 – das neue **Stadion Narodowy** (Nationalstadion, Tour 10) Fußball- und Architekturfans gleichermaßen anlocken; das Konsortium aus verschiedenen Architekturbüros hat eine geschwungene Schüssel konzipiert, die wohl zu den schönsten Stadien Europas zählen wird.

Bis 2020 stehen auf der ehrgeizigen Agenda weitere Großprojekte, die die Lebensqualität verbessern sollen – darunter vor allem Infrastruktur- und Verkehrsprojekte, von denen die Erneuerung des **Dworzec Centralny** (Hauptbahnhof, Tour 6) bis 2015 und die in mehreren Etappen bis 2016 geplante Fertigstellung der **II Linia Metra** (zweite Metrolinie) die wichtigsten sind.

Rasiermesserscharfe Architektur

Kritiker der Warschauer Bauprojekte und Stadtplanung bemängeln häufig, dass die neuen Gebäude und Wolkenkratzer im Zentrum nicht aufeinander abgestimmt sind. Dabei schwingt auch die Furcht mit, dass dem derzeitigen Architektur-Chaos nichts Harmonisches folgen würde. Diese Befürchtung lässt sich zumindest teilweise entkräften, denn stadtplanerisch interessante und wegweisende Vorgaben gibt es durchaus. Daneben fasziniert die Warschauer ein kleines Detail an vielen der neuen Bauten: An den Fassaden findet man sog. *żyletki* (Rasierklingen), deren Name sich durch ihre Form erklärt; sie haben keine funktionelle Bedeutung, sondern dienen allein der Verschönerung. Blogger jagen durch die Metropole, immer auf der Suche nach der nächsten Klinge, nach dem nächsten ungewöhnlichen Fotomotiv. Die bekanntesten Gebäude mit den auffälligen Verzierungen sind der Hauptsitz des Medien-Unternehmens Agora in der ulica Czerska 8/10, das Centrum Jasna in der gleichnamigen Straße sowie das Metropolitan auf dem plac Piłsudskiego. Und inzwischen ist man auch in anderen polnischen Städten auf die Klinge gekommen ...

Literaturtipps, CDs, Filme ...

Hier eine bunte Liste von Literaturtipps über CDs von Warschauer Musikern bis hin zu Kochrezepten – zur Einstimmung auf Ihre Warschau-Reise oder zum nostalgischen Aufwärmen Ihrer Erinnerungen an den letzten Warschautrip ...

Literatur

King, Jack: The Fifth Internationale. Leisure Books, 2004 (nur auf Englisch). In dem Thriller über einen Agenten, der eine weltweite Verschwörung aufdeckt, spielen die Warschauer Skyline und der Jarmark Europa im verfallenden alten Stadion eine Hauptrolle.

Konatkowski, Tomasz: So sollt ihr sterben; ein Warschau-Krimi. List, 2008. Klassische Kriminalgeschichte um einen an Haltestellen und in Straßenbahnen mordenden Serienkiller und einen interessant gezeichneten Kommissar. Nicht zuletzt aufgrund der hervorragenden Übersetzung ein spannender Weg, um Warschau besser kennenzulernen.

Nahacz, Mirosław: Bombel. Weissbooks, 2008. Die Warschauer Stimme einer ganzen Generation (der Autor nahm sich im Alter von 23 Jahren das Leben) hinterließ mit diesem Monolog ein Meisterwerk. Bombel erzählt an einer Bushaltestelle von seinem tragischen und komischen Leben und seiner melancholischen Sicht auf die Welt. Der Leser erfährt zwischen den Zeilen auch viel über das heutige Polen.

Masłowska, Dorota: Die Reiherkönigin. Ein Rap. Kiepenheuer & Witsch, 2007. Der zweite Roman der Nike-Preis-gekrönten Skandalautorin beweist wie ihr erstes Werk Mut zur Hässlichkeit und zeigt Warschau von einer pessimistisch-dekadenten Seite. Nichts für zarte Gemüter und Freunde ästhetischer Literatur.

Pilch, Jerzy: Die Talente und Obsessionen des Patryk W. dtv, 2008. Bitterböse und komische Großstadtgeschichte über den talentierten Jurastudenten Patryk Wojewoda, der am Geldautomaten eingetippte Geheimzahlen heraushören kann.

Singer, Isaac B.: Eine Kindheit in Warschau. dtv, 2000; Ravensburger Buchverlag, 1983. In den ersten 13 von insgesamt 16 Kurzgeschichten lässt der beliebte jüdische Erzähler und Literaturnobelpreisträger seine Kindheit in der ulica Krochmalna aufleben.

Sachbücher, Stadtführer, Bildbände

Bartoszewski, Władysław: Und reiß uns den Hass aus der Seele. Deutsch-Polnischer Verlag, 2004. Die mit Anekdoten und Weisheiten gespickten Erinnerungen des großen Judenretters, Diplomaten und Aussöhners gewähren eine faszinierende Sicht auf die polnisch-deutschen Beziehungen.

Davies, Norman: Aufstand der Verlorenen. Der Kampf um Warschau 1944. Droemer/Knaur, 2004. Das monumentale und wegweisende Werk des britischen Historikers über den Warschauer Aufstand ist wissenschaftlich gründlich und trotzdem spannend zu lesen.

Dittert, Annette: Palmen in Warschau. Heyne, 2006; Kiepenheuer & Witsch, 2004. Sympathisch und verständnisvoll geschriebene Geschichten und Anekdoten der ehemaligen Warschauer ARD-Korrespondentin.

Gnauck, Gerhard: Syrena auf dem Königsweg – Warschauer Wandlungen. Picus Verlag, 2004. Der „Welt"-Korrespondent erzählt interessante Anekdoten und beschreibt die Menschen seiner Heimatstadt, die er selbst für schwer zugänglich hält – ein Buch, das den Zugang zur faszinierenden Metropole erleichtert.

Huber, Werner: Warschau – Phoenix aus der Asche: Ein architektonischer Stadtführer. Böhlau, 2005. Nicht nur für Architekten und Architekturinteressierte ein beeindruckendes Reisebuch.

Korczak, Janusz: Das Recht des Kindes auf Achtung/Fröhliche Pädagogik. Gütersloher Verlagshaus, 2002. Zwei Hauptwerke des einflussreichen Pädagogen und Erinnerungen an die Zeit im Warschauer Ghetto, bevor Korczak mit seinen Waisenkindern von den Nationalsozialisten ermordet wurde.

Kowalska, Agnieszka & Kamiński, Łukasz: Zrób to w Warszawie! Do it in Warsaw! Biblioteka Gazety Wyborczej, Verlag Agora, 2008. Außer- und ungewöhnlicher Warschau-Führer für Teens, Twens und jung gebliebene Entdecker; zweisprachig in Polnisch und Englisch.

Mieszkowska, Anna: Die Mutter der Holocaust-Kinder: Irena Sendler und die geretteten Kinder aus dem Warschauer Ghetto. DVA, 2007. In Deutschland kaum bekannte Geschichte der Frau, die ihr Leben riskierte, um 2500 jüdische Kinder zu retten.

Moczarski, Kazimierz: Gespräche mit dem Henker. Das Leben des SS-Gruppenführers und Generalleutnants der Polizei Jürgen Stroop. Aufgezeichnet im Mokotow-Ge-

Ob sie auf Leseratten wartet?

fängnis zu Warschau. Fischer, 1982. Der Autor saß als Antikommunist zusammen mit dem SS-Brigadeführer Stroop in einer Zelle eines stalinistischen Gefängnisses. Die Dokumentationen ihrer Gespräche zeigen die unglaubliche Schlichtheit und die erschütternden Standpunkte eines typischen Befehlshabers des NS-Reichs.

Patte, Jean-Yves: Auf den Spuren von Frédéric Chopin. Gerstenberg, 2000. Eine Mischung aus Biographie, Anekdotensammlung und verträumtem Fotoband – und sogar einem Reiseführer am Ende des Buchs. Für Chopinbegeisterte ein Muss!

Pilich, Michał: Warsaw Praga – Guidebook. Fundacja Centrum Europy, 2006. Am rechten Weichselufer gibt es viel zu entdecken – und wem die Tour 10 in diesem Buch nicht ausreicht, kann auf weiteren fünf Spaziergängen in die Geschichte und Geschichten von Praga eintauchen. Empfehlenswert für alle, die Englisch können und länger in Warschau sind.

Rizzi, Alberto: Bernardo Bellotto – Warschauer Veduten. Hirmer, 1991. Der Kunstband zeigt die besten der Stadtbilder von Canaletto, mit deren Hilfe Warschau nach dem Zweiten Weltkrieg wieder aufgebaut wurde. Nur noch antiquarisch erhältlich.

Sznajderman, M., Raabe, K. (Hrsg.): Last & Lost. Ein Atlas des verschwindenden Europas. Suhrkamp, 2006. Zwar nur ein kleiner Teil über den Warschauer Stadtteil Praga, doch allein deswegen lohnt dieses einzigartige Buch vergessener Orte. „Melancholisch, absurd, verlockend. Weckt Sehnsucht nach der unbegradigten Welt", meinte die ZEIT.

Szpilman, Władysław: Der Pianist: Mein wunderbares Überleben. Ullstein Tb, 2002; Econ Tb, 2002. Die Buchvorlage für Roman Polańskis Verfilmung ist ein eindrucksvolles Dokument des Pianisten, der wie durch ein Wunder im Ghetto und auf der Flucht überlebt.

Musik

Blechacz, Rafał: Fryderyk Chopin – Preludes Nr. 1–26. DGG, 2006. Das Jahrhundert-Talent gewann mit 20 Jahren den angesehenen Warschau Chopin-Wettbewerb. Warum, demonstriert dieses Debüt auf lyrische und zugleich kraftvolle Weise.

Cukunft: Lider fun Mordechaj Gebirtig. Eigenproduktion, 2005. Beeindruckendes und ungewöhnliches Klezmer-Debüt des

Drehorgelspieler auf dem Altmarkt

Warschauer E-Gitarristen und Musikethnologen Raphael Rogiński.

Demarczyk, Ewa: śpiewa piosenki Zygmunta Konieczngo. Muza/Polskie Nagrania, 1999. Die größten Erfolge der schwarzen Dame des polnischen Chansons, alte Aufnahmen aus den 60er Jahren in einer neuen Zusammenstellung, u. a. mit Vertonungen der romantischen Gedichte des im Warschauer Aufstand gestorbenen Poeten Krzysztof Kamil Baczyński.

Niemen, Czesław: Złota Kolekcja – The Best of Czesław Niemen. Pomaton, 2005. Eine goldene Kollektion mit den größten Hits eines der größten Rocksänger aller Zeiten, darunter u. a. „Sen o Warszawie" und „Dziwny jest ten świat".

Schönberg, Arnold: Ein Überlebender in Warschau. DGG, 1993. Die Komposition

Trotz des neuen Terminals wartet der Chopin-Flughafen schon auf die nächste Erweiterung

Anreise

Wegen seiner zentralen Lage wurde Warschau einst zur Hauptstadt Polens, und bis heute ist es ein wichtiger Verkehrsknotenpunkt zwischen Berlin und Moskau. Ein Blick auf die Europakarte zeigt, dass Polen in Mittel- und nicht in Osteuropa liegt und die polnische Metropole damit so ziemlich in der Mitte unseres Kontinents.

Mit dem Flugzeug

Direktflüge nach Warschau bieten diverse Airlines an, darunter *Lufthansa* (ab Berlin-Tegel, Frankfurt/M., Stuttgart, Hamburg, Düsseldorf, München), *Austrian Airlines* (ab Wien), *Swiss International* (ab Zürich) und die polnische *LOT* (in Kooperation mit den deutschsprachigen Linien). Prüfen sollte man auch die (sich häufig ändernden) Angebote der Billigflieger. Schon länger wird Warschau von der ungarischen *WizzAir* (ab Dortmund und Brüssel-Charleroi) und *germanwings* (ab Köln-Bonn und Stuttgart) bedient. Den jeweils günstigsten Tarif und neue Verbindungen erfragt man am besten bei einer der Flugsuchmaschinen im Internet (s. u.).

Egal, für welchen Flug man sich entscheidet – landen wird man in jedem Fall auf dem *Frédéric-Chopin-Flughafen*, dem mit Abstand wichtigsten Flughafen des Landes. Mehr als 55 % aller Flüge nach Polen werden über ihn abgewickelt, 2008 waren das ca. 10 Millionen Passagiere. Da mit weiterer Zunahme der Flugpassagiere gerechnet wird, wird überlegt, bisher nur militärisch genutzte Flughäfen um Warschau für zivile Zwecke umzubauen. Erste Arbeiten gab es 2009 in Modlin wie in Sochaczew, noch vor 2012 soll dort der Betrieb aufgenommen werden.

Der Frédéric-Chopin-Flughafen verfügt derzeit über zwei Hauptterminals. An einer Bahnanbindung ins Zentrum wird gebaut, sie soll Mitte 2011 fertiggestellt sein. Bis dahin kommt man nur per Stadtbus, Taxi oder Leihwagen in die Stadtmitte.

Flughafen

• *Verbindung* **Bus**: Mit Bus 175 zum Hauptbahnhof; mit Bus 188 zum Politechnikum; mit dem Nachtbus N 32 ins Zentrum (alles städtische Linien, Ticket ca. 0,70 €). Fahrzeit jeweils 25 Min.

Taxi: Für den Transport per Taxi empfehlen wir ausschließlich die drei Gesellschaften MPT (www.taximpt.pl), Merc (www.merctaxi.pl) und Sawa (www.sawa taxi.com.pl) – nur diese drei haben eine Lizenz für die Strecke Airport–City. Für die je nach Verkehrslage 15–30 Min. dauernde Strecke sollten Sie nicht mehr als die derzeit üblichen 8–10 € bezahlen.

Flugsuchmaschinen

www.billigflieger.de, www.whichbudget.com, Billigflieger nach Polen: www.schoenes-polen.de.

Preisbeispiel: Bei rechtzeitiger Buchung und günstigen Konditionen mit Wizzair ab Dortmund 35 € (Hin- und Rückflug), mit Lufthansa ab Frankfurt/M. ab 99 €, realistischer sind 150 €.

Mit eigenem Fahrzeug

Eins vorweg: Autodiebstähle sind in Polen trotz hartnäckiger Vorurteile weit seltener als behauptet. Wollen Sie dennoch auf Nummer sicher gehen, können Sie den Wagen auf überall vorhandenen bewachten Parkplätzen abstellen. Allerdings ist die Parkplatzsuche in Warschau zeitaufwendig und das Parken oft kostenintensiv. Hinzu kommen die üblichen Staus im Zentrum, das Auto kann also schnell zur Last werden. Wer nur die Stadt besichtigen möchte, nicht aber das Umland oder andere Regionen, sollte überlegen, ob die Bahn oder der Flieger nicht die bessere Wahl ist.

Aus Norddeutschland: Der schnellste Weg nach Warschau führt über Berlin, Posen und Lodz. Die A 2 von Frankfurt/Oder nach Warschau ist noch nicht durchgehend fertig, der vierspurige Ausbau wird aber bis zur EM 2012 beendet sein. Schon jetzt sind Teilstrecken gebührenpflichtig, wobei noch nicht feststeht, wie die Mautpflicht nach der Fertigstellung genau aussehen wird.

Aus Süddeutschland und den Alpenländern: Der kürzeste Weg führt über Tschechien an Breslau oder über die Slowakei an Krakau vorbei. Bis auch auf der A 1 die vielen fehlenden Kilometer ergänzt sind, nimmt man von Breslau aus die E 67 über Lodz, von Krakau aus die E 77 über Kielce und Radom. Der Belag der meisten Straßen hat schon viele Winter gesehen, doch verbessert sich auch aufgrund von EU-Zuschüssen die Qualität mit jedem Jahr.

Anfahrt, Maut, Verkehrsregeln

Anfahrt und Grenzübergänge: Warschau (Warszawa) ist schon von weitem ausgeschildert.

Von Nord- und Ostdeutschland über die A 2 Berlin–Warschau ab Frankfurt/Oder-Świecko: E 30/A 2 über Poznań und Łódź nach Warszawa.

Von Süddeutschland, Österreich und der Schweiz ab Jakuszyce (nach Transit durch Tschechien): über die E 65 Richtung Wrocław, dann auf die E 67 über Łódź nach Warszawa oder ab Chyżne (nach Transit durch die Slowakei) über die E 75 auf die E 77 über Kraków, Kielce und Radom bis nach Warszawa.

Autobahnmaut: Noch sind die meisten Autobahnkilometer gebührenfrei, was sich aber ändern wird. Mit Ausnahme von Teilstücken in der Nähe von Poznań (insgesamt 6 €) ist die Benutzung der A 2 bis 2010 noch kostenlos. Man sollte Kleingeld bereithalten, Euro und Dollar werden akzeptiert, man kann aber auch per Karte bezahlen. Aktuelle Infos über www.autostrada-a2.pl.

Höchstgeschwindigkeit: Innerorts 50 km/h, außerhalb von Ortschaften 90 km/h, auf Schnellstraßen 100 km/h. Auf 4-spurigen Schnellstraßen darf man bis zu 110 km/h fahren, auf den Autobahnen beträgt das Limit 130 km/h. Kontrollen mit hohen Strafen häufen sich seit 2008!

Besondere Verkehrsregeln: Die Alkoholgrenze beträgt magere 0,2 Promille, die man schon nach einem Glas Bier oder Wein hinter sich lassen kann. Das Überschreiten dieses Werts wie auch der Tempolimits kann zu empfindlichen Strafen führen – Kontrollen sind häufig. Weitere Bestimmungen, die von deutschen Vorschriften abweichen oder besonders streng kontrolliert werden: Seit 2007 muss das ganze Jahr über *tagsüber immer mit Abblendlicht* gefahren werden. In Kreuzungsbereichen sowie 100 m vor und hinter Bahnübergängen gilt Überholverbot. Achtung: Bei einem geliehenen Wagen benötigt man unbedingt eine Vollmacht des Fahrzeuginhabers!

Mitfahrzentrale: Die Form des organisierten Mitfahrens ist in Polen besonders beliebt. Für Fahrer und Mitfahrer ergibt sich neben geringeren Kosten natürlich auch die Möglichkeit, nette Menschen kennenzulernen. Informationen unter ✆ 19440 und www.mitfahrzentrale.de.

Sonstiges: Diesel wird mit ON bezeichnet, es gibt ein ausreichendes Netz an Autogastankstellen, bewachte Parkplätze erkennt man am Zeichen „strzeżony".

Entfernungen, Kosten

Entfernungen/Fahrzeiten: Frankfurt/M.–Warschau 1200 km, 12 Std. Hamburg–Warschau 865 km, 10 Std. Wien–Warschau 725 km, 9 Std. Zürich–Warschau 1375 km, 15 Std.

Preisbeispiel: einfache Fahrt Frankfurt–Warschau bei einem Benzinverbrauch von 8 l/100 km und einem Literpreis von 1,20 € inkl. Mautgebühr und Pausensnack 120 €.

Mit der Bahn

Deutschland: Direkt, schnell und günstig erreicht man die polnische Hauptstadt mit dem Berlin-Warschau-Express in sechs Stunden. Für 2011 ist der Einsatz eines ICE geplant, der die Fahrzeit weiter verringert. Doppelt so lange dauert es mit dem EuroNight „Jan Kiepura" ab Köln oder dem Nacht-Schnellzug ab Frankfurt/Main; von München sind es mit dem Nacht-Schnellzug sogar mehr als 15 Stunden. Sparangebote für den EuroNight gibt es bereits ab 29 €/Person (einfach), allerdings sind die Plätze kontingentiert und nicht leicht zu bekommen; der Normaltarif beträgt ab 113 €/Pers., günstiger wird es für BahnCard-Besitzer.

Österreich: Drei Direktverbindungen täglich (eine davon über Nacht) bietet die ÖBB von Wien aus an. Wie bei der DB gibt es auch hier einen Supersspartarif (ÖBB-SparSchiene), der Reisende ab 29 € nach Warschau bringt – etwas Glück bei der Buchung vorausgesetzt.

Schweiz: Schweizer kommen von Basel aus in den Genuss einer Direktverbindung in die polnische Hauptstadt. Der Nacht-Schnellzug ist allerdings mehr als 16 Stunden unterwegs.

Bahnhöfe: Warschau hat drei internationale Bahnhöfe, von denen der *Zentralbahnhof* mit zwei unterirdischen Etagen der größte und wichtigste ist – mit seinen labyrinthartigen Gängen und Tunnels geradezu ein Monstrum. Unzählige Geschäfte, Cafés und Fast-Food-Schalter buhlen um die Gunst der Passanten und Fahrgäste, dazwischen tummeln sich mitunter Taschendiebe. Selbst Warschauer verlieren hier regelmäßig die Orientierung, eine beliebte Freizeitbeschäftigung der hauptstädtischen Jugend sind Schnitzeljagden durch den Bahnhof! Für die EM 2012 wird der Zentralbahnhof provisorisch ein wenig verschönt, im Anschluss daran ist ein Neubau geplant. Sowohl der *West-* als auch der *Ostbahnhof* sollen aber bis zur EM durch zeitgemäße Gebäude ersetzt werden. Der Ausstieg ist hier allerdings nur in speziellen Fällen sinnvoll (s. u.).

Bahnhöfe

Dworzec Warszawa Centralna (Zentralbahnhof): Verkehrsknotenpunkt mit zentraler Lage, allerdings sehr unübersichtlich. Die Touristeninfo und die Kassen befinden sich in der ebenerdigen Schalterhalle, die Geschäfte und Lokale im 1., die Gleise im 2. Untergeschoss. Gepäckaufbewahrung (2 € pro Gepäckstück und Tag). Al. Jerozolimskie 54, ✆ 22-5116003 oder ✆ 9436, www.pkp.pl.

Dworzec Warszawa Zachodnia (Westbahnhof): in unmittelbarer Nähe des wichtigsten Busbahnhofs, der Ausstieg hier ist nur bei einer Weiterfahrt mit dem Bus oder zu Ausflügen in die Umgebung westlich von Warschau zu empfehlen. Ul. Tunelowa 2.

Dworzec Warszawa Wschodnia (Ostbahnhof): zum Umsteigen bei Weiterfahrten oder falls man eine Unterkunft auf der rechten Weichselseite gebucht hat. Hat (noch) den Ruf als einer der gefährlichsten Orte Warschaus. Ul. Kijowska 16.

Verbindungen, Preisbeispiel

Bahnverbindungen/Fahrzeiten: Frankfurt–Warschau 10½–16 Std. Berlin–Warschau 6–8 Std. Wien–Warschau 9 Std. Basel–Warschau 16 Std.

Preisbeispiel: Je nach Alter, Buchungszeit, Sonderangeboten, BahnCardbesitz, Internetbuchung, Kompetenz des Schalterbeamten und Entfernung ab der Grenze Preise zwischen 50 und 300 €, billiger im Berlin-Warszawa-Express ab 33,80 € oder mit der CityNight-Line ab 29 €. Von Wien mit ÖBB-SparSchiene um 29 €, im Liegewagen um 39 €.

Mit dem Bus

Lange Zeit war die Reise mit dem Bus die preiswerteste Möglichkeit, nach Warschau zu gelangen. Die Fahrt aus dem Westen Deutschlands kann aber bis zu 22 Stunden dauern und ist entsprechend beschwerlich. Empfehlenswert ist die Fahrt vor allem für Reisende mit schwerem Gepäck (bis zu zwei Gepäckstücke und 35 kg Gewicht). Trotz der in letzter Zeit gestiegenen Preise und der langen Reisezeit sind die Busse gut besetzt, eine frühzeitige Reservierung ist ratsam. Buchen können Sie im Reisebüro oder auch über das Internet. Bei den unten aufgeführten Buslinien werden die gesetzlich vorgeschriebenen Ruhezeiten für den Fahrer Ihrer Sicherheit zuliebe eingehalten und in der Regel mit einem Kaffee oder Tee versüßt. Der wichtigste Busbahnhof liegt im Westen der Stadt, viele internationale

Warschaus Partnerstädte

Busse fahren jedoch auch an verschiedene Stellen ins Zentrum.

Busbahnhöfe

Dworzec Zachodni PKS (Busbahnhof West): Der wichtigste Busbahnhof liegt direkt beim Westbahnhof. Al. Jerozolimskie 144, ✆ 0703-300130, www.pks.warszawa.pl.

Dworzec PKS Stadion (Busbahnhof Stadion): vor allem für Weiterfahrten in Richtung Baltikum und Osteuropa. Ul. Jana Zamoyskiego 1.

Anbieter, Preisbeispiele

Touring: aus allen größeren deutschen Städten, inzwischen gibt es auch Frühbucher-Rabatt ab 29 €. Ab Frankfurt/M. 18 Std., Hin-/Rückfahrt 100 €. www.deutsche-touring.de.

Eurolines: aus Europa, u. a. auch aus der Schweiz und Österreich. Ab Wien 11½ Std., Hin-/Rückfahrt 77,40 €. www.eurolines.at. Ab Zürich 20 Std., 163 CHF, www.eurolines.ch.

Sindbad: die polnische Konkurrenz zu den Billigfliegern. Frankfurt–Warschau 18 Std., auch aus der Schweiz, Tickets bei Buchung vier Wochen vor Abfahrt ab 4 €. www.sindbad-gmbh.de.

Beliebte Bummelfahrt in der Altstadtbahn

Unterwegs in Warschau

Nicht zuletzt wegen des Wiederaufbaus nach dem Zweiten Weltkrieg wurde Warschau als autofreundliche Stadt konzipiert. Trotzdem sorgen die unaufhörlich steigenden Verkehrszahlen für latente Staugefahr. Man sollte sein Auto also am besten stehen lassen und stattdessen Metro, Straßenbahn oder Busse nutzen. So gelangt man meist einfacher und schneller ans Ziel, obwohl der öffentliche Nahverkehr vor allem zu den Stoßzeiten ebenfalls überlastet ist.

Tarife im Nahverkehr

Die für den öffentlichen Personennahverkehr zuständige Gesellschaft ist die ZTM. Ihr unterstellt sind die Busse, Straßenbahnen und Metro, die die gesamte Stadtfläche abdecken und das Zentrum mit den Vororten verbinden. Es gibt zwei Zonen, wobei Touristen in der Regel nur innerhalb der ersten fahren. Das Erwachsenenticket kostet etwa 70 Cent (Kinder die Hälfte) und ist nur für eine Fahrt gültig, in der Metro darf man damit 2 Std. fahren. Wer umsteigen muss, sollte je nach Fahrtdauer eine der Minutenkarten wählen (s. u.). Bei häufiger Benutzung empfehlenswert sind Tages-, Dreitages-, Wochen- oder Monatskarten. Tickets gibt es an Kiosken sowie Automaten und Schaltern der Verkehrsbetriebe, das Billett muss in der Straßenbahn und im Bus vor der ersten Fahrt entwertet werden, in der Metro an den Drehkreuzen. Monatskarten hingegen sind personalisiert und erfordern einen Ausweis. Vor der ersten Fahrt muss man sie entwerten, in dem man sie an der Lesefläche der Fahrkartenautomaten oder der Drehkreuze vorbeizieht, wobei ein Signal zu hören ist. Das Ticket gilt ab dem Zeitpunkt der Entwertung, die Geltungsdauer ist am Entwerter abzulesen.

Leider sind behindertenfreundliche Niederflurbusse und -trams noch nicht so verbreitet wie etwa in Deutschland, auch wenn jährlich mehr eingesetzt werden. Derzeit sind es bei den Trams 15 % aller Fahrzeuge, bei Bussen 60 %, an Feiertagen sogar 85 %. Die Fahrpläne an den Haltestellen zeigen neben der Fahrtrichtung auch die nächsten Haltestellen in nummerierter Reihenfolge an, der Ausstieg kann so von Ortsunkundigen einfach abgezählt werden. Allerdings sind die Pläne etwas unübersichtlich. Auf der linken Seite stehen die Straßen, durch die gefahren wird, auf der rechten die Haltestellen, die meist nach Nebenstraßen benannt sind.

Fahrpläne/Fahrzeiten: bei den Touristeninformationen und über ✆ 22-19484 (auch auf Englisch), www.ztm.waw.pl (bisher nur auf Polnisch), www.metro.waw.pl, www.tw.waw.pl.

Tarife im Zentrum: Einzelfahrt ohne Umsteigen (bilet jednorazowy) 0,70 €, 20-/40-/60-/90-Minutenticket mit unbegrenztem Umstieg 0,60/0,80/1,20/1,70 €, 2-Zonen-Ticket 1,05 €, Tageskarte (bilet dobowy) 3 €, 3-Tageskarte (bilet trzydniowy) 5 €, Wochenkarte (bilet tygodniowy) 9 €, einfaches Gruppen-Ticket bis 20 Pers. 6,50 €, Monatskarte (bilet 30-dniowy) mit Ausweis 23 €. Alle Fahrkarten müssen entwertet werden, Zeitkarten gelten ab dem Punkt ihrer Entwertung.

Zonen 1 & 2: Die Zone 1 entspricht dem Stadtverkehr, die Zone 2 dem Vorortverkehr, auf den jedoch die wenigsten Touristen angewiesen sind. Wer aus der Zone 1 in die Zone 2 fährt, muss spätestens am Übergang zusätzlich zum Zone 1-Ticket ein Zone 2-Ticket entwerten, besser aber gleich bei Fahrtbeginn ein 2-Zonen-Ticket. Die Zeit- und Minutenkarten gelten für beide Zonen.

Warsaw Tourist Card (WKT): Freier oder ermäßigter Eintritt zu allen wichtigen Museen und Ermäßigung in Geschäften und Restaurants, zudem freier Eintritt zu allen Stadtbussen, Straßenbahnen und der Metro. 1 Tag 9 €, 3 Tage 16 € – für Besucher, die viel sehen möchten, eigentlich unentbehrlich. Erhältlich bei Touristinformationen, ausgewählten Hotels und Reisebüros, www.warsawcard.com.

Wichtige Fahrkartenschalter, Infostellen: Ul. Senatorska 37 (Eingang E) Mo–Fr 7–17 Uhr; Metrostation Centrum (Pavillon 2010 B) Mo–Fr 7–20 Uhr, Sa 10-17 Uhr; Metrostation Ratusz Arsenał (Pavillon 09) Mo–Fr 7–20 Uhr; ansonsten in allen Postfilialen, vielen Kiosken, an Automaten oder beim Fahrer.

Von Bauarbeiten, neuer Linienführung, geschlossenen Haltestellen …

Warschau ist ständig im Umbau, fast täglich sind neue Baustellen zu sehen. Bei allen Sehenswürdigkeiten und Rundgängen in diesem Buch sind die nächsten Haltestellen und die entsprechenden Linien angegeben. Diese Angaben stimmen eventuell nicht immer, da die Bauarbeiten alle öffentlichen Verkehrsmittel mit Ausnahme der Metro betreffen. Dies bedeutet, dass Haltestellen vorübergehend geschlossen sein können, mitunter wird mehrmals wöchentlich auch die Linienführung geändert! Wir empfehlen, nach der Ankunft bei den Touristeninformationen oder den Infostellen des ÖPNV (s. u.) die aktuelle Linienführung der wichtigsten Bus- und Straßenbahnenlinien zu überprüfen. Oder Sie checken auf der Webseite www.ztm.waw.pl die aktuelle Situation. Die deutsche Übersetzung bietet bisher allerdings nur den Fahrplan der Metro, die englische Übersetzung immerhin den täglich aktualisierten Fahrplan aller Linien. Wer nach Haltestellen sucht, muss sich also wagemutig durch das bisher nur polnischsprachige Angebot kämpfen. Dazu klickt man auf „rozkłady jazdy“ (Fahrplan), dann auf „szukaj z przystanku“ (Suche nach Haltestelle). Nun sieht man verschiedene Links, die mit „Rozkłady jazdy ważne“ (Fahrplan gültig) beginnen und mit „do dnia“ (bis) „w dniach“ (innerhalb der Tage) oder „od dnia“ (ab) und einem Datum enden. Wer das entsprechende Datum anklickt, sieht eine alphabetisierte Liste der Haltestellen. Wer nun die Haltestellen anklickt, sieht die Linien, die die Haltestelle aktuell bedienen.

Was lange währt, fährt endlich gut

Die Geschichte der Warschauer Metro ist eine Geschichte des Wartens und der Geduld. Warum es mit der Fertigstellung so lange dauerte, erklärt sich durch die jeweilige politische und wirtschaftliche Lage. Während um 1900 in vielen europäischen und amerikanischen Metropolen mit dem Bau einer U-Bahn begonnen wurde, stand Warschau unter russischer Besatzung. Erst nach dem Ersten Weltkrieg begannen dann die Planungen, die ersten Arbeiten im Jahr 1925. Doch die Weltwirtschaftskrise verhinderte einen umfassenden Baubeginn. Recht weit fortgeschritten waren dann die vom Stadtpräsidenten Stefan Starzyński forcierten Planungen für die Zeit ab 1939, als Polen von Hitlerdeutschland besetzt wurde, was den sofortigen Baustopp bedeutete.
Trotz Aufbruchstimmung nach Kriegsende und beginnender Tunnelarbeiten erhielt Warschau anders als andere Hauptstädte des Ostblocks auch in den 50er Jahren keine Metro. Zum einen wurde ein Großteil der Arbeitskräfte und Geldmittel für den Wiederaufbau eingesetzt, zum anderen wurde von der Sowjetunion in überzogenen und deshalb nicht verwirklichten Dimensionen geplant. So wurde nicht nur eine ähnlich luxuriöse U-Bahn wie in Moskau angestrebt, als Imagemaßnahme gegen antikommunistische Tendenzen in Polen, sondern auch ein militärisch nutzbarer Bau: Die Untertunnelung Warschaus in einer Tiefe von 46 Metern sollte gleichzeitig dem unbemerkten Truppentransport der Roten Armee unter der Weichsel hindurch dienen! Wie weit die riesigen Röhren in Richtung des kapitalistischen Westens führen sollten, ist unter Historikern umstritten. Einige behaupten, dass Warschau und Berlin durch einen Tunnel verbunden werden sollten. Unvorstellbar bei den heutigen Kosten für den Tunnelbau, die in den 80er Jahren einen Bau verhinderten und auch aktuell das städtische Budget belasten. 1995 wurde dann endlich die erste Linie in Betrieb genommen und die Strecke sukzessive verlängert. Die sich gabelnde rote Linie von Mory im Westen bis Bródno, Kozia Górka oder Gocław auf der rechten Weichselseite soll in Etappen bis 2012, 2015 bzw. 2016 fertiggestellt sein. Einen Erfolg konnten die Architekten und Ingenieure jetzt schon verbuchen: Auf der Metrorail 2008 wurde der U-Bahnhof Plac Wilsona als schönste Station der Welt ausgezeichnet.

Metro

Gegenwärtig verkehrt nur eine, und zwar die blaue Linie in Nord-Süd-Richtung: von Młociny im Norden nach Kabaty im Süden Warschaus: Sonntag bis Donnerstag von 5 bis 24 Uhr, Freitag und Samstag 5 bis 2.30 Uhr. Die Metro ist für die Sehenswürdigkeiten in der Nähe der Stationen die sinnvollste und schnellste Alternative. Kein Wunder, dass Touristen wie die staugeplagten Warschauer schon sehnsüchtig auf die in Bau befindliche zweite und dritte Linie warten.

Takt: Tagsüber alle 3–4 Min., morgens und abends alle 7–10 Min.

Straßenbahn

Die Trams der Stadt haben den gleichen Vorteil wie die Metro: Sie haben ständig Vorfahrt. Die Linien führen dabei entweder in Nord-Süd-Richtung oder in Ost-West-Richtung durch Warschau. Sofern der gewünschte Zielpunkt bedient wird, sollte man sie den Bussen vorziehen, da sie schneller sind. Einzig der Ein- und Ausstieg kann an manchen Haltestellen etwas schwierig sein, da man gelegentlich die Fahrspuren des Autoverkehrs überqueren muss. Die Straßenbahn ist vor allem zu Hauptverkehrszeiten mehr als ausgelastet, ein Sitzplatz nicht immer frei. Die höfliche Jugend steht aber gern zugunsten eines älteren Fahrgastes auf. Die erste Tram fährt ab ca. 5 Uhr morgens, die letzte gegen 23 Uhr.

Tram-Nummern: Straßenbahnen haben ein- und zweistellige Nummern. Hauptlinien: 1–39; Linien zur Entlastung des Hauptverkehrs: 40–49; Sonderlinien: 50–79.

Touristentram Linia T: Rundfahrt in Form einer Acht: – MDM-Viertel, Polytechnikum, Filtry, die al. Jerozolimskie entlang, durch den Park Skaryszewski und durch Praga, Bärengehege, Schloss, pl. Bankowy und am Park Saski vorbei bis zum Kulturpalast. Man fährt in einer Oldtimer-Straßenbahn, benötigt aber nur ein normales Ticket. Von Juli bis August Sa/So 11–19 Uhr. www.ztm.waw.pl, www.tetka.waw.pl.

Busse & Nachtbusse

Es gibt fast 2000 Busse, die sich auf ca. 220 Linien verteilen und von etwa 4.30 bis 24 Uhr verkehren. Auf den Fahrplänen sind sie von Trams dadurch zu unterscheiden, dass sie dreistellige Nummern tragen. Zu Stoßzeiten muss man mitunter lange Wartezeiten hinnehmen, da es nur an einigen wenigen Stellen eigene Busspuren gibt.

Die *Nachtbusse* verkehren täglich im 30-Min.-Takt zu Zeiten, wenn die normalen Busse und Straßenbahnen schon im Depot stehen, und zwar ab ca. 23 bis 4.30 Uhr. Sie sind mit einem N und einer zweistelligen Nummer gekennzeichnet. Aufpassen sollte man bei Bussen mit 700er- und 800er-Nummern; das sind Schnellbusse, bei denen man im Gegensatz zu den anderen öffentlichen Verkehrsmitteln dem Fahrer den Ausstieg kundtun muss. Ergänzt wird das Angebot von privaten Minibussen, die vor allem weiter entfernte Vororte und angrenzende Ortschaften anfahren.

Bus-Nummern: Busse im Zentrum: 100–199; Busse in den Außenbezirken: 201–299; Busse mit nicht durchgehendem Fahrplan: 300–399; Schnellbusse (halten nicht an jeder Haltestelle): 401–599; 2-Zonen-Busse (2-Zonen-Ticket 1,05 €): 700–899; Expressbusse (halten nicht an jeder Haltestelle, nur werktags): E-2–E-8, Nachtbusse: N01–N09 (im Ringverkehr) und N10–N95 (jeweils 23–4 Uhr).

Sightseeing-Buslinien

Linie 100: Der Doppeldecker fährt von der Altstadt (pl. Zamkowy) den Königstrakt hinunter bis zum Park Łazienki Królewskie, um anschließend über das im Sozialistischen Realismus erbaute MDM-Viertel am Kulturpalast vorbei zum Museum des Warschauer Aufstands zu fahren und schließlich über den Park Praski und plac Bankowy zur Altstadt zurückzukehren. Die Linie 100 verkehrt am Wochenende um 12, 14, 16 und 18 Uhr ab Altstadt, zwischen Mitte Juni und Ende Aug. täglich.

Linie 180: ein normaler Linienbus, fährt regelmäßig und auch unter der Woche und eignet sich deswegen hervorragend, um mehrmals ein- und auszusteigen. Verschiedene Nummern und Haltestellen muss man sich dabei also nicht merken. Die Endhaltestellen der 180er-Linie sind im Süden das Schloss in Wilanów und im Norden der Powązki-Friedhof. Abgesehen davon ähnelt die Strecke der der Linie 100, wobei das Museum des Warschauer Aufstands nicht bedient wird, dafür aber ein größerer Teil des ehemaligen Ghettos.

Taxi

Taxistände befinden sich an allen Verkehrsknotenpunkten wie dem Zentralbahnhof und bei der Altstadt. Vor der Fahrt sollte man den Preis abklären, da von Touristen, aber auch Einheimischen oft zu viel verlangt wird. Einen einheitlichen Taxipreis gibt es nämlich nicht, stattdessen aber Höchstpreise, die nicht überschritten werden dürfen (s. u.). Auf der sicheren Seite ist, wer die Telefonnummer eines der unten aufgeführten Funktaxis wählt – selbst wenn es kein Problem wäre, ein anderes zu finden. Die Tarife zu den Nachtzeiten sowie an Sonn- und Feiertagen sind höher, auf jeden Fall sollten sie am Taxameter abzulesen sein.

Taxigesellschaften: Halo Taxi ✆ 9623, www.halotaxi.pl; MPT (auch Behinderten-Transport) ✆ 9191, www.taximpt.com.pl; Super Taxi ✆ 9622, www.supertaxi.pl; Merc Taxi ✆ 22-6777777, www.merctaxi.pl.

Gesetzliche Höchstpreise: Grundpreis 6 PLN; Zentrum am Tag 3 PLN/km, Zentrum an Feiertagen und nachts 4,50 PLN/km; Randgebiete am Tag 6 PLN/km, Randgebiete an Feiertagen und in der Nacht 7 PLN /km; 1 Std. Wartezeit 40 PLN.

Auto & Mietwagen

Ein Zufall ist es wohl nicht, dass die größte Warschauer Fahrschule „Imola" heißt. Und die Geschwindigkeiten ihres Idols Robert Kubica auf der norditalienischen Formel-1-Rennstrecke versuchen anscheinend viele Alltagspiloten zu erreichen. Des Fahrers Nerven werden also immer wieder auf die Probe gestellt – nicht nur von rasanten Autos vor, hinter und neben sich, sondern auch in den Staus der Hauptverkehrszeit oder bei der Parkplatzsuche. Keine Frage, die Straßen sind überlastet, doch eine Besserung ist trotz stetiger Infrastrukturinvestitionen nicht in Sicht. Etwas angenehmer ist es im Hochsommer, wenn viele Warschauer im Urlaub sind, Schüler und Studenten Ferien haben und auch das Berufsleben einen Gang herunterschaltet.

Die auf den Stadtplänen verzeichneten bewachten Parkplätze kosten ab 1 €/ Std., im Zentrum oft sehr viel mehr. Parken können Sie auch an allen Straßen, soweit es kein anders lautendes Verbot gibt. Strafzettel bei Verstößen sind hingegen ziemlich sicher, mitunter werden auch Krallen benutzt. Die Altstadt und Teile der Neustadt sind verkehrsfrei, ebenso die ulica Nowy Świat. Wenn Sie mit dem Auto angereist sind, lassen Sie es am besten auf dem Parkplatz oder in der Hotelgarage stehen und nutzen Sie es nur außerhalb des Zentrums.

Wenn Sie für diese Ausflüge gern motorisiert wären, aber das eigene Auto nicht mitgenommen haben, bleiben die Autovermietungen. Die sind allerdings in Polen verhältnismäßig teuer und fordern die Einhaltung strikter Regeln. Dazu zählt etwa ein Mindestalter von 21 Jahren oder mehr, eine hohe Kaution (manchmal mehr als 500 €) sowie mindestens zwei Jahre Fahrpraxis.

Mietwagen

Budget: Kleinwagen, Mittelklasse, Kombis und Vans. Am Flughafen (✆ 22-6504062) oder beim Hotel Mariott, al. Jerozolimskie 65/79, ✆ 22-6307280, www.budget.com.pl.

Joka: Vor allem Mittelklassewagen, Limousinen, auch Pick-Ups. Ul. Okopowa 47, ✆ 22-6366393, www.joka.com.pl.

Local: Von Kleinwagen bis zur E-Klasse, auch City-Touren und Transport. Ul. Marszałkowska 140, ✆ 22-8267100, www.lrc.com.pl.

National: Am Flughafen, ☏ 22-8687574, www.nationalcar.com.pl

Limousineservice: Luxuslimos wie Bentley oder S-Klasse, auf Wunsch mit Chauffeur. Ul. Foksal 18/333, ☏ 22-6353000, www.limousineservice.pl.

Preisbeispiel: Für einen durchschnittlichen Mittelklassewagen sind mit mindestens 50 € pro Tag zu rechnen. Ein bei Budget für drei Tage gebuchter Renault Megane kostet im Sonderangebot ab 138 €, ein Opel Astra bei Local 144 €.

Parken

Gebühren: Parkplätze in den markierten Zonen der Innenstadt kosten Mo–Fr 8–18 Uhr 0,50 €/Std., die 2. und 3. Stunde jeweils 10 Cent mehr. Parkscheine an den Automaten. Weiter außerhalb ist das Parken kostenlos.

Bewachte Parkplätze: An vielen Orten im Zentrum und auch außerhalb, man erkennt sie am blauen Parkplatz-Zeichen und dem Zusatz „strzeżony", ab 1 €/Std. Sehr groß ist die Tiefgarage des Einkaufszentrums Złote Tarasy beim Kulturpalast.

Fahrrad

Das Radeln ist in Warschau nicht zuletzt wegen der teils großen Entfernungen eine sinnvolle Alternative zum Gehen, auf dem recht flachen Gelände kommt man mit dem Drahtesel meist auch gut voran. Viele Fahrradwege gibt es nicht, die Verkehrsführung ist insgesamt nicht bikerfreundlich, die Lage bessert sich aber. Gerade für Ausflüge in die nähere Umgebung eignen sich Fahrräder besonders. Entlang des linken Weichselufers gibt es eine schöne Strecke, von der aus viele Sehenswürdigkeiten zu erreichen sind, an der rechten Flussseite entsteht eine weitere Fahrradtrasse. Attraktiv ist auch die Fahrt durch Mariensztat und Powiśle. Wem die Anreise mit dem eigenen Rad zu mühsam ist, kann einen der Fahrradverleihe nutzen, von denen es seltsamerweise nicht viele gibt. Eine Karte der Fahrradwege in und um Warschau sollte bei den Touristinformationen erhältlich sein, manche Verleiher verlangen dafür 5 €.

Fahrradverleih

Wygodny Rower: Citybikes für Ausflüge in der Stadt. Zusätzlich zum Preis muss man 50 € sowie den Personalausweis hinterlassen. 9 €/Tag, 10 € für 24 Std. Auch Kinderräder und -helme. Mo–Mi 8.30–16.30 Uhr, Do/Fr 11–19 Uhr, Sa 10–13 Uhr, April bis Aug. Sa bis 18 Uhr. Ul. Stawki 19, ☏ 22-2072424, www.wygodnyrower.pl, www.warsawbybike.pl.

Oki Doki: Auch beim Hostel-Team kann man sich Räder leihen. 2 €/Std., 9 €/Tag, billiger wird es für Gäste, die dort schlafen. 100 € sind als Sicherheit zu hinterlegen. Pl. Dąbrowskiego 3, ☏ 22-8265112, www.okidoki.pl.

Local Rent a Car: Trotz des Namens gibt es auch Räder, die meisten davon edler und robuster, also auch teurer als die Konkurrenz. 14,50–22,50 €/Tag, 250 € Kaution, Ausrüstung wie Helme oder Kindersitze sind gratis. Ul. Marszałkowska 140, ☏ 22-8267100, www.lrc.com.pl.

Lato Konesera: Im Kulturzentrum in der alten Wodka-Fabrik Koneser gibt es von Mitte Juli bis Mitte Sept. mit etwas Glück Leihräder zu einem symbolischen Preis. Ul. Ząbkowska 27/31, ☏ 22-5370224, www.latokonesera.pl.

Sonstiges

Masa Krytyczna: Am letzten Fr im Monat um 18 Uhr treffen sich auf dem Schlossplatz Radler, Inline-Skater, aber auch Fußgänger, um als „kritische Masse" die Stadt von den Autos zurückzuerobern. Ist trotz des politischen Ziels immer mit viel Spaß verbunden. Büro und Infos: Ul. Nowogrodzka 46/6, www.masa.waw.pl.

Zu Fuß

Warschau ist eine Stadt der langen Wege, deshalb sollte man bequemes und festes Schuhwerk mitnehmen. Die meisten unserer Tourenvorschläge sind zu Fuß durchführbar, bei manchen ist es sinnvoll, sich ein Rad zu leihen oder zwischen zwei Sehenswürdigkeiten öffentliche Verkehrsmittel zu benutzen; dazu eignen sich u. a. die Touristenbusse mit den Nummern 100 und 180 (→ Sightseeing-Buslinien). Die Altstadt, Teile der Neustadt, die Nowy Świat und natürlich die Parks sind für den Autoverkehr gesperrt. An Zebrastreifen und Ampeln ist besondere Aufmerksamkeit angeraten. Viele Warschauer Autofahrer scheinen unter Zeitdruck zu stehen, vielleicht sind sie wegen der vielen Staus aber einfach nur gereizt.

Stadtführungen

Warszawskie Stowarzyszenie Przewodników: offizieller Stadtführerverein Warschaus, Vermittlung von privaten Führern, die die gewünschte Sprache beherrschen. Ul. Zwycięzców 32, www.przewodnicy powarszawie.w.interia.pl.

Excellence: Agentur mit deutschsprachigen Führungen; spezielle Angebote für Gruppen, auch Ausflüge in die Umgebung. 113 €/4 Std. Ul. Korotyńskiego 24/76, ✆ 22-6592158, www.excellence.travel.pl.

Mazurkas Travel: Englischsprachige Führungen, nach Voranmeldung auch deutschsprachig; spezialisiert auf Folklore-Shows und Chopin-Konzerte. Ul. Długa 8/14, ✆ 22-3894182, www.mazurkas.com.pl.

Trakt: Bis zu 10-stündige Ausflüge in und um Warschau. 150 €/4 Std. Ul. Kredytowa 6, ✆ 22-8278069, www.trakt.com.pl.

Warsawtrip: Deutschsprachige Führungen von den zwei sympathischen Insidern Aga und Wojtek, die auf Wünsche der Gäste eingehen. Am Ende gibt es ein kleines Andenken und eine Foto-CD mit den auf der Tour geknipsten Schnappschüssen. 5-stündige Führung 100 €/Pers., 180 €/Paar, Gruppen nach Vereinbarung. ✆ 0509-538450 oder ✆ 0501-226681, www.warsawtrip.pl.

Walk Warsaw: An jedem Tag der Woche gibt es eine eigene Tour, leider nur auf Englisch oder Italienisch. Treffpunkt ist immer 18 Uhr vor dem Hotel Bristol. 2-stündige Führung 10 €. ✆ 0600-954585, www.walk warsaw.pl.

Tours Warsaw: Themenbezogene Führungen zum jüdischen oder kommunistischen Warschau, zum Warschau der Gourmets oder dem der Schwulen. www.tours-warsaw.com.

Stadtrallye: Der deutschsprachige Stadtführer Przemek verbindet Unterhaltung, Bildung und Abenteuer auf seinen ideenreich gestalteten Rallyes durch Warschau. Auch Teambuilding-Angebote für Unternehmen. www.stadtrally.guide-warsaw.com.

Night Guides: Im Programm sind eine Clubnacht für Heteros oder Homos, eine VIP-Night mit Transport in Limousinen, Champagner und Dinner in einem Luxusrestaurant und sogar ein nächtlicher Flug über die Stadt. ✆ 0501-226939, www.night-guides.com.

Sonstige Verkehrsmittel

Die stilechte Art der Fortbewegung in der Altstadt und auf dem Königstrakt ist die Droschke. Die Kutschen warten auf dem Schlossplatz und bieten von dort aus verschiedene Routen an. Wer es lieber motorisiert mag, kann in die Altstadtbahn steigen, von den offenen Waggons sind die Attraktionen gut zu sehen; der Zug rollt auf Rädern und ist vor allem für Gäste gedacht, denen der Fußweg zu beschwerlich ist. Weitere Glanzlichter eines Warschau-Besuchs sind die Wasser-Straßenbahn und die Ausflugsfahrten auf der Weichsel. Nicht billig dagegen sind Flüge über der Stadt, sei es im Flugzeug oder im Ballon.

Kolejka Staromiejska (Altstadtbahn): Die Bahn fährt 30 Min. durch die Alt- und Neustadt. Ticket 4 €, erm. 3 €. Tägl. 11–17 Uhr, ✆ 0501-131245.

Rikschas warten am pl. Zamkowy auf Kundschaft.

Droschken: Haltestellen am plac Zamkowy und am Rynek Starego Miasta.

Pferdestraßenbahn: Fährt in der Sommersaison entlang der Altstadt und durch die Neustadt. 3 €, erm. 2 €. Di–Fr 11.30–18 Uhr alle 30 Min. ab plac Zamkowy, Sa/So auch 11 und 18.30 Uhr. Reservierung: ✆ 22-5345504.

Gondeln: Beliebt bei Liebespaaren und Kindern sind die Gondelfahrten im Łazienki-Park. Mai bis Sept. 10–18 Uhr. 15 Min. 2 €, längere Miete möglich. ✆ 0502-381389, www.gondole.of.pl.

Tramwaj wodny: 50-minütige Rundfahrten auf der Weichsel mit der „Generał Kutrzeba". Ticket 3 €, erm. 2 €, Familie 6 €. Auf der „Stalmach" kostet es 4 €, erm. 2 €, dauert dafür länger. Im Winter tägl. 14.30–19 Uhr, im Sommer tägl. 11–20 Uhr. Zustieg: Cytadela beim Most Gdański; Podzamcze am Most Śląsko-Dąbrowski; beim Most Poniatowskiego; am Cypel Czerniakowski zwischen Most Poniatowskiego und Most Łazienkowski. ✆ 0510-962725, www.tramwajwodny.waw.pl.

Aeronauta: Ballonfahrten für Einzelpersonen und Gruppen ab einem Dorf in unmittelbarer Nähe von Warschau. Ul. Anielki 2/46, 05804 Pruszków, ✆ 0604-218522, www.aeronauta.pl.

Aeroklub: Flüge mit Ballon oder Flugzeug. Ul. Księżycowa 1, ✆ 22-8349335, www.aeroklub.waw.pl.

Von Italien nach Prag in 30 Minuten

Die Warschauer Stadtbezirke tragen oft ungewöhnliche Namen. Włochy im Südwesten ist zugleich der polnische Name für Italien. Das eine halbe Tramstunde entfernte Praga auf der rechten Weichselseite heißt genauso wie die tschechische Hauptstadt. In Warschaus Zentrum wimmelt es auch von Straßen, die zur Erinnerung an Aufstände und Generäle, an Armeen oder Freiheitsdaten benannt wurden. Der plac Piłsudskiego zum Beispiel verdankt seine Bezeichnung dem Marschall und Politiker Józef Piłsudski, der im Polen der Zwischenkriegszeit eine wichtige Rolle spielte. Kaum seltener stößt man auf Straßen, die einen edlen oder imposanten Namen tragen. Neue Welt heißt die ulica Nowy Świat, Erlöserplatz der plac Zbawiciela und Königstraße die ulica Królewska. Umso erstaunlicher, dass für eine parallel zur Nowy Świat verlaufende Gasse der Name ulica Kubusia Puchatka gefunden wurde. Übersetzen müssen dies die Reiseführer ihren ausländischen Gästen mit Pu-der-Bär-Straße, Winnie-the-Pooh-Street oder Rue de Winnie l'ourson. Am Anfang und Ende der kurzen Straße ist ein Schild mit dem Namen zu finden, auf dem auch besagter Bär und sein treues Ferkel abgebildet sind. Der Bär aus den Geschichten von Alan Alexander Milne ist für seine Tapsigkeit und Naivität bekannt. Und traurige Verlierer werden in Polen traditionell gemocht.

Luxus im Stil der Jahrhundertwende bietet das berühmte Hotel Bristol

Übernachten

Auch in Warschaus Hotellandschaft zeigt sich die Vielfalt und Gegensätzlichkeit der Stadt. So kann man in traditionsreichen Häusern, ultramodernen Wolkenkratzern, Designerhostels oder sozialistischen Zweck- und Prachtbauten nächtigen.

Die Preise unterscheiden sich kaum mehr von denen in Paris, London oder New York. So sind für die Übernachtung in einer Luxussuite inzwischen vierstellige Euro-Beträge die Regel. Aber auch für Besucher mit weniger prall gefüllter Brieftasche gibt es immer noch genügend Angebote. Trotzdem sollte man vor allem in der Saison frühzeitig reservieren und gegebenenfalls eine Buchungsagentur in Anspruch nehmen, da dann der Preis niedriger sein wird. Keinerlei Abstriche muss man in punkto Sauberkeit und Komfort machen – die meisten Hotels und Pensionen wurden erst nach dem Ende des Sozialismus erbaut oder grundlegend renoviert. In den billigsten Unterkünften muss man sich das Bad oft mit anderen Zimmern teilen, in den Hostels auch die Zimmer selbst. Die angegebenen Preise gelten fast ausschließlich für die Hauptsaison – für ein Zimmer mit eigenem Bad und Frühstück. Teils erhebliche Nachlässe gibt es bei längeren Aufenthalten, in der Nebensaison und bei Buchung im Internet oder im Reisebüro.

Buchungsagenturen: www.polen.pl, www.bookings.de, www.hotelsinpoland.com, www.infhotel.pl, www.rezerwuje.pl.

Hotels und Pensionen

Unsere Auswahlkriterien für Hotels waren in der Regel ein reelles Preis-Leistungs-Verhältnis und eine größtmögliche Nähe zum Zentrum. Mit sinkenden Preisen muss man jedoch teilweise eine größere Entfernung hinnehmen. Darüber hinaus haben wir einige schwarze Schafe unter den Unterkünften angegeben, bei denen Sie nicht das erwartet, was im Internet versprochen wird. Die Reihenfolge der Hotels orientiert sich an ihrer Lage, beginnend mit Tour 1.

Luxusklasse (über 200 €)

***** **Le Régina (3, Karte S. 107)**, eines der exklusivsten Warschauer Hotels in der Neustadt. Von außen begeistert die längliche Fassade mit Arkadengängen, im Innern das edle Design. Luxus und Professionalität des Personals gehen hier nicht auf Kosten der Gemütlichkeit – eines der besten Hotels in dieser Preisklasse. EZ 150–250 €, DZ 200–300 €, Suite 1000–1650 €. Ul. Kościelna 12, ☏ 22-5316000, 📠 5316001, www.leregina.com, www.slh.com.

***** **Le Meridien Bristol (8, Karte S. 120/121)**, alles vom Feinsten: die zentrale Lage am Königstrakt neben dem Präsidentenpalast, ein im Michelin gelistetes Hotelrestaurant, die weiße Art Nouveau-Fassade am Palast, der selbst zu den Sehenswürdigkeiten Warschaus zählt ... Nicht umsonst wurde das Haus mehrfach zu Polens luxuriösestem Hotel gewählt. EZ/DZ 289–339 €, Appartment 369–2000 €. Ul. Krakowskie Przedmieście 42/44, ☏ 22-5511000, 📠 6252577, www.lemeridien.com/warsaw.

***** **Sofitel (16, Karte S. 149)**, Warschaus erstes 5-Sterne-Hotel in unmittelbarer Umgebung des Park Saski und des Metropols wurde 2008 renoviert. Sobald der Wiederaufbau des Sächsischen Palais vollendet sein wird, wird dieser Ort wie vor dem Ersten Weltkrieg zu den Highlights der Stadt zählen. Wie bei Häusern dieser Preisklasse üblich, variieren die Preise stark je nach Jahreszeit, Buchungsdatum und vor allem bei Messen. EZ/DZ 208–350 €. Ul. Królewska 11, ☏ 22-6578011, 📠 6578057, www.sofitel.com.

***** **Hilton Warsaw Hotel & Convention Centre (27, Karte S. 172/173)**, in einem der wenigen weniger gelungenen Hochhaus-Neubauten der Umgebung ist das 2007 eröffnete Hilton untergebracht. Besonders stolz ist man auf den Fitnessbereich mit Schwimmbad, in dem man in 25-Meter-Bahnen auch wirklich schwimmen kann, statt nur zu planschen. EZ/DZ 95–375 € (je nach Saison, Ausstattung und Buchungszeit), Präsidentensuite 1600 €. Ul. Grzybowska 63, ☏ 22-3565555, 📠 3565556, www.warsaw.hilton.com.

***** **Marriot (4, Karte S. 188/189)**, im unverwechselbaren Wolkenkratzer im Zentrum; es gäbe hier einige Highlights aufzuzählen, doch die vielleicht beste Sicht auf Warschaus Skyline ist das erwähnenswerteste. Das kostet entsprechend: EZ/DZ 97–227 €, Suite 172–241 €, Präsidentensuite 2061 €. Al. Jerozolimskie 65/79, ☏ 22-6306306, 📠 8300041, www.marriott.com/wawpl.

****** **Polonia Palace Hotel (6, Karte S. 188/189)**, eines dieser Hotels, in denen man einen Salon mieten kann, die Harfe für die Hintergrundmusik steht bereit. 2005 wurde die Wiedereröffnung in dem edlen Palast an den Jerozolimskie-Alleen gebührend gefeiert und seitdem wieder an die große Tradition des 1913 eröffneten Hauses angeknüpft: ein Frühstücksbuffet für Könige. EZ 239–269 €, DZ 249–279 €, Suite 299–389 €. Al. Jerozolimskie 45, ☏ 22-3182800, 📠 3182801, www.poloniapalace.com.

**** **Jan III Sobieski (2, Karte S. 188/189)**, der alte Palast mit Glaskuppel hat leider einen neuen, beißend-unvorteilhaften Anstrich bekommen, in punkto Inneneinrichtung ist das nach einem polnischen König benannte Haus aber über jeden Zweifel erhaben – und darauf kommt es ja an. EZ 190–235 €, DZ 205–250 €, Suite 265–695 €, Wochenen-

Warschaus Hilton

den bis zu 100 € günstiger. Pl. Zawiszy 1, ✆ 22-5791000, 📠 6598828, www.sobieski.com.pl, www.vi-hotels.com.

***** **Hyatt Regency (16, Karte S. 201)**, nur ein paar Schritte vom Łazienki-Park entfernt und so elegant wie die Paläste auf seinem Gelände. Gäste mit dicker Brieftasche werden hier sicher besser behandelt als Reisebuchautoren, die nach Informationen fragen. Falls nicht, wäre von diesem Hotel abzuraten. EZ/DZ ab 214 €, Präsidentensuite 1935 €. Al. Belwederska 23, ✆ 22-5581234, 📠 5581235, www.warsaw.regency.hyatt.com.

Obere Preisklasse (115–200 €)

***** **Sheraton (28, Karte S. 120/121)**, am plac Trzech Krzyży und damit in nobler Umgebung von Botschaften, Luxusrestaurants und Designerboutiquen. Geboten wird der für die Sheraton-Familie bekannte Standard. Mehr als nur störend war aber der Zigarrenrauch, der bei unserem Besuch in der Lobby waberte – dies scheint keine Ausnahme zu sein, befindet sich doch ein Zigarrengeschäft gegenüber der offenen Hotelbar. Bei weiteren Recherchen in Hotelnähe stank sogar die Straße nach Cohibas und Co. Ul. Prusa 2, EZ/DZ 89–240 €. ✆ 22-4506100, 📠 4506200, www.sheraton.com/warsaw.

***** **InterContinental Warszawa (14, Karte S. 158/159)**, erstklassige Lage und schon von weitem durch das charakteristische „Loch" an der Seite erkennbar, das Licht auf die weniger hohen Wohnblöcke der Nachbarschaft durchlassen soll. Spektakulär ist der Spa- und Pool-Bereich im 43. und 44. Stock, von dem man eine unvergleichliche Sicht auf den Kulturpalast und die Stadt hat. Geräumige Residenzen für längere Aufenthalte, auch Behindertenzimmer. EZ/DZ 120–190 €, am Wochenende mit Glück schon ab 80 €, Suite 270–620 €. Ul. Emilii Plater 49, ✆ 22-3288888, 📠 3288889, www.warsaw.intercontinental.com.

**** **Holiday-Inn (26, Karte S. 158/159)**, schlicht und wie einer dieser Nichtorte – das Innere unterscheidet sich nicht im Geringsten von vergleichbaren Häusern in Nanjing, Astana oder Curitiba. In der Umgebung erstreckt sich allerdings mit Wolkenkratzern und den Goldenen Terrassen das neue, imposante Warschau. EZ/DZ 109–207 €, Suite 199–269 €. Ul. Złota 48/54, ✆ 22-6973999, 📠 6973899, www.orbis.pl.

***** **Westin (20, Karte S. 172/173)**, architektonisch beeindruckender Wolkenkratzer mit spektakulärem Panorama-Aufzug und deshalb von innen wie außen ein beliebtes Fotomotiv. 2005 wurde das Westin zum weltweit besten Hotel dieser Kette gewählt. Keine festen Preise, EZ/DZ mit viel Glück ab 129 €. Al. Jana Pawla II 21, ✆ 22-4508000, 📠 4508111, www.westin.pl, www.westin.com/warsaw.

***** **Radisson SAS Centrum (17, Karte S. 172/173)**, westlich des Park Saski bei der Synagoge, ein Mitglied der Radisson-Familie mit etwas eigenartiger Preisgestaltung: EZ/DZ 75–125 €, das Appartement kostet 75 € mehr, hinzu kommen 25 € fürs Frühstück und 7 % MWSt. Ul. Grzybowska 24, ✆ 22-3218888, 📠 3218889, www.warsaw.radissonsas.com.

***** **Hotel Rialto (21, Karte S. 188/189)**, der neue Küchenchef Paweł Suchenek lässt selbst den großen Kurt Scheller, den langjährigen Koch des Hotels, nicht allzu sehr vermissen. Nicht nur die Gastronomie ist auf erstklassigem Niveau, was der Designpreis für die Art-Déco-Einrichtung unterstreicht – auch die beiden Bildschirme an der Rezeption sind in edles Holz eingefasst. EZ 99–199 €, DZ 109–199 €, App. 249–499 €. Ul. Wilcza 73, ✆ 22-5848700, 📠 5848701, www.hotelrialto.com.pl.

**** **Grand (15, Karte S. 188/189)**, oftmals schmückt sich das beste Hotel einer Stadt mit diesem Namen; beim Warschauer Exemplar handelt es sich trotz der vier Sterne aber eher um solide Mittelklasse. Frühbucher bekommen günstigere Angebote. EZ 70–180 €, DZ 80–200 €. Ul. Krucza 28, ✆ 22-5832100, 📠 5832121, www.orbis.pl.

Mittelklasse (70–115 €)

Castle Inn (28, Karte S. 91), jedes der Zimmer wurde in einem anderen Stil von Warschauer Künstlern eingerichtet. Ob Popart in Schwarz-Weiß oder romantisch-plüschiges Orient-Express-Flair, die Idee von neuem Design in alten Gemäuern geht auf. Vom mit Motiven aus Filmen des Warschauer Regisseurs Krzysztof Kieślowski versehenen Zimmer Nr. 11 hat man zudem einen schönen Ausblick auf den Schlossplatz. EZ 55–73 €, DZ 58–98 €. Ul. Świętojańska 2, ✆ 22-4250100, 📠 6350425, www.castleinn.pl.

Dom Literatury (1, Karte S. 120/121), berühmt wegen der wohl besten Sicht auf Schlossplatz und Altstadt. Von den Zimmern 23 und 27 scheint die Sigismundsäule in Griffnähe, ein deutsches Fernsehteam filmte den letzten Papstbesuch von hier aus. Herrlich altmodisch, Kreditkarten werden von den netten Damen nicht akzeptiert, seit 2009 gibt es einen Aufzug. Damit ist der Weg zu den schönen Zimmern (teils mit Balkon und Holzdecke) im 3. Stock nicht mehr so beschwerlich. EZ 55–63 €, DZ 93–150 €, 3-Bett-App. 113–150 €. Krakowskie Przedmieście 87/89, ✆/✆ 22-8283920, www.fundacjadl.com.

** **Harenda (12, Karte S. 120/121)**, nur unweit der Altstadt und direkt am Königstrakt gelegen, hätte dieses Hotel den Trick mit dem als dritten Stern scheinenden Pluszeichen gar nicht nötig. Sicher kein Nonplusultra, vor allem die Matratzen könnten mal wieder gewechselt werden und der nahe gelegene Club dreht die Lautsprecher oft auf. EZ 74–85 €, DZ 85–95 €, Frühstücksbüffet 6 €, an Wochenenden ist die zweite Nacht gratis. Krakowskie Przedmieście 4/6, ✆ 22-8260071, ✆ 8262625, www.hotelharenda.com.pl.

*** **Kyriad Prestige (32, Karte S. 158/159)**, das Prunkstück eines Komplexes aus drei Hotels; die nicht gerade schöne Lage des Neubaus gleicht der gute Service aus; alle Räumlichkeiten sind auf modernstem Stand. EZ/DZ 89–111 €, ohne Frühstück, das seinen Preis nicht wert ist, wird es 11 € billiger. Ul. Towarowa 2, ✆ 22-5827500, ✆ 5827501, www.kyriadprestige.com.pl.

*** **Gromada Warszawa Centrum (3, Karte S. 158/159)**, mitten im Zentrum gelegen, und so überrascht der relativ günstige Preis. Gespart wird aber anscheinend am Personal, die Rezeption ist oft nur einfach besetzt und heillos überfordert, was sich u. a. auf den Service auswirkt. Zum Abgewöhnen, dann doch lieber ein schönes Appartement. EZ 50–105 €, DZ 58–173 €. Pl. Powstańców Warszawy 2, ✆ 22-5829900, ✆ 5829527, www.gromada.pl.

** **Campanile (32, Karte S. 158/159)**, etwas abgelegenes Mittelklassehotel und nicht in bester Umgebung. Für den Preis aber okay. EZ/DZ 62–80 €. Ul. Towarowa 2, ✆ 22-5827200, ✆ 5827201, www.campanile.com.pl.

** **Maria (3, Karte S. 172/173)**, kleines und angenehmes Hotel in der Nähe des Powązki-Friedhofs, als Familienbetrieb eine Seltenheit im von Hotelketten dominierten Warschau. Kostenlose Gäste-Parkplätze. EZ 63–80 €, DZ 95–105 €, bis zu 25 € günstigere Preise am Wochenende. Al. Jana Pawła II 71, ✆ 22-8384062, ✆ 8383840, www.hotelmaria.pl.

*** **Mercure F. Chopin (21, Karte S. 172/173)**, das Haus nordwestlich vom Kulturpalast ging 2008 mit einer kleinen Renovierung ins 15. Jahr seines Bestehens. Viel Wert wird auf die Gastronomie gelegt, in der hoteleigenen Cukiernia Pani Walewska gibt es täglich frische Torten, Teilchen und sonstige Leckereien. Auf den Zimmern Wasserkocher mit Tee, WiFi, Sat-TV und natürlich Bilder zum Thema Musik, passend zum Namensgeber. Hervorragendes Preis-Leistungs-Verhältnis: EZ/DZ 86–118 €. Al. Jana Pawła II 22, ✆ 22-5280300, ✆ 5280303, www.accorhotels.com, www.mercure.com.

Babka Tower (2, Karte S. 172/173), Apartmenthotel direkt gegenüber der Mall Arkadia, in einem sehr hohen Wohnblock für reiche Warschauer. In einigen Zimmern darf man sich auf gute Aussicht auf einen Teil der Warschauer Skyline freuen, in allen auf Annehmlichkeiten wie WiFi, Bügelbrett und -eisen, CD-Player, Waschmaschine und eine voll ausgestattete Küche. EZ/DZ 39–70 €, App. für 2–4 Pers. 45–250 €. Al. Jana Pawła II 80/D44, ✆ 22-6373273, ✆ 6373260, www.babkatower.com.

*** **Metropol (8, Karte S. 188/189)**, aufpassen: Das riesige vor das Hotel gespannte Etwas ist keine Sonnenmarkise, sondern ein Werbeplakat; die Halogenscheinwerfer sind dazu gedacht, es nachts anzustrahlen, statt die Nachttischlampe zu unterstützen. Ergo: keine Aussicht, nachts ist es taghell und der Preis ist nicht nur dafür viel zu hoch. EZ 100 €, DZ 120 €. Ul. Marszałkowska 99a, ✆ 22-6294001, ✆ 6286622, www.hotelmetropol.com.pl.

**** **Novotel (7, Karte S. 188/189)**, der Hochhaus–Block wurde 2007 für angeblich nicht weniger als 50 Mio. Euro renoviert. Auf jeden Fall ist es eine städtebauliche Bereicherung, das Hotel selbst bietet eine zentrale Lage und ein gutes Preis-Leistungs-Verhältnis. EZ 80–90 €, DZ 80–100 €, Suite 200–240 €. Ul. Marszałkowska 94/98, ✆ 22-6210271, ✆ 6250476, www.orbis.pl.

*** **Hotel Karat (13, Karte S. 201)**, recht kleines Hotel beim Łazienki-Park, das für sein Design im Stil der frühen 90er Jahre sicher keinen Preis gewinnen würde. EZ 70 €, DZ 95–108 €, Ermäßigung am Wochenende. Ul. Słoneczna 37, ✆ 22-8498454, www.hotelkarat.pl.

*** **Reytan (15, Karte S. 201)**, ein ganzes Stück südwestlich vom Lazienki-Park und damit nicht gerade zentral. Das Hotel unterstützt nicht nur den Seehund im Zoo,

die angegebene Adresse bezieht sich auf die Agentur und Rezeption. Ausstattung zeitgemäß und gemütlich. App. 45–100 €. Ul. Rycerska 10/6, ✆ 22-6353838, 📠 608093510, www.capitalapartments.pl.

Duval (2, Karte S. 91), die vier in verschiedenen Stilen eingerichteten Appartements befinden sich in einem Altstadthaus beim Barbakan, das wie ein Wunder die Zerstörungen des Zweiten Weltkriegs fast unbeschadet überstand. Laut Legende wurde hier ein junges Mädchen namens Henrietta von Casanova höchstpersönlich verführt. Bei der Geburt ihres unehelichen Kindes starb sie und soll bis heute in den Gemäuern spuken. In die Appartements gelangt man durch das Café Same Fusy und eine (für beleibte Personen zu enge) Treppe. App. 70–100 €, 450 €/Woche. Ul. Nowomiejska 10, ✆ 0608/679346, 📠 8319104, www.duval.net.pl.

Royal Route Residence (22, Karte S. 120/121), in einem weißen Palast direkt am Königstrakt. Die Appartements sind eher häuslich-familiär als königlich eingerichtet, zum Wohlfühlen aber bestens geeignet. Waschmaschine, Internetzugang, Telefon und gut ausgestatte Küche vorhanden. App. für bis zu 6 Pers. 32–140 €. Ul. Nowy Świat 29/3 (Eingang zur Rezeption im Innenhof), ✆ 22-8209227, 📠 8314956, www.royalrouteresidence.com.

Boutique B & B (19, Karte S. 132/133), liebevoll eingerichtetes Appartementhaus, nur ein paar Schritte vom Nationalmuseum entfernt. Ein Office mit Computern, Internetanschluss und Drucker sowie eine Küche mit großem Esstisch stehen allen Gästen zur Verfügung. App. 70–150 €, App. für 4 Pers. 125 €. Ul. Smolna 14/7, ✆ 22-8294800, 📠 8294802, www.bbwarsaw.com.

St. Andrews Palace (15, Karte S. 158/159), sehr schöner weißer Palast, der Luxus verspricht und auch bietet. Das Frühstück und die Lage zwischen Kulturpalast und Königstrakt sind weitere Vorteile. DZ ab 120 €, App. für 3 Pers. ab 180 €, App. für 4 Pers. 216 €, am Wochenende 50–60 € billiger. Ul. Chmielna 30, ✆ 22-8264640, 📠 8269635, www.residencestandrews.pl.

Residence Diana (11, Karte S. 158/159), 45–102 m² große Appartements in perfekter Lage um einem schönen Innenhof. Für die luxuriös eingerichteten Zimmer muss man allerdings tief in die Tasche greifen, zumal MWSt. und Frühstück noch nicht inbegriffen sind. App. 240–650 €, Zimmer auch für mehr Personen. Ul. Chmielna 13a, ✆ 22-5059100, 📠 5059101, www.residencediana.com.

Apartamenty Zgoda (7, Karte S. 158/159), „Dein Heim, wenn du in Warschau bist", ist das Motto des Hauses. Gemütlich eingerichtet und unweit des Kulturpalastes fühlt man sich wirklich wie zu Hause. Internet, Klimaanlage, Sat-TV, Telefon, Kochnische und Kühlschrank, sogar eine Mikrowelle zählen zur Ausstattung. App. 92–134 €, am Wochenende 45–63 €. Ul. Zgoda 6, ✆ 22-5536200, 📠 8271044, www.dipservice.com.pl.

****/*** Dream Apartments**, im Angebot diverse Appartements in der Altstadt und im Zentrum mit Platz für 2–6 Personen. App. 37–84 €. Ul. Andersa 21/84, ✆ 22-6352436, www.dreamapartments.pl, www.rentflat.pl.

Weitere Appartements über die gesamte Stadt verteilt unter www.warsaw-apartments.net, www.kwatery-prywatne.pl.

Budget

Zwar gibt es in Polen auch Jugendherbergen, diese praktizieren jedoch meist strenge Regeln: Tagsüber muss man zu bestimmten Zeiten aus dem Haus sein, abends rechtzeitig wieder eintreffen. Eine Alternative in dieser Preisklasse sind die Hostels amerikanischer Prägung, die nicht selten auch Einzel- oder Doppelzimmer anbieten. Die Studentenhotels des Polytechnikums unterscheiden sich je nach Baujahr zum Teil sehr stark. Das Niveau reicht von erstaunlich luxuriös bis verkommen, Internet auf den Zimmern gibt es aber anscheinend überall.

Kanonia (23, Karte S. 91), der größte Vorteil des romantischen Häuschens ist die Lage in der Altstadt. Nachteile sind die durch die Fenster hereinlugenden Touristen, der oft große Lärm und der leider nicht immer freundliche Service. 12–18 € pro Person, DZ 41–56 €. Ul. Jezuicka 2, ✆ 22-6350676, www.kanonia.pl.

Dom przy Rynku (4, Karte S. 107), das 2008 renovierte Summer Hostel am Rynek der Neustadt ist nur im Juli und August geöffnet, da es sonst als Unterkunft für Kinder dient. Davon zeugen die Puppen, Kinderbilder und Lesebücher in den Fluren und Zimmern. Ruhige Bänke im süßen Garten des Hinterhofs. Kleines Manko: Zwischen 10 und 16 Uhr muss man raus, doch nachts kann man zurückkommen, wann man will. 15 € pro Person, DZ 33 €. Rynek Nowego Miasta 4, ✆/℻ 22-8315033, www.cityhostel.net.

Metalowcy (20, Karte S. 107), Warschaus laut eigener Aussage billigste Zimmer bieten natürlich keinen Luxus. EZ ohne Bad 22–26 €, DZ mit Bad 52 €, ohne 24 €, 4-Bett-Zimmer 70 €. Ul. Długa 29, ✆/℻ 22-6355460, www.federacja-metalowcy.org.pl.

Helvetia (15, Karte S. 120/121), die herrlich kitschigen Zimmer befinden sich in der Nähe der Universität. Statt des hosteltypischen, sterilen Ikea-Stils eher häuslich-familiär eingerichtet. Daneben gibt es auch etwas teurere Zimmer. 12–15 €/Person, Frauenzimmer 17 €/Pers., EZ 37–50 €, DZ 40–55 €, billiger ohne eigenes Bad und im Winter. Ul. Kopernika 36/40, ✆/℻ 22-8267108, www.hostel-helvetia.pl.

Hostel Botel „Na Wodzie“ (13, Karte S. 132/133), die beiden auf die Namen Aldona und Anita getauften Hotelschiffe liegen nördlich vom Most Poniatowskiego am Weichselufer und sind zur Sommersaison geöffnet, die sich je nach Temperatur bis in den Dezember hinziehen kann. An der Rezeption liegen Muscheln, an der Reling stehen kleine Tische, dazu die Sicht auf Warschaus Strand und die Poniatowski-Brücke, was will man mehr? EZ 19 €, DZ 25 €, 3-Bett-Zimmer 33 €. Ul. Wybrzeże Kościuszkowskie, ✆/℻ 22-6285883, www.botel.pl, www.hostels-botel.com.

Tamka (8, Karte S. 132/133), die zentrale Lage beim Königstrakt, die Gruppenpreise, der Grillplatz, die bei unserem Besuch noch nagelneuen und angenehm gestrichenen Zimmer und das TV-/DVD-Zimmer machen das Tamka zu einer idealen Unterkunft für Reisegruppen. 9–18 €/Person, EZ 28–38 €, DZ 33–48 €, billiger ohne eigenes Bad. Ul. Tamka 30, ✆/℻ 22-8263095, www.tamkahostel.pl.

Dizzy Daisy (23, Karte S. 132/133), das Hostel mit vielen Doppelzimmern beim Łazienki-Park ist leider nur im Juli und August geöffnet. Internet, Bettwäsche, Waschmaschinennutzung, Gemeinschaftsküche und Kühlschränke sind im Preis inbegriffen. DZ 30–35 €, 3-Bett-Zimmer 38–41 €, die teureren mit eigenem Bad. Ul. Górnośląska 14, ✆ 22-2138630, www.dizzydaisy.eu.

Oki Doki (26, Karte S. 149), hat bei den von den Betreibern der Hostelworld.com-Seite veranstalteten Hoscars 2006 den weltweit zehnten Platz belegt. Ohne Frage wird das Oki Doki diesen Vorschusslorbeeren ge-

Detail im Designerhostel Oki Doki

recht: von einem Warschauer Künstler individuell gestaltete Zimmer, Karten und Reiseführer zum Schmökern, freies Internet und WiFi, Sicherheitsschlösser für die Schränke, Kaffee und Tee gratis … 9–17 /Person, EZ 28–35 €, DZ inkl. Bad/WC 44–55 €. Pl. Dąbrowskiego 3, ✆ 22-4231212, ℻ 82 68357, www.okidoki.pl.

Nathan's Villa (26, Karte S. 188/189), von Botschaften umgeben und in der Nähe des Łazienki-Parks, bietet dieses Hostel alles, was man sich wünschen kann. Einen schönen Innenhof und ein Zimmer nur für Mädchen zum Beispiel. Ein Himmel für Budgetreisende, sagt Nathan – und man kann ihm nur zustimmen. 9–16 €/Person, DZ mit Bad 45 €, App. 48 €. Ul. Piękna 24/26, ✆/℻ 22-622 2946, www.nathansvilla.com.

Jump Inn (37, Karte S. 188/189), nicht nur die Einbauküche und das Bad legen die Vermutung nahe, dass dies eigentlich ein ganz normales Einfamilienhaus ist. Sehr entspannte Lage inmitten von Villen, Bungalows und Familienhäusern. Schöner Grill im Garten, sehr sauber, freies Frühstück und Fahrradverleih. 10–18 €/Person, EZ 25–35 €, DZ 55–75 €. Ul. Prokuratorska 2, ✆/℻ 22-8251167, www.jumpinnhostel.com.

Riviera (39, Karte S. 188/189), Warschaus beliebtestes Studentenwohnheim in einem Hochhaus mit tollem Ausblick. Einziges Manko: die Fenster lassen sich nicht öffnen, weil sich Lebensmüde von hier in die Tiefe gestürzt haben. Vor allem für längere Aufenthalte geeignet: 1 Monat im Einzelzimmer kostet für Nichtstudenten 150 €, im DZ 120 €/Pers., 1 Übernachtung 15 €/Pers. Ab 2010 wird das Sommerhostel vom Dizzy-Daisy-Team übernommen, die Preise werden sich dann eventuell ändern. Ul. Waryńskiego 12, ✆ 22-8252597, www.hostel.pl, www.plac.pw.edu.pl.

* **Marion (3, Karte S. 216/217)**, in Praga gegenüber dem Kulturzentrum Fabryka Trzciny mit wirklich günstigen Gästezimmern. Bei dem Preis stört auch nicht, dass der Teppich mal wieder ausgeklopft werden könnte oder die Bilder an der Wand hinter gesprungenem Glas hängen. EZ 23 €, DZ 30 €. Ul. Otwocka 7, ✆ 22-8180065, 📠 6787664.

Blick auf den Schlossplatz von einem Zimmer im Dom Literatury

Wileńska (11, Karte S. 216/217), Gästezimmer mit voll ausgestatteter Küche in Praga Stara und so wenig kommerziell wie der ganze Stadtteil. Allerdings muss man durch zwei dunkle Innenhöfe voller unangenehmer Zeitgenossen gehen, wenn man überhaupt den richtigen Klingelknopf findet. Wer mit teurem Gepäck wie Spiegelreflexkamera oder Laptop reist, sollte sich eine andere Unterkunft suchen. EZ/DZ 30 €, 3-Bett-Zimmer 38 €. Ul. Targowa 70/109 ✆ 501-048471, www.selfservicehostel.com.

Camping

Eine weitere preiswerte Übernachtungsmöglichkeit. Ergänzende Informationen für Campingfreunde finden sich auf der hervorragenden Internetseite www.campingpolska.com.

**** **Wok**, kleiner, aber feiner Platz in der Nähe des rechten Weichselufers, wurde vom britischen „Independent" unter die 50 besten Campingplätze Europas gewählt. Die Entfernung zum Zentrum ist recht groß, dafür ist der Platz grüner als die unten aufgeführten. Erw. 5 €, Kinder die Hälfte, Pkw mit Wohnwagen und Strom 15 €, Zelt 5 €. Geöffnet 1. Mai bis 30. Sept. Ul. Odrębna 16, ✆ 22-6127951, 📠 6156127, www.campingwok.warszawa.pl.

* **Camping Astur**, 1 km südwestlich des Zentrums, schräg gegenüber vom Westbahnhof (Warszawa Zachodnia). Außer einem Schwimmbad und Tennisplätzen stehen 120 Plätze in Bungalows mit 2-, 3- und 4-Bett-Zimmern zur Verfügung. 4 €/Pers., Zelt 4 €, Pkw mit Wohnwagen und Strom 18 €, Bungalow für 4 Pers. 30 €. Geöffnet 1. Mai bis 30. Sept. Ul. Bitwy Warszawskiej 1920 r. 15/17, ✆/📠 22-8233748, www.astur.waw.pl.

*** **Camping Rapsodia**, im Südwesten Warschaus in großstädtischer Umgebung gelegen, die Anlage selbst ist aber recht schön. In unmittelbarer Nähe stehen auch Hotel- oder Gästehauszimmer zur Verfügung. 4 €/Pers., Pkw mit Wohnwagen und Strom 12 €, Hotelzimmer 28–37 €, App. im Gästehaus 28 € für 5 Personen. Geöffnet 1. Mai bis 30. Sept. Ul. Fort Wola 22, ✆/📠 22-6344165, www.rapsodia.com.pl.

Auch in Warschau isst das Auge mit

Essen & Trinken

Zum Start żurek, barszcz oder zupa grzybowa, als Beilage surówka oder mizeria, als Hauptgericht pierogi z mięsem, gołąbki oder bigos und zum krönenden Abschluss szarlotka, makowiec oder naleśniki. Sie verstehen nur Bahnhof? Der folgende Abschnitt wird helfen, die polnische Küche etwas besser kennenzulernen. Und Sie sollten es sich nicht entgehen lassen, auch die kulinarische Seite der Stadt zu erkunden.

Angenehm sind die recht günstigen Preise, die selbst ein Menü in einem edlen Restaurant erschwinglich machen. Die Lokale sind sehr oft phantasievoll eingerichtet. Für dieses Erlebnis bezahlt man dann gern die in Polen üblichen 10 % Trinkgeld. Wer den in der Regel viel zu schlecht bezahlten Kellnern und Kellnerinnen mehr geben möchte, kann dies natürlich auch tun.

Im Restaurant

Die besten Restaurants verteilen sich über die ganze Stadt. Dabei gleichen die Zeiten, zu denen man isst, denen in Deutschland. In den meisten Restaurants kann man bis 24 Uhr warm essen, manche Küche schließt aber bereits um 22 Uhr. Wer sich in den edleren Restaurants nicht underdressed fühlen möchte, sollte etwas auf die Kleidung achten. Für die ohnehin modisch und elegant gekleideten Polen ist ein Restaurantbesuch keine Selbstverständlichkeit, sondern ein besonderes Ereignis, bei dem auch Wert auf angemessene Kleidung gelegt wird. Gleiches gilt übrigens für kulturelle Veranstaltungen von Theater über Konzert bis hin zum Kino. Fast alle Restaurants haben sieben Tage in der Woche geöffnet. Sollte sich ein Restaurant doch einmal einen Ruhetag gönnen, ist dies bei den Stadttouren unter „Praktische Infos“ vermerkt.

Kleine Speisen- und Getränkekarte

Die Küche Zentralpolens ist geprägt von russischen und ungarischen Einflüssen, im Falle Warschaus auch von französischen. So ist eine der typischen Nachspeisen auf den hauptstädtischen Speisekarten *Crème brûlée,* die auch in Paris nicht besser schmeckt. Während im Sozialismus das charakteristische Gericht ein Teller voller Fleisch, Kartoffeln und Salat war, überwiegen mittlerweile wieder leichtere und raffiniertere Kreationen. Inzwischen wird auch bewusst an die Gourmet-Traditionen des 19. Jh. angeknüpft. Seit der Wende gibt es hervorragende Restaurants mit internationaler Küche, von denen vor allem die asiatischen zu empfehlen sind; derzeit scheint Sushi das typische Manager-Lunchgericht zu sein. Im Folgenden wollen wir vor allem die traditionellen Gerichte der polnischen Küche vorstellen, für die einfachere Restaurants keine Übersetzung bereithalten. In eleganten Restaurants kommen oft verfeinerte Variationen auf den Tisch und die Karte beschreibt die Gerichte auf Englisch, mitunter auch auf Deutsch.

Eine typische **Suppe** ist der *żurek,* gekocht aus säuerlichem, fermentiertem Mehl. Ebenso verbreitet ist der *barszcz,* den man hierzulande vor allem als russische Rote-Beete-Suppe kennt. *Chłodniki* sind Kaltschalen aus Früchten und Gemüse, die im Sommer als Erfrischung gelöffelt werden. Die *zupa pomidorowa* ist eine Tomatensuppe, meist mit Reiseinlage, die *zupa ogórkowa* eine saure Gurkensuppe und die *zupa grzybowa* eine Pilzsuppe, die meist mit Nudeleinlage serviert wird. Eine Spezialität vor allem im Herbst sind die *grzyby* – Pilze, die in den Wäldern in und um Warschau gesammelt werden. Sie werden für **Hauptgerichte** oft auch zu einer Soße verarbeitet oder als Füllung benutzt, etwa in den *pierogi z kapustą i grzybami,* den mit Kraut und Pilzen gefüllten Teigtaschen. Es gibt aber auch andere Versionen der *pierogi*: Besonders beliebt sind sie *z mięsem* (mit Fleisch) oder als *ruskie* (mit Kartoffelteig und Frischkäse). Typische Fleischgerichte sind *gołąbki* (Kohlrouladen mit Fleisch), *bigos* (Eintopf aus Sauerkraut, Pilzen, Weißwein und verschiedenen Fleisch- und Wurstsorten) sowie *gulasz* (Gulasch). Wildgerichte gibt es häufig und in vielen Variationen, herausragend ist die *kaczka po polsku,* eine meist mit Obst gefüllte Ente.

Als **Beilage** werden wahlweise oft *kasza gryczana* (Grütze), *ziemniaki* (Kartoffeln), *frytki* (Pommes frites) oder *ryż* (Reis) gereicht. Zum Hauptgericht isst man außerdem noch *mizeria* (Gurkensalat), *surówka* (Rohkostsalat) oder *buraki* (Rote Beete). Die **Desserts** sind von den Kuchenspezialitäten dominiert. Besonders beliebt sind *szarlotka* (Apfelkuchen), *sernik* (Käsekuchen) und *makowiec* (Mohnkuchen). Wer nach den ersten beiden Gängen noch Appetit hat, kann auch mit *rurki z kremem* (mit Sahne gefüllte Waffelröhrchen), *gofry* (Waffeln), *naleśniki* (Pfannkuchen) oder *oscypek z grilla z żurawiną* (gegrillter Schafskäse mit Moosbeeren) das Mahl abschließen. Kinder werden die *pierogi z truskawkami* (süße Teigtaschen mit Erdbeeren) genauso lieben wie die *galaretka* (Götterspeise).

Bei den **Getränken** steht an erste Stelle das *woda* (Wasser), das öfter als *gazowana* (mit Kohlensäure) bestellt wird als als *niegazowana* (still). Abgesehen von den auch in Polen beliebten internationalen Softdrinks gibt es auch ungewöhnlichere Möglichkeiten, seinen Durst zu stillen. *Kompot* ist eine trinkbare Mischung aus in Wasser gekochten Früchten, meist aus Pflaumen, gelegentlich auch aus Äpfeln, Birnen oder

Kirschen. Erfrischend ist der *koktajl owocowy* aus Buttermilch oder Joghurt mit Früchten. Bei Kindern beliebt sind die vor allem in Geschäften erhältlichen Frucht- und Gemüsesäfte der Marke *Kubuś*. Unter den **alkoholischen Getränken** wird *wino* (Wein) immer beliebter. Außer den edlen Tropfen der Welt bekommt man auch Sorten aus unbekannteren ungarischen oder tschechischen Anbaugebieten. An Met erinnert der warm getrunkene *miód pitny*.

Die besten und beliebtesten Biersorten *(piwo)* sind Żywiec, Tyskie, Okocim und Lech, aus der Nähe Warschaus stammt das milde Warka. Gerade in den letzten Jahren kommen immer neue Sorten auf den Markt, darunter von deutschen Einwanderern gebraute. Eine besondere Spezialität ist der warme *Grzaniec*, entweder Glühwein oder ähnlich gewürztes, warmes Bier. Er wird vor allem im Winter getrunken und hilft ausgezeichnet gegen Husten.

Zwischen Kreativkitsch und Küchenkunst

Magda Gessler bezeichnet sich selbst als erste Luxusdame Polens, zur Zarin der hauptstädtischen Gastronomie krönte sie die Zeitschrift Polityka. Und beides ist nicht übertrieben. In ihren vielen Warschauer Restaurants hat Gessler eine in sich stimmige und harmonische Gegenwelt geschaffen, in der von Warschaus schnelllebigem Chaos nichts zu spüren ist. Ob ihre Gourmettempel einfach nur kitschig sind oder doch irgendwie stilvoll, ist nicht leicht zu beantworten. So stellt die studierte Malerin weiße Holzgänse vor rote Erdbeerlandschaften, kombiniert Dorfmöbel mit barocken Teppichen und setzt einen Hirsch in einen verspiegelten Kamin. Auf klangvolle Namen wie „Was für ein Gloria", „Botschaft des guten Geschmacks" oder „Beluga" hören ihre Restaurants. Und wenn auch über die Einrichtung gestritten wird, so sind sich Gesslers Gäste – darunter polnische und internationale Promis ebenso wie Michelin-Gourmets – über die Qualität der Küche meist einig.

Nicht zu verwechseln ist Magda Gessler übrigens mit Marta Gessler, deren Restaurant *qchnia artystyczna* in Sachen Küche und Einrichtung das genaue Gegenteil ist – Understatement und elegante Schlichtheit. Gemeinsam war den beiden Damen allerdings derselbe Ehemann namens Piotr Gessler, dessen Frauengeschmack so vielfältig war wie die Warschauer Gastronomie ....

Schnelles Essen

Natürlich gibt es in Warschau die bekannten US-amerikanischen Fastfood-Ketten, und auch der Döner ist längst an der Weichsel angekommen. Wer wirklich Neues kennenlernen will, wird da wohl lieber auf das reiche Angebot typisch polnischer Fastfood-Klassiker zurückgreifen. Zwischendurch werden gern die *zapiekanki* verspeist, mit Käse überbackene Pilzbaguettes, in der Regel mit Lauch bestreut und in Ketchup ertränkt. Glücklicherweise sind die kantinenartigen Überbleibsel aus der Zeit des Sozialismus noch nicht aus dem gastronomischen Stadtbild verschwunden: In einer *bar mleczny,* in der es trotz des Namens mehr als nur Milch gibt, kann man schnell, günstig und in der Regel sogar gut essen. Wieder im Kommen sind die *Snackbars,* die die alte Warschauer Tradition aufleben lassen, zum Wodka kleine Happen zu genießen.

Vegetarisches Essen

Auch wenn die polnische Küche einen fleischlastigen Ruf hat, gibt es in fast allen Restaurants traditionelle Gerichte, die bestens ohne Rind, Schwein und Co. auskommen. Hinzu kommen neuere vegetarische Varianten. Wie in einer Metropole nicht anders zu erwarten, gibt es zahllose rein vegetarische Restaurants und Salatbars mit ausgefallenen und schmackhaften Kreationen. Auch als Veganer muss man in Warschau nicht verhungern. Unsere Favoriten sind das Vega (Tour 7), die Vegabar (Tour 3) und das Biosfeera (auf keiner Karte verzeichnet, al. Niepodległości 80, bei der Metrostation Racławicka, ✆ 22-8980155, www.biosfeera.com). An mehreren Stellen im Zentrum befinden sich Filialen der landesweiten Kette Greenway, die in Milchbar-Ambiente aufgewärmte vegetarische Gerichte anbietet. Alle entsprechenden Restaurants finden Sie im Anschluss an die diversen Touren. Eine Hilfestellung beim Bestellen gibt unser kleiner Sprachführer S. 257.

Cafés & Heißgetränke

In Warschau haben etliche traditionsreiche Kaffeehäuser die Zeiten überdauert, die berühmtesten und elegantesten sind das *Wedel* und das *Blikle.* Beide sind allein mit ihrer Einrichtung wie eine Zeitreise in die Vergangenheit und für ihren hervorragenden Kaffee, eine heiße Schokolade und die hausgemachten Pralinen unbedingt zu empfehlen. Inzwischen wird dieses Angebot durch stylishe oder alternative Cafés sowie polnische Ketten wie Coffeeheaven und W biegu Café ergänzt, auch die ersten Starbucks-Filialen haben inzwischen in der Hauptstadt eröffnet. Eine beliebte Besonderheit sind die vielen Buchhandlungen, in denen man Lesen, Klönen und Kaffeetrinken verbinden kann. Die braunen Bohnen kamen übrigens trotz der ansonsten eher feindseligen Kontakte mit Völkern aus dem Orient nach Polen. Daran erinnert bis heute die traditionelle Art der Zubereitung *po turecku,* bei der der Satz im Glas bleibt. Natürlich gibt es inzwischen auch alle internationalen Varianten von *kawa* (Kaffee) und Espresso über die Wiener Variante mit Schlag *po wiedeńsku* bis hin zum Filterkaffee. Beliebt sind auch die *gorąca czekolada,* die in ihrer dickflüssigen Konsistenz eher ein Dessert als eine Trinkschokolade ist, sowie *herbata* (Tee) in zahlreichen Variationen. Getrunken wird letzterer mit viel Milch als *Bawarka* (Der Bayerische) und *z cytryną,* mit Zitrone, vor allem im Winter auch *z rumem* (mit Rum) – und für Kinder mit einem Schluck Himbeersirup, *z sokem malinowym.*

Minus acht Grad herrschen im mit Eisskulpturen geschmückten Clubraum der Icebar

Nachtleben

Wo viel gearbeitet wird, wird viel gefeiert, manche Kneipen haben sogar rund um die Uhr geöffnet. Allerdings ist festzustellen, dass sich das Nachtleben auf das Wochenende konzentriert. Eine Ausnahme sind Clubs, die vor allem Studenten zu ihren Gästen zählen.

Wie für eine Metropole nicht anders zu erwarten, zeigt sich das Warschauer Nachtleben vielschichtig und abwechslungsreich. Die Clubszene gehört zu den interessantesten in Europa, in den Cocktailbars werden müde Manager wieder munter, und alternative Nachtschwärmer haben die Qual der Wahl. In den Sommermonaten verlagert sich ein Großteil des Treibens auf Plätze und Straßen, sei es nur für einen Zwischenstopp auf dem Weg zur nächsten Kneipe oder zu einer Party unter freiem Himmel. Besonders beliebt ist dann der abendliche Bummel über die ulica Nowy Świat – Sehen und Gesehen werden. Auch in den Parks und am Weichselufer gibt es bei warmen Temperaturen spontane Feste. Dabei sollte bedacht werden, dass das Trinken alkoholischer Getränke in der Öffentlichkeit in Polen offiziell verboten ist.

Zentren des Nachtlebens

Die Kneipen und Clubs verteilen sich über das gesamte Stadtgebiet. Party-Hopping ist somit etwas zeitintensiv. Ein paar Zentren haben sich trotzdem herausgebildet.

In der **ulica Mazowiecka** geht es recht edel zu, die Türsteher sind entsprechend wählerisch, weshalb eine angemessene Garderobe zu empfehlen ist. In der **ulica Sienkiwicza** gibt es vier weitere Clubs mit einer ähnlichen Klientel aus Bankern und Managern. Weniger gut feiern lässt es sich in der

Altstadt, eine Ausnahme ist der heterofreundliche Schwulenclub Tomba Tomba, der in der gay community als eine der besten Adressen Europas gilt. Über den Königstrakt und verstärkt bei der **ulica Foksal** und **ulica Chmielna** verteilen sich elegante und teure Cocktail-Bars. Die Pavillons am Beginn der **ulica Nowy Świat 26/28** hingegen sind bei Studenten und Nachtschwärmern mit schmaler Brieftasche beliebt. In den letzten Jahren hat sich **Praga** mehr und mehr zu *dem* In-Ort gemausert – ein Grund dürfte das verruchte Image sein, das dem Stadtteil auf der rechten Weichselseite anhängt. Umso hipper gilt es, sich hier zu den unkonventionellen Feierwütigen zu gesellen. Insbesondere die Clubs in der **ulica 11 Listopada** und die Kneipen in der **ulica Ząbkowska** sind einen Abstecher wert.

Infos zu den Lokalitäten finden Sie in den Stadttouren unter „Praktische Infos". Für das Nachtleben von Interesse sind hier besonders die Touren 3, 4, 5, 6, 8 und 10.

Kultur & Co.

Die Theater der Stadt kann man kaum zählen, kaum weniger groß ist das Angebot an klassischen Bühnen. Doch auch Jazzfans, Rocker und Festivalgänger kommen mit Sicherheit auf ihre Kosten.

Theater

Warschau hat viele Dutzend Bühnen, die unten angeführten sind nur eine kleine Auswahl. Das Theaterpublikum in Warschau ist jünger und studentischer, als man es in Deutschland gewohnt ist. Zwei Theater sind für nicht Polnisch sprechende Touristen von Bedeutung: das Jüdische Theater, dessen Aufführungen oft in Englisch oder im dem Deutschen ähnelnden Jiddisch gespielt werden, und das Montownia, das wortlose oder ebenfalls englischsprachige Aufführungen im Programm hat. Die Eintrittspreise bewegen sich meist zwischen 4 und 20 €, besonders aufwendige Stücke können auch mehr kosten.

Teatr Narodowy: Das *Nationaltheater* zählt zu den wichtigsten Bühnen des Landes, und das seit drei Jahrhunderten. Meist werden internationale und polnische Klassiker gespielt, gelegentlich auch zeitgenössische Stücke. Eintritt 6–17 €. Pl. Teatralny 3, ✆ 22-6920604, www.narodowy.pl.

Teatr Żydowski: Das *Jüdische Theater* bietet ein breit gefächertes Programm von Märchenvorstellungen bis zu Klezmer-Konzerten. Am bekanntesten ist es jedoch für Musicals, die teils auf Polnisch, auf Englisch oder auf Jiddisch inszeniert sind – ein wenig versteht man eigentlich immer. Ein-

tritt 9–14 €. Pl. Grzybowski 12/16, ✆ 22-620 6281, www.teatr-zydowski.art.pl.

Teatr Dramatyczny: Das *städtische Dramentheater* ist bekannt für anspruchsvolle Inszenierungen nationaler und internationaler Stücke. Eintritt 4–43 €. Pl. Defilad 1 (Pałac Kultury i Nauki), ✆ 22-6566844, www.teatrdramatyczny.pl.

Teatr Studio: Das zusätzlich nach der polnischen Avantgarde-Legende Witkacy benannte Studiotheater bietet ein zeitgenössisches Programm. Eintritt 7–10 €. Pl. Defilad 1, Pałac Kultury i Nauki, ✆ 22-6566941, www.teatrstudio.pl.

Teatr Komedia: buntes Programm, auch Popkultur. Eintritt 6–23 €. Ul. Słowackiego 19a, ✆ 22-8336880, www.teatrkomedia.pl.

Teatr Kwadrat: Popstücke, Komödien und Absurdes werden hier von Schauspielern interpretiert, die vor allem durch ihre Fernsehrollen bekannt sind. Eintritt 7–23 €. Ul. Czackiego 15/17, ✆ 22-8262389, www.teatrkwadrat.pl.

Teatr Montownia: Für den in der Regel nicht Polnisch sprechenden Touristen ist das Independent-Theater aus zwei Gründen interessant. Zum einen gibt es Aufführungen mit Pantomime, Mimik und Stimme, zum anderen englischsprachige Aufführungen von polnischen Stücken. Eintritt 4–23 €. Ul. Marii Konopnickiej 6, ✆ 22-3390569, www.teatrmontownia.pl.

Kabarett, Revue, Kleinkunst, Kindertheater,

Ebenso bedeutend wie die Bühnen der Theater sind die der Kabarette, die sich meist in kleinen Kellern und Hinterzimmern eingerichtet haben. Wie in allen totalitaren Systemen gab es auch in Polen das dringende Bedürfnis, Kritik an den Machthabern auszusprechen. Da die politische Spitze dagegen vorging, war man gezwungen, die Kritik auf kreative Weise zu chiffrieren. Das Teatr Sabat bietet hingegen eine an das Moulin Rouge erinnernde Revue, die aufgeführten Puppentheater ein hervorragendes Kinderprogramm.

Teatr Sabat: Polens einziges Revue-Theater um die Tänzerin und Künstlerin Małgorzata Potocka bringt den Zwischenkriegscharme des Moulin Rouge in die polnische Hauptstadt. Neben CanCan und Latin-Shows gibt es ein Restaurant und eine Cocktailbar für den verrucht-romantischen Abend. Eintritt 26–66 €. Ul. Foksal 16, ✆ 22-8262355, www.teatr-sabat.pl.

Kabaret Moralnego Niepokoju: Das „Kabarett der moralischen Unruhe" ist eines der beliebtesten polnischen Ensembles; die Truppe stammt aus Warschau, hat keine feste Bühne, sondern spielt oft in den größten Hallen. www.kmn.k2.pl.

Teatr Baj: Ein klassisches Puppentheater, aber auch Papier- und Marionettentheater. Ein Spektakel für die ganze Familie, bei vielen Vorstellungen muss man nicht unbedingt Polnisch verstehen. Eintritt 5–6 €. Ul. Jagiellońska 28, ✆ 22-6198077, www.teatrbaj.waw.pl.

Teatr Guliwer: Ein weiteres sehr beliebtes Kindertheater mit abwechslungsreichem Programm. Eintritt 5–6 €. Ul. Różana 16, ✆ 22-8451676, www.teatrguliwer.waw.pl.

Teatr Lalka: Auf die Kleinen wird sicher auch der Kulturpalast Eindruck machen, in dem das traditionsreiche Puppentheater aufspielt. Eintritt 5–6 €. Pl. Defilad 1, Pałac Kultury i Nauki, ✆ 22-6204950, www.teatrlalka.waw.pl.

Oper, klassische Musik, Musical

Sowohl Nationaloper als auch die Philharmonie genießen einen ausgezeichneten Ruf. Fast schon Pflichtprogramm eines Warschau-Besuchs sind die sonntäglichen Chopin-Konzerte im Łazienki-Park.

Opera Narodowa: In der *Nationaloper* sorgen mehr als 1000 Schauspieler und Mitarbeiter für ein anspruchsvolles und abwechslungsreiches Programm. Aufgeführt werden die großen Opern der Vergangenheit und Gegenwart, darunter natürlich auch die polnischer Komponisten. Der Moniuszko-Saal fasst beinahe 2000 Zuschauer. Eintritt 5–35 €. Pl. Teatralny 1, ✆ 22-6920200, www.teatrwielki.pl.

Filharmonia Narodowa: Die *Nationalphilharmonie* unter der künstlerischen Leitung des Penderecki- und Boulanger-Schülers Antoni Wit zählt zu den angesehensten Häusern in Europa. Eintritt 7–13 €. Ul. Sienkiewicza 10, ul. Moniuszki 5, ✆ 22-5517127, www.filharmonia.pl.

Opera Kameralna: Auf dem Programm der *Kammeroper* stehen zwar auch Verdi, Rossini und andere italienische Komponisten, der Schwerpunkt liegt jedoch auf barocken Werken, mittelalterlichen Singspielen sowie fast vergessenen und zeitgenössischen polnischen Opern. Und nicht zuletzt Mozart, dessen gesamtes Opern-Oeuvre im Repertoire ist. Eintritt 9–35 €. Al. Solidarności 76b, ✆ 22-8312240, www.operakameralna.pl.

Teatr Roma: Musicaltheater mit Produktionen wie Cats, Phantom der Oper oder Tanz der Vampire, dazu ein wechselndes Programm. Eintritt 11–26 €. Ul. Nowogrodzka 49, ✆ 22-6288998, www.teatrroma.pl.

Chopin-Konzerte: Kostenlose Konzerte jeden Sonntag von Mai bis September um 12 Uhr und 16 Uhr im Łazienki-Park beim berühmten Denkmal für den Komponisten. Zudem Gratiskonzerte der Chopin-Gesellschaft an verschiedenen Orten in der Stadt. www.tifc.chopin.pl sowie zahllose private Anbieter.

Barock-Konzerte: Regelmäßige Konzerte in Kirchen und Palästen; aktuelles Programm in den Touristinformationen.

Jazz

Die Jazzkonzerte und Sessions in Warschau sind auf durchweg hohem Niveau und kosten meist zwischen 3 und 5 €. Allerdings gibt es in einer der früheren europäischen Jazzhochburgen nur noch wenige Clubs und Jazzkeller (viele Warschauer Jazzer leben heute im billigeren Berlin), aus denen das *Tygmont* als einer der weltweit bedeutendsten herausragt. Für diesen Verlust entschädigen die stimmungsvollen und erstklassig besetzten Festivals der Sommersaison und die häufigen Konzerte von Jazzstars.

Tygmont: Ehrlicher Jazz- und Bluesclub, in der die Musik noch mehr zählt als das Image. Riesige Weinauswahl, oft schöne Fotoausstellungen, aber auch viel Rauch. Ul. Mazowiecka 6/8, ✆ 22-8283409, www.tygmont.com.pl.

Fabryka Trzciny: Äußerst ambitioniertes Kulturzentrum mit vielseitigem Programm von Jazz über Salsa und Weltmusik bis zu HipHop und Elektro. Ul. Otwocka 14, ✆ 22-818603, www.fabrykatrzciny.pl.

Jazz Bistro: Kette von sechs Jazzcafés mit unterschiedlichen Mottos, in vieren gibt es Livemusik, hauptsächlich Vokaljazz, Bossa Nova und melodische Improvisationen. Alle sind stilvoll eingerichtet und bieten eine ansprechende Speisekarte. Ul. Wałbrzyska 11; ul. Piwna 40; ul. Żurawia 6/12; ul. Piękna 20; ul. Marynarska 11; ul. Jasna 24. www.jazzbistro.pl.

Akwarium Jazzarium: Könnte sich locker um den Titel des weltweit hässlichsten und kitschigsten Jazzclubs bewerben. Mitunter interessante Konzerte. Ul. Złota 59 (Złote Tarasy), ✆ 22-4282027, www.akwariumjazzarium.pl.

Rock, Pop & Folk

Techno und House sind mittlerweile die größten Attraktionen im musikalischen Nachtleben. Es gibt aber noch Orte, an denen Folklore oder Klezmer und natürlich auch Rock und Pop gespielt werden. Einige aktuell gefragte Adressen sind unten erwähnt; weitere Infos in den Stadttouren.

Teatr Żydowski: Das *Jüdische Theater* hat ein breit gefächertes Programm von Märchenvorstellungen bis zu Klezmer-Konzerten. Am bekanntesten ist es jedoch für die Musicals, die teils Polnisch, Englisch oder Jiddisch interpretiert werden. Eintritt 9–14 €. Pl. Grzybowski 12/16, ✆ 22-6206281, www.teatr-zydowski.art.pl.

Belle Epoque: Romantisches Café, Fr–So abends Jazzstandards und Chansons am alten Klavier. Ul. Freta 18, ✆ 22-6354105, www.stare-miasto.com/belle-epoque.html.

Mazurkas Travel: Folklore-Shows und Chopin-Konzerte. Ul. Długa 8/14, ✆ 22-3894182, www.mazurkas.com.pl.

U Szwejka: Abends Folklore im urigen Restaurant. Pl. Konstytucji 1, ✆ 22-3391710, www.uszwejka.pl.

Hard Rock Cafe: International bekannte und polnische Rockbands. Ul. Złota 59 (Złote Tarasy), ✆ 22-2220700, www.hardrock.com.

Rock- und Popkonzerte: Internationale Stars treten oft im Stadion Gwardii (ul. Racławicka 132) oder in der Sala Kongresowa im Kulturpalast auf.

The Fresh: Angesagter HipHop-Club mit DJs und manchmal Rappern, auch Konzerte von internationalen Acts. Eintritt 7–55 €. Ul. Wawelska 5, ✆ 22-3801580, www.thefresh.pl.

M25: „In electro we trust" ist das Motto des Technoclubs mit international bekannten DJs. Eintritt 7–12 €. Ul. Mińska 25, www.m25.waw.pl.

Kino

Ausländische Filme sind im Gegensatz zu Deutschland fast nie synchronisiert, sondern in der Regel mit Untertiteln versehen. Vor allem bei Kinderfilmen gibt es aber polnische Versionen, und in wenigen Filmen sowie generell im Fernsehen werden die Originaldialoge polnisch übersprochen – der Sprecher übernimmt dabei mit teilnahmsloser, gleich bleibender Stimme sämtliche Rollen. Am besten vor dem Kinobesuch nachfragen, womit zu rechnen ist. Die Eintrittspreise sind ungefähr halb so hoch wie in Deutschland. Warschau verfügt neben den obligatorischen Hollywood-Filmpalästen über viele ambitionierte Programmkinos.

Kino Paradiso: Nach Giuseppe Tornatores melancholischem Filmklassiker „Cinema Paradiso" benanntes Programmkino, das im Pałac Przebendowskich untergebracht ist und trotzdem nur 3 € kostet. Al. Solidarności 62, www.paradiso.blox.pl.

Muranów: Das Warschauer Kultkino konnte auch nach der Renovierung im Jahr 2000 seine Einzigartigkeit bewahren. 2003 erhielt es den Europa Cinemas Award für das beste Programm auf dem Kontinent. Eintritt 3–5 €. Ul. Gen. Andersa 1, ✆ 22-8310358, www.muranow.gutekfilm.pl.

Iluzjon: Als 1996 und erneut 2008 die Schließung im Gespräch war, gingen die Warschauer auf die Barrikaden. Bleibt zu hoffen, dass dieses Lieblingskino vieler alternativer europäischer Filmstars erhalten bleibt. Seit 2009 umfangreiche Renovierung. Eintritt 3–5 €. Ul. Narbutta 50a, ✆ 22-6461260, www.fn.org.pl.

Luna: Nach eigener Aussage Warschaus positivstes Kino. Ambitioniert ist es sowieso. Eintritt 1–5 €. Ul. Marszałkowska 28, ✆ 22-6217828, www.kinoluna.pl.

Kino.Lab: Kunstkino, Kurzfilme und Independent-Produktionen. Eintritt 2–5 €. Ul. Jazdów 2, im Centrum Sztuki Współczesnej, ✆ 22-6281271, www.kinolab.art.pl.

NoveKino Praha: An der Stelle eines Lichtspieltheaters mit langer Geschichte entstand Polens erstes digitales Kino. Eintritt 4–7 €. Ul. Jagiellońska 26, ✆ 22-3430300, www.novekino.pl.

Kinoteka: Ein Multiplex im Kulturpalast. Eintritt 4–6 €. Pl. Defilad 1, Pałac Kultury i Nauki, ✆ 22-5517070, www.kinoteka.pl.

Multikino: Großes Kinozentrum mit vielen Sälen und seltsam futuristischem Eingangsbereich. Für das MultiBabyKino wird jeden Mi um 13 Uhr einer der Säle auf säuglingsfreundliche Temperaturen hochgeheizt, das Licht gedimmt und der Ton leiser gestellt. Eintritt 5–8 €. Ul. Złota 59, in den Złote Tarasy, ✆ 22-2011610, www.multikino.pl.

Freilichtkinos

Kino.Lato: Alternative Filmkunst im Hof des Zentrums für zeitgenössische Kunst. Ul. Jazdów 2, im Centrum Sztuki Współczesnej, ✆ 22-6281271, www.csw.art.pl/kino_lab.

Filmowa Stolica: Beliebtes, abwechslungsreiches und kostenloses Open-Air-Kino in vielen Parks. Veranstalter: Fundacja Rozwoju Sztuki Filmowej. Ul. Chmielna 5/7, ✆ 22-8268311, filmowastolica.pl.

Das Festivaljahr

Warschaus Festivalkalender kann sich sehen lassen, vor allem in den Sommermonaten jagt eine Veranstaltung die nächste. Zu den Höhepunkten zählen der nur alle fünf Jahre stattfindende Chopin-Wettbewerb, das Chopin-Festival im August, das Beethoven-Festival im April und das Jazz Jamboree im November. In der folgenden Liste finden Sie aber auch weniger bekannte Veranstaltungen. Der Eintritt ist meist frei, bei manchen Konzerten wird der übliche Eintrittspreis fällig – von 2 bis 25 €.

Januar

Wielka Orkiestra Świątecznej Pomocy: Benefizkonzert der größten polnischen Wohlfahrtsorganisation vor dem Kulturpalast – als Dank für alle Spender. Veranstalter: Fundacja Wielka Orkiestra Świątecznej Pomocy, ul. Niedźwiedzia 2a, ✆ 22-8523214, www.wosp.org.pl.

Februar

Tłusty Czwartek: am letzten, dem „fetten Donnerstag" vor Fastnacht. Verspeist werden *pączki* (Berliner) als Grundlage für die diversen abendlichen Feste, die in der gesamten Stadt stattfinden.

März

Spotkania Komiksowe: Ein Muss für jeden Comic-Fan ist dieses eintägige Festival Mitte März – Treffen mit Künstlern und Autoren, Präsentationen neuer Comics und eine Messe mit Sammlerstücken. Veranstalter: Centrum Komiksu, al. Niepodległości 148, ✆ 22-8488961, www.centrumkomiksu.pl.

Francophonic Festival: Musik und Filme aus Frankreich und dem frankophonen Afrika und Amerika. Veranstalter: Instytut Francuski, ul. Senatorska 38, ✆ 22-5059800, www.francophonic.pl.

April

Święto Niemego Kina: Das Stummfilmfestival im Kino Iluzjon ist eines der schönsten seiner Art in Europa, was vor allem an der Musikbegleitung liegt, für die jazzige, elektronische und alternative Musiker zuständig sind. Veranstalter: Filmoteka Narodowa, ul. Puławska 61, ✆ 22-5421099, www.snk.org.pl.

Nowa Tradycja: Das Folklorefestival der polnischen Radioanstalt beschwört weniger die Tradition, vor allem werden zeitgemäße Gruppen vorgestellt, die auch an einem Wettbewerb teilnehmen. Besucher können sich also auf ein Crossover mit Jazz, Rock oder elektronischer Musik freuen. Manchmal findet das Festival auch im Mai statt. Veranstalter: Polskie Radio, al. Niepodległości 77/85, www.polskieradio.pl/rckl.

Wielkanocny Festiwal Ludwiga van Beethovena: An Ostern wird auf allen wichtigen Konzertbühnen der Stadt Beethovens Musik von klassischen Interpreten, aber auch von Jazzmusikern gespielt. Verantwortlich für die Programmgestaltung ist Elżbieta Penderecka, die Frau des berühmten Komponisten Krzysztof Penderecki. Veranstalter: ul. Chmielna 15/10, ✆ 22-3319191, www.beethoven.org.pl.

Mai

Noc Muzeów: In der langen Nacht der Museen gibt es freien Eintritt zu Galerien und Museen, kostenfreie Busse und Trams sowie viele ebenfalls kostenlose Konzerte und Happenings. Veranstalter: Miasto Stołeczne Warszawa, www.um.warszawa.pl/wydarzenia/nocmuzeow.

Parada Schumana: Die Parade der Europa-Enthusiasten mit Debatten und Informationsveranstaltungen findet um den Europatag am 9. Mai statt. Veranstalter: Polska Fundacja im. Roberta Schumana, al. Ujazdowskie 37/5, ✆ 22-6212161, www.schuman.org.pl.

Festiwal Fotografii Artystycznej: Den ganzen Mai über sorgt das Festival der Kunstfotografie für eindrucksvolle Ausstellungen in den Galerien der Stadt. Veranstalter: Akademia Sztuk Pięknych, www.wffa.pl.

Juwenalia: Die Studenten übernehmen die Stadt – eine Woche lang zwar keine anarchischen Zustände, aber gut organisierte Feste, sympathische Kundgebungen und bunte Spektakel. www.juwenalia.waw.pl.

Warsaw Challenge: Breakdance-Meisterschaften im Park Sowińskiego. Veranstalter: Biuro Promocji i Rozwoju Miasta, pl. Defilad 1, www. warsawchallenge.pl.

Planete Doc Review: 10 Tage lang sind abendfüllende Dokumentarfilme aus aller Welt in der Kinoteka im Kulturpalast zu sehen, es gibt auch einen Wettbewerb um die beste Doku. Veranstalter: Against Gravity, ul. Widok 5/7/9-410, www.docreview.pl.

Międzynarodowe Targi Książki: Die größte Buchmesse Mitteleuropas, an vier Tagen in der 2. Maihälfte. In den Kulturpalast strömen Leseratten, nicht zuletzt, um international und national bekannte Autoren kennenzulernen. Veranstalter: Ars Polona S. A., ul. Obrońców 25, ✆ 22-5098600, www.arspolona.eactive.pl.

Juni

Parada Równości: Am Christopher Street Day gehen auch in Warschau die Homosexuellen auf die Straße, um mit einer bunten und ausgelassenen Parade für ihre Rechte und Freiheiten zu einzutreten. Veranstalter: Fundacja Równości, ul. Marszałkowska 3/5, ✆ 22-4259780, www.paradarownosci.pl

Transkaukazja: Das weltweit einzige internationale Festival, das sich der traditionellen und zeitgenössischen Kunst des Kaukasus widmet. Die georgischen Filme, aserbaidschanischen Puppentheater oder armenischen Musikgruppen verbreiten ein geradezu exotisch-verträumtes Flair. Veranstalter: Fundacja Inna Przestrzeń, ul. Świeradowska 43/668, ✆ 22-4258747, www.transkaukazja.pl.

Sztuka Ulicy: Internationales Straßentheater-Festival, das in der letzten Juniwoche die wichtigsten Plätzen der Stadt zur Bühne für Gaukler, Tänzer und Mimen macht. Veranstalter: Stowarzyszenie Scena 96, ul. Raszyńska 32/44-140, ✆ 22-6686708, www.sztukaulicy.pl.

Festiwal Mozartowski: Das Festival bietet die einzigartige Möglichkeit, von Mitte Juni bis Ende Juli Mozarts gesamtes Opernwerk von nur einem Ensemble zu hören. Al. Solidarności 76b, ✆ 22-8312240, www.operakameralna.pl.

Turniej Rycerski o Szablę Króla Zygmunta III Wazy: Das internationale Ritterturnier um den Säbel des Königs Zygmunt III Waza wird erst seit 1996 veranstaltet und hat inzwischen viele Freunde gefunden. Veranstalter: Dom Kultury Świt und Liga Baronów, ul. Wysockiego 11, ✆ 22-8110105, www.dkswit.com.pl, www.ligabaronow.prv.pl.

Juli

Festiwal Mozartowski → Juni

Jazz na Starówce: Eines der ältesten Jazzfestivals Europas; jeden Samstag im Juli und August kostenlose Konzerte von Stars aus Polen und der ganzen Welt. Veranstalter: Jazz Club Rynek Staromiejskiego Domu Kultury, ✆ 22-7697759, www.jazznastarowce.pl.

Warsaw Summer Jazz Days: Die größten Jazzstars treten meist in den ersten zwei oder drei Juliwochen auf dem Schlossplatz oder im Kulturpalast auf. Vielleicht noch interessanter sind die bestimmten Ländern gewidmeten kostenlosen Abendkonzerte. Agencja Akwarium, pl. Defilad 1, ✆ 22-6205072, www.adamiakjazz.pl.

Ogrody Muzyczne: Vor allem zeitgenössische Kompositionen gibt es den ganzen Monat über in einem Zelt im Hof des Warschauer Schlosses zu hören, daneben auch klassische Opern und Ballett in neuem Gewand. Veranstalter: Fundacja Ogrody Muzyczne, pl. Wilsona 4/77, www.ogrodymuz.pl.

Międzynarodowy Festiwal Muzyki Sakralnej: Internationales Festival für Sakralmusik in der Johanniskathedrale von Juli bis September. Veranstalter: Fundacja Festiwal Muzyki Sakralnej, ul. Esperanto 14/6, www.kapitula.org.

Warszawski Rajd Pojazdów Zabytkowych: Ein Fest für Oldtimerfreunde ist das Rennen, bei dem es mehr auf Eleganz als auf Geschwindigkeit ankommt. Veranstalter: Automobilklub Polski, ul. Pańska 85, www.ak-polski.org.pl.

Open Hard Core Fest: Eintägiges kostenloses Festival in Piaseczno, 16 km südlich vom Zentrum Warschaus, bei dem nicht nur Hardcore-Musik eine Rolle spielt, sondern auch politische Themen wie Umweltschutz, alternative Lebensformen und Vegetarismus. Veranstalter: Refuse Records, www.myspace.com/openhcfest.

August

Jazz na Starówce und Międzynarodowy Festiwal Muzyki Sakralnej → Juli

Międzynarodowy Festiwal Muzyczny Chopin i jego Europa: Das Festival vom 15.–31. Aug. dreht sich um Chopins Bedeutung für die europäische Musik: An verschiedensten Orten in der Stadt werden

Werke von Komponisten gespielt, die Chopin beeinflusst haben oder von ihm beeinflusst wurden. Veranstalter: Narodowy Instytut Fryderyka Chopina, pl. Piłsudskiego 9, ✆ 22-8275471, www.en.chopin.nifc.pl/festival.

September

Międzynarodowy Festiwal Muzyki Sakralnej → Juli

Warszawska Jesień: In der 2. Septemberhälfte präsentiert der „Warschauer Herbst" zeitgenössische Ernste Musik in Kirchen, Kulturzentren, Galerien, Sporthallen, in der Oper und der Philharmonie. Veranstalter: Związek Kompozytorów Polskich, Rynek Starego Miasta 27, ✆ 22-8310607, www.warszawska-jesien.art.pl.

Warszawa Singera: Das Festival rund um die ulica Próżna lässt das jüdische Warschau aus den Erinnerungen des Warschauer Literatur-Nobelpreisträgers Isaac B. Singer wieder aufleben. An vier Tagen Anfang des Monats gibt es zahllose Klezmerkonzerte, koscheres Essen, Tanzkurse und Informationsveranstaltungen. Veranstalter: Fundacja Shalom, pl. Grzybowski 12/16, ✆ 22-6203036, www.festiwalsingera.pl.

Maraton Warszawski: Der traditionelle Warschau-Marathon, den Ende Sept. bis zu 5000 Läufer absolvieren, kann auf der ganzen oder der halben Strecke gelaufen werden. Anmeldung: Fundacja Maraton Warszawski, ul. Walecznych 48/3, ✆ 22-3538524, www.maratonwarszawski.com.

Festiwal Kultury Brazylijskiej: Brasilianische Filme, Musikgruppen und Sambatänzer bringen den Zuckerhut an die Weichsel. Veranstalter: Stowarzyszenie Kultury Brazylijskiej, ul. Sternicza 129/12, www.festabrasil.pl.

Skrzyżowanie Kultur: Neuntägiges internationales Festival, angelehnt an das Werk des bedeutenden polnischen Autoren und Afrikakenners Ryszard Kapuściński steht, nach dem „andere Welten und Kulturen Spiegel" sind, „in denen wir und unsere Kultur uns wiederfinden". Zu hören und zu sehen sind Weltmusik-Konzerte und Filme, Theaterstücke und Kunst aus aller Welt. Veranstalter: Stołeczna Estrada, ul. Marszałkowska 77/79, www.festival.warszawa.pl.

Oktober

Warsaw Film Festival: Internationales Filmfestival mit mehr als 100 Vorführungen in der Kinoteka, im Palladium und Luna. Außerdem gibt es einen Wettbewerb, bei der eine Jury die Beitragsfilme beurteilt. Veranstalter: Fundacja Filmowa, ul. Lwowska 11/11, ✆ 22-8533636, www.wff.pl.

Międzynarodowy Konkurs Pianistyczny im. Fryderyka Chopina: Der internationale Chopin-Wettbewerb – einer der wichtigsten Preise für klassische Musik – findet alle 5 Jahre drei Wochen lang statt. Ein Muss für Chopin-Fans. Nächster Termin ist der 2.–23. Okt. 2010. Veranstalter: Narodowy Instytut Fryderyka Chopina, pl. Piłsudskiego 9, ✆ 22-8275471, www.konkurs.chopin.pl.

Wielka Warszawska: Der Große Preis von Warschau ist Polens bedeutendstes Pferderennen mit mehr als hundertjähriger Tradition. Veranstalter: Tor wyścigów konnych Służewiec, ul. Puławska 266, www.torsluzewiec.pl.

Free Form Festival: Zweitägiges audiovisuelles Festival in der Fabryka Trzciny in Praga; Filme, Ausstellungen, Happenings, Konzerte und DJ-Sets. Veranstalter: GoodMusic Productions, www.freeformfestival.pl.

November

Jazz Jamboree: Seit 1958 veranstaltetes Jazzfestival mit internationalem Renommee; Jazzbands aus aller Welt improvisieren an mehreren über den Monat verteilten Tagen im Kongress-Saal des Kulturpalasts. Veranstalter: Fundacja Jazz Jamboree, www.jazz-jamboree.pl.

Wszystkich Świętych: Allerheiligen ist einer der wichtigsten Feiertage in Polen, an dem man sich an den Gräbern der verstorbenen Verwandten trifft und ihrer gedenkt. Die Friedhöfe sind dann mit Hunderttausenden von Kerzen illuminiert; eine besinnliche Atmosphäre, die vor allem einen Abstecher auf den Powązki-Friedhof (→ Tour 7) lohnenswert macht.

Ale Kino: 10-tägiges Festival Ende des Monats mit Filmen aus aller Welt, vor allem aus Afrika, Asien und Südamerika. Veranstalter: Ale Kino, al. Sikorskiego 9, www.filmyswiata.pl.

Kwartesencja: Ganz um die vier Saiten der Streichinstrumente dreht sich dieses interessante Festival, mit Konzerten im Zamek Ujazdowski und in der Fabryka Trzciny. Das international bekannte Royal String Quartet musiziert dabei zusammen mit Jazz-, Rock- und Folkmusikern. Veranstalter: Royal String Quartet, www.kwartesencja.pl.

Dezember

Targi Bożonarodzeniowe: Weihnachtsschmuck und -Markt auf dem Rynek der Altstadt und dem Königstrakt: Wer friert, kann sich mit *Grzaniec* (Glühwein) aufwärmen.

Przetwory: Spannendes und lustiges Recyclingfest an einem Wochenende Mitte Dezember in der Fabrik für optische Geräte; die Anwohner bringen nutzlose Dinge mit, die Designer in Kunstwerke verwandeln. Zudem eine Mischung aus Mode- und Designmesse und Flohmarkt. Veranstalter: Projekt Praga, ul. Grochowska 316/320, ✆ 22-8135465, www.projektpraga.com.

Rajd Barbórka: Die traditionsreiche Warschauer Rallye zieht alljährlich Mitte Dezember viele Motorsportfreunde an. Veranstalter: Automobilklub Polski, ul. Pańska 85, wwww.rajdbarborka.pl.

Noc Sylwestrowa: Am Silvesterabend Konzerte und Spaß mit Hunderttausenden auf dem Schlossplatz und rund um den Kulturpalast.

Sport & Wohlbefinden

Wer im Urlaub auf gesunde Bewegung nicht verzichten möchte, hat im grünen Warschau eine Vielzahl von Möglichkeiten. Von Entspannung bis zu Anspannung ist für jeden etwas dabei.

Schwimmen und Strand

Wodny Park Warszawianka (Abstecher zur Królikarnia): Wassertempel mit mehreren Schwimmbädern, Olympiabecken, 72-m-Rutsche, Fitnessclub und einer Zone für „biologische Erneuerung“. Eintritt: 5–6 €/Std., erm. 3–5 €. Mo–Fr 6.30–22 Uhr, Sa/So 8–22 Uhr. Ul. Merliniego 4, Ⓜ Wierzbno oder Ⓜ Racławicka, Tram 33 Królikarnia, ✆ 22-8540130, www.wodnypark.com.pl.

Wesolandia (östlich von Tour 10): Sportbecken, Kinderbecken, Jacuzzi und Sauna. Mo–Fr 7–22 Uhr, Sa/So 8–22 Uhr. Eintritt 5–6 €, erm. 3–4 €. Ul. Wspólna 4, Bus 173, 196, 315, ✆ 22-7739191, www.wesolandia.pl.

Weichselstrand (Tour 10): Strand mit Körben, Lampions, Beach-Volleyball, Cocktailbar, Salsa-Partys. Am wilden rechten Weichselufer würde man sich wie auf dem Land fühlen, wäre da nicht die traumhafte Kulisse aus Wolkenkratzern und Altstadthäusern und würden nicht öfter MTV Polska mitsamt Stars vorbeischauen. Ul. Wybrzeże Helskie 1/5, ✆ 22-3314975, www.laplaya.pl.

Joggen

Gute Gelegenheiten und viel Grün an der Weichsel und in den zahlreichen Parks. Allerdings gelten in manchen Parks bestimmte Zeitzonen für Jogger, außerhalb der Zeiten ist es verboten – streng kontrolliert wird dieses Verbot allerdings nicht.

Fitness

Fitness Club Jerozolimskie (Tour 8): Gut ausgestattet mit Geräten für Männer und Frauen. Mo–Fr 6.30–22.30 Uhr, Sa/So 10–20 Uhr. Einmaliger Besuch ohne Sauna 5 €, mit 8 €. Al. Jerozolimskie 91, ✆ 22-6225399, www.fitness-jerozolimskie.pl.

Atmosfera Ruchu (Tour 6): Fitness-Club nur für Frauen mit Bauchtanz, Pilates, Bauch-Beine-Po und Fatburning. Einmaliger Eintritt 6 €. Mo–Fr 16–22 Uhr. Ul. Warecka 8, ✆ 22-8276146, atmosferaruchu.com.pl.

Passiv

Fußball: Die Derbys der beiden Erzrivalen Legia und Polonia Warszawa sind nicht ungefährlich, die Lage bessert sich aber. Trotzdem ist ein Stadionbesuch in Polen noch nicht für einen Familienausflug geeignet; und natürlich sollte man vermeiden, mit einem Schal oder Trikot eines der beiden Clubs am falschen Ort herumzulaufen, denn die Reviere sind streng abgesteckt.

Pferderennen (westlich von Tour 12 und Abstecher nach Natolin): Die Bahn und die Tribünen verströmen den Charme morbider Eleganz. Gewettet werden kann natürlich auch, der Mindesteinsatz beträgt 0,50 €. Rennen April bis Okt. jeden So um 14 Uhr, Eintritt 3 €. Tor wyścigów konnych Służewiec, ul. Puławska 266, www.torsluzewiec.pl.

Golf

First Warsaw Golf and Country Club: Anspruchsvolle 18-Loch-Anlage nördlich von Warschau. Greenfee 24–63 €. Rajszew 70, 05–110 Jablonna, ✆ 22-7824555, www.firstwarsawgolf.com.

Crossgolf: Warschau mit seinen vielen brachliegenden Flächen und alten Fabriken ist ein Paradies für Crossgolfer. Infos unter www.offgolfers.pl.

Reiten

Stajnia Korona (östlich von Tour 12): Deutschsprachige Reitstunden, Ausritte im schönen Wilanów 15 €/Std. Ul. Bruzdowa 82, ✆ 0604-436122 (mobil), www.stajnia-korona.pl.

Stadnina Koni Grodzisko (nordöstlich von Tour 10): Reitstunden (auch auf Englisch) und Ausritte. Di–Fr nachmittags, Sa/So morgens ab 9 Uhr. 9–10 €/Std. Ul. Głębocka 117, ✆ 0501-068634 (mobil), www.stajnia.how.pl.

Eislaufen und Skifahren

Promenada (südöstlich von Tour 10): Ganzjährig Eislaufen auf dem kleinen Rondell im gleichnamigen Einkaufszentrum. Mo–Sa 10–21 Uhr, So 10–20 Uhr. Ul. Ostrobramska 75c, Bus 168, 405, 408, ✆ 22-6117725, www.promenada.com.

Kulturpalast/Złote Tarasy (Tour 6): Eislaufen im Winter vor der nördlichen Seite des Kulturpalasts oder vor der Shopping Mall Złote Tarasy.

Skiclub (südöstlich von Tour 8): Die Skisprungschanze wird nicht mehr genutzt, die Abfahrtspiste schon. Mitgliedschaft für eine halbe Saison 75 €. Ul. Drawska 22, ✆ 22-8240956, www.wkn.pl.

Extremsport

Quad (nördlich von Tour 1): Club mit Rennstrecke und Trainern. Mo–Fr 16–20 Uhr, Sa/So 13–20 Uhr. 15 Min. 9 €. ✆ 0503-725263 (mobil), www.quadclub.com.pl.

Skatepark Jutrzenka (Tour 4): Skaten auf Polens größter Halfpipe, Capoeira oder Breakdance. Tägl. 8–20 Uhr. Ul. Rozbrat 5, ✆ 0501-798286 (mobil), www.skateparkjutrzenka.pl.

Bungee Mario (westlich von Tour 7): Aus 90 Metern mit Mario oder seiner Frau Magda in die Tiefe springen – 30 €/Pers., Fotos vom Sprung 5 €. Mai bis Okt. tägl. im Park Szymańskiego in Wola beim Schwimmbad „Moczydło". Ul. Górczewska 69/73, ✆ 0507-053191 (mobil), www.jumping.pl.

Yoga & Entspannung

Joga w Parku (Tour 10): Im Sommer jeden Sa im *Park Skaryszewski* . Tram 7, 8, 9, 22, 24, 25 sowie Bus 101, 102, 111, 117, 158. Haltestelle Rondo Waszyngtona) sowie jeden So im **Park Pole Mokotowskie** (südlich von Tour 8). Ⓜ Pole Mokotowskie, Tram 1, 14, 25, Bus 168). Jeweils 10.15 Uhr. Veranstalter Fundacja Biosferis. Ul. Farysa 60, www.jogawparku.pl.

Grota Solno-Jodowa (Tour 1): Schöne Salzgrotte in Praga zum Entspannen und Durchatmen. Sitzung 5 €/Std. Mo–Fr 8–20 Uhr, Sa 8–15 Uhr. Ul. Targowa 33/3, ✆ 22-6702414.

Alchemy Day Spa (Tour 9): Klassischer Schönheitssalon. Mo–Fr 10–22 Uhr, Sa bis 21 Uhr. Ul. Klonowa 20/1, Tram 4, 18, 19, 35. Ⓜ Politechnika, www.dayspa.pl.

Wissenswertes von A bis Z

Ärztliche Versorgung, Apotheken

Der Auslandskrankenschein bzw. die neue EHIC-Karte garantieren gesetzlich Versicherten aus Deutschland, Österreich und der Schweiz die Übernahme der Kosten für unmittelbar erforderliche medizinische Versorgung. Wer zusätzlich die Kosten eines nötigen Rücktransports abdecken möchte, schließt eine Urlaubskrankenversicherung ab. Erste Hilfe ist in Polen grundsätzlich kostenlos, für die weitergehende Behandlung muss bezahlt werden. Bei leichteren Erkrankungen beraten einen auch die gut ausgebildeten Apotheker. Die Öffnungszeiten der Apotheken decken sich mehr oder weniger mit denen zu Hause.

Notarzt: ✆ 999 landesweit oder vom Handy aus die ✆ 112.

Information im Notfall und Apotheken: ✆ 22-5978055 und ✆ 9790 (englisch-, teils deutschsprachig); zu Apotheken ✆ 9438.

Rettungsdienst: ul. Poznańska 20/22, ✆ 22-6282424.

24-Std.-Apotheken: *Im Zentrum:* Apteka 21 im Zentralbahnhof, ✆ 22-8256986; Na Wilczej, Ul. Wilcza 31, ✆ 22-6228971; Apteka 2000, Ul. Widok 19, ✆ 22-8273593. *In Praga:* Al. Waszyngtona 71/73, ✆ 22-8102701.

Apotheke auf dem Königstrakt

Behinderte

Auch wenn sich nicht zuletzt durch den Beitritt zur Europäischen Union vieles zum Guten verändert hat, sind die wenigsten öffentlichen Gebäude behindertengerecht ausgestattet. Auch im öffentlichen Nahverkehr bleibt trotz neuer Niederflurbusse und -trams einiges zu verbessern, während die Metro dank Aufzügen und leichtem Einstieg behindertengerecht ist. Seit 2007 wird die in Berlin etablierte Datenbank „Mobidat" auch für Warschau erstellt. Empfehlenswerte Unterkünfte, die von der überaus fleißigen Organisation „Warschau ohne Grenzen" ausgezeichnet wurden, sind die Hotels Jan III Sobieski und InterContinental (→ Übernachten). Rollstuhlgerechte Toiletten finden Sie in modernen Einkaufszentren, Metrostationen und in vielen Restaurants. Ein Warschauführer für Behinderte wartet leider noch auf eine Übersetzung ins Englische und/oder Deutsche, es gibt aber bereits die in den Touristinformationen erhältliche englischsprachige Broschüre „Warsaw without barriers". Vorbildlich ist das Königsschloss, in dem es spezielle Angebote für Blinde und Gehbehinderte gibt.

Obwohl ihre Freiheiten (noch) nicht mit denen in Berlin oder Köln zu vergleichen sind, sind in der Öffentlichkeit händchenhaltende und sich küssende gleichgeschlechtliche Paare durchaus keine Seltenheit. Die Gleichheitsparade im Juni empört dennoch alljährlich homophobe Gruppen, was in den letzten Jahren ein verstärktes Selbstbewusstsein der schwulen und lesbischen Gemeinde zur Folge hatte. 2010 wird das europaweite Homofestival Europride in Warschau veranstaltet werden. Schon jetzt feiert die Szene ausgiebig in den Clubs, von denen einige zu den interessantesten in Europa zählen. Folgende Webseiten geben Tipps zum Nachtleben, Empfehlungen für Übernachtungen und weitere hilfreiche Informationen sowie einen Überblick über die politische Lage.

Information: www.paradarownosci.pl (teils deutsch); www.warsaw.gayguide.net (englisch), www.innastrona.pl (nur polnisch).

Information

Schon von zuhause aus können Sie Informationen über das polnische Fremdenverkehrsamt in Berlin anfordern, ebenso über die unten aufgeführten Internetseiten. In den Warschauer Touristinfos wird auf jeden Fall Englisch gesprochen, oft auch Deutsch.

Touristinformation Zentralbahnhof: Infos zu Warschau und Masowien. Mai bis Sept. Mo–So 8–21 Uhr, April bis Okt. bis 18 Uhr. Dworzec Centralny (Schalterhalle), al. Jerozolimskie 54.

Touristinformation Flughafen: Infos zu Warschau und Masowien. Mai bis Sept. Mo–So 8–21 Uhr, April bis Okt. bis 18 Uhr. Ul. Żwirki i Wigury 1 (Terminal 2).

Touristinformation Altstadt (Zentrale): Infos zu Warschau und Masowien, Stadtführervermittlung. Mo–Fr 9–18 Uhr, Sa/So 11–18 Uhr. Pl. Zamkowy 1/13, ✆ 22-6351881, www.wcit.waw.pl.

Nur zu Warschau: Mai bis Sept. Mo–So 9–21 Uhr, Okt. bis April bis 18 Uhr, Rynek Starego Miasta 19 und 21/21a.

Info Praga: Kulturelle und alternative Infos; deutschsprachiges Material und Karten zum rechten Weichselufer von einem sympathischen Frauenteam. Ul. Ząbkowska 36 (Umzug Mitte 2010 wahrscheinlich), ✆ 22-6700156, www.infopraga.com.pl.

Polnisches Fremdenverkehrsamt: Mo–Fr 10–12 Uhr/14–16 Uhr. Kurfürstendamm 71, 10709 Berlin, ✆ 030-2100920, 📠 030-21009214, www.polen-info.de.

Zrób to w Warszawie! Do it in Warsaw! Außer- und ungewöhnlicher Reiseführer über Warschau für Teens, Twens und jung gebliebene Entdecker, zweisprachig in Polnisch und Englisch, Autoren: Agnieszka Kowalska & Łukasz Kamiński, Biblioteka Gazety Wyborczej, Verlag Agora. Für umgerechnet 8 € erhältlich in vielen Buchhandlungen und Empik-Filialen.

Internetadressen: www.warsawtour.pl; www.e-warsaw.pl/german; www.warsaw-life.com (teils deutsch, sonst englisch und polnisch).

Internet

Warschau verfügt über zahlreiche Internetcafés, von denen einige sogar durchgehend geöffnet haben. Abgesehen davon gibt es überall im Zentrum Orte, an denen man kostenlos ins Internet kommt, sofern Sie den Laptop mitgebracht haben, darunter viele Hotels, Restaurants, Cafés und Geschäfte.

WiFi kostenlos: u. a. Traffic Club, ul. Bracka 25; Café Kulturalna im Kulturpalast; Czuły Barbarzyńca, ul. Dobra 31, www.czuly barbarzynca.pl; neue Universitätsbibliothek, ul. Dobra 56/66.

Internetcafés: Internet Café, ul. Nowy Świat 53 (tägl. 9–23 Uhr, 2 €/Std.); Casablanca, ul. Krakowskie Przedmieście 4/6 (3 €/Std.), www.casablanca.com.pl.

Kriminalität & Sicherheit

Trotz verbreiteter Vorurteile ist Polen keinesfalls unsicher. Warschau ist allerdings eine Metropole mit allen damit verbundenen Vorteilen, aber eben auch Nachteilen. Rund um den Kulturpalast und den Zentralbahnhof sieht man zwar öfter Obdachlose und Drogenabhängige, wegen der zentralen Lage ist es hier allerdings kaum gefährlich. Taschendieben sollte man es vor allem auf

Elektronische Postkarte nach Hause senden?

dem Russischen Basar und Jarmark Europa in Praga nicht zu einfach machen und seine Geldbörse lieber in der vorderen Hosentasche oder speziellen Taschen verwahren. Unbedingt in Acht nehmen muss man sich vor den europaweit berüchtigten Fussball-Hooligans an Spieltagen von Legia oder Polonia Warszawa, obwohl sich die Lage etwas zu entspannen scheint. Bei Dunkelheit sollte man an einigen Stellen in Praga aufmerksam sein.

Notruf

Notruf: landesweit ✆ 997 oder vom Handy aus ✆ 112.

Metro-Polizei: Haltestelle Metro Centrum, ✆ 8010 (von den gelben Notfalltelefonen).

Bahn-Polizei: al. Jerozolimskie 54 (im Zentralbahnhof), ✆ 22-6036802.

Polizeistationen: ul. Wilcza 21, ✆ 22-6218909 (24 Std.); ul. Opaczewska 8, ✆ 22-6037355; ul. Grenadierów 73/75, ✆ 22-8106063.

Feuerwehr: landesweit ✆ 998.

Touristen-Notruf: in der Sommersaison tägl. 10–22 Uhr deutsch- und englischsprachige Hilfe unter ✆ 0800-200300 (kostenfrei aus dem Festnetz) oder ✆ 0048-608-599999 (vom Handy aus).

Öffnungszeiten

Die Kernöffnungszeiten der kleinen Geschäfte sind ähnlich wie zu Hause. Viele größere Geschäfte, Filialen und Einkaufszentren sowie Supermärkte nutzen das fehlende Ladenschlussgesetz und haben auch sonntags und am Abend, am frühen Morgen oder sogar rund um die Uhr geöffnet. Einige Kirchen sind nur während der Messen zugänglich. Die Ruhetage von Museen variieren. Und nur sehr wenige Restaurants leisten sich den Luxus eines freien Tages.

Post

Zwei der unten angegebenen Postämter haben rund um die Uhr geöffnet. Das Porto für einen Brief oder eine Postkarte beträgt einen halben Euro (2,20 Złoty), Briefmarken gibt es auch in manchen Kiosken.

Postämter: Poczta Główna (Hauptpost), ul. Świętokrzyska 31/33 (24 Std.); pl. Konstytucji 3; ul. Targowa 73 (24 Std.); Dworzec Centralny; Rynek Starego Miasta 15; ul. Wiejska 2/4; ul. Senatorska 40.

Rauchen

In Polen sind die Gesetze einigermaßen streng, dennoch hapert es manchmal an der Durchsetzung, stattdessen ist viel informell geregelt. Es gibt Nichtraucherzonen, viele Restaurants bieten Raucher- und Nichtraucherbereiche. Dennoch ist man von amerikanischen und neudeutschen Verhältnissen weit entfernt und setzt stattdessen auf gegenseitiges Verständnis. In öffentlichen Gebäuden und Orten, u. a. auch an Haltestellen und Bahnsteigen, wird das Verbot oft streng kontrolliert.

www.lokalbezpapierosa.pl: Infos über rauchfreie Cafés, Restaurants und Lokale.

Telefonieren

Die öffentlichen Fernsprecher sind ohne Ausnahme Kartentelefone. Die hierfür nötige *karta telefoniczna* gibt es in Kiosken und Postämtern. Falls Sie auf Ihr Handy nicht verzichten wollen, sollten Sie vor der Reise Ihren Anbieter kontaktieren; je nach Netz sind verschiedene polnische Roaming-Partner günstiger. Telefonieren in Hotels ist naturgemäß wesentlich teurer.

Achtung: Auch innerhalb Warschaus ist die Vorwahl ✆ 22 zu wählen. Generell wird seit 2009 auch innerhalb Polens die Null der Ortsvorwahl weggelassen (obwohl sie in vielen Broschüren, auf Flyern, Webseiten und Visitenkarten noch nicht gestrichen ist).

Internationale Vorwahlen: Polen ✆ 0048, Deutschland ✆ 0049, Österreich ✆ 0043, Schweiz ✆ 0041.

Ortsvorwahl Warschau: innerhalb Polens ✆ 22, aus dem Ausland ✆ 0048-22.

Telefonauskunft: Ortsauskunft Warschau ✆ 913, national ✆ 912, international ✆ 900.

Spartipp: Bis zu 85 % billiger telefoniert man mit der an Kiosken erhältlichen Vorwahlnummernkarte von Telegrosik; www.telegrosik.pl.

Toiletten

Die Nutzung öffentlicher Toiletten kostet in der Regel 1 €. Manchmal gilt dies auch für Lokale! Einzigartig in der Welt ist die Kennzeichnung für die Geschlechter. Ein Kreis auf der Tür bezeichnet das Örtchen für Damen, ein Dreieck das für die Herren; mitunter gibt es aber auch international gängige Beschriftungen oder Piktogramme.

Zeitungen, Zeitschriften

Die internationale Presse ist in Warschau überall erhältlich, z. B. in Bahnhofskiosken und den vielen Filialen der Buchhandelskette Empik. Aktuelle Veranstaltungshinweise finden Sie am vor allem im studentisch geprägten Stadtmagazin „Aktivist" und in den englischsprachigen Blättern „Warsaw Insider" oder „Visitor". Kostenlos erhältlich ist die zweisprachige „Klimaty Warszawy" mit gut recherchierten Geschichten und Beschreibungen weniger bekannter Sehenswürdigkeiten. Wöchentliche englischsprachige Nachrichten bietet die „Warsaw Voice".

Fassadendetail in der Altstadt

▲ Sigismund-Säule und Altstadthäuser

Spaziergänge durch Warschau

Spaziergänge durch Warschau

Auf den folgenden zwölf Spaziergängen (Touren) und zwei Abstechern in die Außenbezirke können Sie die verschiedensten Facetten der Stadt entdecken. Für eine Tour sollten Sie zumindest einen Vormittag oder Nachmittag einplanen.

Gliederung der Spaziergänge

Der **erste Textabschnitt** informiert über Geschichte und Besonderheiten des Stadtviertels.
Der **zweite Abschnitt** gibt zusammen mit der Karte Überblick und Orientierung und beschreibt in Kürze die Sehenswürdigkeiten der Tour.
Der **dritte Abschnitt** – *Sehenswertes* – beschreibt die Details zu allen Sehenswürdigkeiten, die im zweiten Abschnitt halbfett hervorgehoben sind. Dies bedeutet aber nicht, dass nicht beschriebene Kirchen oder Museen den Besuch nicht wert sind.
Der **letzte Abschnitt** – *Praktische Infos* – bietet eine Auswahl an Restaurants, Cafés, Bars und Geschäften, die sich in unmittelbarer Umgebung des Spaziergangs befinden.

Die **Touren 1, 2, 3, 6, 7 und 9** sind Teil des „touristischen Pflichtprogramms". Die *Touren 1 und 2* führen auf kurzen Wegen durch die nach dem Zweiten Weltkrieg wieder aufgebaute Altstadt und Neustadt. Auf *Tour 3* flaniert man über Warschaus Prachtstraßen, die meist unter dem Titel „Königstrakt" (Trakt Królewski) firmieren. Die zurückzulegende Strecke ist ziemlich lang, man kann den Weg zwischen den Sehenswürdigkeiten aber mit dem Bus abkürzen. *Tour 6* führt rund um das heutige Zentrum mit dem monströsen Kulturpalast und den mächtigen Wolkenkratzern. *Tour 7,* der längste Spaziergang, führt durch das ehemalige Warschauer Ghetto; auch hier lassen sich Wege mit Bus oder Straßenbahn abkürzen. *Tour 9* führt in den Park Łazienki Królewskie, eine der schönsten Grünanlagen Europas.
Wer wenig Zeit hat, kann diese Touren auch kombinieren. Bei jeder Sehenswürdigkeit sind die öffentlichen Verkehrsmittel und Haltestellen angegeben, um, falls gewünscht, die Touren abzukürzen oder um zu ausgewählten Orten zu gelangen.

Die Sehenswürdigkeiten der **Touren 4, 5 und 8** sind weniger bekannt, doch kaum weniger interessant. *Tour 4* führt am linken Weichselufer entlang durch das romantische und teils verblüffend ruhige Mariensztat sowie das ehemalige Armenviertel Powiśle, in das seit einigen Jahren stetig investiert wird. *Tour 5* erschließt das Gebiet rund um den Park Saski, der sich wie zu Zeiten von König August II. wieder in alter Pracht präsentiert. Höhepunkte der *Tour 8* sind die massiven Bauten im Stil des Sozialistischen Realismus, die besonders am plac Konstytucji und plac Zbawiciela zu bestaunen sind.

Die **Touren 10, 11 und 12** hingegen heben sich vom typischen Warschauer Stadtbild stark ab. *Tour 10* führt zum rechten Weichselufer in den alternativen Stadtteil Praga, *Tour 11* in das ruhige Żoliborz und *Tour 12* nach Wilanów, das wegen seiner barocken und klassizistischen Schlossanlage mit prachtvollen Gärten als das polnische Versailles bezeichnet wird.

Der Rynek mit der Syrenka

Stare Miasto

Ihre internationale Bekanntheit verdankt die Altstadt in erster Linie nicht den schönen Häusern und Plätzen, sondern einer traurigen Tatsache: ihrer völligen Zerstörung im Zweiten Weltkrieg. Doch der Tragödie folgte mit der detailgetreuen Rekonstruktion eine Leistung, die weltweit ohne Beispiel ist und Besucher stets aufs Neue fasziniert.

Die ersten Siedlungen über dem tiefen Weichseltal gab es schon vor 8000 Jahren. Das städtische Warschau – das heutige Gebiet der Altstadt um das *Schloss* und den *Altmarkt* mit dem Rathaus in der Mitte – entwickelte sich aber erst im 13. Jh. Noch heute sind diese beiden Plätze die zentralen Orte, zwischen denen die Gassen wie ein rechtwinkliges Gitternetz verlaufen. Geschützt war die Stadt zunächst nur provisorisch, Ende des 14. Jh. wurde der Bau einer steinernen Stadtmauer immer dringlicher. Als Warschau 1413 zum masowischen Fürstensitz wurde, wurden die Mauern weiter verstärkt und zusätzlich ein Graben gezogen. In die prosperierende Altstadt gelangte man zu dieser Zeit entweder durch das *Neustadttor* im Norden oder durch das *Krakauer Tor* im Süden. Vor allem um das Krakauer Tor breitete sich Warschau, seit 1596 Hauptstadt des Landes, mit prächtigen Palästen, Kirchen und Bürgerhäusern aus. Die Gebäude der Altstadt hingegen veränderten sich kaum, als wären sie in einem Biotop verblieben. Einzig der Großbrand im Jahr 1607 richtete schweren Schaden an. Im 19. Jh. verkam die Altstadt zum

Tour 1: Durch die Altstadt

Der folgende Rundgang ist ein Vorschlag, um alle sehenswerten Ecken kennenzulernen. Doch ist die Altstadt so überschaubar, dass man auch ziellos durch die Gassen schlendern kann.

Ausgangspunkt unserer Tour ist der Schlossplatz (plac Zamkowy). Anfahrt und Rückfahrt mit den Buslinien 100, 116, 175, 178, 180, 195, 222, 503, Haltestelle plac Zamkowy oder Kapitulna sowie mit Tram 4, 13, 23, 26, 46, Haltestelle Stare Miasto. Ⓜ Ratusz/Arsenał (1 km entfernt).

Ende: Rynek Starego Miasta.

Dauer: Reine Gehzeit der Tour 30 bis 45 Min.

Den → **Schlossplatz** (plac Zamkowy) dominieren die → **Sigismundsäule** (Kolumna Zygmunta III. Wazy) im Zentrum und das → **Königsschloss** (Zamek Królewski) an der Ostseite. Etwas näher zum Fluss hin befinden sich die → **Kubicki-Arkaden** (Arkady Kubickiego) und der → **Palast unter dem Blechdach** (Pałac pod Blachą).

Vom Schlossplatz geht es in die ulica Piwna, die mit ihrem Kopfsteinpflaster auf die Atmosphäre in den engen Gassen einstimmt. Hier stoßen wir auf der linken Seite auf die → **St.-Martin-Kirche** (Kościół św. Marcina).

Ein paar Schritte weiter ist der plac Zapiecek erreicht; hier sind an den Fassaden die für die Altstadt so typischen Sgraffiti aus dem frühen 17. Jh zu entdecken, kunstvolle Muster oder Handwerkerdarstellungen, die nach dem Krieg teilweise rekonstruiert wurden. Noch schöner aber sind die an der Häuserfront am Ende der ulica Piwna, auf der wir links in die ulica Wąski Dunaj einbiegen und am plac Szeroki Dunaj vorbei zur Stadtmauer kommen. Linkerhand sehen wir die Mauern und den Stadtgraben, wir gehen aber nach rechts zum berühmten, von Jerzy Jarnuszkiewicz geschaffenen → **Denkmal des Kleinen Aufständischen** (Pomnik Małego Powstańca); es erinnert an die jungen Pfadfinder, die 1944 beim Warschauer Aufstand mitgekämpft hatten. Anschließend kehren wir zurück, gehen nach links auf die Mauern und gelangen durch ein Tor auf der rechten Seite beim Restaurant Maharaja wieder in die Altstadt.

Über die platzähnliche ulica Szeroki Dunaj geht es zurück zur ulica Wąski Dunaj, in der wir bereits waren. Wer hier links in die ulica Nowomiejska geht, kann schon mal einen Blick auf den Rynek werfen. Doch zuerst besichtigen wir die rundförmige → **Barbakane** (Barbakan), die wir durch die ulica Nowomiejska erreichen.

Anschließend geht es rechts, Richtung Osten auf der Stadtmauer bis zum Aussichtsturm *Wieża Marszałkowska*, von dem die nahe Weichsel aber nicht zu sehen ist. Unser Weg führt rechts durch ein Tor in die ulica Krzywe Koło, von der wir links die Treppen der 2008 restaurierten ulica Kammienne Schodki hinuntersteigen. In dem romantischen Gässchen wurde früher das Wasser von der Weichsel in die Stadt getragen. Unten angekommen, schlendern wir rechts die ulica Brzozowa hinauf bis zum → **Misthügel** (Gnojna Góra). Hier gönnen wir uns ein paar Minuten und genießen den traumhaften Ausblick auf das Weichselufer, den Stadtteil Praga und die Brücken.

In entgegengesetzter Richtung zum Fluss geht es durch schöne Arkadengänge in die ulica Dawna, dann links in die ulica Jezuicka, bis auf dem plac Kanonia eine alte Kirchenglocke zu sehen

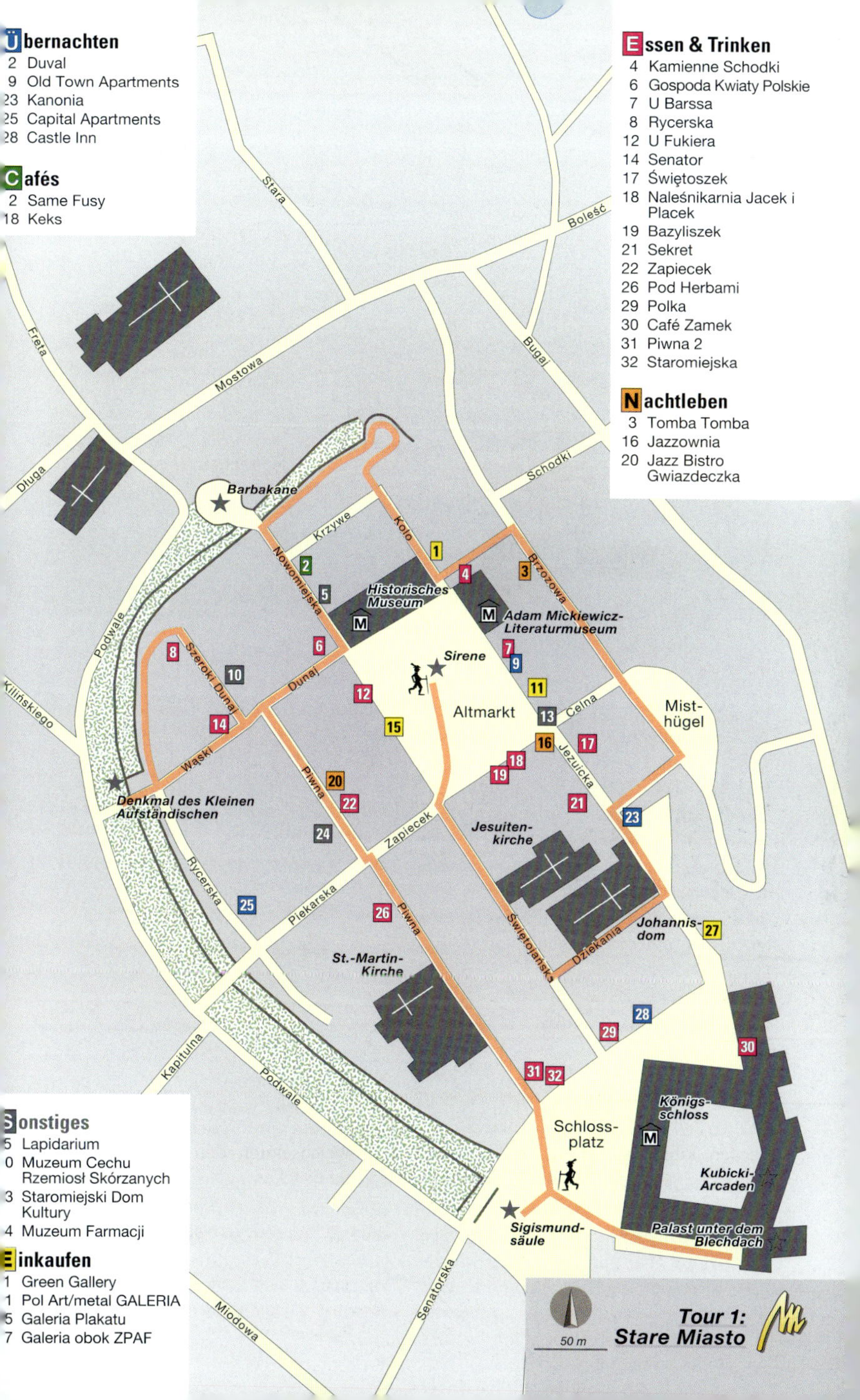

Übernachten
2 Duval
9 Old Town Apartments
23 Kanonia
25 Capital Apartments
28 Castle Inn
Cafés
2 Same Fusy
18 Keks
Essen & Trinken
4 Kamienne Schodki
6 Gospoda Kwiaty Polskie
7 U Barssa
8 Rycerska
12 U Fukiera
14 Senator
17 Świętoszek
18 Naleśnikarnia Jacek i Placek
19 Bazyliszek
21 Sekret
22 Zapiecek
26 Pod Herbami
29 Polka
30 Café Zamek
31 Piwna 2
32 Staromiejska
Nachtleben
3 Tomba Tomba
16 Jazzownia
20 Jazz Bistro Gwiazdeczka
Sonstiges
5 Lapidarium
0 Muzeum Cechu Rzemiosł Skórzanych
3 Staromiejski Dom Kultury
4 Muzeum Farmacji
Einkaufen
1 Green Gallery
1 Pol Art/metal GALERIA
5 Galeria Plakatu
7 Galeria obok ZPAF
Stara
Boleść
Freta
Mostowa
Bugaj
Długa
Schodki
Barbakane
Krzywe
Koło
Brzozowa
Nowomiejska
Historisches Museum
Adam Mickiewicz-Literaturmuseum
Podwale
Szeroki Dunaj
Dunaj
Sirene
Altmarkt
Celna
Mist-hügel
Kilińskiego
Wąski
Jezuicka
Denkmal des Kleinen Aufständischen
Piwna
Zapiecek
Jesuiten-kirche
Rycerska
Piekarska
Świętojańska
Dziekania
Johannis-dom
St.-Martin-Kirche
Kapitulna
Podwale
Schloss-platz
Königs-schloss
Kubicki-Arcaden
Sigismund-säule
Palast unter dem Blechdach
Senatorska
Miodowa
50 m
Tour 1: Stare Miasto

Der Schlossplatz mit dem Schloss, der Sigismundsäule und Altstadthäusern

ist. Unser Weg führt weiter nach rechts in die kurze ulica Dziekania zwischen den Arkaden am Anfang und dem Turm am Ende, flankiert von der Dommauer zur Rechten.

Abschließend gehen wir rechts in die ulica Świętojańska, vorbei an → **Johannisdom** (Bazylika archikatedralna św. Jana) und → **Jesuitenkirche** (Kościół Jezuitów) und erreichen schließlich den → **Altmarkt** (Rynek Starego Miasta), das Herz der Altstadt. Neben vielen Cafés und Restaurants warten hier auch zwei Museen auf Besucher: das sehenswerte → **Historische Museum der Stadt Warschau** (Muzeum Historyczne m.st. Warszawy) sowie das vor allem für Literaturinteressierte lohnende → **Literaturmuseum** (Muzeum Literatury).

Sehenswertes

Schlossplatz (plac Zamkowy), Sigismundsäule (Kolumna Zygmunta III Wazy)

Der **Schlossplatz** in seiner dreieckigen Gestalt wurde erst Anfang des 19. Jh. angelegt. Zuvor führte die Stadtmauer bis zum Schloss, vor dem heutigen Platz stand etwa auf der Höhe der Säule das Krakauer Stadttor, dem die ulica Krakowskie Przedmieście (Krakauer Vorstadt) ihren Namen verdankt. Auf dieser Seite öffnet sich der Platz in Richtung Königstrakt, an den beiden anderen Seiten begrenzt von Schloss und Altstadthäusern.

Die barocke **Sigismundsäule** in der Platzmitte, eines der Wahrzeichen Warschaus, ist König Zygmunt III. Waza (1566–1632) gewidmet, der 1596 die Hauptstadt von Krakau nach Warschau verlegte. Zwölf Jahre nach seinem Tod

ließ sein Sohn Władysław die Statue vom italienischen Bildhauer Clemente Molli errichten. Die Entwürfe für die Säule, an der auf Tafeln die Verdienste des Königs gerühmt werden, stammen von Agostino Locci und Constantino Tencella. Bemerkenswert ist das Denkmal nicht zuletzt, weil es 22 Meter in den Himmel ragt – eine Höhe, die eigentlich Heiligen vorbehalten war.
Direkt hinter der Säule kann man auf dem Sims der gotischen Brücke sitzen, die erst 1977 bei Arbeiten wiederentdeckt und restauriert.

Königsschloss (Zamek Królewski)

> **Tipp**: Besonders in der Hauptsaison macht es Sinn, das Ticket und/oder eine Führung bereits einige Tage vor dem Schlossbesuch zu reservieren. An eintrittsfreien Tagen keine Reservierung möglich, dann am besten rechtzeitig vor Öffnung erscheinen.
> Reservierung: Di–Fr 9–14 Uhr, ✆ 22-3555338 oder über die polnischsprachige Homepage www.zamek-krolewski.pl.
> Für Blinde und Gehbehinderte gibt es spezielle Angebote; Info & Anmeldung: ✆ 22-3535114, ✆ 3555105.

Das Königsschloss, eines der bekanntesten Wahrzeichen der Stadt, fällt schon von weitem durch seine lachsrote Fassade auf. Die fünf Schlossflügel haben jeweils einen eigenständigen Charakter, ein Rundgang um das Schloss und ein Blick in den Innenhof lohnen sich.

Die unterschiedlichen Stile sind den vielen Umbauten geschuldet. Im 13. Jh. wurde zunächst ein Holzgebäude errichtet, zwei Jahrhunderte später gab es die ersten gemauerten Flügel, der wichtigste Umbau erfolgte zwischen 1598 und 1619. Seitdem hat das Schloss seine ungewöhnliche, fünfeckige Gestalt mit dem Turm im Zentrum.

Warschaus Blütezeit unter König Stanisław August Poniatowski (1764–1795) spiegelt sich auch im Schloss wider, vor allem das Interieur gewann an Pracht und Prunk, wie ein → Rundgang durchs Schloss (s. u.) eindrucksvoll zeigt.

Eine Besonderheit ist, dass das Schloss nicht nur Sitz der masowischen Fürsten und ab 1595 des Königs war, sondern auch Tagungsort des Parlaments. Hier verabschiedete der Sejm 1791 Europas erste demokratische Verfassung. Die drei Teilungen Polens (1792–95) hatten einen Verfall des Schlosses zur Folge, viele Kunstwerke wurden von den russischen Besatzern gestohlen. In den 1920er und 30er Jahren gab es erste Restaurierungsarbeiten, das Königsschloss wurde als Residenz des Präsidenten genutzt, doch schon der Luftangriff deutscher Bomber im ersten Kriegsjahr 1939 zerstörte das Schloss fast vollkommen. Nach der Niederschlagung des Warschauer Aufstands wurden die Reste schließlich auf Befehl Heinrich Himmlers, des „Kommissars für die Festigung deutschen Volkstums", 1944 gesprengt.

Die Entscheidung, dass Schloss wieder aufzubauen, fiel erst 1971. Auch wenn die Arbeiten bis heute andauern, war der größte Teil der Rekonstruktion 1988 abgeschlossen.
Für Fotos ist der mit einer Uhr geschmückte Sigismundturm beliebt, von dem seit 2008 tägl. um 11.15 Uhr der Hejnał, ein Turmbläser-Signal, gespielt wird. Jeden 3. oder 4. Sonntag im Monat ist im Lesesaal ein Film über die Geschichte des Schlosses zu sehen (kostenlos).

Film am 3. oder 4. So im Monat: 11, 12, 13, 14 Uhr (poln.), 11.30, 12.30, 13.30, 14.30 Uhr (engl.). www.zamek-krolewski.pl. Pl. Zamkowy 4.

Ordenskabinett sowie das *Arbeitszimmer Ignacy Mościcki*, von 1926 bis 1939 polnischer Staatspräsident.

Mo 11–16 Uhr (im Winter geschlossen), Di–Sa 10–16 Uhr (im Sommer bis 18 Uhr), So 11–16 Uhr (im Sommer bis 18 Uhr). Eintritt Trasa Zamek 6 €, erm. 4 €, Familien (nur Sa/So) 3 €/Pers., Sept. bis Juni am So Eintritt frei, im Juli/Aug. Mo Eintritt frei. Wechselausstellungen 3 €, erm. 2 €. Konzerte 8, erm. 4 €. Deutschsprachige Führung 24 €. ✆ 22-3555170, 3555127, www.zamek-krolewski.pl. Pl. Zamkowy 4.

Kubicki-Arkaden (Arkady Kubickiego)

Die Kubicki-Arkaden erfüllen zwei wichtige Aufgaben: Das Architekturdenkmal aus dem frühen 19. Jh. stützt den Abhang, auf dem das Schloss steht, zum anderen verbindet es den oberen mit dem unteren Teil des Königsgartens durch zwei Treppen. Da das Regenwasser jahrzehntelang ungehindert in die Anlage eindringen konnte, bestand Einsturzgefahr für das Schloss, eine Renovierung war unvermeidlich geworden – sie dauerte 14 Jahre. Der 200 m lange Bogengang mit zehn Arkaden und einem Kreuzgewölbe ist erst seit 2009 öffentlich zugänglich. Die Räumlichkeiten sollen nach und nach ausgebaut werden; Restaurants, Ausstellungsflächen, Bühnen und touristische Angebote sollen entstehen. Auch die über die Arkaden zugänglichen Gartenanlagen sollen wie in königlicher Zeit im französischen Barock wiederhergestellt werden, zurzeit ähneln sie noch eher einer Wiese. Doch schon heute kann man zwischen den Ziegelarkaden flanieren und sich dabei wie ein König fühlen.

Palast unter dem Blechdach

Die Ausstellung zur Geschichte und Rekonstruktion der Kubicki-Arkaden sowie das Betreten des historischen Tunnels sind eintrittspflichtig, für die Arkaden und die Gärten ist derzeit keine Gebühr fällig. Künftig sollen die Arkaden auch als Eingangsbereich für die Schlossbesichtigung dienen.

Mo–Sa 10–16 Uhr, So 11–16 Uhr (im Sommer jeweils bis 18 Uhr), im Winter Mo geschlossen. Eintritt für Ausstellungen 2 €, erm. 1 €, So frei; Garten und Arkaden generell frei. ✆ 22-3555170, 22-3555127, www.zamek-krolewski.pl. Pl. Zamkowy 4.

Palast unter dem Blechdach (Pałac pod Blachą)

Der spätbarocke Palast östlich unterhalb des Königsschlosses erhielt als erstes Gebäude der Stadt anstelle eines Schindeldaches eines aus Blech, daher der seltsame Name. Gebaut wurde der Palast mit seiner prächtigen Fassade 1698–1701 im Auftrag der Lubomirski-Familie, im 18. Jh. diente er als Freimaurerloge, danach König Stanisław II. August und seinem Neffen Józef Poniatowski als Stadtresidenz.

Im Gegensatz zum Schloss konnten sich die Warschauer schon 1949 über die gelungene Rekonstruktion freuen. Nach vierjähriger Renovierung wird der Palast unter dem Blechdach seit 2008 wieder für Ausstellungen, Tagungen und Kunstworkshops genutzt. Den Besucher empfangen im Erdgeschoss eine Sammlung mit kostbaren Teppichen aus dem Kaukasus, Persien und Anatolien sowie eine Präsentation von Tafelporzellan aus europäischen Adelshäusern.

Mo–Sa 10–18 Uhr, So 11–18 Uhr, im Winter Di–So 12–15 Uhr, im Winter Mo geschlossen. Eintritt 2 €, erm. 1 €, So frei. ✆ 22-6572170, www.zamek-krolewski.pl. Pl. Zamkowy 2.

St.-Martin-Kirche (Kościół św. Marcina)

Die Kirche wurde zusammen mit dem Augustinerkloster 1353 errichtet. Ihre heutige Gestalt mit auffälliger Rokoko-Fassade im Zuckerbäckerstil geht auf das 17. und 18. Jh. zurück, bedeutend war dabei der Beitrag von Baumeister Karol Bay. Schade nur, dass in der engen Gasse so wenig Platz ist, um die verspielte Fassade mit Abstand zu betrachten. Von den gotischen und barocken Kunstschätzen im Innern ist leider nichts erhalten – außer einer halb verbrannten, gekreuzigten Jesusfigur an der rechten Wand im Hauptschiff, deren zerstörter Oberkörper durch einen Metallrahmen angedeutet wird. Doch auch die moderne Einrichtung, herausragend vor allem die Sgraffiti-Kreuzwegstationen von Alma Skrzydlewska, hat ihre Reize.

Die Kirchengemeinde war lange Zeit ein Zentrum der Warschauer Intelligenz, hier trafen sich in den 80er Jahren Mitglieder der Gewerkschaft Solidarność, schon 1977 fand in der Kirche ein zweiwöchiger Hungerstreik statt, an dem sich auch der spätere Ministerpräsident Tadeusz Mazowiecki beteiligte.

Tägl. 9–12.15 und 15–17.30 Uhr, Messe Mo–Sa 7, 8, 17.30 Uhr, So 8, 9.30, 11, 17.30 Uhr. Ul. Piwna 9/11.

Denkmal des Kleinen Aufständischen (Pomnik Małego Powstańca)

Das 1983 von J. Jarnuszkiewicz geschaffene Denkmal erinnert an die Kinder des Warschauer Aufstands von 1944. Traurig stimmt der viel zu große Helm der Skulptur, der die seelische Last der Kindersoldaten versinnbildlicht. Während das Kindersoldatentum heute mehr und mehr geächtet ist, hatten die kleinen Warschauer während des Aufstands allerdings keine Wahl. Sie waren zur Selbstverteidigung gezwungen, da die deutschen Truppen auch Kinder ermordeten. Die meist in Pfadfinderorganisationen organisierten Heranwach-

Stare Miasto
Karte S. 91

senden übernahmen wegen ihrer geringen Körpergröße vor allem Aufgaben als Kuriere oder transportierten Waffen, meist durch das Warschauer Kanalisationsystem.
Ul. Podwale.

Barbakane (Barbakan)

Gebaut wurde die Barbakane 1548 zwischen der Alt- und der Neustadt, um sich vor den damals aufkommenden Feuerwaffen wirksamer zu schützen; dazu integrierte man die vorgelagerte massive Festung in die schon vorhandenen Stadtmauern. Ihren Zweck erfüllte die Barbakane jedoch nur einmal, während der Schwedischen Invasion im Jahr 1656. In den folgenden Jahrhunderten verfiel sie und wurde erst in den letzten Vorkriegsjahren rekonstruiert. Nach der Zerstörung im Zweiten Weltkrieg musste der zum Generalkonservator ernannte Zachwatowicz erneut eine Rekonstruktion in Angriff nehmen, die 1954 nach zweijähriger Bauzeit beendet war. Im Inneren dokumentiert eine Ausstellung mit historischen Fotos und Zeichnungen die Geschichte des wehrhaften Rundbaus.
Mai bis Okt. tägl. 11–18 Uhr. Eintritt 0,50 €, erm. 0,25 €. ✆ 22-6351625, www.mhw.pl. Ul. Nowomiejska.

Misthügel (Gnojna Góra)

Heute gewährt hier eine Aussichtsterrasse einen traumhaften Blick auf die Weichsel und den gegenüberliegenden Stadtteil Praga – nichts mehr deutet auf die ursprüngliche Nutzung des Geländes hin. Über Jahrhunderte brachten die Warschauer nämlich ihre Abfälle an diese Stelle. Interessanterweise wurden dem gärenden Müll und den Fäkalien heilende Kräfte zugeschrieben, weshalb man hier im Mittelalter Kranke bis zum Kopf eingrub. Die im Polnischen wie im Deutschen gängige Redewendung „Bis zum Hals in der Sch ... stecken“ wurde hier also im Wortsinn umgesetzt. Näher zur Altstadt hin, an dem gotischen Haus an der Ecke ulica Celna/ulica Brzozowa, sind noch Fragmente des alten Misttors (Gnojna Brama) zu erkennen.
Ul. Celna.

Die Barbakane ist ein massiver Festungsvorbau zwischen Alt- und Neustadt

Johannisdom (Bazylika archikatedralna św. Jana)

Die heutige Kathedrale steht an der Stelle einer Holzkirche aus dem 13. Jh. und ist damit Warschaus ältestes Gotteshaus. Bald avancierte der Johannisdom zur Grabstätte der masowischen Herzöge und wurde deshalb 1390 durch einen gotischen Steinbau ersetzt. Trotz späterer barocker Umbauten veränderte sich das Äußere wenig, obwohl die Kirche um einen Gang zum Königsschloss ergänzt wurde. Der Innenraum aber wurde immer prunkvoller geschmückt, nicht zuletzt aufgrund des Umzugs des Königshofs von Krakau nach Warschau.

Seit dem 18. Jh. war der Johannisdom der Krönungsort der Wahlkönige, 1791 schwor man hier auf die erste polnische Verfassung, die erste demokratische Konstitution Europas. Seit 1798 hat das Gotteshaus den Status einer Kathedrale. Im 19. Jh. wurde die Fassade im neugotischen Stil massiv umgestaltet. Beim Wiederaufbau nach dem 2. Weltkrieg (1948–1956) verzichtete der Architekt Jan Zachwatowicz auf eine Wiederherstellung dieses als misslungen geltenden Umbaus und rekonstruierte stattdessen den Stil der masowischen Gotik; maßgeblich dafür waren der ursprüngliche Grundriss und die Höhe des spitz zulaufenden Daches. Statt der reich geschmückten Fassade am Eingangsportal wurde ein weiß verputzter Treppengiebel aus Backstein gewählt.

Im Gegensatz zur prunkvollen, von Renaissance und Barock geprägten Inneneinrichtung der Vorkriegszeit zeigt sich die Kirche heute eher dezent, für eine Kathedrale geradezu schlicht. Ein großer Verlust war die Zerstörung der farbigen Wandmalereien von Jacopo Palma, von denen einzig ein Fragment die Sprengungen überlebt hat; umso farbenfroher wirken die Glasfenster von Zbigniew Łoskot und Wacław Taranczewski. Erhalten sind u. a. ein Kruzifix aus dem frühen 16. Jh. und das Taufbecken in schwarzem Marmor von 1631. Sehenswert ist auch das klassizistische Grabmal der Familie Małakowski.

In der **Krypta** ruhen u. a. die Sarkophage masowischer Herzöge, des letzten polnischen Königs Stanisław August Poniatowski, der polnischen Präsidenten der Zwischenkriegszeit sowie des Literaturnobelpreisträgers Henryk Sienkiewicz. Auch der für den Kampf gegen den Staatssozialismus bedeutende Primas von Polen Stefan Wyszyński fand an dieser Stelle seine letzte Ruhe. Für den Besuch der Krypta wird zusätzlich zum eher symbolischen Eintrittspreis um eine Spende gebeten, die für den Erhalt der Kellergewölbe verwendet wird.

Um an die Zerstörungen im Zweiten Weltkrieg zu erinnern, wurde an der Südseite der Kathedrale ein Teil der Raupe eines ferngesteuerten deutschen Panzers namens Goliath eingefasst, der beim Warschauer Aufstand 1944 die Kathedrale beschoss.

Mo–Sa 10–13/15–18 Uhr, So 10–18 Uhr. Krypta: Mo–Sa 10–13/15–17.30 Uhr, So 15–17.30 Uhr. Messe: Mo–Sa 6.30, 7, 8, 9, 19 Uhr; So 8, 9.30, 11.00, 12.30, 18, 19 Uhr. Symbolischer Eintritt (nur für Krypta) 0,25 €, Spenden erwünscht. www.katedra.mkw.pl. Ul. Świętojańska 8.

Jesuitenkirche (Kościół Jezuitów)

Die 1609–1626 nach Plänen von Jan Frankiewicz im Stil des Polnischen Manierismus erbaute Kirche hebt sich mit ihrer weiß-roten Fassade von der benachbarten Johanniskathedrale und den umliegenden Häusern markant ab. Der Wiederaufbau nach dem 2. Weltkrieg begann 1948 und dauerte neun Jahre. Seitdem strahlt die schlanke Front in altem Glanz, ganz im Gegensatz zum heute eher modernen, schlichten Innenraum – die barocken Kunstwerke

Der Bazyliszek bewachte laut Legende einen Schatz im Keller eines Hauses am Rynek und versteinerte Eindringlinge mit seinem Blick

konnten im Krieg nicht gerettet werden. So ist vor allem die Krypta mit den Grabmalen einen Blick wert, darunter der Grabstein des Adligen Jan Tarło (1527–1587), aber auch der Leuchter in der Kuppel des Presbyteriums.

Das Sanktuarium und die Kirche sind heute der Gnadenreichen Muttergottes gewidmet, der Schutzpatronin von Warschau. Ein beliebtes Fotomotiv ist die Bärenstatue am Eingang, die aus der Piaristenkirche (→ Tour 2) stammt.

Tägl. 9–20 Uhr, Messe: Mo–Sa 6.30, 7, 8, 8.30, 16, 20, So 8, 9, 10, 11, 12, 13, 16, 20 Uhr. www.laskawa.pl. Ul. Świętojańska 10.

Altmarkt (Rynek Starego Miasta), **Sirene** (Syrenka)

Eine nette optische Täuschung hält der Rynek bereit: Steht man auf ihm, sind die abgehenden Gassen von den meisten Stellen aus nicht zu sehen, weshalb man sich auf einem komplett abgeschlossenen Platz wähnt. Vom Frühling bis in den Herbst stehen hier überall die Tische der Restaurants, an manchen Tagen locken Festivals und spezielle Märkte.

Benannt sind die vier Seiten des Rynek nach polnischen Politikern des 18. Jh. An der nördlichen *Dekert-Seite* mit gotischen Fundamenten und barocken Fassaden gab es die geringsten Zerstörungen. Bei der Rekonstruktion wurde das Innenleben der Häuser miteinander verbunden, die heute das *Historische Museum Warschaus* bilden. Besonders schön sind die Kamienica Baryczków (Nr. 32) und die Kamienica pod Murzynem (Unter dem Mohren, Nr. 36) mit einer Renaissancefassade von Santi Gucci. Die östliche *Barss-Seite* war am meisten zerstört. Am schönsten ist hier unserer Meinung nach die Kamienica Winklerowska (Nr. 20), in der heute das *Literaturmuseum* und originale gotische Wandmalereien zu finden sind.

An der *Zakrzewski-Seite* im Süden des Rynek fallen vor allem zwei Häuser ins Auge. Die Kamienica Pod Bazyliszkiem (Unter dem Basilisk, Nr. 5) schmückt ein Schild mit dem legendären Monster, das im Keller des Hauses einen Schatz bewachte. Jeder, der das Untier erblickte, wurde zu Stein. Schließlich besiegte ein listiger Schusterjunge das Mischwesen aus Drache und Hahn, indem er ihm einen Spiegel vorhielt – der Basilisk versteinerte sich selbst. Die Hausecke der Kamienica Pod Lwem (Unter dem Löwen, Nr. 13) schmückt ein goldenes Relief mit dem König der Tiere. Die *Kołłątaj-Seite* im Westen ist die vielleicht bezauberndste Seite des Platzes. Besonders schön sind die beiden Eckhäuser: an der nördlichen Ecke die Kamienica Pod Św. Anną (Unter der Heiligen Anna, Nr. 31), an der südlichen Ecke die Kamienica Simonettich (Nr. 15), an deren Fassade unter der auffälligen Wanduhr ein Schild an den Wiederaufbau des Platzes erinnert. Auch die kunstvollen Fassaden der Kamienica Wójtowska (Nr. 19) und Kamienica Fukierowska (Nr. 27) sind einen näheren Blick wert; in letzterer residiert heute eines der bekanntesten Restaurants der Stadt.

Die auf eine Warschauer Legende (→ Stadtgeschichte) anspielende *Sirene* in der Platzmitte schuf Bildhauer Konstanty Hegel (1799–1876); von 1855 bis 1928 stand sie bereits hier, seit dem Jahr 2000 beherrscht die kämpferische Seejungfer erneut den Mittelpunkt des Altmarkts. Besonders beliebt ist die Sirene natürlich bei Fotografen, aber auch bei Kindern, die gern um die Bronzeskulptur herumtanzen. Legendär sind die Geräusche der Wasserspiele rund um den Fuß der Skulptur, die manche Warschauer als unweibliches Rülpsen oder Schlürfen interpretieren.

Historisches Museum Warschaus (Muzeum Historyczne m.st. Warszawy)

Karten, Gemälde, Kunstgegenstände, Handschriften, Fotos, Schmuckstücke, Möbel, Kleidung sowie einige ungewöhnliche Exponate ... Auf vier Stockwerken und in 60 Räumen gibt das Museum einen umfassenden Einblick in sieben Jahrhunderte Warschauer Geschichte. Im museumseigenen Kino informiert der Film „Warsaw will remember“ über die Stadt vor dem Zweiten Weltkrieg, die Zerstörungen von 1939 bis 1945 und den Wiederaufbau.

Di/Do 11–18 Uhr, Mi/Fr 10–18 Uhr, Sa/So 10.30–16.30 Uhr, Mo geschlossen. Eintritt 2 €, erm. 1 €, So frei.

Führung (deutsch): 13 €/Gruppe. Film über Warschau (engl.): Di–Sa 12 Uhr. Ticket 2 €, erm. 1 €. Film auf Deutsch nur nach Voranmeldung: ✆ 22-6351625-108. ✆ 22-6351625, ✆ 8319491, www.mhw.pl. Rynek Starego Miasta 28–42.

Literaturmuseum (Muzeum Literatury)

Das Museum dokumentiert das Leben und Schaffen des polnischen „Dichterfürsten“ und Romantikers Adam Mickiewicz, der in Polen ähnlich bekannt ist wie Goethe in Deutschland oder Grillparzer in Österreich. Wechselnde Ausstellungen informieren über andere bedeutende polnische Literaten. Spannend ist das Museum nicht nur für an polnischer Literatur Interessierte, sondern auch für alle, die sich für alte Handschriften, Kostüme und Möbel begeistern.

Mo–Mi und Fr 10–16 Uhr, Do 11–18 Uhr, So 11–17 Uhr, Sa geschlossen. Eintritt 2 €, erm. 1 €. ✆ 22-8314061, www.muzeumliteratury.pl. Rynek Starego Miasta 20.

Praktische Infos

(→ Karte S. 91)

Restaurants

Viele Warschauer behaupten, man könne in der Altstadt nicht gut speisen. Wir sehen das etwas anders. Allerdings: Die Preise orientieren sich an den Touristen, günstiges Essen sollte man hier nicht erwarten.

Rycerska (8), wie der Name verspricht, speist man hier wie ein Ritter zwischen Rüstungen und Schwertern, die dunklen Holztische stehen auf schweren Teppichen. Geröstetes Schwein in ritterlicher Biersauce mit Klößen 12 €. Tägl. 12–23 Uhr. Ul. Szeroki Dunaj 11, ✆ 22-8313668, www.restauracjarycerska.pl.

Staromiejska (32), elegantes Restaurant im Stil des 19. Jh. Bei Touristen überaus beliebt, hat man von hier doch eine herrliche

Sicht auf den Schlossplatz. Mit wilden Pilzen und Walnüssen gefülltes Rinderfilet mit Steinpilzsauce, Klößchen und Rote Beete für 14 €. Tägl. 11–24 Uhr. Pl. Zamkowy 15/19, ☏ 22-8310259, www.restauracja staromiejska.pl.

Piwna 2 (32), ein bayerisches Restaurant oder das, was sich amerikanische Touristen darunter vorstellen. Fr/Sa tritt ab 19.30 Uhr eine zünftige Blaskapelle auf, da ist für weiß-blaue Patrioten auch nordöstlich des Weißwurstäquators die Welt in Ordnung. Die halbe Maß Weihenstephaner kostet 3 €, „bayerische Spezialitäten" 4–10 €, zu denen laut Karte auch Currywurst und Spätzle zählen ... Tägl. 11–23.30 Uhr. Ul. Piwna 2, ☏ 22-8310259, www.restauracjabawarska.pl.

U Fukiera (12), das älteste der vielen Restaurants von Magda Gessler und wie alle anderen mit überbordender Phantasie eingerichtet. Die Ideen für das Design und die Karte sind von ländlicher Tradition inspiriert, die Terrasse vor dem Restaurant schmücken zahllose Pflanzen. Beliebt sind die Rezepte von Magdas Oma Ola, z. B. Hühnchen auf polnische Art, gefüllt mit flockigem Biskuit und Pastinaken (12 €) oder Lammhaxe mit Rosmarin, Thymian und Weißwein (25 €). Elegante Kleidung vonnöten! Nicht zuletzt deshalb, weil hier häufig Könige, Präsidenten, Topmodels, Hollywood-Sternchen und sonstige VIPs zu dinieren pflegen. Tägl. 12–1 Uhr. Rynek Starego Miasta 27, ☏ 22-8311013, www.ufukiera.pl.

Sekret (21), kein Geheimnis ist der Keller dieses Restaurants: Kassettendecken, dicke Samtvorhänge, Wandteppiche, alte Gemälde und an den Wänden gemalte Fasane. Wer schon immer mal wie der Landadel in einem Kostümfilm schlemmen wollte, liegt hier richtig. Wildschweinrouladen mit Jägersoße und Kasza 17 €. Ul. Jezuicka 1/3, ☏ 22-6357474, www.restauracjasekret.pl.

Kamienne Schodki (4), stimmungsvolles Restaurant mit Sommerterrasse auf dem Rynek. Berühmt für seine Ente auf polnische Art, es gibt aber auch Fischgerichte wie Lachs in Sektsauce für 12 €. Tägl. 10–24 Uhr. Rynek Starego Miasta 26, ☏ 22-8310822, www.kamienneschodki.pl.

U Barssa (7), eines der besseren Restaurants mit polnischer Küche in der Altstadt. Die Qualität und das angenehme Ambiente haben aber ihren Preis: Eine Vorspeise wie das Tartar kostet 11 €. Tägl. 10–24 Uhr. Rynek Starego Miasta 14, ☏ 22-6352476 www.ubarssa.pl.

Pod Herbami (26), altpolnische Küche in altpolnischer Umgebung. Die Stühle mit roten Bezügen im einen Saal, die mit braunweißen im anderen verströmen herrschaftlich-adelige Atmosphäre. Fleischplatte mit Pilzen und Saisongemüse für 2 Pers. 28 €. Mo–Fr 11–23 Uhr, Sa/So 11–1 Uhr. Ul. Piwna 21/23, ☏ 22-8316447, www.zrherby.pl.

Świętoszek (17), heller eingerichtet und weniger Muff im Keller als in den umliegenden Restaurants. Nicht nur deshalb eine gute Wahl für den romantischen Abend zu zweit. Hg. 11–15 €, etwas günstiger wird es von 13 bis 17 Uhr, wenn man für 12 € Suppe, Hauptgericht und Dessert aus der Karte frei wählen kann. Tägl. 12–22 Uhr. Ul. Jezuicka 6/8, ☏ 22-8315634, www.swietoszek.pl.

Senator (14), hier fühlt man sich wie in einem Salon des 19. Jh., für die warmen Tage des Jahres gibt es auf dem Platz vor dem Lokal eine Sommerterrasse. Halbe Ente auf polnische Art, mit Äpfeln und Moosbeeren 11 €. Dreigängige Mittagsmenüs von 11 bis 15 Uhr 7 €. Ul. Szeroki Dunaj 1/3, ☏ 22-8317968, www.restauracja-senator.pl.

Zapiecek (22), von außen schöner als von innen, aber etwas günstiger als die anderen Altstadtlokale; Hammelgulasch für nur 6 €, ansonsten überwiegend Wildgerichte. Tägl. 12–23 Uhr. Ul. Piwna 34/36, ☏ 22-831 5693, www.zapiecek.win.pl.

Gospoda Kwiaty Polskie (6), „Gasthaus der polnischen Blumen" lautet der Name übersetzt, was schon alles über die Bemalung der Wände verrät. Die Küche ist altpolnisch, aber zu Preisen, wie man sie sonst nur außerhalb der Altstadt und des Zentrums bekommt. Lecker und viel! Hauptgericht 5–18 €, Entenbrust auf Wildfruchtsauce 9 €. Tägl. 11–23 Uhr. Ul. Wąski Dunaj 4/6/8, ☏ 22-8876520, www.gospodakwiaty polskie.pl.

Café Zamek (30), ein Café und Luxusrestaurant im wunderschönen Schlossgarten mit Ausblick auf das Weichseltal. Innen sitzt man zwischen Marmorbüsten, Kronleuchtern und altem, edlem Porzellan. Dafür bezahlt man gern 2,50 € für den Kaffee. Fasan mit Früchten, Dauphine-Kartoffeln und Moosbeeren 16 €. Pl. Zamkowy 4, ☏ 22-3555116, www.cafe-zamek.pl.

Polka (29), 2008 eröffnete Magda Gesslers zweites Restaurant in der Altstadt und unter großem Interesse der lokalen und nationalen Presse. Günstiger als in anderen Restaurants der Edelgastronomin sind hier die Preise für die Riesenportionen, trotzdem ist das urig-elegante Lokal oft von den VIPs der Stadt reserviert. Kartoffelpuffer mit Pilzsahnesoße 6 €, Schweinshaxe für den Mann 13 €, für die figurbewusste Dame 8 €. Ul. Świętojańska 2, ✆ 22-6353535, www.restauracjapolka.pl.

Bazyliszek (19), Portionen zum Sattwerden bekommen die Gäste, die in einer der fünf Hallen sitzen können. Die Atmosphäre hat sich seit den mitunter auch urigen Zeiten der Volksrepublik Polen kaum verändert, die Preise sind noch bezahlbar. Tartar vom Rind 5 €, Riesenschnitzel mit Pommes und Salat 6 €. Mo–Sa 11–23 Uhr, So 12.15–23 Uhr. Rynek Starego Miasta 1/3, ✆ 22-8311841.

Naleśnikarnia Jacek i Placek (18), süße und salzige Pfannkuchen gegen den kleinen Hunger. Tägl. 9–20 Uhr. Rynek Starego Miasta 1/3, ✆ 22-6355740.

Cafés

Same Fusy (2), geheimnisvoller afrikanisch-asiatisch-exotischer Fleck, wie aus einem Indiana-Jones-Film, und das mitten in der Altstadt! Die vielen versteckten Eckchen machen das Café zu einem beliebten Ort fürs Rendezvous. Man kann eine der mehr als 50 Kaffeevariationen genießen oder aus noch mehr Teesorten wählen. Leider mit lagebedingtem Aufpreis – unter 4 € wird nichts aufgebrüht. Tägl. 11–23 Uhr. Ul. Nowomiejska 10, ✆ 22-6359014, www.samefusy.pl.

Keks (18), kleines, süßes Café mit Schwarz-Weiß-Fotos an der Wand. So–Do 8–22 Uhr, Fr/Sa 8–23 Uhr. Rynek Starego Miasta 1/3.

Nachtleben

Jazzownia (16), neues Design in alten Mauern. Nette Kneipe für ein paar Cocktails nach dem Sightseeing. Tägl. 12–24 Uhr, ab 20 Uhr Livejazz. Ul. Jezuicka 1/3, ✆ 22-6353769, www.jazzownia.com.

Tomba Tomba (3), rühmt sich selbst als Warschaus ersten hetero-friendly Homoclub. Nur am Wochenende öffnen sich die Türen des mehrstöckigen Altstadthauses für die bunt gemischte Partymenge. Bei unserem Besuch ansprechende Elektromusik und eine Bestätigung seines Rufs als erste Homoadresse der Stadt. Fr/Sa 22–10 Uhr. Eintritt 3 €. Ul. Brzozowa 37, ✆ 22-8319539, www.tomba-tomba.pl.

Jazz Bistro Gwiazdeczka (20), kleine, eher schicke Jazzkneipe mit überdachtem Innenhof. Auch Bistroküche, z. B. hausgemachte Pierogi für 6 €. Do, Fr, Sa 19.30–22 Uhr Jazz live. Tägl. 10–24 Uhr. Ul. Piwna 40, ✆ 22-8878764, www.jazzbistro.pl.

Fassadendetail an einem Altmarkthaus

Einkaufen

PolArt (11), Holzschnitzereien, Glas- und Stoffmalereien, Stickarbeiten, Trachten, Scherenschnitte ... Folkloristisches Kunsthandwerk aus ganz Polen wartet auf Kenner und neue Liebhaber. Mo–Fr 10–18 Uhr, Sa 10–14 Uhr. Rynek Starego Miasta 10.

Galeria Plakatu (15), wer es nicht in das berühmte Plakatmuseum nach Wilanów geschafft hat, sieht hier, was ihm entgangen ist. Polnische Plakatkunst auf höchstem Niveau, wegen begrenzten Raums lädt das Geschäft aber leider weniger zum Stöbern ein. Die Schätze befinden sich geradeaus und dann links, sobald man sich durch die weniger reizvollen Souvenirs gekämpft hat. Tägl. 10–17 Uhr. Rynek Starego Miasta 23, www.poster.com.pl.

metal GALERIA (11), wirklich schöner, zeitgenössischer Schmuck zum Schmücken, nicht zum Protzen. Aus den Materialien Bernstein, Silber und Metall zaubert der Designer Marcin Zaremski erschwingliche Kreationen. Tägl. 10–18 Uhr. Rynek Starego Miasta 8.

Galerien

Green Gallery (1), die malerische Kamienne Schodki-Gasse ist die perfekte Umgebung für die Kunstfoto-Ausstellungen von teils bekannten Fotografen. Gelegentlich auch Grafiken oder Malerei. Di–Fr 12–18 Uhr, Sa/So 12–17 Uhr, Mo geschlossen. Ul. Krzywe Koło 2/4, ✆ 22-6353630, www.greengallery.pl.

Galeria obok ZPAF (27), eine Galerie, die Werke junger polnischer Fotografen ausstellt – Experimentierfreude geht dabei vor fotografischer Professionalität. Und was die Autodidakten da mit der Linse zaubern, ist schon einen Kauf wert, zumindest einen Abstecher. Di–So 12–18 Uhr, Do bis 17.30 Uhr, Mo geschlossen; im Winter immer nur bis 17 Uhr. Pl. Zamkowy 8, ✆ 22-3573556, www.go.zpaf.pl.

Musik & Museen

Scena Letnia w Lapidarium (5), Bühne im schönen Innenhof des Historischen Museums. Blues, Weltmusik und Theateraufführungen 4–6 €, Veranstaltungen für Kinder und Klassikkonzerte frei. Ul. Nowomiejska 6/8, www.lapidarium.sdk.pl.

Muzeum Farmacji (24), ein Pharmaziemuseum mit Ausstellungsobjekten aus der königlichen Apotheke, dem alten Warschau und dem fernen Japan. Die alte Registrierkasse bekam in Poman Polańskis Filmerfolg Pianist eine Nebenrolle. Di/Do 11–18 Uhr, Mi/Fr 10–15.30 Uhr, Sa/So 10.30–16.30 Uhr, Mo geschlossen; im Sommer werktags bis 18 Uhr. Eintritt 1 €, erm. 0,50 €. Ul. Piwna 31/33, ✆ 22-8317179, www.muzeumfarmacji.mhw.pl.

Muzeum Cechu Rzemiosł Skórzanych (10), das Museum der Lederhandwerks-Zunft zeigt traditionelle Schuhmacher-Werkstätten und Erinnerungsstücke eines Zunftmitglieds. Der Schuhmacher Jan Kiliński wurde als Kommandant des Warschauer Kościuszko-Aufstands von 1794 bekannt. Do–Sa 10–15 Uhr, Eintritt frei. Ul. Wąski Dunaj 10, ✆ 22-8319673.

Staromiejski Dom Kultury (13), Kulturzentrum mit Ausstellungen, Livekonzerten (vor allem Jazz), Theater, Kabarett und vielem mehr. Rynek Starego Miasta 2, ✆ 22-8312375, www.sdk.pl.

Malerisches Flair in der Altstadt

Nowe Miasto
Karte S. 107

Nowe Miasto

So jung, wie der Name sagt, ist die Neustadt natürlich nicht mehr, gebaut wurde sie an der Wende vom 14. zum 15. Jahrhundert. Bald wurde sie politisch selbstständig und vom benachbarten mittelalterlichen Zentrum unabhängig. Doch gleicht sich die Historie von Neustadt und Altstadt, den beiden ältesten Teilen Warschaus.

Da sich die Neustadt außerhalb der Stadtmauern entwickeln konnte, ist sie offener und weitläufiger als die mittelalterliche Altstadt. Das mag einer der Gründe sein, warum die Warschauer die Neustadt lieber besuchen als die südlich angrenzende Stare Miasto. Davon profitieren vor allem die zahlreichen Restaurants und Cafés an der ulica Freta, auf der man gern flaniert. Südländische Atmosphäre verbreitet auch der *Neumarkt* mit seiner stimmungsvollen St.-Kazimierz-Kirche. Überhaupt prägen die Neustadt viele prächtige Kirchen und Klöster, obwohl sie einstmals eher der Stadtteil der ärmeren Bevölkerung war. Im 2. Weltkrieg wurde die Nowe Miasto fast völlig zerstört, doch der Wiederaufbau wurde beinahe so gewissenhaft angepackt wie in der Altstadt. An den Rändern der 600 Jahre alten Neustadt prägen jedoch mitunter harte Kontraste zu modernen Neubauten das Bild, z. B. das Gebäude des Obersten Gerichts der Republik oder das Intraco I-Hochhaus.

Blick auf die Barbakane

Warschaus kleinstes Haus

Warschau quillt über vor weitläufigen Schlössern und mächtigen Palästen, vor Wolkenkratzern und endlosen Wohnblocks. Höher, weiter, breiter, länger, war seit Jahrhunderten die Devise der Architekten. An der nördlichen Seite der Heiliggeistkirche in der ulica Długa jedoch findet sich die Ausnahme in Form eines Anbaus, den man leicht übersieht – fast wirkt er wie ein zum Gotteshaus gehörender Schuppen. Doch gleich nach seinem Bau Ende des 18. Jh. bekam das klassizistische Häuschen eine eigene Hausnummer (ulica Długa 1), es diente als Wohnung. Auch wenn die Menschen in früheren Zeiten äußerst beengt lebten, hier war nun wirklich kein Platz. Vielleicht handelte es sich um Polens erste *kawalerka*, eine Art Einzimmerappartement oder Junggesellenwohnung? – die Hausarbeit wäre hier zumindest überschaubar.
In den 1950er Jahren hatte sich in dem zimmergroßen Häuschen ein Kiosk eingerichtet, seitdem werden aus dem Fenster Zeitungen, Süßigkeiten und Getränke verkauft. Übrigens: Warschaus schmalstes Haus und angeblich der ganzen Welt steht nicht weit entfernt in der Altstadt am plac Kanonia.

Tour 2: Durch die Neustadt

Ausgangspunkt der Tour ist nicht die Neustadt, sondern bereits das Ende der Miodowa-Straße (ulica Miodowa) beim Palast der Krakauer Bischöfe (Pałac Biskupów Krakowskich, Nr. 5).
Anfahrt mit Bus 100, 116, 178, 180, 222, Haltestelle Kapitulna. Ⓜ Ratusz/Arsenał.

Ende: Ulica Stawki. Tram 16, 17, 33, 35, 36. Bus 157, Haltestelle Muranowska. Ⓜ Dworzec Gdański.

Dauer: Reine Gehzeit der Tour ¾ bis 1¼ Std.

Von unserem Ausgangspunkt geht es auf der Miodowa-Straße in Richtung Norden an einer Reihe prachtvoller barocker und klassizistischer Paläste vorbei, bis nach 400 m an der Kreuzung zur ulica Długa rechts die farbenfrohe → **Feldkathedrale der Polnischen Armee** (Katedra Polowa Wojska Polskiego) auftaucht.

Die Kreuzung über die ul. Długa überqueren wir in Richtung des schräg links stehenden → **Krasiński-Palais** (Pałac Krasińskich), hinter dem sich der → **Krasiński-Garten** (Ogród Krasińskich) erstreckt. Einen scharfen Kontrast zu den klassizistischen und barocken Gebäuden setzt der gelungene postmoderne Bau gegenüber: das → **Oberste Gericht der Republik Polen** (Gmach Sądu Najwyższego Rzeczypospolitej Polskiej), dessen zwei Hauptgebäude auf beiden Seiten des Platzes durch einen Übergang miteinander verbunden sind. Vor dem Gerichtsgebäude erinnert das ebenso gelungene → **Denkmal des Warschauer Aufstands** (Pomnik Powstania Warszawskiego) an den blutigen Kampf gegen die deutschen Besatzer 1944.

Über die ulica Długa geht es nun nach Osten in Richtung Neustadt, wo zur Rechten die Stadtmauern der Altstadt sowie die Barbakane zu sehen sind (→ Tour 1), ein vorgelagertes Verteidigungswerk.

Die erste Sehenswürdigkeit der Neustadt ist die → **Heiliggeistkirche der Pauliner** (Kościół Paulinów pod wezwaniem Św. Ducha) auf der rechten Seite an der Ecke ulica Długa/Freta. Von hier geht es nach links in die ul. Freta, die für ihre guten Restaurants und Cafés bekannt ist. Dort taucht gleich rechts, schräg gegenüber der Paulinerkirche, das nächste Gotteshaus auf, die → **St.-Hyazinth-Kirche der Dominikaner** (Kościół Dominikanów św. Jacka). Ein paar Schritte weiter auf derselben Straßenseite wartet das → **Marie-Curie-Museum** (Muzeum Marii Skłodowskiej-Curie), das Geburtshaus der wohl berühmtesten Tochter der Stadt, auf Besucher.

Kurz darauf folgt der → **Neustädter Marktplatz** (Rynek Nowego Miasta), auch hier reihen sich zahlreiche Lokale, die an lauen Sommerabenden südländisches Flair verbreiten. Schmuckstück an der Ostseite des Platzes ist die weiße → **St.-Kazimierz-Kirche** (Kościół św. Kazimierza) mit ihrem runden Kuppeldach.

Den Neustädter Markt verlassen wir am nordöstlichen Ende bei St. Kazimierz in Richtung der → **Kirche Mariä Heimsuchung** (Kościół Nawiedzenia Najświętszej Marii Panny), die an der rechten Straßenseite der ul. Przyrynek steht. Vom kleinen Park hinter der Kirche aus bietet sich ein schöner Blick nach Osten über die Weichsel und zum Stadtteil Praga am anderen Ufer.

Auf der an der Kirche vorbeiführenden ulica Kościelna führt unsere Tour aber

weg von der Weichsel in Richtung Westen; wir passieren das hübsche Luxushotel Le Régina und erreichen die → **Franziskanerkirche** (Kościół św. Franciszka).

Hier geht es rechts in die ul. Zakroczymska, der wir bis zum rekonstruierten → **Sapieha-Palais** (Pałac Sapiehów) folgen.

Am Ende der ul. Zakroczymska verlassen wir die Neustadt, biegen links in die ulica Konwiktorska ein, die nach 450 m in die ul. Muranowska übergeht. Dort steht auf einer Grünfläche zwischen den Fahrbahnen das → **Denkmal der im Osten Gefallenen und Ermordeten** (Pomnik Poległym i Pomordowanym na Wschodzie).

An moderner Architektur Interessierte können, ein paar Schritte weiter, zum Abschluss der Tour noch das → **Intraco I-Hochhaus** aus den 70er Jahren anschauen (ulica Stawki).

Sehenswertes

Miodowa-Straße (Ulica Miodowa)

Die „Honigstraße" erhielt ihren Namen von den Lebkuchenbäckereien, die hier seit dem 16. Jh. ihre Leckereien verkauften. Inzwischen sind es eher Paläste, die das Straßenbild prägen. Der *Pałac Biskupów Krakowskich* (Nr. 5) zeigt deutlich, wie vermögend die Kirche zur Bauzeit in der zweiten Hälfte des 18. Jh. war. Der schräg gegenüberliegende *Pałac Branickich* (Nr. 6) zählt zu den schönsten Palästen im Warschau des 17. Jh.; zur Zeit der Aufklärung war er ein Treffpunkt von Künstlern, Philosophen und Freigeistern. Derzeit ist hier noch ein städtisches Amt angesiedelt, doch soll der Pałac Branickich künftig anderweitig genutzt werden.

Haus in der Neustadt

In der 1683–94 von Tylman van Gameren gebauten *Kościół Kapucynów (Kapuzinerkirche,* Nr. 13) ruhen zwei Königssarkophage, das Herz von Jan III. Sobieski und die Gebeine von August II. Der *Pałac Paca-Radziwiłłów* (Nr. 15) aber ist der architektonische Höhepunkt in der ulica Miodowa. Ende des 17. Jh. wurde er von Tylman van Gameren für Prinz Dominik Mikołaj Radziwiłł geplant, später von Jakub Fontana und zuletzt von Henryk Marconi umgebaut. Leider sind die noblen Innenräume des Pałac Paca nicht zu besichtigen, da hier das Gesundheitsministerium untergebracht ist. Als einzige griechisch-orthodoxe Kirche der Stadt hat die *Cerkiew Zaśnięcia Najświętszej Marii Panny* (Nr. 16) eine für die Gemeinde wichtige Funktion, auch wenn der Bau kaum als Gotteshaus zu erkennen ist.

Der klassizistische *Pałac Borchów* (Nr. 17/19) hat eine wechselvolle Geschichte hinter sich. Im 17. Jh. zunächst im Stil des Barock errichtet, später umgebaut und als Restaurant genutzt, ging er aus dem Eigentum der namensgebenden Adelsfamilie in das des Erzbistums über. Nach der Rekonstruktion in der Nachkriegszeit ist der Palast heute der Sitz des Primas von Polen. Am Ende der Straße steht das *Collegium Nobilium* (Nr. 24), früher eine Eliteschule, heute Sitz einer Theaterakademie.

Bus 100, 116, 178, 180, 222, Haltestelle Kapitulna. Ⓜ Ratusz/Arsenał.

Feldkathedrale der Polnischen Armee (Katedra Polowa Wojska Polskiego)

An der Stelle der heutigen Kathedrale baute der Piaristenorden 1642 eine Holzkirche, die in den Jahren 1660–1682 ihre heutige steinerne Form erhielt. Die Fassade im Stil des Palladianismus, ein von Venetien ausgehender klassizistischer Stil des 16. Jh., vollendete Jakub Fontana 1769. Im 19. Jh. wurden die Kathedrale von den russischen Besatzern in eine orthodoxe Kirche mit Zwiebeltürmen umgebaut, was nach der Wiedererlangung der politischen Unabhängigkeit 1918 rückgängig gemacht wurde. Im Zweiten Weltkrieg wurde sie als Feldlazarett genutzt und bei Bombenangriffen zerstört. Der Wiederaufbau dauerte von 1946 bis 1960. Als wichtigste Warschauer Garnisonskirche ist die Katedra Polowa zugleich die Kathedrale des polnischen Militärs und Ort aller religiösen Zeremonien der Armee; ein Anker als Symbol für die Marine und ein Propeller für die Luftwaffe schmücken den Eingang. In einer kleinen Kapelle auf der linken Seite wird der Gefallenen der großen Schlachten der polnischen Geschichte gedacht, in einer Kapelle auf der rechten den Opfern des Massakers von Katyń, bei dem die Rote Armee 1939 mehr als 20.000 Vertreter der polnischen Intelligenz ermordete.

Tägl. 9–18 Uhr, Messe Mo–Sa 7, 7.30, 8, 18 Uhr, So 8, 10, 12, 13, 18 Uhr. www.katedrapolowa.pl. Ul. Długa 13/15.
Bus 116, 178, 180, 222, Haltestelle Plac Krasińskich. Ⓜ Ratusz/Arsenał.

Krasiński-Palais (Pałac Krasińskich)

Den auch als „Palast der Republik" bekannten Bau plante Tylman van Gameren 1677–1683 im Auftrag der Magnatenfamilie Krasiński. Bei der Inneneinrichtung beeindrucken besonders die Reliefs mit den Heldentaten des römischen Patriziers Marcus Valerius. Zeitweise war hier im 18. Jh. eine bedeutende Sammlung von Werken Rembrandts, Dürers, Rubens' und Correggios zu sehen, die heute z. T. im Nationalmuseum (→ Tour 4) gezeigt wird. Zurzeit dient das Schloss als Dependance der Nationalbibliothek, Interessierte können hier in alten Drucken, Ikonographien und Manuskripten stöbern.

Mo–Fr 9–17 Uhr; Ikonographien nur Di 12–16 Uhr und Mi 9–14 Uhr. www.bn.org.pl. Plac Krasińskich 3/5.
Bus 116, 178, 180, 222, Haltestelle Plac Krasińskich. Ⓜ Ratusz/Arsenał.

Nowe Miasto Karte S. 107

Krasiński-Garten (Ogród Krasińskich)

Der 1676 von Tylman van Gameren angelegte Barock-Park war bis zur Eröffnung des Saski-Parks 1727 Warschaus größte Parkanlage, wurde aber erst 1776 für die Allgemeinheit geöffnet. Seitdem dürfen die Bürger zwischen alten Schwarznuss-, Ginkgo- und Haselnussbäumen flanieren. Den westlichen Teil des Gartens schmückt ein barockes Tor, ebenfalls ein Werk von van Gameren. In den Jahrzehnten vor dem 2. Weltkrieg war der Park vor allem bei den in der Nähe wohnenden Juden beliebt, auch heute trifft man hier häufig jüdische Touristen an. Seit der Restaurierung im Millenniumsjahr locken ein Teich mit künstlichem Wasserfall, Blumenbeete und ein moderner Spielplatz auch wieder viele Warschauer an.

Durchgehend geöffnet. Bus 116, 178, 180, 222, Haltestelle Plac Krasińskich. Ⓜ Ratusz/Arsenał.

Oberstes Gericht der Republik Polen (Gmach Sądu Najwyższego Rzeczypospolitej Polskiej)

Mit diesem Gebäude schufen die Architekten Marek Budzyński und Zbigniew Badowski 1996 eines der eindrucksvollsten Bauwerke der letzten Jahre. Verbunden sind die Gebäudeteile auf beiden Straßenseiten durch eine Überführung; getragen wird der gläserne Bau von 76 grünen Säulen, geschmückt von der Waage der Justitia und juristischen Lehrsätzen auf Polnisch und Latein.

An der dem Platz abgewandten Ostseite des Gebäudes symbolisieren drei Karyatiden Glaube, Hoffnung und Liebe.

Die Gesichter der weiblichen Skulpturen sind übrigens denen der Frau und der beiden Töchter des Architekten Budzyński nachempfunden. Das Kunstwerk steht etwas abseits, weil der damalige Bischof der gegenüberliegenden Feldkathedrale die Skulpturen als „zu nackt" empfand. Der Entwurf musste deshalb um 180 Grad gedreht werden – die Skulpturen stehen nun am Eingang bei den Parkplätzen an der ulica Świętojerska. Um dort hinzukommen, geht man rechts am Denkmal und der Ostseite des Gebäudes vorbei.

Das begrünte Dach des Gerichtsgebäudes provozierte einige Warschauer zu dem sarkastischen Kommentar, dies sei durchaus symbolisch zu verstehen – „… darüber wächst schon Gras".

Besichtigung nur für polnische Schulklassen und Studentengruppen. www.sn.pl. Plac Krasińskich 2/4/6.

Bus 116, 178, 180, 222, Haltestelle Plac Krasińskich. Ⓜ Ratusz/Arsenał.

Denkmal des Warschauer Aufstands

Denkmal des Warschauer Aufstands (Pomnik Powstania Warszawskiego)

Das monumentale Mahnmal von Wincenty Kućma und Jacek Budyn wurde zum 45. Jahrestag des Warschauer Aufstands am 1. August 1989 enthüllt. Es zeigt die Aufständischen, wie sie aus Abwasserkanälen steigen und eine Barrikade verteidigen. Das städtische Kanalsystem wurde während des Aufstands 1944 genutzt, um sich zwischen den zerstreuten Gruppen zu bewegen und zu kommunizieren.

Das Denkmal beeindruckt durch die Dynamik ihrer Skulpturen, die sich tatsächlich zu bewegen scheinen. An dieser Stelle hielt der frühere Bundespräsident Roman Herzog seine gefeierte Rede zum 50. Jahrestag des Warschauer Aufstands, nachdem er zuvor denselben noch mit dem Ghettoaufstand von 1943 verwechselt hatte. In seiner Rede bat er die Polen um Vergebung für alle Verbrechen, die ihnen von deutscher Seite angetan wurden.

Ul. Długa. Bus 116, 178, 180, 222, Haltestelle Plac Krasińskich. Ⓜ Ratusz/Arsenał.

Heiliggeistkirche der Pauliner (Kościół Paulinów pod wezwaniem Św. Ducha)

Die Kirche des städtischen Krankenhauses aus dem 14. Jh., ursprünglich eine Holzkirche, wurde in der Schwedischen Sintflut von 1555–57 zerstört und als barocke Steinkirche neu errichtet. Paulinermönche aus Częstochowa (Tschenstochau) gründeten bei der Kirche ein Kloster, das sie durch dicke Mauern vor Angriffen schützten. Zum Gedenken an die Mönche startet hier seit 1711 alljährlich am 6. August eine Pilgerwanderung bis in das für Katholiken bedeutende Kloster Jasna Góra in Tschenstochau.

Die St.-Hyazinth-Kirche der Dominikaner dominiert den Anfang der Freta-Straße

Links an der Kirche versteckt sich übrigens ein unscheinbarer Anbau und ein beliebtes Fotomotiv: „Warschaus kleinstes Haus" (→ Kastentext).

Tägl. 9–17 Uhr, Messe Mo–Sa 6, 7, 8, 17 Uhr, So 7, 8, 9.30, 11, 12.30, 18 Uhr. Ul. Długa 3. Bus 116, 178, 180, 222, Haltestelle Plac Krasińskich. Ⓜ Ratusz/Arsenał.

St.-Hyazinth-Kirche der Dominikaner (Kościół Dominikanów św. Jacka)

Die 1603–39 nach Plänen von Giovanni Battista Trevano gebaute Kirche des Dominikanerklosters präsentierte sich früher in einem Stilmix aus Renaissance und Frühbarock. Beim Wiederaufbau nach dem 2. Weltkrieg gab man den barocken Elementen den Vorzug, weshalb das Gotteshaus heute harmonischer wirkt als früher.

Die größte Sehenswürdigkeit im Inneren ist die nach einem Entwurf von Tylman van Gameren zwischen 1691 und 1694 gebaute Kotowski-Kapelle: Sie zählt zu den wenigen und schönsten Kirchenkapellen Warschaus, die in ihrer ganzen Pracht vollständig wiederhergestellt wurden.

Tägl. 9–18 Uhr, Messe Mo–Sa 7, 8.15, 12, 18 Uhr, So 8, 9, 10.30, 12, 16, 18, 19.30, 21.30 Uhr. www.freta.dominikanie.pl. Ul. Freta 10. Bus 116, 178, 180, 222, Haltestelle Plac Krasińskich. Ⓜ Ratusz/Arsenał.

Marie-Curie-Museum (Muzeum Marii Skłodowskiej-Curie)

In diesem Haus wurde Warschaus wohl bekannteste Tochter 1867 geboren und wuchs hier auf. Obwohl die Eltern beide als Lehrer arbeiteten und Maries Begeisterung für die Wissenschaft weckten, blieb ihr im von Russland unterdrückten Polen eine qualifizierte Ausbildung verwehrt. So ging Marie zum Studium nach Paris. Dort entdeckte sie zusammen mit ihrem späteren Ehemann Pierre Curie die Elemente Polonium und Radium, ein Meilenstein in der Erforschung der Radioaktivität. Für ihre bahnbrechenden Leistungen erhielt Curie 1903 den Nobelpreis für

Sapieha-Palais (Pałac Sapiehów)

Gebaut wurde das Palais 1731–46 für den litauischen Großkanzler Jan Fryderyk Sapieha. Der verschwenderische spätbarocke Stil und die langgezogene Fassade zeugen von der Bedeutung des Kanzlers. Im 19. Jh. wurde das Palais als Kaserne zweckentfremdet, das für den Novemberaufstand von 1830 wichtige Vierte Infanterieregiment war zu dieser Zeit hier stationiert (→ Stadtgeschichte). 1944 wurde der Palast von den deutschen Truppen zerstört und schließlich abgerissen; in den Nachkriegsjahren wurde das Gebäude rekonstruiert und dient seitdem als Schulgebäude.

Denkmal der im Osten Gefallenen und Ermordeten

Ul. Zakroczymska 6. Bus 100, 116, 127, 178, 222, Haltestelle Konwiktorska. Ⓜ Dworzec Gdański.

Denkmal der im Osten Gefallenen und Ermordeten (Pomnik Poległym i Pomordowanym na Wschodzie)

Das Mahnmal in Form eines offenen Eisenbahnwaggons voller Kreuze erinnert seit 1995 an all die Polen, die nach dem Angriff Russlands 1939 auf Polen von der Roten Armee nach Sibirien verschleppt und dort ermordet worden waren, sowie an die Opfer des Katyń-Verbrechens: Bei dem Massaker wurden mehr als 20.000 Angehörige der polnischen Intelligenz auf Befehl des Kreml exekutiert. Auf jeder der metallenen Schwellen steht der Name eines russischen Ortes, an dem Verbrechen gegen Polen begangen wurden. Bis zur Wende waren diese traurigen Taten natürlich ein Tabuthema.

Ul. Muranowska. Tram 18, 35, 36, 41 und Bus 100, 116, 127, 157, 178, 222, Haltestelle Muranowska. Ⓜ Dworzec Gdański.

Intraco I-Hochhaus

Der gläserne, 138 m hohe Büroturm mit 39 Stockwerken ist weithin sichtbar und eignet sich gut zur Orientierung. Allerdings passt er so gar nicht in die Umgebung, was daran liegen mag, dass der schwedische Investor 1975 bei der Gestaltung offenbar freie Hand hatte. Wegen der ausschließlichen Verwendung von Glas an der Fassade stört der Monolith aber nicht weiter – er wirkt eher schlicht und markiert, wohlwollend gesagt, einen interessanten Kontrast zur Neustadt.

Kein Zutritt. www.intraco.pl. Ul. Stawki 2. Tram 18, 35, 36, 41. Bus 100, 116, 127, 157, 178, 222, Haltestelle Muranowska. Ⓜ Dworzec Gdański.

Praktische Infos

(→ Karte S. 107)

Restaurants

Fret@Porter (8), liebevoll geführtes Restaurant, das zugleich als Galerie, Café, Club und Bar fungiert. Wohlgefühlt haben sich hier schon so unterschiedliche Stars wie Paulo Coelho, Pierre Cardin, Cesaria Evora, Kayah, Czesław Niemen oder die Deutsche Sarah Connor. Die Fret@Porter-Ente mit Wildrosensauce, Kartoffelrosen und Rosenblättern 14 €. Tägl. 10–23 Uhr. Ul. Freta 37. ✆ 22-6352055, www.fretaporter.pl.

Zadra (15), Galerierestaurant, in dem man die Wände vor lauter Klimt-, Monet-, Modigliani- oder Lempicka-Kopien nicht sieht. Das Motto „weniger ist mehr" gilt hier nicht. Die Speisekarte auf der Malerpalette offeriert Gambas (23 €) und andere Highlights der europäischen Küche. Tägl. 10–24 Uhr. Ul. Gen. Andersa 29. ✆ 22-8319668, www.galeriazadra.pl.

Nomia (6), 2008 eröffnetes Restaurant, das umgehend seine Fans gefunden hat, was u. a. an den guten Desserts liegt. Ente mit Äpfeln in Orangensauce 11 €. Tägl. 10–24 Uhr. Rynek Nowego Miasta 13/15. ✆ 22-8314379, www.nomia.waw.pl.

Honoratka (18), in dem seit 1826 betriebenen Restaurant pflegte gelegentlich Chopin zu speisen – ob im Palastkeller oder im von einem Grünstreifen umgebenen Sommergarten, ist nicht überliefert. Lunchmenu von 12 bis 16 Uhr für 5 €, auch sonst erschwinglich. Tägl. 10–23 Uhr. Ul. Miodowa 14 (Eingang auch über ul. Podwale 11). ✆ 22-6350397, www.honoratka.com.pl.

Freta 33 (10), mediterrane Küche in einfallsreich eingerichtetem Raum. Von der Decke hängen Flaschen, an der Wand ein altes Fahrrad und mehr. Heilbutt gebacken in scharfer Marinade auf Spinatbett mit schwarzen Bohnen 11 €. Tägl. 12–23 Uhr. Ul. Freta 33/35. ✆ 22-6350931.

Boruta (9), typisch sind hier die deftigen Fleischgerichte (Spezialität des Hauses ist Kalbshaxe in Gemüse-Knoblauch-Sauce, 11 €), aber auch Lachs auf Farfalle mit Basilikum-Zitronen-Sauce sowie eine große Auswahl vegetarischer Gerichte kitzeln den Gaumen. Im Sommer kann man an den Tischen auf dem Neustädter Rynek schaukeln – die beweglichen Bänke sind auf Schienen angebracht. Tägl. 11–22 Uhr. Ul. Freta 38. ✆ 22-8316197, www.restauracja-boruta.com.pl.

Pod Samsonem (17), an dem Restaurant mit einigen jüdischen Gerichten scheiden sich die Geschmäcker. Doch das Pod Samsonem ist eine Institution, nicht zuletzt, weil es das erste Nachkriegslokal war, auf dessen Speisekarte zum Beispiel wieder Karpfen auf jiddische Art zu finden war (3 €). Tägl. 10–23 Uhr. Ul. Freta 3/5. ✆ 22-8311788, www.podsamsonem.pl.

Sarmacja (1), eine urige Karczma mit viel Holz im modernen Intraco-Glashochhaus, ein typischer Warschauer Kontrast. Die Küche ist altpolnisch, Pierogi für 4 €, Hauptgericht 12–18 €. Tägl. 12–23 Uhr. Ul. Stawki 2. ✆ 22-8606296, www.restauracjasarmacja.pl.

La Rotisserie (3), edles Hotelrestaurant im Le Régina, in dem frische Gerichte nach Saison kreiert werden. Am Tag unseres Besuchs erfreute ein Tartar aus weißem Thunfisch für 14 € die Gaumen. Tägl. 12–23 Uhr. Ul. Kościelna 12. ✆ 22-5316070, www.leregina.com/en/dining#restaurant.

Barbakan (17), die Küche ist solala, der Service nicht mal das – wer es dennoch versuchen mag, darf sich an den Folterinstrumenten an der Wand erfreuen ... Tägl. 10–23 Uhr. Ul. Freta 1. ✆ 22-8314520, www.barbakan.waw.pl.

Cafés & Pubs

Belle Epoque (12), laut den Besitzerinnen Elwira Fibiger und Monika Grzechnik ein „magischer Ort" – und mit seinem Potpourri aus Trockenblumen, Vorhängen, Kissen und Püppchen wohl einer, wie er nur der Fantasie einer Frau entspringen sein kann. Sogar die Toilette ist eine Sehenswürdigkeit, an den Wänden hängen Fotos von Stummfilmstars wie Pola Negri und der Dietrich, denen es hier sicher gefallen hätte. Tägl. 13–22 Uhr. Ul. Freta 18. ✆ 22-6354105, www.stare-miasto.com/belle-epoque.html.

Polyester Café (5), ein gemütliches Café mit Riesenkissen auf den Sofas. Regelmäßig Fotoausstellungen. Die Desserts kommen leider tiefgekühlt aus Italien. Jede zweite Rentnerin um die Ecke würde bessere Qualität zum halben Preis liefern. Tägl. 11–0.30 Uhr, Fr/Sa bis 1.30 Uhr. Ul. Freta 49/51. ✆ 22-8314636, www.polyestercafe.com.

Pożegnanie z Afryką (16), wie in ganz Polen serviert auch diese Filiale ausgezeichneten Kaffee. Tägl. 7–21 Uhr, im Sommer bis 22 Uhr. Ul. Freta 4/6. ✆ 22-501383091, www.pozegnaniezafryka.pl.

Blikle (19), auch an diesem Ort spürt man die 140-jährige Tradition des Kaffeehauses Blikle; trotzdem ist man im Haupthaus auf dem Königstrakt besser aufgehoben. Mo–Fr 9.30–17 Uhr, Sa/So 10–15 Uhr. Ul. Miodowa 12. ✆ 22-6356609, www.blikle.pl.

Nachtleben

Jazz Café Helicon (7), Jazzkneipe, die schon bessere Tage (sprich: mit Konzerten) gesehen hat. Inzwischen tönt der Jazz nur noch vom Band. Tägl. 12–24 Uhr, Fr/Sa bis 1 Uhr. Ul. Freta 45/47. ✆ 22-6359505.

przejście dla pieszych (13), Bar und Lounge mit vielen Cocktails und Longdrinks. Auch Bistrogerichte wie Pasta für 5 €. Tägl. 12–24 Uhr. Ul. Freta 19. ✆ 22-6355348, www.przejsciedlapieszych.pl.

Einkaufen

Pożegnanie z Afryką (16), zahllose Kaffeesorten sowie Kunst und Schmuck rund um die schwarze Bohne. Mo–Fr 10–19 Uhr, Sa 10–17 Uhr. Ul. Freta 4/6. www.pozegnaniezafryka.pl.

Galerien

Instytut Awangardy (21), die Galerie in der obersten Etage eines hässlichen Plattenbaus ist aus zwei Gründen den Besuch wert: zum einen wegen der Qualität der Ausstellungen, zum anderen wegen der Aussicht über die Umgebung. Di–Fr 10–14 Uhr. Al. Solidarności 64/118. ✆ 22-8265081, www.instytutawangardy.org.

Galeria Sztuki Program (14), eine ambitionierte Galerie für zeitgenössische Kunst, hauptsächlich Gemälde und Skulpturen. Wird von einer Stiftung zur Förderung zeitgenössischer Kunst unterstützt. Di–Fr 12–19 Uhr, Sa 12–16 Uhr. Ul. Andersa 20. ✆ 22-6354044, www.artprogram.art.pl, www.fpsw.org.

Kultur

Stara ProchOFFnia (11), Zentrum mit Theater, Konzerten und Kunstprojekten. Galerie tägl. 15–21 Uhr, Abendveranstaltungen meist 19 oder 20 Uhr. Ul. Boleść 2. ✆ 22-6358964, www.staraprochownia.art.pl.

Das Sapieha-Palais dient als Schulgebäude

Trakt Królewski

Der sogenannte Königstrakt führt vom Schlossplatz in Richtung Süden. Entlang der aus drei Straßen zusammengesetzten Achse geht es vorbei an Adelspalästen, dem Universitätscampus und Regierungsgebäuden, flaniert man auf Alleen und eleganten Einkaufsstraßen. Nach den letzten Restaurierungsarbeiten zwischen 2006 und 2008 präsentiert sich der Boulevard so schön wie lange nicht mehr.

Nachdem die letzten Arbeiten beendet waren, platzten die Warschauer vor Stolz. Und sie haben Grund dazu, trifft der in der Vorkriegszeit gängige Beiname „Paris des Ostens“ für die polnische Metropole doch zumindest für diese Achse der Stadt wieder zu. Mit zehn Kilometern Länge bis zum Schloss in Wilanów zählt der Königstrakt zu den längsten Prachtstraßen der Welt.

Den Anfang macht die *Krakowskie Przedmieście*, die Krakauer Vorstadt. Ihren Namen verdankt sie dem mittelalterlichen Krakauer Stadttor und der Straße, die in die frühere Hauptstadt Polens führte. Schon im 14. Jh. gab es hier vereinzelte Siedlungen, in den folgenden Jahrhunderten wurden die ersten Paläste gebaut, für die in der von Mauern eingezwängten mittelalterlichen Altstadt kein Platz mehr war.

Auch die darauf folgende Allee *Nowy Świat* (Neue Welt) verdeutlicht mit ihrem Namen denselben Zweck. Heute ist die Nowy Świat der Teil des Königstrakts, auf dem die Warschauer am liebsten flanieren, hier reihen sich die Geschäfte, Cafés und Bars aneinander.

Ab dem *plac Trzech Krzyży* (Platz der drei Kreuze) schließlich beginnen die *aleje Ujazdowskie*, in deren Nähe die meisten Botschaften residieren, wovon exklusive Restaurants und Boutiquen profitieren.

Der eigentliche Königstrakt führt noch weiter, vorbei an den *Łazienki Królewskie* (→ Tour 9) bis nach *Wilanów* (→ Tour 12).

Trakt Królewski
Karte S. 120/121

Eine Palme für Warschau

Während eines Israelbesuchs hatte die Künstlerin Joanna Rajkowska die Idee, mit künstlichen Palmen an die Herkunft des Namens aleje Jerozolimskie (Jerusalemer Alleen) zu erinnern und so der früher hier lebenden Juden zu gedenken. Die Allee kreuzt den Königstrakt beim Rondo de Gaulle'a, auf der Höhe der Nowy Świat und dem ehemaligen Parteigebäude. Rajkowska setzte sich gegen anfängliche, ästhetisch begründete Proteste durch. Eigentlich war ihr Konzept, die gesamte Straße ein ganzes Jahr lang mit Palmen zu schmücken, doch reichte das Geld nur für eine einzige. Die aber blieb wenigstens nach dem Ende des Projekts im Jahr 2003 stehen. Inzwischen hat die Nachbildung einer Dattelpalme schon ihre erste Rundumerneuerung hinter sich und steht seitdem unter dem offiziellen Schutz des Stadtpräsidenten. Heute ist sie eines der Warschauer Wahrzeichen und gilt als Symbol für ein hoffentlich glücklicheres Jahrtausend. Ihr Bild schmückt Broschüren, Postkarten, T-Shirts, Bücher und Souvenirs.

Tour 3: Auf Warschaus Prachtalleen

Ausgangspunkt ist der Schlossplatz, unter dem der → Tunnel der Ost-West-Trasse W-Z (Tunel Trasy W-Z) verläuft. Plac Zamkowy. Anfahrt mit Bus 100, 116, 175, 178, 180, 195, Haltestelle plac Zamkowy. Tram 4, 13, 23, 26, 46, Haltestelle Stare Miasto.

Ende: plac Trzech Krzyży. Rückfahrt mit Bus 100, 101, 105, 108, 116, 118, 166, 171, 180, 195, Haltestelle plac Trzech Krzyży.

Dauer: Reine Gehzeit der Tour ¾ bis 1¼ Std.

Die Tour auf dem Königstrakt ist einfach, muss man doch immer nur geradeaus in Richtung Süden laufen. Unsere Beschreibung beschränkt sich deshalb darauf, einige Paläste, Denkmäler und Bauten vorzustellen, die unten im Abschnitt „Sehenswertes" nicht erwähnt werden. Bei den jeweiligen Sehenswürdigkeiten finden Sie auf einem Würfel Hinweistafeln mit Kurzinfos auf Polnisch und Englisch.

Den Anfang auf der rechten Straßenseite der *Krakowskie Przedmieście* macht die Kamienica Prażmowskich im Rokoko-Stil (Nr. 87), einem Zentrum der polnischen Literaten. Einen schönen Blick über diesen Teil des Königstrakts und auf die Altstadt bietet die → **Aussichtsterrasse** (Taras Widokowy) vom Glockenturm der → **St.-Anna-Kirche** (Kościół św. Anny, linke Straßenseite), zweifellos eines der schönsten Gotteshäuser Warschaus.

Weiter vorbei an einigen schönen Bürgerhäusern und der zur Linken steil abfallenden ulica Bednarska stoßen wir auf der linken Straßenseite auf das → **Adam-Mickiewicz-Denkmal** (Pomnik Adama Mickiewicza), das am Ende des länglichen Platzes vor der barocken → **Karmeliterkirche** (Kościół Karmelitów) mit ihrer spektakulären klassizistischen Fassade steht. Direkt daneben steht zwischen zwei Löwenskulpturen das Reiterdenkmal für Fürst Józef Poniatowski, hinter dem sich der prächtige → **Präsidentenpalast** (Pałac Prezydencki) mit zwei Seitenflügeln ausbreitet. Ihm direkt gegenüber residiert das Ministerium für Kunst und Kultur im spätbarock-klassizistischen *Pałac Potockich* (Nr. 15) mit einer beachtenswerten Mauer im Neorokoko-Stil.

Nobler als im → **Hotel Bristol** wird man in Polen nicht schlafen können; der weiße Neo-Renaissance-Palast neben dem Präsidentenpalast an der Ecke zur ulica Karowa verdeutlicht, wie es auf dem Königstrakt vor dem Zweiten Weltkrieg ausgesehen hat. Ein paar Schritte weiter auf der linken Seite rahmen zwei Denkmäler für den Schriftsteller Bolesław Prus und den polnischen Primas Stefan Wyszyński die dahinter stehende, einst barocke, später klassizistisch umgebaute → **Visitantinnenkirche** (Kościół Wizytek) ein.

Einen interessanten Kontrast zu den hauptsächlich barocken, klassizistischen und historistischen Gebäuden bildet das → **Haus ohne Kanten** (Dom Bez Kantów) direkt gegenüber der Kirche (rechte Seite zwischen ulica Tokarzewskiego-Karaszewicza und ulica Królewska), das das Hotel Bristol gleichsam modernistisch widerspiegelt.

Ein paar Schritte weiter erreichen wir durch das schöne neobarocke Tor auf der linken Seite den Campus der → **Warschauer Universität** (Uniwersytet Warszawski) mit einigen sehenswerten Palästen. Auf der anderen Straßenseite steht der *Pałac Czapskich* (Nr. 5), heute Sitz der Akademie der Schönen Künste. Touristen interessieren sich dagegen eher für den ebenfalls in dem Gebäude untergebrachten → **Chopinsalon** (Salonik Chopinów). Das Herz des romantischen Komponisten wurde nach seinem Tod in die nahe → **Heiligkreuzkirche** (Bazylika św. Krzyża) gebracht, die man nicht nur deswegen gesehen haben sollte.

An der Weggabelung bei der Kirche steht passenderweise hinter dem → **Nikolaus-Kopernikus-Denkmal** (Pomnik Mikołaja Kopernika) der *Pałac Staszica* (Nr. 72), den Antonio Corazzi von 1820 bis 1830 für die Gesellschaft der Wissenschaften errichtete. Heute ist das Palais Sitz der Polnischen Akademie der Wissenschaften.

Wir bleiben auf dem Königstrakt und überqueren die ulica Świętokrzyska. Hier beginnt die *ulica Nowy Świat*, auf der Flanieren angesagt ist: Über einige hundert Meter geht es vorbei an edlen Geschäften, Restaurants und Cafés. Die schönsten Gebäude auf diesem 600 m langen Abschnitt stehen auf der rechten Straßenseite: der spätbarocke *Pałacyk Sanguszków* (Nr. 51) und der *Pałac Kossakowskich* (Nr. 19).

Angekommen am Rondo Charles'a de Gaulle'a, an dem sich Nowy Świat und aleje Jerozolimskie kreuzen, fällt die in der Straßenmitte stehende Palme (→ Kasten oben) ins Auge. Auf der anderen Straßenseite erinnert das *Charles-de-Gaulle-Denkmal* daran, dass der spätere französische Präsident nach dem Ersten Weltkrieg in der Nowy Świat wohnte.

Direkt dahinter, an derselben Ecke des Rondos, erhebt sich das einstige → **Parteigebäude** (Dom Partii), in dem heute das Banken- und Finanzzentrum untergebracht ist. Ein Stück weiter nach links auf den aleje Jerozolimskie stoßen wir auf das mächtige Gebäude des *Nationalmuseums* (→ Tour 4).

Auch wenn der eigentliche Königstrakt noch ein paar Kilometer weiter führt, endet unser Spaziergang Ihren Füßen zuliebe 300 m weiter am → **Platz der drei Kreuze** (plac Trzech Krzyży) mit der → **St.-Alexander-Kirche** (Kościół św. Aleksandra) in seiner Mitte.

Wer Kondition für weitere 600 m auf dem Königstrakt hat, kann den Weg noch bis zum *Park Ujazdowski* gehen oder die *Łazienki-Królewskie* (Tour 9) besuchen.

Infos zu weiteren Sehenswürdigkeiten am königlichen Weg → Tour 9 und Tour 12.

Sehenswertes

Tunnel der Ost-West-Trasse (Tunel Trasy W-Z)

Während man überirdisch an der Rekonstruktion der Vergangenheit arbeitete, wurde die urbane Zukunft in einen Tunnel verlegt. Der Tunnel einer von Ost nach West verlaufenden Straßentrasse wurde wegen des steigenden Verkehrsaufkommens schon 1949 eröffnet. Um die Geneigtheit der Warschauer zum Sozialismus zu erhöhen, wurden die Aufzüge und Gänge in sozialistisch-realistischem Prunk geschmückt, der an die historischen Metrostationen in Moskau erinnert. Heute zeigen sich Auto- und Straßenbahntunnel sowie Treppen und Aufzüge eher nüchtern, wenngleich der Kontrast zum darüber liegenden Schlossplatz reizvoll ist.

Plac Zamkowy. Bus 100, 116, 175, 178, 180, 195, Haltestelle plac Zamkowy. Tram 4, 13, 23, 26, 46, Haltestelle Stare Miasto.

Aussichtsterrasse (Taras Widokowy)

Wer die 150 Stufen im Glockenturm der St.-Annen-Kirche bezwungen hat, wird

Nachtleben
21 Pawilony
24 sense
26 Melodia
27 Szpilka/Szparka
Cafés
4 Pożegnanie z Afryką
16 Vincent
18 Motto Café
19 Blikle
20 Cava
34 Stary Młynek
Übernachten
1 Dom Literatury
8 Le Meridien Bristol
12 Harenda
15 Helvetia
22 Royal Route Residence
28 Sheraton
Einkaufen
5 Art New Media
6 Studio M/ Gallery Yours
7 Kordegarda
11 Fibak
13 Likus Concept Store
17 Wawel
23 Krakowski Kredens
25 EMPiK Megastore
Essen & Trinken
1 Literatka
2 Słowiańska
3 Pierogarnia
9 Przekąski Zakąski
10 U Kucharzy
14 Babooshka/Vegabar/ Yamato
16 Conquistador
21 Blu Bar/Co Tu
29 Ale Gloria
30 Strefa Gourmet
31 Pod Gigantami
32 U Aktorów
33 Lemongrass
Wisła (Weichsel)
Stare Miasto
Altmarkt
Histor. Museum
Literatur-museum
Barbakane
Kościół św. Ducha
Gebäude des Obersten Gerichts
Pałac Krasiński
Ogród Krasińskich (Krasiński-Garten)
Denkmal des Warschauer Aufstands 1944
Plac Krasińskich
Katedra Polowa Wojska Polskiego
Denkmal des Kleinen Aufständischen
Bazylika archikatedralna św. Jana Chrzciciela
Gnojna Góra
Arkady Kubickiego
Zamek Królewski (Königsschloss)
Kościół św. Marcina
Plac Zamkowy
Sigismundsäule
Most Śląsko-Dąbrowski
Wybrzeże Gdańskie
Al. Solidarności
Cerkiew Zaśnięcia NMP
Kościół Kapucynów
Denkmal der Schlacht um Monte Cassino
Staatliches Archäologisches Museum PMA
Arsenał
Ratusz Arsenał
Denkmal der Warschauer Helden
Reduta Bank Polski
Jüdisches Historisches Institut
Plac Bankowy (Bankplatz)
Urząd Miasta (Stadtverwaltung)
Museum der Johannes-Paul II.-Kollektion
Marktplatz von Mariensztat
Kościół św. Anny
Primas-Palais
Jabłonowski-Palais
Karikaturenmuseum
Adam-Mickiewicz-Denkmal
Kościół św. Brata Alberta
Plac Teatralny
Teatr Wielki (Großes Theater)
Opera Narodowa (Nationaloper)
Metropolitan
Kościół Karmelitów
Pałac Prezydencki (Präsidentenpalast)
Hotel Bristol
Kościół św. Antoniego
Grabmal des Unbekannten Soldaten
Plac marsz. Piłsudskiego
Dom Bez Kantów (Haus ohne Kanten)
Kościół Wizytek
Ogród Saski (Sächsischer Garten)
Nationale Kunstgalerie Zachęta
Salonik Chopinów
Warschauer Universität
Krakowskie Przedmieście
Botanischer Dachgarten der BUW
Universitätsbibliothek
Wisłostrada
Wybrzeże Kościuszkowskie
Wissenschaftszentrum Kopernikus
Most Świętokrzyski
Denkmal der Sirene
Kościół św. Trójcy
Bazylika św. Krzyża
Ethnographisches Museum
Nikolaus-Kopernikus-Denkmal
Fryderyk-Chopin-Museum
PAST-a
Plac Żelaznej Bramy
gen. Andersa
Marszałkowska
Świętokrzyska
Tamka
Plac Dąbrowskiego

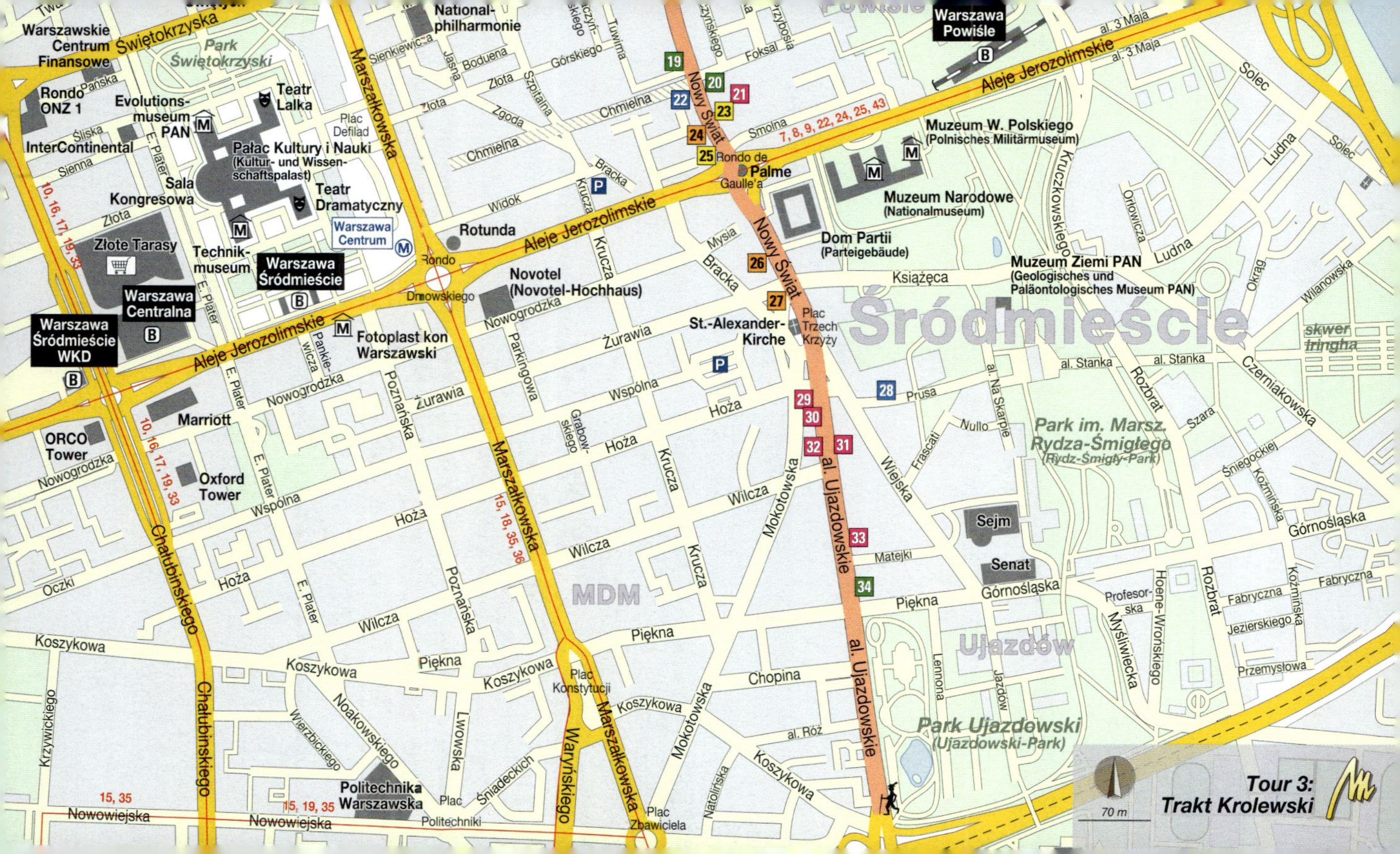

Tour 3:
Trakt Krolewski
70 m
Śródmieście
Ujazdów
MDM
Warszawa Powiśle
Warszawa Centrum
Warszawa Śródmieście
Warszawa Centralna
Warszawa Śródmieście WKD
Warszawskie Centrum Finansowe
Rondo ONZ 1
InterContinental
Evolutions-museum PAN
Teatr Lalka
Pałac Kultury i Nauki
(Kultur- und Wissen-schaftspalast)
Plac Defilad
Teatr Dramatyczny
Sala Kongresowa
Złote Tarasy
Technik-museum
National-philharmonie
Rotunda
Novotel
(Novotel-Hochhaus)
Fotoplast kon Warszawski
Marriott
ORCO Tower
Oxford Tower
Politechnika Warszawska
Palme
Rondo de Gaulle'a
Muzeum W. Polskiego
(Polnisches Militärmuseum)
Muzeum Narodowe
(Nationalmuseum)
Dom Partii
(Parteigebäude)
Muzeum Ziemi PAN
(Geologisches und Paläontologisches Museum PAN)
St.-Alexander-Kirche
Plac Trzech Krzyży
Park Świętokrzyski
Park im. Marsz. Rydza-Śmigłego
(Rydz-Śmigły-Park)
Park Ujazdowski
(Ujazdowski-Park)
skwer Iringha
Sejm
Senat
Plac Konstytucji
Plac Zbawiciela
Plac Politechniki
Aleje Jerozolimskie
Nowy Świat
al. Ujazdowskie
Marszałkowska
Świętokrzyska
Chałubińskiego
Waryńskiego
al. 3 Maja
Solec
Ludna
Książęca
Czerniakowska
Rozbrat
Wiejska
Mokotowska
Krucza
Wspólna
Hoża
Wilcza
Piękna
Koszykowa
Nowowiejska
Żurawia
Nowogrodzka
Chmielna
Smolna
Foksal
Bracka
Złota
Zgoda
Sienna
Śliska
Pańska
E. Plater
Poznańska
Parkingowa
Widok
Mysia
Prusa
Nullo
Frascati
al. Na Skarpie
al. Stanka
Szara
Matejki
Górnośląska
Lennona
Jazdów
Chopina
al. Róż
Natolińska
Lwowska
Śniadeckich
Noakowskiego
Wierzbickiego
Krzywickiego
Oczki
Sienkiewicza
Jasna
Boduena
Górskiego
Szpitalna
Tuwima
Przybosia
Kruczkowskiego
Orłowicza
Okrąg
Wilanowska
Śniegockiej
Koźmińska
Fabryczna
Jezierskiego
Przemysłowa
Hoene-Wrońskiego
Myśliwiecka
Profesor-ska
Drowskiego
Grabow-skiego
Pankie-wicza
Rondo
7, 8, 9, 22, 24, 25, 43
10, 16, 17, 19, 33
15, 18, 35, 36
15, 19, 35
15, 35
19
20
21
22
23
24
25
26
27
28
29
30
31
32
33
34

mit einem traumhaften Blick auf die Altstadt, den Schlossplatz und die beginnende Krakowskie Przedmieście belohnt. Auch für das obligatorische Erinnerungsfoto zu empfehlen.

Mo–Fr 10–18 Uhr (Mai bis Okt bis 21 Uhr), Sa/So 11–18 Uhr (Mai bis Okt bis 22 Uhr), bei Regen geschlossen. Eintritt 1 €. ✆ 22-3749484, www.taraswidokowy.pl. Ul. Krakowskie Przedmieście 68, plac Zamkowy. Bus 100, 116, 175, 178, 180, 195, Haltestelle plac Zamkowy. Tram 4, 13, 23, 26, 46, Haltestelle Stare Miasto.

St.-Anna-Kirche (Kościół św. Anny)

Die heutige Universitätskirche geht auf einen Kirchenbau für das Bernhardinerkloster zurück, der Mitte des 15. Jh. vollendet wurde. Die Liste der bei späteren barocken und klassizistischen Umbauten tätigen Baumeister liest sich wie ein Best of der wichtigsten Warschauer Architekten: Tylman van Gameren, Jakub Fontana, Karol Bay, Chrystian Piotr Aigner, Henryk Marconi und andere hinterließen hier ihre Spuren. Eine Besonderheit ist auch die Mitwirkung des Allroundtalents Stanisław Kostka Potocki an der Gestaltung der Fassade mit den vier Evangelisten Matthäus, Markus, Lukas und Johannes. Das Innere lockt mit prachtvollen Altären, einer sehenswerten Kanzel, schöner Orgelempore und Fresken von Walenty Żebrowski. Im benachbarten Kloster sind gotische Sterngewölbe und ein gotischer Saal erhalten geblieben. Übrigens hat die Kirche den Ruf, dass jede hier geschlossene Ehe unter einem guten Stern stehen wird – auf einen Termin muss man entsprechend lange warten.

Tägl. 8–18.30 Uhr, Messe Mo–Sa 7.00, 7.30, 15.00, 18.30, 21 Uhr, So 8.30, 10, 12, 15, 19, 21 Uhr. www.swanna.waw.pl. Ul. Krakowskie Przedmieście 68, plac Zamkowy. Bus 100, 116, 175, 178, 180, 195, Haltestelle plac Zamkowy, Tram 4, 13, 23, 26, 46, Haltestelle Stare Miasto.

St.-Anna-Kirche

Adam-Mickiewicz-Denkmal (Pomnik Adama Mickiewicza)

Von patriotischer Bedeutung war die Enthüllung des Denkmals im Jahr 1898, das Cyprian Godebski (1835–1909) zum 100. Geburtstag des Nationaldichters in Zeiten verstärkter Russifizierung schuf. Aus eben diesem Grund rissen die Nazis es ab und transportierten Teile nach Hamburg; von dort wurden sie nach dem Krieg an die heutige Stelle zurück verbracht und 1950 zu einem vollständigen Denkmal rekonstruiert. Seitdem blickt der polnische Dichterfürst wieder mit stolzgeschwellter Brust und in beinahe römischer Pose auf die Passanten

Ul. Krakowskie Przedmieście. Bus 116, 175, 178, 180, 195, 222, Haltestelle Hotel Bristol.

Karmeliterkirche (Kościół Karmelitów)

Das Gotteshaus ist auch als Mariä-Himmelfahrt- und St. Joseph-Kirche bekannt. Die spektakuläre Fassade mit klassizistischen Elementen und Anspielungen an den Orient und das antike Ägypten ist ein Meisterwerk von Efraim Szreger, für dessen Fertigstellung er bis 1779 siebzehn Jahre lang arbeitete. Die barocke Kanzel und der Hauptaltar wurden von Tylman van Gameren geschaffen. Da die Kirche unzerstört blieb, war sie bis zum Wiederaufbau des Johannisdoms (→ Tour 1) die wichtigste Kathedrale der Stadt.

Ul. Krakowskie Przedmieście 52/54. Bus 116, 175, 178, 180, 195, 222, Haltestelle Hotel Bristol.

Spektakuläre Fassade der Karmeliterkirche

Präsidentenpalast (Pałac Prezydencki)

Der nach den vorherigen adeligen Besitzern auch Pałac Koniecpolskich, Radziwiłłów oder Pałac Namiestnikowski genannte Prunkbau wurde 1643 errichtet; für das heutige neoklassizistische Erscheinungsbild zeichnet Chrystian Piotr Aigner verantwortlich. Bis zu seiner Nutzung als Palast des Präsidenten (seit 1994) war das Gebäude Ort historisch bedeutsamer Ereignisse: 1791 trafen sich hier die Abgeordneten, um die Verfassung auszuarbeiten; ab 1818 war der Palast der Sitz des russischen Statthalters; 1955 wurde in den Räumlichkeiten der legendäre Warschauer Pakt geschlossen, 1970 der Warschauer Vertrag zwischen Polen und der BRD als Teil der Ostverträge; und 1989 tagte hier der „Runde Tisch" mit Vertretern der sozialistischen Noch-Regierungspartei sowie der Gewerkschaft Solidarność, weiteren Demokratiebewegungen und der katholischen Kirche.

www.president.pl. Ul. Krakowskie Przedmieście 46/48. Bus 116, 175, 178, 180, 195, 222, Haltestelle Hotel Bristol.

Hotel Bristol

Um die Wende zum 20. Jh. errichteten Władysław Marconi und Stanisław Grochowicz das Gebäude mit dem charakteristischen Turm – eine Mischung aus Jugendstil und Neo-Renaissance; für die Gestaltung im Stil der Sezession waren vor allem die Krakauer Tadeusz Stryjeński und Franciszek Mączyński verantwortlich. Trotz späterer Umbauten blieb die im Jugendstil gehaltene Inneneinrichtung des Wieners Otto Wagner d. J. erhalten. Nach den Zerstörungen im Weltkrieg wurde das Gebäude zunächst im Stil des Sozialistischen Realismus wieder aufgebaut; nach der Rekonstruktion im ursprünglichen Stil in den frühen 90er Jahren knüpft das Haus wieder an seine Blütezeit in den goldenen Zwanzigern an. Ohne Zweifel ist das Hotel heute das luxuriöseste in ganz Polen. Wer sich eine Übernachtung nicht leisten kann, darf zumindest das Ambiente (in eleganter Kleidung) bei einem Cafébesuch genießen.

www.lemeridien.pl. Ul. Krakowskie Przedmieście 42/44. Bus 116, 175, 178, 180, 195, 222, Haltestelle Hotel Bristol.

Visitantinnenkirche (Kościół Wizytek)

Von innen wie von außen zählt die auch als St. Joseph bekannte Kirche zu den schönsten Gotteshäusern in Warschau. Gebaut wurde sie 1728–1761 nach den spätbarocken Entwürfen von Karol Bay. Nach dem Tod Bays vollendete Efraim Szreger die auffällige Fassade und den Hauptaltar, während Jan Jerzy Plersch die Skulpturen an der Fassade und die Kanzel gestaltete. Formvollendet wirkt der den Proportionen des Innenraums kunstfertig angepasste Hauptaltar. Die heutige Pracht erklärt sich nicht zuletzt dadurch, dass die Kirche im Zweiten Weltkrieg von Zerstörungen weitgehend verschont blieb.

Tägl. 8.30–13 und 15–17 Uhr, Messe Mo–Sa 7.20, 8, 17 Uhr. So 7.30, 9, 10, 11, 12 und 17 Uhr. Ul. Krakowskie Przedmieście 34. Bus 116, 175, 178, 180, 195, 222, Haltestelle Hotel Bristol.

Der ewige Student auf dem Universitätscampus

Haus ohne Kanten (Dom Bez Kantów)

Nach der Legende geht der Name auf ein Missverständnis zurück: Die Architekten Czesław Przybylski (1880–1936) und Stefan Bryła (1886–1943) sollen die Aufforderung von Marschall Józef Piłsudski, ein Haus ohne „kanty" zu bauen, allzu wörtlich genommen haben. Das polnische Wort für „Kante" bezeichnet zugleich „Schwindel" – die Bauleiter sollten sich also nicht bestechen lassen. Wie dem auch sei: Der modernistische Bau mit seiner abgerundeten Fassade schafft einen reizvollen Kontrast zum schräg gegenüber stehenden Hotel Bristol.

Ul. Krakowskie Przedmieście 11. Bus 100, 102, 111, 116, 175, 178, 180, 195, 222, Haltestelle Uniwersytet Warszawski.

Warschauer Universität (Uniwersytet Warszawski)

Schon von der Krakowskie Przedmieście aus ziehen die klassizistischen Fassaden des *Pałac Uruskich* (Nr. 30, heute Geographiefakultät) und des *Pałac Tyszkiewiczów* (Nr. 32, Polnische Literaturakademie) den Blick auf sich. Und hinter dem schönen Haupttor verstecken sich weitere sehenswerte Gebäude der 1816 gegründeten Universität, die 1830–1862 zur Zeit der russischen Besatzung geschlossen bleiben musste. Der *Pałac Kazimierzowski* (Nr. 26/28, Rektorat) am östlichen Ende des Campus wurde als Villa Regia 1637–41 im

Stil des Barock gebaut, verdankt sein heutiges Aussehen aber klassizistischen Umbauten im frühen 19. Jh. In der Mitte des Campus steht die *Alte Bibliothek*, vom Eingang aus gesehen links das neoklassizistische *Auditorium Maximum*. Auf einer der Bänke sitzt die von Studierenden geschaffene Skulptur des Ewigen Studenten, der mehr zu lümmeln als zu büffeln scheint.
Der Campus ist für Polens größte Hochschule natürlich längst viel zu klein, ihre Räumlichkeiten verteilen sich heute über das ganze Stadtgebiet.
www.uw.edu.pl. Ul. Krakowskie Przedmieście 26/28/30/32. Bus 100, 102, 111, 116, 175, 178, 180, 195, 222, Haltestelle Uniwersytet Warszawski.

Chopinsalon (Salonik Chopinów)

Die Dependance des Chopin-Museums zeigt in diesem Gebäude die Wohnung, in der die Familie des Komponisten seit 1827 zehn Jahre lang lebte. Die Inneneinrichtung gestaltete Antoni Kolberg, ein Freund der Chopins. In der elterlichen Wohnung verfeinerte das junge Genie unter Anleitung seines Lehrers Józef Elsner seine pianistischen und kompositorischen Fähigkeiten und gab hier bereits einige öffentliche Konzerte.
Mo–Fr 10–18 Uhr, Sa/So geschlossen. Eintritt 1 €, Mi frei. www.chopin.nifc.pl. Ul. Krakowskie Przedmieście 5.
Bus 100, 102, 111, 116, 175, 178, 180, 195, 222, Haltestelle Uniwersytet Warszawski.

Heiligkreuzkirche (Bazylika św. Krzyża)

Vor dem Eingangsportal schmückt eine interessante, das Kreuz tragende Christusfigur von Andrzej Pruszyński (1836–1895) den Treppenaufgang. Die spätbarocke Fassade stammt von Jakub Fontana, die Kirche plante Józef Szymon Bellotti Ende des 17. Jh.
Einen Besuch im Innern lohnt nicht nur wegen der vielen barocken Altäre und Epitaphe: Geradezu eine Pilgerstätte ist

Poln. Akademie der Wissenschaften

die Urne mit dem Herzen von Chopin, das, wie er es gewünscht hatte, nach seinem Tod hier seine letzte Ruhe fand.
Tägl. 10–18 Uhr, Messe Mo–Sa 6, 7, 8, 9, 18 Uhr. So 6, 7, 8, 10.30, 11.45, 13, 16, 18, 19 Uhr. www.swkrzyz.pl. Ul. Krakowskie Przedmieście 3.
Bus 100, 102, 111, 116, 175, 178, 180, 195, 222, Haltestelle Uniwersytet Warszawski.

Nikolaus-Kopernikus-Denkmal (Pomnik Mikołaja Kopernika)

Vor dem Institut der Polnischen Akademie der Wissenschaften erinnert ein Denkmal an den wohl einflussreichsten Forscher des Landes. Während der deutschen Besetzung beseitigten die Nazis die polnischen und lateinischen Inschriften und brachten stattdessen eine deutschsprachige Gedenktafel an, die Kopernikus als deutschen Forscher rühmte; die Tafel wurde nun immer wieder von den Widerständlern entwendet und daraufhin von den Nazis stets durch eine neue ersetzt – ein für die Polen lebensgefährlicher Streit um die Nationalität des Forschergenies. Humor zeigten die Aufständischen, als die Besatzer ein anderes Denkmal, für Jan Kiliński, versteckten. An der Kopernikus-Skulptur hinterließen sie folgende Nachricht: „Wegen der Beseitigung des Kiliński-Denkmals verlängere ich den Winter um zwei Monate, Kopernik." 1944 sollte das Kopernikus-Denkmal eigentlich eingeschmolzen werden, wozu den abziehenden deutschen Truppen jedoch keine Zeit mehr blieb.

Ul. Krakowskie Przedmieście. Bus 100, 102, 111, 116, 175, 178, 180, 195, 222, Haltestelle Uniwersytet Warszawski.

Parteigebäude (Dom Partii)

Das auch als „Weißes Haus" bekannte Gebäude wurde 1952 im Stil des Sozialistischen Realismus für die Polnische Vereinigte Arbeiterpartei gebaut. Da nur wenigen Menschen der Zugang erlaubt war, entstanden in der Folgezeit viele bis heute bekannte Legenden – so gab es Gerüchte über geheime Tunnels zum Kulturpalast und zu einem unterirdischen Fluchtbahnhof mit Verbindung nach Moskau ... Während hier früher das „Kapital" von Marx studiert wurde, dient der Bau mit seinen realsozialistischen Reminiszenzen heute ironischerweise als Sitz der Warschauer Wertpapierbörse, um die kaum weniger mysteriöse Geschichten kursieren ...

Ul. Nowy Świat 6. Tram 7, 8, 9, 22, 24, 25, Bus 111, 117, 158, Haltestelle Muzeum Narodowe. Bus 100, 111, 116, 175, 180, 195, Haltestelle Foksal (nur unter der Woche).

Platz der drei Kreuze (plac Trzech Krzyży), St.-Alexander-Kirche (Kościół św. Aleksandra)

Als einer der exklusivsten Plätze der Hauptstadt ist er heute eine Adresse für Luxusrestaurants und edle Boutiquen. Sein Name erklärt sich durch die drei Kreuze, von denen eines auf der Kirche steht, die beiden anderen auf den Säulen gegenüber ihrem Eingang. Das 1818–25 von Chrystian Aigner geplante neoklassizistische Gotteshaus zeigt auffällige Ähnlichkeiten mit dem römischen Pantheon. Bei der Rekonstruktion nach dem Krieg verzichtete man auf die Wiederherstellung der Umbauten aus dem späten 19. Jh. und orientierte sich an den ursprünglichen Plänen.

Das südliche Ende des Platzes schmückt seit 1752 eine Skulptur des Heiligen Johannes Nepomuk, die Kronmarschall Franciszek Bieliński als Dank für die Pflasterung der ulica Nowy Świat in Auftrag gegeben hatte.

Kirche: Messe Mo–Sa 6.30, 7, 7.30, 8, 9, 16, 19 Uhr. So 7, 8.30, 10, 11.30, 13, 16, 19 Uhr. Ul. Książęca 21.

Bus 100, 101, 108, 116, 118, 151, 166, 171, 180, 195, Haltestelle plac Trzech Krzyży.

Praktische Infos

(→ Karte S. 120/121)

Restaurants

Ale Gloria (29), statt ihre Gäste auf einem roten Teppich willkommen zu heißen, lässt Gastronomin Magda Gessler sie durch einen von Erdbeeren und weißen Schwänen geschmückten Gang eintreten. Auch wenn dabei die Grenze zum Kitsch für manchen überschritten ist, das Ale Gloria wird man wohl nie vergessen. Auch der Chefkoch ist einfallsreich – seine Gerichte ließen sogar die Berufsgourmets von Michelin staunen. „Erdbeerfelder" nennt sich der Salat mit Rucola und Rapunzel, Roastbeef, garnierten Früchten und Erdbeerdressing (10 €); die rosa Entenbrust in Rosensauce mit Klößchen und scharfem Erdbeersalat kostet 16 €. Tägl. 11–23 Uhr. Plac Trzech Krzyży 3, ✆ 22-5847080, www.alegloria.pl.

Lemongrass (33), sehr stylishes Bistro mit ungewöhnlicher Beleuchtung, die Inneneinrichtung erhielt 2008 einen Designpreis, und Küchenchef Sanad Changpuen sorgt dafür, dass die asiatischen Gerichte ebenso ungewöhnlich sind. Flusskrebse mit Ingwer und Sojasauce 7 €, mongolisches Rib-Eye-Steak 13 €. Mo–Sa 12–23 Uhr. Al. Ujazdowskie 8. ✆ 22-6963300, www.lemongrass.waw.pl.

U Kucharzy (10), der Name „Bei den Köchen" spielt auf die offene Küche an: Man darf den Meistern über die Schulter schauen und kann so vielleicht den einen oder anderen Trick fürs heimische Nachkochen lernen. Ausschließlich natürliche Zutaten und größtenteils saisonale Produkte kommen auf den Teller. Das Ergebnis kann sich schmecken lassen, es gibt auf das Wesentliche reduzierte Klassiker wie Consommé oder Hase in Sahnesoße in ausgezeichneter Qualität. Hauptgericht 10–18 €. Tägl. 12–24 Uhr. Ul. Ossolińskich 7. ✆ 22-8267936, www.gessler.pl.

Przekąski Zakąski (9), der Stehimbiss im Eckhaus gehört zum benachbarten Restaurant U Kucharzy, was für Qualität steht. Jeder Wodka kostet 1 €, jeder Snack 2 € –beides wird in der Regel zusammen bestellt. Sehr beliebt sind die Heringe, der Renner aber ist das polnische Tartar. Durchgehend geöffnet. Ul. Ossolińskich 7. ✆ 22-8267936, www.gessler.pl.

Słowiańska (2), die urige Karczma serviert Spezialitäten aus ganz Polen. Rydze (Edelreizker) mit Sherry 6 €, Fischplatte für 4 Pers. 34 €. Tägl. 11–23 Uhr. Den Keller erreicht man durch den Korridor und die links abgehende Treppe. Krakowskie Przedmieście 79. ✆ 22-8268502, www.restauracja slowianska.pl.

Pod Gigantami (31), Diplomaten schätzen das Restaurant mit seinen europäischen und polnischen Gerichten. Zwei Atlanten (poln. Gigant) tragen den Balkon des interessanten Gebäudes aus dem frühen 20. Jh. Menü 20–36 €. Tägl. 12–23 Uhr. Al. Ujazdowskie 24. ✆ 22-6213059, www.podgigan tami.pl.

Strefa Gourmet (30), drei Lokale von Magda Gessler im nobel restaurierten Dom Dochodowy mit dem schönen Patio. *Embassy* ist das Edel-Bistro und Tortenparadies, *Czaji* ist Bistro und Teebar zugleich, mit Holzpferd an der Decke, *Beluga* wiederum die japanisch-russische Kaviar-Bar. Zusammen bilden sie die Botschaft des guten Geschmacks. Starten könnte man mit einem „rosa Mus vom Lachs umarmt von Zucchini" für 6 €, beim Kobe-Rind wird es etwas teurer: 45 €. Frühstück 9–11 Uhr (7–11 €). Tägl. 9–23 Uhr. Plac Trzech Krzyży 3. ✆ 22-5847474, www.strefagourmet.pl.

Literatka (1), altpolnisches Restaurant mit urig-gemütlicher Einrichtung, der Kaffee wird aus alten Porzellantassen getrunken. Wildschweinscheiben 16 €. Tägl. 10–24 Uhr. Krakowskie Przedmieście 87. ✆ 22-8273054, www.literatka.com.pl.

Conquistador (16), auf den kulinarischen Spuren der spanischen Eroberer wandelt dieses Restaurant mit spanischer und lateinamerikanischer Küche. Paella 14 €. Tägl.

Palme beim Rondo de Gaulle'a

9–24 Uhr. Ul. Nowy Świat 64. ✆ 22-8265284, www.conquistador.pl.

U Aktorów (32), das Lieblingsrestaurant vieler Schauspieler, einige sind auf Fotos an der Wand verewigt. Eisbein in Bier mit Kartoffeln und Kraut 8 €, vegetarische Gerichte 2–4 €. Mo–So 12–23 Uhr. Al. Ujazdowskie 45. ✆ 22-6286550, www.uaktorow.com.pl.

Babooshka (14), russische Küche, moldawischer Wein und ukrainisches Bier. Billig und deshalb immer voll. Bliny mit rotem Kaviar 6 €. Tägl. 10–22 Uhr. Al. Ujazdowskie 45. ✆ 22-4063366, www.babooshka.pl.

Vegabar (14), Vegetarisches frisch und gut, da sitzt man auch gern an den Jokkmokk-Tischen von Ikea. Der große Vega-Mix mit 4 kleinen Hauptgerichten, 4 Salaten und Beilage kostet 6 €. Mo–Fr 11–21 Uhr, Sa 12–21 Uhr, So 12–19 Uhr. Ul. Oboźna 9/105. ✆ 22-2113484, www.vegabar.pl.

Yamato (14), Sushi, japanische Nudeln und Grillgerichte, alles aber preiswerter als in vergleichbaren Läden in Warschau. Gegrillter Lachs mit Terijaki 11 €. Mo–So 12–22.30 Uhr. Ul. Oboźna 9/106. ✆ 22-8261114, www.yamato.waw.pl.

Pierogarnia (3), bessere Pierogi gibt es nur bei Oma, sagen die Köche. Die ungewöhnlichen Sorten hat die typische polnische Großmutter so sicher noch nie zubereitet. Pierogi 3–4 €. Tägl. 11–21 Uhr. Ul. Bednarska 28/30. ✆ 22-8280392, www.pierogarnianabednarskiej.pl.

Blu Bar (21), aus dem Pavillon wurde mit viel Liebe ein etwas kitschiges Restaurant – und damit ein idealer Platz für verliebte Pärchen mit schmaler Brieftasche. Auf der Karte Pastagerichte für 3–5 €. Tägl. 11–22 Uhr. Bei den Pavillons im Innenhof, Ul. Nowy Świat 22–28/17. ✆ 22-8263919.

Co Tu (21), eine kultige asiatische Bar, die sogar schon Gourmetpreise gewonnen hat. Mo–Fr 10–21 Uhr, Sa/So 11–19 Uhr. Bei den Pavillons im Innenhof, Ul. Nowy Świat 22–28/21.

Cafés & Pubs

Blikle (19), was so schwäbisch klingt, ist eine polnische Institution in Sachen Konditorenkunst und neben dem Kaffeehaus Wedel (→ Tour 6) das zweite traditionsreiche Kaffeehaus Warschaus. Tägl. 10–22 Uhr. Ul. Nowy Świat 35. ✆ 22-8264568, www.blikle.pl.

Stary Młynek (34), leckere Apfelspezialitäten gibt es in diesem kleinen Café neben der kanadischen Botschaft. Frühstück unter der Woche bis 12 Uhr. Mo–Fr 10–22 Uhr, Sa 13–23 Uhr, So 13–23 Uhr. Al. Ujazdowskie 6a. ✆ 22-6229264.

Pelikanskulptur auf dem Dach der Warschauer Wohlfahrtsgesellschaft

Motto Café (18), über zwei Etagen verteilt sich dieses mit Batikdecken geschmückte Café mit guter Teekarte. Mo–Fr 11–21 Uhr, Sa 12–21 Uhr, So 12–20 Uhr. Ul. Ordynacka 10/12. ✆ 22-6928550.

Vincent (16), Patisserie, deren Croissants bis auf den Königstrakt hinaus duften. Tägl. 7.30–23 Uhr. Ul. Nowy Świat 64.

Pożegnanie z Afryką (4), Café mit hervorragenden Kaffeemischungen, auch zum Kaufen. Tägl. 9–21 Uhr, im Sommer 8–22 Uhr. Ul. Krakowskie Przedmieście 62/Ecke ul. Bednarska. ✆ 22-510233455, www.pozegnanie zafryka.pl.

Cava (20), „eine Tasse voller Genuss", ist der Wahlspruch des Cafés. Tatsächlich stehen hier Baristas, die ihr Handwerk verstehen. Mo–Fr 9–24 Uhr, Sa/So ab 10 Uhr. Ul. Nowy Świat 30/Ecke ul. Foksal. www.cava.pl.

Nachtleben

Szpilka (27), in der durchgehend geöffneten Bar treffen sich Nachtschwärmer, Pseudo-Künstler, metrosexuelle Männer und Frauen mit High Heels (polnisch Szpilka). Plac Trzech Krzyży 18. ✆ 22-6210370, www.szpilka.com.

Szparka (27), Mischung aus Café, Bistro, Cocktailbar und Club. Trotz des bewusst anzüglich gewählten Namens leider etwas versnobt, doch für viele Warschauer ist das Szparka mehr als eine Kneipe. Frühstück bis 13 Uhr, Suppen 6 €, Pasta 6–9 €. Mo–Sa 7–5 Uhr, So 7–3 Uhr. Plac Trzech Krzyży 16a. ✆ 22-6210390, www.cafeszparka.pl.

Melodia (26), edle Cocktailbar und Bistro mit geradezu verschwenderisch vielen Freiräumen. Mo–Sa 10–24 Uhr, Club 16–4 Uhr. Ul. Nowy Świat 3/5. ✆ 22-5830181, www.klub melodia.pl.

Pawilony (21), verschiedene Kneipen und Clubs in den Pavillons, die sich in einem Hinterhof verteilen. Schöner Kontrast zum eleganten Königstrakt. Ul. Nowy Świat 22/28.

sense (24), 115 Sorten Wodka und nicht viel weniger Cocktails, dazu gibt es Fusionküche. Abends ist es eigentlich immer voll, Reservierung empfehlenswert. Tägl. 12–1 Uhr. Ul. Nowy Świat 19. ✆ 22-8266570, www.sensecafe.com.

Einkaufen

Studio M (6), ein Schmuckgeschäft, verschiedenste Stile und Materialien sowie Skulpturen aus Stein und Metall. Im Nebenraum ist das kleine *Café Teumena*. Café: tägl. 10–22 Uhr. Studio: tägl. 11–18 Uhr. Krakowskie Przedmieście 27.

Likus Concept Store (13), die Familie Likus besitzt in ganz Polen mehrere Luxushotels und elegante Einkaufszentren, so auch im ehemaligen Badehaus auf dem Königstrakt. Boutiquen, eine Vinothek und ein Restaurant warten auf Kunden mit dem nötigen Kleingeld. Mo–Sa 11–21 Uhr, So 11–17 Uhr. Krakowskie Przedmieście 18/19. www.likus conceptstore.pl.

Wawel (17), ein Paradies für Naschkatzen: original Krakauer Schokolade und Konfekt. Mo–Fr 9–19 Uhr, Sa/So 10–18 Uhr. Ul. Nowy Świat 64.

EMPiK Megastore (25), Bücher, Stadtpläne, Zeitschriften, CDs und mehr in einer Filiale von Polens großer Buchhandelskette. Auch Kartenvorverkauf. Mo–Fr 7–22 Uhr, Sa 9–22 Uhr, So 11–19 Uhr. Ul. Nowy Świat 15/17. www.empik.com.

Krakowski Kredens (23), Delikatessengeschäft mit frischen Produkten wie Schinken, Wurst, Käse. Ebenso beliebt sind auch die Konfitüren, Honig, Senf und Süßes oder der 10 Jahre im Eichenfass gereifte Wódka Okowita. Ideal als Mitbringsel, für spontanen Hunger gibt es einen Snackstand. Mo–Sa 10–19 Uhr. Ul. Nowy Świat 22. www. krakowskikredens.pl.

Galerien

Kordegarda (7), die Galerie gehört zur Nationalen Kunstgalerie Zachęta (→ Tour 5), für Qualität ist also gesorgt. Zu den Ausstellungen kommen viele Passanten, weniger die Kunstfreaks. Di–So 11–19 Uhr. Krakowskie Przedmieście 15/17, ✆ 22-4210125, www.zacheta.art.pl.

Art New Media (5), moderne polnische Malerei, Grafik, Fotokunst und Bildhauerei. Mo–Fr 11–19 Uhr, Sa 11–15 Uhr. Krakowskie Przedmieście 41, ✆ 22-8288222, www.artnew media.pl.

Gallery Yours (6), eine Fotogalerie mit sehenswerten Ausstellungen, oft mit Warschau-Bezug. Tägl. 11–20 Uhr. Krakowskie Przedmieście 33, ✆ 22-8909500. www.yours gallery.pl.

Fibak (11), die Galerie des ehemaligen polnischen Tennisprofis und Kunstsammlers Wojciech Fibak zeigt Klassiker der polnischen Moderne wie Tadeusz Kantor, aber auch junge Talente. Mo–Fr 11–19 Uhr, Sa 11–16 Uhr. Krakowskie Przedmieście 5, ✆ 22-3200297. www.galeriafibak.com.pl.

Eines von vielen Graffitis in Powiśle

Mariensztat und Powiśle

Die beiden näher zur Weichsel hin gelegenen Stadtteile lassen Touristen häufig links liegen. Zu Unrecht, denn vor allem Mariensztat hat den Ruf des romantischen Warschaus. In Powiśle dagegen entstehen immer mehr Prestigeprojekte. Warschauer Journalisten notieren zufrieden, dass die Stadt dem sie durchfließenden Fluss endlich nicht mehr die kalte Schulter zeige.

Der Name Mariensztat setzt sich, wie unschwer zu erkennen, aus dem weiblichen Vornamen und dem polonisierten Wort „Stadt" zusammen. Im 18. Jh. entstand zwischen Altstadt und der Weichsel eine neue Siedlung, die der Adelige Eustachy Potocki bei seiner Vermählung mit Maria Kątska als Mitgift erhielt. Seiner Braut zuliebe nannte er das Viertel romantisch Maryenstadt, und schmeichelte mit dem deutschen Suffix zugleich dem aus Sachsen stammenden König August III. Erst nach dem Zweiten Weltkrieg, in dem auch Maryenstadt fast völlig zerstört wurde, wählte man den polnischen Namen.

Anders als die nahen Gebäude des Königstrakts und der Altstadt wurde Mariensztat nicht detailgetreu rekonstruiert und verlor damit sein Vorkriegsflair. Zwar setzten die Architekten bei den Aufbauarbeiten von 1948 bis 1949 in der neuen Siedlung keine reinen sozialistischen Ideale um, sondern kreierten einen Stil, der an ein Dorf des 18. Jahrhunderts erinnert; sie gaben Mariensztat einen fast dörflichen Charakter, der noch heute zu spüren ist.

Das Herz der Siedlung ist der *Rynek* mit dem Brunnen, den wie in ganz Mariensztat schöne Skulpturen schmücken. Ansonsten prägen das Viertel viele Grünflächen, die in den Stadtteil Powiśle übergehen.

Powiśle war Jahrhunderte lang das Armenzentrum Warschaus. Arbeitslose, Handwerker, Hafenarbeiter und Fischer bewohnten den verrufenen Ort mit ärmlichen Häusern und viel Rotlichtmilieu – Powiśle unterschied sich deutlich vom Reichtum, der weiter westlich herrschte. Das sollte sich nach dem Zweiten Weltkrieg nicht ändern. Viele zerstörte Häuser wurden nicht wieder aufgebaut, teilweise wurden Plattenbauten errichtet. Erst in den letzten Jahren entstanden einige große, moderne Neubauten, darunter architektonisch interessante Projekte wie die neue Universitätsbibliothek und das 2010 eingeweihte Wissenschaftszentrum, die das Gesicht von Powiśle langsam verändern; daneben haben sich weitere Fakultäten sowie exklusive Residenzen mit Luxusappartements angesiedelt.

Damit die Stadt dem Fluss endlich nicht mehr „die kalte Schulter zeigt“, wurde mit dem 2002 fertiggestellten Weichselstraßentunnel (Tunel Wisłostrady) ein erster Schritt getan, die trennende und breit am Ufer entlanglaufende Hauptverkehrstrasse in den Untergrund zu verbannen. Hier wird in den nächsten Jahren der erste Abschnitt einer Promenade entstehen, der der Metropole Warschau angemessen ist.

Geld macht nicht glücklich, po warszawsku

In einem Brunnen unter dem Fryderyk-Chopin-Museum steht die Skulptur einer Ente mit Krone, die an eine beliebte Warschauer Gute-Nacht-Geschichte erinnert, das Märchen von der Goldenen Ente (Złota kaczka): Eine wunderhübsche Prinzessin wurde von einer bösen Hexe in eine Ente verzaubert und in die Verliese unter dem Ostrogski-Palast gesperrt. Erst wenn jemand einen Teil des Münzschatzes unter dem Palast findet und ihn an einem einzigen Tag für sein Vergnügen ausgibt, wäre sie von dem bösen Zauber erlöst. Der Finder würde dann reich sein, denn den größeren Rest des riesigen Schatzes dürfte er für sich behalten ... Tatsächlich begab es sich eines Tages, dass ein junger Schumacher die 100 Dukaten fand. Den ganzen Tag lang irrte er umher, gab das Geld mit vollen Händen aus, bis ihm nur noch ein einziger Groschen blieb. Er drehte ihn zwischen Daumen und Zeigefinger und warf das Geldstück schließlich einem bettelnden Kriegsinvaliden in den Hut. Frohen Mutes kehrte er zum Palast zurück. Doch weder bekam er den Schatz, noch wurde das schöne Mädchen erlöst, denn er hatte ja nicht die gesamte Summe zu seinem Vergnügen ausgegeben. Der Jüngling wurde aber ein gefragter Schuhmachermeister, fand eine liebevolle Frau und lebte mit seiner Familie fortan glücklich und zufrieden.

Die Moral des Märchens mit halbem Happyend: Einem Bettler etwas zu geben, ist ganz in Ordnung – und Geld allein macht sowieso nicht glücklich.

Sonstiges
4 Hulakula
Einkaufen
4 Tiszert
9 mufka
10 Lila Róż
11 Bubu & Sort Off
14 Czapki i Kapelusze
15 Mimi Atelier Magia
16 Butik Ani Kuczyńskiej
Übernachten
7 Logos
8 Tamka
13 Hostel Botel "Na Wodzie"
19 Boutique B&B
22 Etap
23 Dizzy Daisy
Essen & Trinken
1 Bliss
3 Pod Retmanem
4 Biblioteka
17 Ogrody Foksal
18 Villa Foksal
20 Studio Buffo
21 Frascati
24 Hawełka
Cafés
2 Pod Baryłką
5 Tarabuk
6 czuły barbarzyńca
12 Szczotki pędzle
Wisła (Weichsel)
Port Praski
Most Śląsko-Dąbrowski
Most Świętokrzyski
Most Poniatowskiego
Stadion Narodowy (Nationalstadion)
Wybrzeże Szczecińskie
Wybrzeże Gdańskie
Wybrzeże Kościuszkowskie
Wisłostrada
al. Poniatowskiego
Wał Miedzeszyński
Sokola
Okrzei
B 61
13, 23, 26, 32
Denkmal des Kleinen Aufständischen
Bazylika archikatedralna św. Jana Chrzciciela
Arkady Kubickiego
Zamek Królewski (Königsschloss)
Kościół św. Marcina
Plac Zamkowy
Cerkiew Zaśnięcia NMP
Kościół Kapucynów
Sigismundsäule
Al. Solidarności
Denkmal der Warschauer Helden
Marktplatz von Mariensztat
Kościół św. Anny
Primas-Palais
Jabłonowski-Palais
Karikaturenmuseum
Plac Teatralny
Teatr Wielki (Großes Theater)
Opera Narodowa (Nationaloper)
Adam-Mickiewicz-Denkmal
Kościół Karmelitów
Pałac Prezydencki (Präsidentenpalast)
Metropolitan
Hotel Bristol
Dom Bez Kantów (Haus ohne Kanten)
Kościół Wizytek
Grabmal des Unbekannten Soldaten
Plac marsz. Piłsudskiego
Ogród Saski (Sächsischer Garten)
Nationale Kunstgalerie Zachęta
Salonik Chopinów
Warschauer Universität
Kościół św. Trójcy
Bazylika św. Krzyża
Nikolaus-Kopernikus-Denkmal
Ethnographisches Museum
Plac Dąbrowskiego
Plac Powstańców Warszawy
Nationalphilharmonie
Szpital Kliniczny (Hospital)
Botanischer Dachgarten der BUW
Universitätsbibliothek
Wissenschaftszentrum Kopernikus
Denkmal der Sirene
Fryderyk-Chopin-Museum
Akademia Muzyczna im. F.Chopina (Chopin-Musikakademie)
Powiśle
Krakowskie Przedmieście
Nowy Świat
Świętokrzyska
Mazowiecka
Królewska
Czackiego
Tamka
Dobra
Solec
Zajęcza
Topiel
Kruczkowskiego
Browarna
Bednarska
Furmańska
Karowa
Senatorska
Miodowa
Podwale
Wierzbowa
Ossolińskich
Trębacka
Kozia
Moliera
Jasna
Kredytowa
Traugutta
Szkolna
Moniuszki
Warecka
Ordynacka
Kopernika
Okólnik
Karasia
Oboźna
Sewerynów
Dynasy
Bartoszewicza
Cicha
Gęsta
Wiślana
Lipowa
Radna
Leszczyńska
Drewniana
Smulikowskiego
Jaracza
Czerw. Krzyża
św. Fr. Salezego
Potockiego
al. 3 Maja
Jakubowska
Łotewska
Fredry
Niecała
Nowy Przejazd
Piwna
Świętojańska

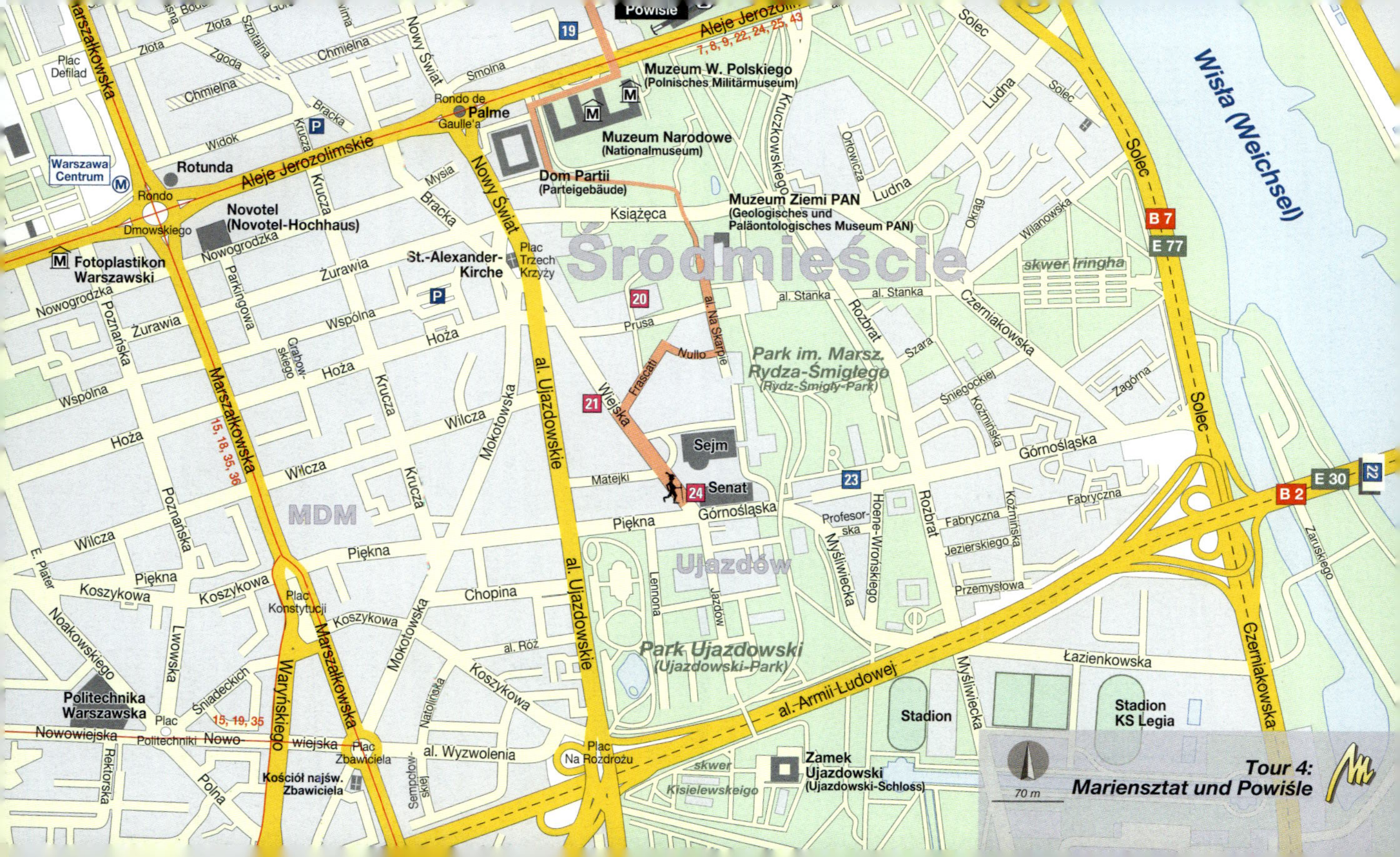
Tour 4:
Mariensztat und Powiśle
70 m
Śródmieście
Wisła (Weichsel)
Muzeum W. Polskiego
(Polnisches Militärmuseum)
Muzeum Narodowe
(Nationalmuseum)
Dom Partii
(Parteigebäude)
Muzeum Ziemi PAN
(Geologisches und Paläontologisches Museum PAN)
Rotunda
Novotel
(Novotel-Hochhaus)
Fotoplastikon Warszawski
St.-Alexander-Kirche
Plac Trzech Krzyży
Warszawa Centrum
Rondo de Gaulle'a
Palme
Rondo Dmowskiego
Park im. Marsz. Rydza-Śmigłego
(Rydz-Śmigły-Park)
Sejm
Senat
Ujazdów
Park Ujazdowski
(Ujazdowski-Park)
Zamek Ujazdowski
(Ujazdowski-Schloss)
skwer Kisielewskiego
skwer Iringha
Stadion
Stadion KS Legia
MDM
Politechnika Warszawska
Kościół najśw. Zbawiciela
Plac Zbawiciela
Plac Konstytucji
Plac Na Rozdrożu
Plac Politechniki
Plac Defilad
Aleje Jerozolimskie
7, 8, 9, 22, 24, 25, 43
15, 18, 35, 36
15, 19, 35
Marszałkowska
Nowy Świat
al. Ujazdowskie
al. Armii Ludowej
al. Wyzwolenia
al. Na Skarpie
al. Stanka
al. Róż
Solec
Czerniakowska
Książęca
Wiejska
Frascati
Nullo
Prusa
Matejki
Górnośląska
Piękna
Mokotowska
Wilcza
Krucza
Hoża
Wspólna
Żurawia
Nowogrodzka
Poznańska
Parkingowa
Grabowskiego
Chmielna
Złota
Zgoda
Bracka
Widok
Szpitalna
Smolna
Mysia
Koszykowa
Chopina
Lennona
Jazdów
Myśliwiecka
Hoene-Wrońskiego
Profesorska
Rozbrat
Szara
Śniegockiej
Koźmińska
Fabryczna
Jezierskiego
Przemysłowa
Zagórna
Wilanowska
Okrąg
Ludna
Orłowicza
Kruczkowskiego
Łazienkowska
Zaruskiego
Waryńskiego
Śniadeckich
Lwowska
Noakowskiego
E. Plater
Nowowiejska
Rektorska
Polna
Natolińska
Sempołowskiej
Powiśle
B 7
E 77
B 2
E 30
19
20
21
22
23
24

Sozialistische Frauenstatue in Mariensztat

Tour 4: An der Weichsel entlang zum Sejm

Ausgangspunkt ist der Schlossplatz. Anfahrt mit Bus 100, 116, 175, 178, 180, 195, Haltestelle Plac Zamkowy. Tram 4, 13, 23, 26, 46, Haltestelle Stare Miasto.
Den recht langen Rundgang können Sie beliebig abkürzen, indem Sie sich z. B. auf Mariensztat oder die modernen Bauten am Weichselufer beschränken.

Ende: Sejm und Senat, ul. Wiejska 4/6/8/10. Rückfahrt mit Bus 107, 159, Haltestelle Wiejska.

Dauer: Reine Gehzeit der Tour 3 bis 3¾ Std.

Vom Schlossplatz, dem Beginn unserer Tour, geht es in Richtung Krakowskie Przedmieście am steinernen Gesims entlang, von dem unten die *Trasa W-Z* zu sehen ist. Wir verlassen den Platz vor dem Glockenturm der *St.-Anna-Kirche* und steigen die Treppen hinunter. Dabei halten wir uns rechts auf der ulica Mariensztat und kommen nach 150 m in der Grünanlage zu einer Frauenstatue im Stil des Sozialistischen Realismus, die ein Huhn in der Hand hält.

Geradeaus führt der Weg zum → **Marienstädter Marktplatz** (Rynek Mariensztacki). Von dort weiter auf der *ulica Mariensztat* bis zur *ulica Dobra*, in die wir rechts einbiegen. Vorbei an der Orientalistik-Fakultät der Universität und einer Klinik gehen wir 450 m geradeaus bis zur → **Universitätsbibliothek/BUW** (Biblioteka Uniwersytecka BUW), deren → **Botanischer Dachgarten** (Ogród Botaniczny na dachu) einen der schönsten Ausblicke über die Stadt bietet; das Eingangstor des Gartens erreichen wir bereits ein paar Meter vor der Bibliothek. Hier befinden wir uns bereits im Stadtteil *Powiśle.*

Nach der Bibliothek geht es nach links über die ulica Lipowa zum Weichselufer, das hier noch sich selbst überlassen scheint. Lange Zeit standen auf dieser

„Nicht-Promenade" pinkfarbene Hirsche – leider eine auf nur drei Jahre beschränkte Kunstausstellung. Hier entsteht bis Ende 2010 das → **Wissenschaftszentrum Kopernikus** (Centrum Nauki Kopernik), eines der Warschauer Prestigeprojekte. Auf der anderen Seite der Schrägseilbrücke, die wir nach 350 m am Fluss entlang unterqueren, ist bereits das → **Denkmal der Sirene** (Pomnik Syreny) zu sehen. Nach Brücke und Sirene geht es auf die ulica Zajęcza, die uns zurück in Richtung Stadtmitte führt.

Nach 450 m, bei der ulica Topiel, gehen wir links und bei der nächsten Kreuzung rechts in die steil ansteigende ulica Tamka, womit wir den Stadtteil Powiśle wieder verlassen. Wo nach 250 m linkerhand der *Brunnen mit Ente* (→ Kastentext) auftaucht, steigen wir die Treppen hoch zum → **Fryderyk-Chopin-Museum** (Muzeum Fryderyka Chopina), das seit März 2010 wieder geöffnet ist.

Eine weitere Treppe führt hinauf zur ulica Ordynacka, auf der wir rechts – vorbei an der Chopin-Akademie – bis zur ulica Okólnik gehen. Am Ende der ulica Okólnik führt die Tour schräg links in den Park mit einem Spielplatz. Wir umrunden den schönen Zamoyski-Palast in einem unvollständigen Halbkreis und gehen dann geradeaus Richtung Süden bis zum Parkplatz und den aleje Jerozolimskie. Um auf die andere Straßenseite zu gelangen, nehmen wir die Unterführung, deren Ein- und Ausgang sich bei den beiden schönen neoklassizistischen Türmchen befindet, und erreichen so das große → **Nationalmuseum** (Muzeum Narodowe), in dessen östlichem Flügel das → **Polnische Militärmuseum** (Muzeum Wojska Polskiego) untergebracht ist. Vor der Straßenüberquerung können Sie zur Linken den schönen Neorenaissance-Türmchen, die den Beginn des Most Poniatowskiego markieren, einen Blick schenken.

Am westlichen Ende des Museums biegen wir nach links und folgen der aleja Lorentza direkt am Zaun entlang; anschließend schräg links über die Grünfläche auf dem parallel zur Hauptstraße verlaufenden Weg, bis die Fußgängerbrücke zu sehen ist, die uns über die breite Straße geradewegs auf das → **Geologische und Paläontologische Museum PAN** (Muzeum Ziemi PAN) zuführt.

Nach dem Museum geht es auf der aleja Na Skarpie weiter, zur Linken erstreckt sich der *Śmigłego-Rydza-Park* mit breiter Terrasse und Treppe. Nach rechts, über die ulica Nullo, erreichen wir die ulica Frascati, in die wir links einbiegen und nach 200 m erneut links in die ulica Wiejska.

Gegen Ende der Straße erreichen wir das polnische Parlament, den → **Sejm**, sowie den → **Senat**, gegenüber steht das moderne „Denkmal der Heimatarmee".

Mariensztat und Powiśle
Karte S. 132/133

Sehenswertes

Marienstädter Marktplatz (Rynek Mariensztacki)

Der zentrale Platz des Stadtteils wurde 1865 angelegt und war schon damals an drei Seiten bebaut. An der offenen Nordseite führte vor dem Zweiten Weltkrieg das Wiadukt Pancera vorbei, das sicherlich weniger Verkehr ertragen musste als die heutige Trasa W-Z. Trotzdem ist es auf dem Platz recht ruhig, wobei heute weniger los sein dürfte als in den Fünfzigerjahren. Kinder und junge Erwachsene sangen hier propagandistische Lieder, auch Szenen des ersten polnischen Farbspielfilms „Przygoda na Mariensztacie" (Abenteuer in Mariensztat) wurden hier gedreht. Die

Der Dachgarten der BUW bietet fantastische Ausblicke

Lieder und der Film lobten den Bau der Wohnsiedlung und kreierten das bis heute bestehende Image als Warschaus romantischste Ecke. Ein schönes Fotomotiv sind die knienden Kinderfiguren am Brunnen in der Mitte des Marktplatzes.

Bus 118, 150, Haltestelle Mariensztat.

Botanischer Dachgarten der Universitätsbibliothek/BUW (Ogród Botaniczny na dachu BUW)

Mit 10.000 m² Fläche zählt er zu den größten Dachgärten Europas, vor allem aber ist er einer der schönsten des Kontinents. Gestaltet wurde der 2002 eröffnete Ogród Botaniczny von Irena Bajerska. Ein Wasserfall verbindet den oberen mit dem unteren Teil des Gartens, in dem viele seltene Pflanzen wachsen. Die Ränder der Dachterrasse sind jeweils durch Brücken und Pergolas miteinander verbunden. Die Brücken wie auch die Aussichtsterrasse bieten einen fantastischen Blick über Weichsel und Stadt. Und von vielen Stellen kann man durch die Glaskuppel und spezielle Fenster die Studenten beim Lernen beobachten oder das Interieur der Bibliothek begutachten.

Nov. bis März 9–15 Uhr, April/Okt. bis 18 Uhr, Mai bis Sept. bis 20 Uhr. Eintritt frei. www.buw.uw.edu.pl. Ul. Dobra 56/66.
Bus 118, 150, Haltestelle Biblioteka Uniwersytecka.

Universitätsbibliothek/BUW (Biblioteka Uniwersytecka/BUW)

Als 1999 das neue Gebäude nach fünfjähriger Bauzeit fertig war, zog die Universitätsbibliothek nach 150 Jahren endlich weg vom alten, längst zu klein gewordenen Campus. Die Architekten Marek Budzyński und Zbigniew Badowski schufen hier ein Meisterwerk, das bald zu den neuen Wahrzeichen Warschaus zählte und auch den polnischen Papst beeindruckte. Das Gebäude besteht aus zwei ineinander verwobenen Teilen, der Vorbau lässt Platz für Cafés, Geschäfte und Restaurants.

Vor dem Gebäude an der sog. „Kulturellen Fassade“ sind mehrere Tafeln angebracht, darunter ein Notenfragment der Etüde b-moll von Karol Szymanowski, naturwissenschaftliche Formeln sowie verschiedene religiöse oder philosophische Textpassagen in den Originalsprachen Sanskrit, Hebräisch, Arabisch, Altgriechisch, Altrussisch und Altpolnisch. Beim Eingang der Bibliothek stehen die „Kolumnada Filosofów“ genannten vier hohen Säulen, geschmückt mit den Büsten der polnischen Philosophen Kazimierz Twardowski, Jan Łukasiewicz, Alfred Tarski und Stanisław Leśniewski. Einen Blick wert sind auch die bewachsene Dachterrasse und die Glaskuppel im Zentrum der Bibliothek (s. oben).

Mo–Sa 9–21 Uhr, So 15–21 Uhr (Juli/Aug. Mo/Di 14–21 Uhr, Mi–Fr 9–16 Uhr). Tagespässe am Eingang: Mo–Fr 9–20 Uhr; am Info-Tresen: Sa/So. Führungen: ✆ 22-5525181; www.buw.uw.edu.pl. Ul. Dobra 56/66. Bus 118, 150, Haltestelle Biblioteka Uniwersytecka.

Wissenschaftszentrum Kopernikus (Centrum Nauki Kopernik)

Der Gebäudekomplex über dem Tunel Wisłostrady (Weichselstraßentunnel) wird nach seiner Fertigstellung Ende 2010 aus zwei Gründen einen Besuch wert sein. Zum einen ist der Bau von Architekt Jan Kubec ein Meisterwerk, das die Umgebung prägen wird; das Dach wird ebenso begrünt sein wie das der nahen Universitätsbibliothek, das Planetarium wird ein rostroter Mantel umgeben, und die verschiedenen Ebenen werden mit dem Amphitheater ineinander fließen. Der zweite Grund für eine Visite werden die interaktiven Ausstellungen an mehr als 400 Orten innerhalb und außerhalb des Gebäudekomplexes sein, wo die Naturwissenschaften besonders für Laien und Kinder lebendig dargestellt werden. „Die Welt in Bewegung“, „Mensch und Umwelt“, „Wurzeln der Zivilisation“, „Lichtzonen“ und „Galerie für die Jugend“ sind einige der Themen der künftigen Modelle und Versuchsanordnungen.

Öffnungszeiten noch unbekannt. ✆ 22-4920505, 4920500, www.kopernik.org.pl. Ul. Mokotowska 17.
Bus 100, 102, 125, 162, 166, 174, 185, Haltestelle Pomnik Syreny.

Denkmal der Sirene (Pomnik Syreny)

Die unser Meinung nach schönere der beiden Sirenen, eine Sagengestalt aus der Gründungslegende Warschaus (→ Stadtgeschichte), steht direkt am Weichselufer. Wie ihre Schwester in der Altstadt (→ Tour 1) hat das Guss-Zinn-Bronze-Denkmal eine bewegte Geschichte hinter sich, die in diesem Fall die abgebildete Krystyna Krahelska betrifft: Die junge Poetin und Ethnographin stand 1939 der Bildhauerin Ludwika Nitschowa Modell. Nitschowa veränderte dabei das Gesicht der Sirene so weit, dass man ihr lebendes Vorbild auf den Straßen der Stadt nicht erkennen konnte. Krystyna Krahelska wurde nur einige Monate später als Soldatin der Heimatarmee (→ Stadtgeschichte) in den ersten Stunden des Warschauer Aufstands schwer verletzt und starb am 2. August 1944.

Ul. Wybrzeże Kościuszkowskie. Bus 100, 102, 125, 162, 166, 174, 185, Haltestelle Pomnik Syreny.

Fryderyk-Chopin-Museum (Muzeum Fryderyka Chopina)

Ein Muss für Chopin-Freunde, doch auch das Gebäude an sich ist sehenswert – stolz erhebt sich das Ostrogski-Schloss (Zamek Ostrogskich) über der ulica Tamka. Prinz Janusz Ostrogski erwarb das Gelände Ende des 16. Jh. und begann mit dem Bau einer Burg. Aus dieser Zeit stammt das Backsteinfundament, auf dem 1681 nach Plänen von Tylman van Gameren die heute sichtbare Palastresidenz emporwuchs. Anfang des 18. Jh. wurde das Schloss mit prunkvoll-barockem Interieur versehen.

Im Zweiten Weltkrieg zerstört, nutzte die Chopin-Gesellschaft das wieder aufgebaute Schloss seit Mitte der 50er Jahre als Sitz, später auch als Museum. Umfangreiche Restaurierungsarbeiten am Palast wurden, pünktlich zum 200sten Geburtstag des Komponisten, bis Anfang 2010 abgeschlossen. Seitdem sind hier endlich wieder die wertvollen Notenschriften, private Briefe und Photographien zu sehen. Viel spannender aber ist die sehr gelungene Erneuerung des Ausstellungskonzepts: Modernste Multimedia-Techniken und zeitgemäße Museumsdidaktik helfen, in die Welt von Chopin geradezu einzutauchen. Dabei entscheidet der Besucher, was er wann und in welcher Reihenfolge sehen und hören möchte. Neu ist auch der Aufbau der Präsentation: In den Kellerräumen lernt man Chopins erste kompositorischen Schritte als Kind kennen. Im Erdgeschoss wird seine Kindheit in Żelazowa Wola (→ Ausflüge) und Warschau dokumentiert. Im 1. Stock mit dem Pariser Salon sind interaktive Hörstationen installiert; der 2. Stock schließlich widmet sich Chopins europäischen Reisen und den letzten Tagen seines Lebens. Natürlich sind hier auch regelmäßig Klavierkonzerte mit Werken des Komponisten zu hören.

Di–So 10–20 Uhr, Mo geschlossen. Wiedereröffnung nach Renovierungsarbeiten April 2010. Eintritt 3 €, erm. 2 €. ☏ 22-8265935, 📠 8275473, www.chopin.nifc.pl. Ul. Okólnik 1. Bus 100, 102, 125, 160, 185, Haltestelle Topiel oder Nowy Świat.

Polnisches Militärmuseum (Muzeum Wojska Polskiego)

Das Haus präsentiert etwas verstaubt mehr als ein Jahrtausend Militärgeschichte, Erklärungen auf Englisch oder Deutsch fehlen. Mehr als entschädigt wird man allerdings durch die Qualität der Exponate. Zu den kostbarsten zählen der vergoldete Helm eines heidnischen Häuptlings aus dem 10. Jh. sowie die Husarenrüstungen, die u. a. bei der Schlacht vor Wien die polnische Kavallerie vor den Türken schützten. Exotisch und teils ungewöhnlich sind die Sammlungen außereuropäischer Waffen mit Stücken aus der ottomanischen Türkei, dem Tatarenreich, Japan und Afrika. In einem Park neben dem östlichen Flügel sind Panzer, gepanzerte Fahrzeuge und Flugzeuge zu sehen, die die polnische Armee im Zweiten Weltkrieg einsetzte.

Spätestens 2014 wird das Museum in die Warschauer Zitadelle (→ Tour 11) umziehen, wo es seine Sammlungen auf größerer Fläche und mit modernster Technik ansprechend präsentieren kann.

Mi 10–17 Uhr, Do–So 10–16 Uhr, Mo/Di geschlossen. Eintritt 2 €, erm. 1 €, Mi frei, Führung 15 € (englisch). ☏ 22-6295271, 📠 6285843, www.muzeumwp.pl. Al. Jerozolimskie 3.

Tram 7, 8, 9, 21, 22, 24, 25. Bus 111, 117, 158. Haltestelle Muzeum Narodowe.

Nationalmuseum (Muzeum Narodowe)

Das 1862 gegründete Museum der Schönen Künste ist seit 1916 polnisches Nationalmuseum. 1926 wurde mit dem Bau des heutigen modernistischen Gebäudes begonnen, die offizielle Einweihung fand erst 1938 statt. Zwar konnte das Museumsgebäude den Zweiten Weltkrieg verhältnismäßig unbeschadet überstehen und viele Werke versteckt oder gerettet werden. Einige wertvolle Stücke wurden jedoch von den Nazis zerstört oder befinden sich noch immer als Beutekunst in Deutschland.

Das *Erdgeschoss* zeigt antike und mittelalterliche Kunst, im *1. und 2. Stockwerk* sind ausländische und polnische Malerei sowie einige Galerien zu Kunsthandwerk und Gebrauchskunst zu sehen. Auf allen drei Etagen finden regelmäßig Wechselausstellungen statt.

Von den *antiken Kunstschätzen* (Erdgeschoss, rechts des Eingangs) ziehen

Wunderschönes Fresko der Heiligen Anna

ein ägyptischer Papyrus aus dem 14. Jh. v. Chr., Keilschriften, ägyptische Statuen und zylinderförmige Siegel aus Mesopotamien die Blicke auf sich. Aufgrund der Beteiligung des Nationalmuseums an einer Ausgrabung in der altgriechischen Siedlung Tyritake auf der Krim kommen seit 2008 regelmäßig neue interessante Stücke dazu.

Von 1961 bis 1964 wurden die vom Nationalmuseum finanzierten Ausgrabungen der Kathedrale im nubischen Faras, heute Sudan, realisiert, das Nationalmuseum ergatterte dabei u. a. das wunderschöne Fresko der Heiligen Anna, die Mutter der heiligen Maria, aus dem 8. Jh. Man kann sie in der *Faras-Sammlung* (Erdgeschoss, links des Eingangs) bewundern.

Die *Mittelalter-Sammlung* (Erdgeschoss, rechts des Eingangs) zeigt vor allem christliche Kunst, Triptychen und Schnitzkunst.

Anschließend erreicht man über die Treppen das 1. Stockwerk und damit die *Galerie der Polnischen Malerei*. Was dem Louvre die Mona Lisa, ist dem polnischen Nationalmuseum die „Bitwa pod Grunwaldem" („Schlacht von Grunwald") von Jan Matejko. Das riesige, detailreiche Ölgemälde zeigt die polnische Armee im siegreichen Kampf gegen den Deutschen Orden. Ein weiteres Werk des auf Historiengemälde spezialisierten Malers aus Krakau ist der „Stańczyk" (Hofnarr). Władysław Podkowińskis Warschauer Stadtansichten, Józef Chełmońskis ländliche Motive wie die „Störche" sowie Jacek Malczewskis „Polnischer Hamlet" und „Der Tod" sind weitere sehenswerte Werke dieser Sammlung. Nicht verpassen sollte man die verträumten Kinderzeichnungen von Stanisław Wyspiański in einem kleinen Nebenzimmer.

In der *Galerie der Europäischen Malerei* ist die „Jungfrau mit Kind" von Sandro Botticelli ein Publikumsmagnet, ein zweiter sind die berühmten Veduten und das Selbstbildnis von Canaletto. Im 1. Stockwerk sind Meisterwerke von französischen und italienischen Meistern zu entdecken, im 2. Stockwerk die von Vertretern der flämischen, holländischen und deutschen Schule.

Die Galerie *Polnische Kunst im 20. Jahrhundert* im 1. Stockwerk zeigt einige interessante Werke der Moderne, darunter Tadeusz Kantor, Witkacy, die „Sozialistischen Realisten" und ein Keramikensemble von Picasso, doch sind Liebhaber moderner Kunst besser beraten, die Zachęta (→ Tour 5) oder das Zamek Ujazdowskie (→ Tour 9) zu besuchen. Das liegt auch daran, dass leider viele in den Archiven schlummernde Schätze nur zu besonderen Gelegenheiten gezeigt werden, darunter etwa das *Kabinett der Zeitgenössischen Grafiken und Zeichnungen* mit Zeichnungen von Pablo Picasso, Paul Klee, Witkacy u. a.

Di 10–17 Uhr, Mi/Do 10–16 Uhr, Fr 12–21 Uhr, Sa/So 12–18 Uhr, Mo geschlossen. Dauerausstellungen 3 €, erm. 2 €, Sa frei. Wechselausstellungen 4 €, erm. 2 €. ✆ 22-6211031, 📠 6228559, www.mnw.art.pl. Al. Jerozolimskie 3.

Tram 7, 8, 9, 22, 24, 25. Bus 111, 117, 158. Haltestelle Muzeum Narodowe.

Sejm mit interessanten Flachreliefs

Geologisches und Paläontologisches Museum PAN (Muzeum Ziemi PAN)

1951 eröffnete das Museum nach 20-jähriger Planungszeit mit ersten Sammlungen von Edelsteinen, Mineralien und Fossilien. Die Dauerausstellungen „Es gibt nur eine Erde", „Gestaltungsprozesse der Erde", „Aus der geologischen Vergangenheit der Erde", „Granit, Granit", „Bevor die Kohle entstand" und „Meteoriten – Steine vom Himmel" zeigen heute nahezu 100.000 Exponate. Am besten, man vergleicht die verschiedenen Gesteinsformen und erfreut sich an der vielfältigen Schönheit.

Unbestrittener Höhepunkt aber ist eine der weltweit größten Sammlungen an Bernsteinen und Inklusionen. Achten Sie hier besonders auf den mehr als 4 kg schweren Bernsteinbrocken aus Borneo sowie die vom erhärteten Harz eingeschlossenen Insekten und Blüten.

Mo–Fr 9–16 Uhr, So 10–16 Uhr, Sa geschlossen. Eintritt 1 €, erm. 0,50 €. ✆ 22-6298063, www.mz-pan.pl. Al. Na Skarpie 20/26, 27. Bus 101, 118, 155, 166, Haltestelle Czerniakowska oder Bus 100, 171, 180, 195, Haltestelle pl. Trzech Krzyży.

Sejm und Senat

Polens parlamentarische Tradition geht zurück bis ins 15. Jh., 1569 zogen die beiden Häuser von Krakau nach Warschau um. Im Unterhaus Sejm trafen sich zunächst der Landadel, im Senat hingegen die Magnaten und hohe Geistlichkeit. Von 1569 bis 1795 hatte der von den beiden Kammern gewählte König Stimmrecht. Schon kurz nach der Französischen Revolution verabschiedeten hier die Abgeordneten des Sejm Europas erste demokratische Verfassung, die wegen der Teilungen Polens jedoch nicht in Kraft treten konnte. Der Sejm als Geburtsort für Demokratie und Grundrechte spielt in Polen also eine ähnliche Rolle wie die „Verfassungsgebende Nationalversammlung" 1848 in der Frankfurter Paulskirche.

In den heutigen Gebäudekomplex zogen der mit dem Bundestag vergleichbare Sejm und der dem Bundesrat ähnliche Senat erst kurz nach der Unabhängigkeit im Jahr 1918. Das frühere Mädcheninternat wurde den Bedürfnissen eines modernen Parlaments nach und nach angepasst; weder der Abgeordnetensaal noch das halbrunde Hauptgebäude unterscheiden sich heute in Sachen Komfort und repräsentativer Eleganz von anderen Parlamenten. Sehenswert sind die Art-Déco-Flachreliefs an der Fassade, die u. a. Wissenschaft, Handel und Recht symbolisieren. Gegenüber dem Gebäude steht das Pomnik Armii Krajowej (Denkmal der polnischen Heimatarmee) in Form eines windgeblähten Segels, das den Widerstand gegen den Naziterror symbolisiert.

Mehrmals jährlich Tage der offenen Tür und kostenlose Führungen nach Anmeldung (v. a. Schüler, Studenten, Wissenschaftler): Mo–Fr 9–15 Uhr. ✆ 22-6942338, www.sejm.gov.pl (Sejm). ✆ 22-6949265, 📠 6949428, www.senat.gov.pl (Senat). Ul. Wiejska 4/6/8/10. Bus 107, 159, Haltestelle Wiejska.

Praktische Infos

(→ Karte S. 132/133)

Restaurants

Bliss (1), geschmackvoll eingerichtetes Chinarestaurant, das für die Künste des Kochs schon mehrere Preise gewonnen hat. Authentisch zubereitete Peking-Ente 35 €, Spinat in Sesamsoße 7 €. Tägl. 12–23 Uhr. Ul. Boczna 3 (Rynek Mariensztacki). ✆ 22-8263210, www.blissgarden.pl.

Pod Retmanem (3), seit über 60 Jahren eine Institution in Mariensztat, was uns die Kellner leider haben spüren lassen. Die langen Tafeln, Holzkassettendecke und das Parkett bilden die passende Umgebung für die Forelle im Speckmantel mit Mandeln für 4 €/100 g. Gelegentlich Folklore-Aufführungen. Tägl. 12–22 Uhr. Ul. Bednarska 9. ✆ 22-8268758, www.podretmanem.pl.

Biblioteka (4), im Keller der Neuen Universitätsbibliothek (BUW) öffnete 2008 dieses Luxusrestaurant der in ganz Polen bekannten Gastronomenfamilie Likus seine Pforten. Wechselnde Menüs mit dem Besten der mediterranen Küche, die Weinkarte bietet einige edle Tropfen. Bei unserem Besuch war das Roastbeef Sirloin im Blätterteig der Renner. Hauptgericht 15–19 €. Mo–Sa 12–23 Uhr. Ul. Dobra 56/66. ✆ 22-5527195, www.biblioteka.hotel.com.pl.

Ogrody Foksal (17), das luxuriöse Restaurant im Palast der Zamoyski-Familie garantiert ein Erlebnis für Auge und Gaumen, ob in den eleganten Renaissance-Innenräumen oder im höfischen Garten. Menü ab 30 €. Tägl. 11–24 Uhr. Ul. Foksal 2. ✆ 22-8278707, 📠 8267424, www.ogrodyfoksal.pl.

Villa Foksal (18), ein Luxusrestaurant zu bezahlbaren Preisen: Straußensteak in Marsala-Sauce mit Rucola, süßen Bohnen und Bratkartoffeln 14 €, Menü ab 25 €. Mo–Fr 12–23 Uhr, Sa/So 13–23 Uhr. Ul. Foksal 3/5. ✆ 22-8278716, 📠 8265337, www.restauracjavillafoksal.pl.

Hawełka (24), der wegen seiner Küchenkünste oft mit den Vornamensvettern Vivaldi und Gaudí verglichene Antoni Hawełka eröffnete in Krakau sein berühmtes Restaurant, aus dem auch die Rezepturen dieser Filiale stammen. Viele Abgeordnete aus dem nahen Sejm speisen hier zu Mittag. Die Namensähnlichkeit zu dem berühmten Wiener Kaffeehaus ist übrigens kein Zufall, es handelt sich um dieselbe polnische Eigentümerfamilie. Ente mit Orangen-Ingwer-Sauce 12 €. Tägl. 12–18 Uhr. Ul. Wiejska 4–8. ✆ 22-6941918, www.hawelka.pl.

Studio Buffo (20), das Restaurant im gleichnamigen Musiktheater ist bei Warschauer Schauspielern beliebt. Hauptgericht 5–12 €. Mo–Fr 9.30–23 Uhr, Sa/So 13–23 Uhr. Ul. Konopnickiej 6. ✆ 22-3390775, www.studiobuffo.com.pl.

Frascati (21), seit 50 Jahren gute und solide Küche, nicht mehr, aber auch nicht weniger. Sehr nette ländliche Einrichtung. Pizza 4–7 €. Mo–Fr 11–22 Uhr, Sa 12–22 Uhr, So Ruhetag. Ul. Wiejska 13. ✆ 22-6257698, www.frascati.waw.pl.

Cafés & Pubs

Pod Baryłką (2), typische Eckkneipe, wie es sie in Deutschland leider immer seltener gibt. Seit 15 Jahren eine Institution des entspannten Nachtlebens mit polnischen Bieren oder Cocktails. Im Sommer ist der Biergarten auf dem Rynek mehr als gut besucht. Tägl. 12–24 Uhr. Rynek Mariensztacki, Ul. Garbarska 7. ✆ 22-8266239, www.barylka.waw.pl.

czuły barbarzyńca (6), eine Welt der Literatur, ein Treffpunkt der Warschauer Intelligenz, ein Club zum Kaffeetrinken und Klönen. In dieser bekanntesten Buchhandlung der Stadt verschwinden die Grenzen zwischen Café, Geschäft, Ersatzbüro und WiFi-Tempel. Auch von der Inneneinrichtung ein voller Treffer: Eine Schaukel und ein metallener Fisch hängen von der Decke. Mo–Fr 10–22 Uhr, Sa 10–23 Uhr, So 12–22 Uhr. ✆ 22-8263294, www.czulybarbarzynca.pl. Ul. Dobra 31.

Tarabuk (5), wenig passt so gut zusammen wie Kaffee und Kultur. Mit diesem Hintergedanken wurde diese Buchhandlung mit Café eröffnet, in der sich der für Warschauer Verhältnisse sehr günstige Kaffee (Espresso 1 €) fast wie zuhause genießen lässt. Der selbstgemachte Kuchen ist ein Traum! Mo–Fr 10–22 Uhr, Sa/So 12–22 Uhr. Ul. Browarna 6. ✆ 22-8270814, www.tarabuk.pl.

Szczotki pędzle (12), ein Treff von Studenten und jungen Eltern mit Wohnzimmer- oder eher Flur-Atmosphäre. Die Kinder können auf Plastiktonnen sitzen und in der Zeitung „Die magische Henne" schmökern, die der Mann der Besitzerin regelmäßig verfasst. Romantisch verfallener Hinterhof. Frühstück 2 €, Kaffee 1 €. Tägl. 10–22 Uhr. Ul. Tamka 45b. ✆ 22-8279230, www.szczotkipedzle.com.

Einkaufen

Tiszert (4), bei Warschauer und polnischen Jugendlichen und Studenten beliebte T-Shirts mit politisch nicht korrekten Slogans, Ostalgie-Aufdrucken, aber auch Warschau-Souvenirs (5–8 €). Mo–Fr 11–19 Uhr, Sa 11–16 Uhr. Universitätsbibliothek, Ul. Dobra 56/66. ✆ 22-8278233, www.tiszert.com.

Czapki i Kapelusze (14), die Boutique der sympathischen Designerin Marta Ruta bietet der modebewussten Warschauer Dame teils ungewöhnliche Hüte und Mützen. Mo–Fr 11–18 Uhr. Ul. Czerwonego Krzyża 2 (Eingang: ul. Solec). www.martaruta.com.

mufka (9), mütterfreundliche Boutique: Fürs Kind gibt es Spielzeug oder Klamotten von polnischen Designern, für die Mama originelle Taschen aus eigener Herstellung, Designerschmuck, Kleider und Schuhe von Vialis. Natürlich auch für kinderlose Frauen. Mo–Fr 10–19 Uhr, Sa 10–14 Uhr. Ul. Solec 101. www.mufka.blox.pl.

Mimi Atelier Magia (15), alles, was das Kinderzimmer in ein Märchenparadies verwandelt. Leider wird man die handgemachten Möbel kaum nach Hause bringen können, dafür aber Kissen, Bezüge und kleine Lämpchen. Mo–Fr 11–16.30 Uhr. Al. 3 Maja 2. www.ateliermimi.pl.

Butik Ani Kuczyńskiej (16), Mini-Kleider, elegante Kostüme und casual Mode von einer renommierten Warschauer Designerin. Mo–Fr 12–19 Uhr, Sa 12–15 Uhr. Ul. Solec 85. www.aniakuczynska.com.

Lila Róż (10), Second-Hand-Laden für den großen Auftritt, teils verrückte Teile und Designer-Taschen zu unschlagbaren Preisen. Mo–Fr 11–18 Uhr, Sa 11–15 Uhr. Ul. Tamka 37.

Bubu & Sort Off (11), alternative Designerklamotten, Taschen, Bilder, Keramik, Kunst, Schmuck, Vintage ... Mo–Fr 11–19 Uhr, Sa 11–16 Uhr. Ul. Solec 50. www.bubusolec.blogspot.com.

Sonstiges

Hulakula (4), Bowlingbahnen, Billard und nachmittags kompetente Kinderbetreuung im Keller der Universitätsbibliothek (BUW). Mo–Fr 16–20 Uhr 5 €, Sa/So 10–20 Uhr 8 €. Ul. Dobra 56/66. www.hulakula.com.pl.

Der Sächsische Garten ist einer der beliebtesten Parks der Warschauer

Park Saski

Die Demonstration von Macht und Reichtum beschränkt sich nicht auf den Königstrakt. Rund um den Park Saski sind eindrucksvolle Paläste, Kunstgalerien und das Teatr Wielki, das Große Theater, zu bestaunen. In den letzten Jahren haben sich Bürogebäude, Firmenhochhäuser und Banken hinzugesellt, denn in diesem Teil Warschaus tut man vor allem eines: arbeiten.

Im westlich an die Altstadt grenzenden Viertel sind um die Mittagszeit die Bistros und Sushi-Bars von den Angestellten der umliegenden Firmen bis auf den letzten Platz besetzt. Geschäfte gibt es kaum, interessante schon gar nicht. Stattdessen ist die Gegend eine der beliebtesten Ecken zum Ausgehen. Elegante Cocktailbars, versnobte Clubs, aber auch Oper und Nationaltheater sorgen dafür, dass die Straßen außerhalb der Bürozeiten nicht aussterben.

Interessant kann ein Besuch des Viertels auch sein, um die Veränderungen der Stadt zu verstehen und ihre Quantensprünge zu verfolgen. So wird der *plac Piłsudskiego* bald wieder an seine glanzvolle Zeit erinnern. Der *Park Saski* schließlich zeigt, dass Warschau ganz zu Unrecht als graue Metropole verschrien ist.

Als eine der vielen grünen Oasen war der Park Saski ein Element der sog. *Sächsischen Achse* (Oś Saska), die ihren Namen dem sächsisch-polnischen König August II. verdankt, besser bekannt unter seinem Beinamen der Starke. Die städtebauliche Anlage aus dem Anfang des 18. Jh. verläuft im rechten Winkel zur Krakowskie Przedmieście und war bis zum Zweiten Weltkrieg von den die Prachtstraße säumenden Palästen geprägt. Vom Prunk des gerne in barockem Luxus schwelgenden Königs ist leider wenig erhalten. Das Sächsische und das Brühlsche Palais werden zur-

Wenn viele arbeiten, damit eine lächelt …

Alle Jahre wieder kommt der Weihnachtsstress, werden Geschenke doch grundsätzlich zu spät gekauft. Wer sie schon im November besorgt, kann die Feiertage dagegen ruhig auf sich zukommen lassen. Nicht so im Fall von König August II. Mocny. Zwar kümmerte er sich bereits sieben Wochen vor dem Fest um die Bescherung für seine geliebte Tochter Anna Karolina Orzelska (1707–1769), stressig wurde die Angelegenheit aber trotzdem. Der König hatte sich nämlich ein Geschenk überlegt, das unter keinen Baum passt: einen im Rokoko-Stil aufwendig umgebauten Palast. Und so mussten nicht weniger als 300 Maurer und Handwerker 45 Tage und Nächte lang schuften, um das Gesicht der Königstochter, die in Europa als eine der schönsten Frauen ihrer Zeit galt, pünktlich zum Fest zum Strahlen zu bringen. Doch Schönheit vergeht bekanntlich, auch die des Pałac Błękitny (Blaues Palais). Er verblasst heute gegenüber den benachbarten Bauwerken, und so ist es kein großer Verlust, dass man ihn nicht besichtigen kann.

zeit rekonstruiert, was als eines der ehrgeizigsten Projekte seit dem Wiederaufbau des Königsschlosses gilt. Anders verhält es sich mit der einst daneben thronenden orthodoxen Alexander-Newski-Kathedrale (Sobór św. Aleksandra Newskiego). Als verhasstes Symbol der Russifizierung wurde sie nach dem Ende der Teilungen Polens nach und nach abgerissen.

Tour 5: Rund um den Park Saski

Ausgangspunkt ist das das Arsenal in der ulica Długa 52, in dem das Staatliche Archäologische Museum untergebracht ist.
Anfahrt mit Tram 4, 13, 18, 23, 26, 35, 36, 46. Bus 100, 107, 111, 127, 190, Haltestelle Ratusz Arsenał. Ⓜ Ratusz Arsenał.

Ende: Ethnographisches Museum (Muzeum Etnograficzne), ul. Kredytowa 1.
Rückfahrt mit Bus 111, 175, 195, Haltestelle plac Piłsudskiego. Oder mit Bus 102, Haltestelle Zachęta. Ⓜ Świętokrzyska.

Dauer: Reine Gehzeit der Tour 1¾ bis 2½ Std.

Nach dem Besuch von → **Arsenal** und → **Staatlichem Archäologischem Museum** (Państwowe Muzeum Archeologiczne PMA) nutzen wir die Unterführung der Metrostation Ratusz Arsenał, um auf die andere Seite der ulica Andersa zu gelangen. Dort kommen wir bei einem typischen Block im Stil des Sozialistischen Realismus heraus, in dem sich das legendäre *Muranów-Kino* befindet, das 2003 bei den Europa Cinemas Awards für das europaweit beste Programm ausgezeichnet wurde.

Rechts davon steht das *Mostowski-Palais*, das Hauptquartier der Warschauer Polizei. Wir wenden uns aber nach links, überqueren die aleja Solidarności an der Ampel und stehen auf dem → **Bankenplatz** (plac Bankowy). An seiner Westseite passieren wir das Rathaus, die Stadtverwaltung, ein Denkmal für den romantischen Nationaldichter Juliusz Słowacki und das Ministerium für Staatsvermögen, bis wir an der Ecke zur ulica Elektoralna auf das → **Museum der Johannes-Paul II.-Sammlung** (Muzeum Kolekcji im. Jana Pawła II) stoßen.

Danach machen wir kehrt und überqueren den Platz über die Ampel in Richtung des → **Blauen Hochhauses** (Błękitny Wieżowiec), das an der Stelle der im Zweiten Weltkrieg zerstörten Großen Synagoge steht. Vor dem Glasturm erinnert ein ausnehmend hässliches Denkmal an den Vorkriegsstadtpräsidenten Stefan Starzyński (→ Stadtgeschichte), das der Beliebtheit des Politikers Hohn spricht.

Nach ein paar Schritten nach rechts, an der aleja Solidarności entlang, und dann wieder rechts in die ulica Tlomackie erreichen wir das → **Jüdische Historische Institut** (Żydowski Instytut Historyczny), in dem u. a. das berühmte Ringelblum-Archiv mit Dokumentationen zum Warschauer Ghetto zu finden ist.

Wir gehen nun die ulica Tlomackie weiter und die erste Möglichkeit nach links in die ulica Corazziego, die geradewegs auf die bekannteste Ruine der Stadt zuführt, die der → **Polnischen Bank** (Reduta Bank Polski). Von dort halbrechts in die ulica Bielańska und 200 m bis zur Kreuzung hinunter, dann nochmals rechts in die ulica Senatorska bis zur → **St.-Anton-Kirche der Reformatoren** (Kościół św. Antoniego oo. Reformatorów).

Nach der Kirche erreichen wir links den Saski-Park; statt aber in den Park zu gehen, biegen wir links in die ulica Niecała, vorbei an einer typischen Appartementresidenz reicher Warschauer, und dann links in die ulica Wierzbowa. Ein Zebrastreifen wird überquert, und wir stehen vor einem Seitenflügel des Teatr Wielki, in dem sich das Theatermuseum befindet.

Um die Ecke öffnet sich der *Theaterplatz* (plac Teatralny) mit imposanten, großteils klassizistischen Bauten. Das als → **Großes Theater** (Teatr Wielki) bekannte mächtige Gebäude ist zugleich Sitz des → **Staatstheaters** (Teatr Narodowy) und der *Nationaloper* (Opera

Jabłonowski-Palais

Narodowa). Schräg gegenüber bildet das ehemalige Rathaus, das → **Jabłonowski-Palais** (Pałac Jabłonowskich), mit seinem Neorenaissance-Stil einen verblüffenden Kontrast.

Vom Theaterplatz führt die links abgehende, kurvige ulica Nowy Przejazd nach 150 m zur Warschauer Interpretation der griechischen Siegesgöttin Nike. Wer nach dem Stefan-Starzyński-Denkmal auf dem plac Bankowy nicht zu verschreckt ist, kann hier also ein weiteres sehen: Das → **Denkmal der Warschauer Helden „Nike"** (Pomnik Bohaterów Warszawy Nike) ist aber weitaus gelungener und ein beliebtes Fotomotiv.

Wieder zurück am Theaterplatz, biegen wir links in die ulica Senatorska, die am → **Primas-Palais** (Pałac Prymasowski) vorbeiführt. An der nächsten Ecke nach rechts in die ulica Kozia einbiegen, in der wir auf das äußerst sehenswerte → **Karikaturenmuseum** (Muzeum Karykatury) stoßen.

Park Saski Karte S. 149

Parallel zur ulica Krakowskie Przedmieście gehen wir die ulica Kozia weiter und biegen nach 200 m, an ihrem Ende, rechts in die ulica Trębacka ein. Das bereits von hier aus sichtbare → **Metropolitan-Gebäude** (Metropolitan) von Norman Foster zählt zu den schönsten Bauten zeitgenössischer Architektur. Staunen Sie aber nicht zu sehr, denn beim Überqueren des Zebrastreifens sollten Sie sich vor rasenden Porsches und Jaguars in Acht nehmen.

Ruhiger wird es auf der anderen Seite des Metropolitan mit seinem schönen Innenhof. Über den plac Piłsudskiego erreichen wir das → **Grabmal des Unbekannten Soldaten** (Grób Nieznanego Żołnierza), das in der Vorkriegszeit in das Sächsische Palais integriert war und heute gegenüber dem Józef-Piłsudski-Denkmal steht. Der Palast wird derzeit rekonstruiert, die Baustellen rechts und links vom Grabmal sind nicht zu übersehen. Bereits von 1924 bis 1926 abgetragen und nicht wieder aufgebaut wurde die orthodoxe Alexander-Newski-Kathedrale, aus politischen Gründen nachvollziehbar, architektonisch jedoch ein großer Verlust.

Ein weiterer Teil der sog. Sächsischen Achse ist der herrliche → **Sächsische Garten** (Ogród Saski), der sich hinter dem Grabmal des Unbekannten Soldaten ausbreitet. An seinem südlichen Rand, etwa auf Höhe des Brunnens im Garten, befindet sich mit der → **Nationalen Kunstgalerie Zachęta** (Zachęta Narodowa Galeria Sztuki) der in Polen wohl bedeutendste Ausstellungsort für zeitgenössische Kunst.

Nach dem Besuch der Zachęta gehen wir weiter Richtung Süden, umrunden die Evangelisch-Augsburgische Kirche der Heiligen Dreieinigkeit und erreichen das → **Ethnographische Museum** (Muzeum Etnograficzne). Zum Abschluss der Tour gehen wir noch ein paar Schritte rechts in die ulica Traugutta und entdecken auf der linken Straßenseite hinter ein paar Bäumen an einer Fassade das wohl gelungenste Beispiel für Street Art in der Stadt: ein *Graffiti von Mariusz Waras* mit schwarz-weißen Warschau-Impressionen.

Graffiti von Mariusz Waras mit schwarz-weißen Warschau-Impressionen

Sehenswertes

Arsenal & Staatliches Archäologisches Museum (Państwowe Muzeum Archeologiczne PMA)

Von 1638 bis 1643 ursprünglich als Cekhauz (Zeughaus) errichtet, diente das frühbarocke Gebäude später als Offiziersschule und Waffendepot. Historisch bedeutend ist das Arsenal wegen dreier Ereignisse. 1794 wurde es während des Kościuszko-Aufstands gestürmt, um an die Waffen zu kommen und sie unter der Bevölkerung zu verteilen. Beim November-Aufstand von 1830 wiederholte sich die Geschichte. Und während der deutschen Besatzung im Zweiten Weltkrieg wurden hier konspirative Aktionen geplant und Juden sowie Polen deutscher Abstammung versteckt, die der Kollaboration mit den Nazis entgehen wollten. 1943 gelang es der Pfadfinderbewegung Szare Szeregi in der „Operation Arsenal", den Widerstandskämpfer Jan Bytnar aus einem Gestapo-Transport zu befreien.

Das *Museum* zeigt Fundstücke aus Polen von der Altsteinzeit über das Mittelalter bis zur Neuzeit. Besonders gelungen sind die Präsentationen zur 2500 Jahre alten Siedlung bei Biskupin in der Nähe des heutigen Posen sowie zur Architektur der polnischen Romanik und Gotik.

Museum: Mo–Do/Sa 9–16 Uhr, So 10–16 Uhr, Fr geschlossen. Eintritt 2 €, erm. 1 €, So frei. ✆ 22-5044800, www.pma.pl. Ul. Długa 52. Tram 4, 13, 18, 23, 26, 35, 36, 46. Bus 100, 107, 111, 127, 190. Haltestelle Ratusz Arsenał. Ⓜ Ratusz Arsenał.

Bankenplatz (plac Bankowy)

Wie am Namen unschwer zu erkennen, wurde der Platz zu repräsentativen Zwecken angelegt: für Banken, Börse und das Palais des Schatzministeriums (1825). Die imposanten klassizistischen Paläste von Antonio Corazzi an der Westseite wurden nach dem Krieg rekonstruiert, die mit Arkaden verbundenen Gebäude werden heute als Rathaus und Stadtverwaltung genutzt.

An der Ostseite des Platzes verzichtete man auf eine Rekonstruktion, weshalb der plac Bankowy architektonisch etwas zusammengewürfelt erscheint.

Tram 4, 18, 35, 36, Bus 100, 107, 111, 127, 171, Haltestelle plac Bankowy. Ⓜ Ratusz Arsenał.

Museum der Johannes-Paul II.-Sammlung (Muzeum Kolekcji im. Jana Pawła II)

Trotz des Namens stammt die reiche Sammlung von 400 Gemälden und Skulpturen nicht vom polnischen Papst; das Ehepaar Janina und Zbigniew Carroll-Porczyński vermachte sie der Warschauer Erzdiözese. 1989 bekam die Sammlung ein eigenes Museum im von Antonio Corazzi 1825–1829 errichteten Palast der Bank Polski. Obwohl hier wirklich sehenswerte Werke u. a. von Dürer, Rembrandt, Caravaggio, Gainsborough, Van Dyck oder da Cortona zu entdecken sind, wirkt die Museumsgestaltung leider etwas verstaubt. Durchaus interessant aber ist die themenbezogene Präsentation, wie in den Sälen „Mutter und Kind" oder „Bibel und Heilige".

Di–So 10–16 Uhr (im Sommer bis 17 Uhr), Mo geschlossen. Eintritt 2 €, erm. 1 €. ✆ 022-6202725, www.muzeummalarstwa.pl. Plac Bankowy 1.
Tram 4, 18, 35, 36. Bus 100, 107, 111, 127, 171. Haltestelle plac Bankowy. Ⓜ Ratusz Arsenał.

Blaues Hochhaus (Błękitny Wieżowiec)

Der Firmensitz von Peugeot und Sony Polska, auch bekannt unter den Namen Blue Tower Plaza, Srebrny Wieżowiec (Silberturm) oder Złoty Wieżowiec

Park Saski
Karte S. 149

Goldturm), steht an der Stelle der 1943 von den Nazis zerstörten Großen Synagoge. Das jüdische Gotteshaus mit seiner Kuppel lehnte sich architektonisch an die Berliner Synagoge und das Pantheon an. Die Bauarbeiten für den Büroturm begannen Ende der 80er Jahre und endeten 1991, obwohl an dieser Stelle schon in den 50er Jahren ein Hochhaus geplant war. Die dunklen, das Sonnenlicht reflektierenden Glasscheiben sollen es weniger dominant erscheinen lassen – urteilen Sie selbst.
Plac Bankowy 2. Tram 4, 13, 18, 23, 26, 35, 36, 46. Bus 100, 107, 111, 127, 190. Haltestelle Ratusz Arsenał. Ⓜ Ratusz Arsenał.

Blaues Hochhaus

Jüdisches Historisches Institut (Żydowski Instytut Historyczny)

Zu sehen ist hier die weltweit größte Sammlung von Originaldokumenten, Büchern und Objekten, von Kunstwerken und Sakralgegenständen, die mit der Geschichte der polnischen Juden zusammenhängen und die Shoah überstanden. Das reiche Veranstaltungsangebot mit Ausstellungen, Themenabenden, Diskussionen und Konzerten befasst sich mit dem Jahrhunderte langen kulturellen Einfluss, die die jüdische Gemeinde auf Polen hatte. Angeboten werden auch zweistündige Führungen durch das ehemalige Ghetto (buchbar über die deutschsprachige Homepage). Untrennbar verbunden ist die Geschichte der inzwischen staatlichen Kulturinstitution mit dem Historiker Emanuel Ringelblum, der das Untergrundarchiv des Warschauer Ghettos leitete. Zeitweise selbst ein Teil des Ghettos, wurde hier nicht nur geforscht, sondern auch praktisch geholfen.
Mo–Mi/Fr 9–16 Uhr, Do 11–18 Uhr. Eintritt 3 €, erm. 1 €, deutschsprachige Führung 32 € pro Gruppe. ✆ 22-8279221, 📠 8278372, www.jhi.pl. Ul. Tlomackie 3/5.
Tram 4, 13, 18, 23, 26, 35, 36, 46. Bus 100, 107, 111, 127, 190. Haltestelle Ratusz Arsenał. Ⓜ Ratusz Arsenał.

Polnische Bank (Reduta Bank Polski)

Das 1907–1911 erbaute Gebäude, heute die prominenteste Ruine im Zentrum der Stadt, diente seit 1926 als Sitz der Bank Polski. Eigentlich sollte hier das Museum des Warschauer Aufstands einziehen, man verzichtete aber darauf, da der Platz nicht ausreichte. Über eine Rekonstruktion wird immer wieder diskutiert, geschehen ist bisher nichts.
Ul. Bielańska 10. Tram 4, 13, 18, 23, 26, 35, 36, 46. Bus 100, 107, 111, 127, 190. Haltestelle Ratusz Arsenał. Ⓜ Ratusz Arsenał.

St.-Anton-Kirche der Reformatoren (Kościół św. Antoniego oo. Reformatorów)

Das Gotteshaus, ursprünglich eine Holzkirche, wurde 1668–1680 von Józef Szymon Bellotti durch einen barocken Steinbau ersetzt. Mit dem Projekt wurde an eine gewonnene Schlacht gegen das Zarenreich gedacht. Nach den Zerstörungen im Weltkrieg wurde St. Anton bis 1956 wieder aufgebaut. Im Kreuzgang erinnern Gräber und Epitaphe an die Opfer der Naziverbrechen und des Katyń-Massenmords.

Messe: Mo–Sa 6.30, 7, 8, 18 Uhr, So 7, 8, 9.30, 11, 12.30, 18 Uhr. Ul. Senatorska 31/33. Bus 111, Haltestelle plac Teatralny, Bus 100, 116, 175, 178, 180, 195, Haltestelle plac Zamkowy.

Staatstheater (Teatr Narodowy)

Offiziell hat das Theater den Status der ersten Bühne Polens inne, weshalb das Publikum hier die besten Regisseure und Schauspieler des Landes genießen darf. Gespielt werden von dem 1765 von Stanisław August gegründeten Ensemble Klassiker, aber auch zeitgenössi-

Grabmal des Unbekannten Soldaten (Grób Nieznanego Żołnierza)

Auf Initiative von unbekannten Warschauern wurde in den Zwanzigerjahren wie überall in Europa der im Ersten Weltkrieg gefallenen Soldaten gedacht, hier zuerst allerdings nur inoffiziell mit einer Steintafel. General Władysław Sikorski ließ das heutige Mahnmal mit der ewigen Flamme 1925 von Stanisław Ostrowski (1879–1947) errichten. Die erhaltenen Säulen gehörten zu den mittleren Arkaden des Pałac Saski, der im Zweiten Weltkrieg zerstört wurde und zurzeit aufwendig rekonstruiert wird. Im Grabmal wurde ein unbekannter polnischer Soldat bestattet, der bei der Verteidigung von Lemberg (Lwów) gefallen war, auch Erde von den Schlachtfeldern wurde hinzugefügt. Nach der Zerstörung beim Warschauer Aufstand wurde das Grabmal wieder aufgebaut und zusätzlich den Opfern des Zweiten Weltkriegs gewidmet.

Wachablösung tägl. 12 Uhr. Plac Piłsudskiego. Bus 111, 175, 195, Haltestelle plac Piłsudskiego. Oder Bus 102, Haltestelle Zachęta.

Grabmal des unbekannten Soldaten vom sächsischen Garten aus gesehen

Sächsischer Garten (Ogród Saski)

Auf der sog. Sächsischen Achse von der Krakowskie Przedmieście in Richtung Westen bildete der für König August II. Mocny geschaffene Park ein Schmuckstück. Um 1700 schrittweise vergrößert, wurde er bereits 1727 für die Allgemeinheit geöffnet, immerhin ein halbes Jahrhundert vor Versailles.

Der heutige Landschaftspark im englischen Stil erfreut mit von Blumenbeeten gesäumten Promenaden, einem See und zahlreichen Skulpturen. Besonders beliebt sind der von Henryk Marconi 1855 gebaute Springbrunnen, die Sonnenuhr von 1863 in der Nähe, der ebenfalls von Marconi geschaffene Wasserturm sowie der Sybillen-Tempel. Nach dem Krieg wurden die Gärten nicht in alter Größe wiederhergestellt, trotzdem ist schwer vorstellbar, dass sie früher schöner waren als heute. Die begonnene Rekonstruktion der beiden Paläste auf dem plac Piłsudskiego ist also auch in diesem Sinne ein spannendes Projekt.

Durchgehend geöffnet. Plac Piłsudskiego. Bus 111, 175, 195, Haltestelle plac Piłsudskiego. Oder Bus 102, Haltestelle Zachęta.

Nationale Kunstgalerie Zachęta (Zachęta Narodowa Galeria Sztuki)

„Zachęta", so der Kurzname für eine der ambitioniertesten Kunstgalerien Polens, bedeutet so viel wie „Ermutigung“ oder „Ansporn“. Gegründet wurde die gleichnamige Gesellschaft 1860, die Galerie eröffnete zur Jahrhundertwende und wurde nach der Wende 1990 wieder ins Leben gerufen. Das Neorenaissance-Gebäude realisierte der Warschauer Architekt Stefan Szyller 1899–1903, auch der Entwurf für das Glasdach im Innenhof stammt von ihm.

Ein tragisches Ereignis brachte die Galerie in die Geschichtsbücher. Bei einer Vernissage am 16. Dezember 1922 wurde der Zwischenkriegspräsident Gabriel Narutowicz von einem geistig verwirrten Maler erschossen. Den Zweiten Weltkrieg überstand das Gebäude fast unbeschädigt, dennoch wurde die ursprüngliche Sammlung ins Nationalmuseum verbracht, wo sie bis heute zu sehen ist.

Im Millenniumsjahr feierte man das 100-jährige Jubiläum mit einer großen Ausstellung zum polnischen Kunstschaffen in diesem Zeitraum. Seit 2003 hat die Zachęta den Status einer nationalen Kunstgalerie, ihre wechselnden Ausstellungen sind in der Stadt, in Polen und sogar im Ausland Gesprächsthema, wenngleich für manchen die modernen Werke zu provokativ sind. So versuchte der nationalkonservative Politiker Witold Tomczak, die Skulptur „La Nona Ora“ (1990) des 1960 geborenen italienischen Künstlers Maurizio Cattelan zu zerstören; sie zeigt Papst Johannes Paul II., wie er von einem Meteoriten getroffen wird. Anschließend beleidigte Tomczak die in Polen überaus angesehene Kuratorin Anda Rottenberg mit teils antisemitischen Artikeln und „offenen Briefen“. Dermaßen peinlich geworden, wurde Tomczak ins EU-Parlament weggelobt, wo er dem Ansehen Polens z. B. mit Tiraden gegen Schwule weiterhin unverdrossen Schaden zufügt.

Di–So 12–20 Uhr, Mo geschlossen. Eintritt 3 €, erm. 2 €, Do frei. ✆ 22-8275854, 📠 8277886, www.zacheta.art.pl. Plac Małachowskiego 3. Bus 111, 175, 195, Haltestelle plac Piłsudskiego. Oder Bus 102, Haltestelle Zachęta. Ⓜ Świętokrzyska.

Ethnographisches Museum (Muzeum Etnograficzne)

Das 1888 gegründete Museum zeigt Stücke der polnischen, europäischen und außereuropäischen Volkskulturen; den Fundus dafür bieten u. a. die großen privaten Sammlungen der polnischen Ethnologen Bronisław Piotr Piłsudski (1866–1918), Leopold Janikowski (1855–1942) und Jan Kubary (1846–1896). Am interessantesten sind die Exponate der polnischen Volkskunst, vor allem Schnitzarbeiten, traditionelle polnische Trachten aus fast allen Teilen des Landes, sowie afrikanische Masken aus verschiedenen Regionen des Kontinents.

Di–Do 10–18 Uhr, Fr 10–16 Uhr, Sa 10–17 Uhr, So 12–17 Uhr, Mo geschlossen. Eintritt 3 €, erm. 1 €, Sa frei. ✆ 22-8277641, 📠 22-8276669, www.pme.waw.pl. Ul. Kredytowa 1. Bus 111, 175, 195, Haltestelle plac Piłsudskiego. Oder Bus 102, Haltestelle Zachęta. Ⓜ Świętokrzyska.

Praktische Infos

(→ Karte S. 149)

Restaurants

Cesarski Pałac (8), das mit Stilgefühl asiatisch eingerichtete Lokal betritt der Gast über eine Brücke, unter der in einem Bächlein Fische schwimmen. Die chinesische Besitzerin Yajia Lin-Iwanejko gilt in Warschau als Botschafterin des guten Geschmacks. Spektakulär ist der mongolische Grill im benachbarten „Tshingis Chan“, von dem der Küchenchef fernöstliche Leckereien auf den Teller zaubert. Hauptgericht um 10 €, die Riesenplatte für 10 Pers. kostet 250 €. Mo–Fr 12–23 Uhr, Sa 12.30–23 Uhr, So 12.30–22 Uhr. Ul. Senatorska 27, ✆ 22-827 9707, www.cesarskipalac.com.

Kiku (2), vielleicht Warschaus beste Sushi-Bar, die schönste allemal. Das Auge isst mit und erfreut sich an der Papierkunst in dieser „japanese dining gallery". Japanische Nudeln 9 €, Sushi-Set 14–28 €. Mo–Sa 12–23 Uhr, So 13–22 Uhr. Ul. Senatorska 17, ✆ 22-8920901, www.kiku.pl.

Michel Moran (12), sehr populär bei den Managern, die im gegenüberliegenden Metropolitan-Gebäude arbeiten. Chefkoch Michel Moran wirkte zuvor schon in renommierten Restaurants in Paris, Genf, Luxemburg und Madrid, in Warschau erfüllte er sich dann den Traum eines eigenen Lokals. Business-Lunch oder -Dinner 25 €, ansonsten häufig wechselnde Gerichte wie Entencarpaccio mit Dijon-Senf für 9 €. Mo–Sa 12–24 Uhr, So Ruhetag. Plac Piłsudskiego 9, ✆ 22-8260107, www.restaurantbistrodeparis.com.

Nowa la Bohème (11), der Name manifestiert sich in der Inneneinrichtung, kulinarisch überwiegt moderne Fusion-Küche. 5-Gänge-Menü ab 42 €. Hauptgericht ab 9 €. So–Do 10–23 Uhr, Fr/Sa 10–24 Uhr. Plac Teatralny 1, ✆ 22-6920681, www.laboheme.com.pl.

Sakana (6), Sushi-Bar, die ausgezeichneten Fisch-Häppchen schwimmen auf Bötchen vorbei. Die Preise allerdings sind höher als in London oder München. Mo–Sa 12–23 Uhr, So 13–22 Uhr. Ul. Moliera 4, ✆ 22-8265958, www.sakana.pl.

El Popo (9), mexikanisches Restaurant mit Papageien im Käfig. Chili 5 €, Fajita 12 €. Tägl. 12–24 Uhr. Ul. Senatorska 27, ✆ 22-8272340, www.kregliccy.pl.

tabaka (29), „Gute Küche und guter Wein ist wie das Paradies auf Erden", ist das Motto von Chefkoch Borys Ignatov, der im „tabaka" Kulinarisches aus Balkandörfern kredenzt. Besonders lecker die diversen Vorspeisenplatten von der Tageskarte für 10 €. Tägl. 12–24 Uhr. Ul. Szkolna 2, ✆ 22-8281060, www.tawernatabaka.pl.

St. Antonio (14), ein beliebtes Restaurant in guter Lage mit großem Garten. Hauptgericht 5–12 €. Di–Sa 11–24 Uhr, So/Mo 12–24 Uhr. Ul. Senatorska 37, ✆ 22-8263008, www.stantonio.pl.

Kuźnia Smaku (19), urig eingerichtetes Restaurant mit vielen Pflanzen und guter polnischer Küche, z. B. Pfifferlinge in Rindsrouladen mit Kartoffelbällchen auf Mandeln 13 €. Tägl. 6.30–10 und 12–23 Uhr. Ul. Mazowiecka 10, ✆ 22-8263024, www.kuzniasmaku.pl.

Moliera 6 (5), während sich die Besitzer bei der Namenssuche wenig Mühe gegeben haben, sieht das bei der Küche des belgischen Maître de Cuisine ganz anders aus. Grapefruit-Salat mit Hähnchenfleisch oder Muscheln je 10 €. Di–Sa 12–23 Uhr, So/Mo 12–22 Uhr. Ul. Moliera 4, ✆ 22-8280349.

Galeria Bali (25), der erste Grundsatz der balinesischen Küche ist Andacht – so auch im nach Selbstauskunft „einzigen authentischen balinesischen Restaurant in Europa" mit seinen exzellenten Fischrezepten. Küchenchef Made Runatha bekam von der Zeitschrift Polityka die volle Punktzahl für Qualität und Tischkultur. Neben den kulinarischen Köstlichkeiten, z. B. Königskrabben mit Erdnüssen (22 €), erfreut eine Galerie mit Kunst aus Bali das Auge. Tägl. 12–24 Uhr. Ul. Jasna 22, ✆ 22-8286771, www.galeriabali.pl.

Corazzi (4), der von außen hässliche Pavillon überrascht im Innenraum mit stimmigem, dörflichem Ambiente. Auf der Karte polnische Speisen wie die obligatorische Ente mit Äpfeln und Moosbeeren, aber auch italienische Gerichte. Hauptgericht 7–12 €. Tägl. 12–22 Uhr. Ul. Corazziego 4, ✆ 22-8261890, www.corazzi.pl.

Restauracja Arsenał (1), gilt als eines der besten italienischen Restaurants der Stadt, uns überzeugte es nicht gänzlich. Beliebt ist aber das Frühstück ab 8 Uhr. Innen und außen gibt es familienfreundliche Plätze für die Kinder zum Spielen. Spinatsalat mit Früchten und Grana Padano 8 €. Tägl. 8–22.30 Uhr. Ul. Długa 22, ✆ 22-6358377, www.restauracjaarsenal.pl.

Marak (27), lokale und sehr beliebte Kette mit frischen und interessanten Suppen in großer Auswahl, z. B. mittelscharfe Thai- oder norwegische Räucherlachssuppe. Je nach Wahl und Größe der Portion 1–4 €. Mo–Sa 10–22 Uhr, So 11–21 Uhr. Ul. Świętokrzyska 18, ✆ 22-8299272, www.marak.pl.

Naleśnikarnia (10), fünfundzwanzig Pfannkuchenvariationen von herzhaft bis süß kitzeln hier für 3–4 € den Gaumen. Mo–Fr 11–19 Uhr. Ul. Moliera 2, ✆ 22-8268948.

Tukan Salad Bar (7), Salate in allen möglichen Varianten sowie Nudeln und Snacks jeweils nach Gewicht – 100 g kosten 1 €. Mo–Fr 8–20 Uhr, Sa/So 10–18 Uhr. Plac Bankowy 2, ✆ 22-5312520, www.saladbar.pl.

Cafés & Pubs

Antrakt (13), liebevoll eingerichtetes Café voller Antiquitäten, mit Glück ist noch ein Platz am Fenster frei – das Antrakt ist bei Schauspielern des Teatr Wielki beliebt. Mo–Fr 12–24 Uhr, Sa/So 13–24 Uhr. Plac Piłsudskiego 9, ✆ 22-8276411, www.antraktcafe.waw.pl.

Pędzący Królik (3), Pop-Art-Kissen und -Sessel, Neon-Hasen und Fastschonkitsch – das „Rasende Kaninchen", so der Name auf Deutsch, setzt einen krassen Kontrast zu den snobistischen Clubs in der Umgebung. Leichte Bistrogerichte wie Lachs-Carpaccio sowie hervorragende Kuchen. So–Do 10–23 Uhr, Fr/Sa 10–24 Uhr. Ul. Moliera 8, ✆ 22-8260245.

Bookhousecafe (24), ein Café mit kostenlosem Hotspot in einer Buchhandlung; wurde 2008 zum für Familien mit Kindern angenehmsten Ort im Zentrum gekürt. Mo–Fr 7.30–23 Uhr, Sa 8–23 Uhr, So 8.30–22 Uhr. Ul. Świętokrzyska 14, www.domksiazki.pl.

Nachtleben

Cinnamon (15), angesagte und elegante Lounge, in der man sich ohne angemessene Garderobe allerdings nicht mal die Hoffnung auf Einlass machen darf. Manchmal stehen die Leute noch um 4 Uhr morgens Schlange, um hineinzukommen. Tägl. 9–2 Uhr, Fr/Sa bis 7 Uhr. Plac Piłsudskiego 1 (Metropolitan), ✆ 22-3237600, www.thecinnamon.com.pl.

Tygmont (22), vom US-Jazz-Magazin Downbeat unter die 100 bedeutendsten Jazzclubs der Welt gewählt. Die besten Jazzer Polens schauen hier ebenso vorbei, mitunter tun dies auch internationale Stars. Schöne Fotos und ehrliche Küche. Fleischplatte für 2 Pers. 20 €. Mo–Fr 18–2 Uhr, Sa 18–4 Uhr, So 19–4 Uhr. Ul. Mazowiecka 6, ✆ 22-8283409, www.tygmont.com.pl.

Klubokawiarnia (21), augenzwinkernde Ostalgie an die PRL, die sozialistische Volksrepublik Polen. Statt über Marx und Engels zu diskutieren, wird lieber getanzt. Partys tägl. ab 21–3 Uhr. Ul. Czackiego 8, ✆ 22-8510380, www.klubokawiarnia.pl.

U Artystów (18), im 2. Stock eines alten Künstlerhauses. Dienstagabend Tango. Frühstück 3–6 €. So–Fr 11–1 Uhr, Sa 20–2 Uhr. Ul. Mazowiecka 11 a, ✆ 22-8274293, www.uartystow.com.

Jazz Bistro ZEN (28), Bossa Nova, Vocal Jazz und Smooth Jazz in edlem Ambiente, oft auch live. Die Warschauer bezeichnen solche von asiatischer Ästhetik inspirierte Lokale gerne als *fengshui'owy*. Sushi und Wokgerichte für den kleinen Hunger. Mo–Fr 11–24 Uhr, Sa/So 12–24 Uhr. Ul. Jasna 24, ✆ 22-4472500, www.jazzbistro.pl.

Paparazzi (17), teils versnobtes Publikum, das an Cocktails nippt. Strenge Türsteher, Eintritt erst ab 21 Jahren. Mo–Do 16–1 Uhr, Fr/Sa 16–2 Uhr, So 16–1 Uhr. Ul. Mazowiecka 12, ✆ 22-8284219, www.paparazzi.com.pl.

Galerien

Galeria Andrzeja Mleczki (23), der politisch nicht korrekte Karikaturist ist in Polen Kult; in der Galerie kann man Plakate, Bücher, Postkarten, T-Shirts, Tassen und sogar Bettwäsche mit seinen Motiven erstehen. Mo–Fr 11–19 Uhr, Sa 10–15 Uhr. Ul. Marszałkowska 140, ✆ 22-8295760, www.mleczko.pl.

Park Saski
Karte S. 149

Metropolitan von Stararchitekt Norman Foster

Ein Teil der Warschauer Skyline bei Sonnenuntergang

Centrum

Rund um den Kulturpalast pulsiert das Herz der Stadt. Hier arbeiten Banker und Manager, hier wird hemmungslos dem Konsum gefrönt. Nirgendwo sonst ist Warschau aber auch so chaotisch und aufregend. Passanten hetzen zur Metro, an den Fassaden versprechen monströse Werbeplakate das Blaue vom Himmel, und fast wöchentlich ist eine neue Baustelle zu entdecken ...

Immer noch unfertig wirkt die Umgebung rund um den *plac Defilad*. Nach dem Krieg als repräsentatives Zentrum geplant, wurde in den 1950er-Jahren letztlich kaum mehr als der *Kulturpalast* errichtet, ein ungeliebtes Geschenk Stalins in Form eines monströsen Wolkenkratzers. Der *Zentralbahnhof* war schon ein von Geldmangel bedingter Kompromiss, die seltsam zeltförmigen Einkaufszentren auf dem Platz sowieso, und auch der Übergang zwischen Königstrakt und Kulturpalast in Form der in den 60er-Jahren hochgezogenen Ściana Wschodnia (Ostwall) ist alles andere als gelungen. Eine interessante Ausnahme ist die markante Rotunde der PKO-BP-Bank von 1979, bei der man sich gerne trifft, bevor man in die ulica Chmielna zum Shoppen oder Essen geht.

In den kommenden Jahren wird sich das Bild um den plac Defilad und die angrenzenden Straßen gründlich ändern. Schon jetzt träumen die Warschauer von einem harmonischen Zentrum, in dem der Kulturpalast keine derart dominante Rolle mehr spielen wird. Dann werden noch mehr Wolkenkratzer und weitere architektonisch interessante Gebäude das Bild einer modernen Metropole prägen: In Planung sind neue Museen, eine neue Philharmonie, Einkaufsarkaden und Brunnenanlagen (→ Kasten). Die in den Himmel ragenden Türme, die Glasfassaden und geschwungenen Linien der schon gebauten Gebäude sind für Warschauer und Polen wie eine Bestätigung, dass der Sozialismus endgültig begraben ist und neue, wirtschaftlich starke und politisch freie Zeiten angebrochen sind. Selten zeigt sich die Symbolkraft zeitgenössischer Architektur so deutlich wie in Warschau!

Die Stalinstachel wird das künstliche Licht brauchen

Licht und Schatten

In den kommenden Jahren wird das Zentrum um den plac Defilad große städtebauliche Veränderungen erleben. Neben dem neuen Museum für Zeitgenössische Kunst, der neuen Nationalphilharmonie und dem Bahnhofsneubau werden vor allem die Wolkenkratzer herausstechen. Doch inmitten dieser Goliaths der Stadtplanung bereiten ein paar verhältnismäßig kleine, alte und hässliche Davids den Investoren schlaflose Nächte. Nicht genug, dass die langen Wohnblocks stehen bleiben werden. Damit die neuen Wolkenkratzer und Hochhäuser den Bewohnern das Tageslicht nicht verdecken, müssen die Architekten bei ihren Projekten Rücksicht nehmen. Deutlich wird das zum Beispiel beim Intercontinental-Wolkenkratzer, dessen wie herausgeschnitten wirkendes Loch zwischen dem Hauptturm und der schmalen, tragenden „Säule" der Existenz des kleinen Wohnblocks an der ulica Pańska 3 geschuldet ist. Wenig Mitleid haben die Stadtplaner dagegen mit dem Kulturpalast. Wenn die Vorhaben umgesetzt werden, wird dem „Stalinstachel" das Licht von den neuen kapitalistischen Prunkbauten genommen werden – das einstige Wahrzeichen Warschaus wird dann fast nicht mehr zu sehen sein!

Tour 6: Vom Kulturpalast zu den Wolkenkratzern

Ausgangspunkt ist der plac Powstańców Warszawy. Anfahrt mit Bus 100, 125, 150, 155, 174, 178, Haltestelle Nowy Świat.

Ende: ulica Złota/Ecke aleja Jana Pawła II. Weiterfahrt mit Tram 10, 16, 17, 33, Bus 105, 125, 150, 155, 160, 174, 178, Haltestelle Rondo ONZ. Ⓜ Centrum.
Alternativ: Endpunkt am Warta-Tower. Ul. Chmielna 85. Weiterfahrt mit Tram 7, 8, 9, 22, 24, 25, Bus 127, 130, 157, 158, 175, Haltestelle plac Starynkiewicza.

Dauer: Reine Gehzeit der Tour 1¼ bis 1¾ Std.

Von der ulica Nowy Świat biegen wir in die ulica Chmielna ein. Vorbei an vielen Boutiquen und Geschäften geht es nach 300 m rechts in die ulica Szpitalna, auf der wir in Richtung Norden das traditionsreiche *Kaffeehaus Wedel* zur Rechten passieren.

Weiter geradeaus geht es zum → **Platz der Aufständischen Warschaus** (plac Powstańców Warszawy), an dem Warschaus ältestes Hochhaus steht. Wesentlich moderner zeigt sich die → **Zentrale der Polnischen Telekom** (TP S.A, Office Building) daneben. Durch das Tor an dem langen Wohnblock an der Westseite des Platzes und dann geradeaus auf der ulica Sienkiewicza erreichen wir die → **Nationalphilharmonie** (Filharmonia Narodowa), die sich in dem gegenüberliegenden Glasbau spiegelt. Noch ein paar Schritte weiter Richtung Westen, und schon ist der berühmt-berüchtigte Kulturpalast zu sehen. Zuvor ist noch die ulica Marszałkowska zu überqueren (an der Ampel rechts oder alternativ durch die Unterführung zur Linken), und wir stehen auf dem → **Paradeplatz** (plac Defilad). Durch den Świętokrzyski-Park im Norden des Platzes, vorbei am Brunnen, geht es nach links zur Nordseite des Kulturpalasts, zum → **Evolutionsmuseum PAN** (Muzeum Ewolucji PAN) im Palast der Jugend, einem Flügel des mächtigen Bauwerks. Auf dem Weg zur Ostseite lohnen Blicke auf die mit sozialistischen Skulpturen geschmückte Fassade. Hier können wir den Wolkenkratzer, offiziell → **Kultur- und Wissenschaftspalast** (Pałac Kultury i Nauki) genannt, auch

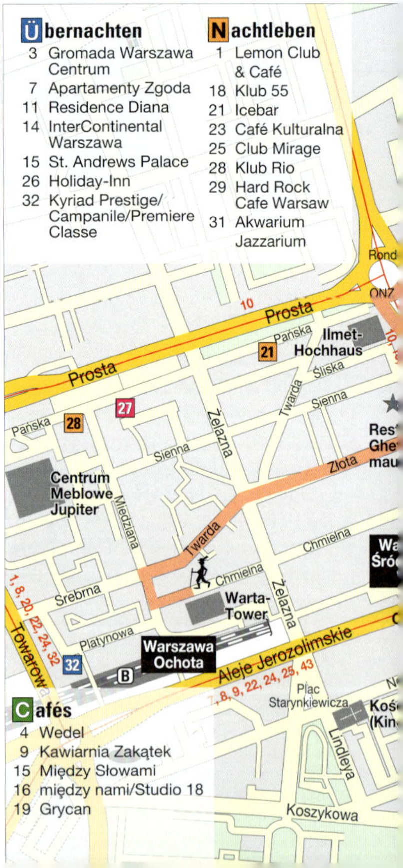

betreten, um die prunkvollen Innenräume zu besichtigen und mit dem Aufzug auf die Aussichtsterrasse zu fahren. An seiner Südseite lohnt ein kurzer Abstecher in die *Kinoteka* sowie ein längerer ins → **Technikmuseum** (Muzeum Techniki). Schließlich geht es zur Westseite, in der sich der → **Kongresssaal** (Sala Kongresowa) befindet.

Auch wenn viele Warschauer den Weg über die Straße wählen, nehmen wir sicherheitshalber den Weg durch die Unterführung, durch die wir direkt vor dem architektonisch spektakulären → **Einkaufszentrum Goldene Terrassen** (Złote Tarasy) herauskommen. Gleich nebenan befindet sich derzeit noch eine Baustelle, auf der der → **Złota-44-Wolkenkratzer** (Złota 44 Tower) von Stararchitekt Daniel Libeskind entsteht. Ein seltsames Loch zwischen dem Haupthaus und einer schmalen Säule ziert den daneben stehenden → **Intercontinental-Wolkenkratzer** (InterContinental), den Grund dafür finden Sie im Kasten „Licht und Schatten". Weiter auf der ulica Emilii Plater in Richtung Norden steht das → **Warschauer Finanzzentrum** (Warszawskie Centrum Finansowe), das ahnen lässt, wie es in einigen Jahren rund um den Kulturpalast aussehen wird. Anschließend geht es nach links in die ulica Świętokrzyska bis zum → **Rondo-ONZ 1-Wolkenkratzer** (Rondo

ONZ 1). Auf der anderen Straßenseite streckt sich das → **Ilmet-Hochhaus** (Ilmet) etwas weniger weit in den Himmel.

Die aleja Jana Pawła II gehen wir nun 300 m nach Süden und bei der ulica Złota nach rechts. Im Hinterhof des Hauses Nr. 62 stoßen wir auf die → **Reste der Ghettomauer** (Fragmenty murów getta). Nur für Hochhausarchitektur-Interessierte lohnt der Weg über die ulica Twarda in Richtung Südwesten bis zur ulica Chmielna, in der das → **Warta-Hochhaus** (Warta-Tower) mit schönem Patio steht.

Sehenswertes

Platz der Aufständischen Warschaus (plac Powstańców Warszawy)

Der 1921–1945 nach Napoléon Bonaparte benannte Platz ist anscheinend mit einem Fluch belastet. Im 18. Jh. stand hier ein Sterbespital für arme Warschauer. Wegen der nur halbherzigen Wiederaufbauarbeiten nach dem Zweiten Weltkrieg ist der Platz auch heute beileibe keine Schönheit, den Sitz der Polnischen Nationalbank tauften die Warschauer respektlos, aber treffend „Sarg".

Interessant ist jedoch das derzeit leer stehende *Hotel Warszawa*. Unter dem Namen Prudential wurde es 1934 im Art-déco-Stil errichtet und war bis zum Bau des Kulturpalasts mit 66 m Warschaus höchstes Gebäude. Wegen der schweren Stahlträger hielt es im Zweiten Weltkrieg Artilleriebeschuss und Sprengungen stand und wurde in den 50er-Jahren im realsozialistischen Stil umgebaut. Noch ist das heruntergekommene Gebäude mit seinem verblichenen Glanz bei Fotografen ein beliebtes Motiv; mitunter wird die Fassade als riesige Werbewand genutzt, doch die

Platz der Aufständischen Warschaus mit Hotel Warszawa (rechts) und im Hintergrund TP S.A Office Building

Die Philharmonie spiegelt sich im gegenüberliegenden Gebäude

Umbauarbeiten für Luxusappartements haben bereits begonnen.

Plac Powstańców Warszawy. Bus 100, 125, 150, 155, 174, 178, Haltestelle Nowy Świat.

Zentrale der Polnischen Telekom (TP S.A. Office Building)

Das gläserne Bürogebäude wäre nicht weiter der Rede wert, würden sich in seinen blauen Scheiben nicht die alten, noch unsanierten Wohnblöcke spiegeln. Im Internet wurde es in einem alternativen Blog treffend als „hypermoderne Rakete inmitten von Trümmern" bezeichnet.

Ul. Moniuszki 1 a. Bus 100, 125, 150, 155, 174, 178, Haltestelle Nowy Świat.

Nationalphilharmonie (Filharmonia Narodowa)

Unter der künstlerischen Leitung des Penderecki- und Boulanger-Schülers Antoni Wit entwickelte sich die Nationalphilharmonie zu einem der angesehensten Häuser in Europa. Interessanterweise hat das Orchester schon viele Soundtracks für Computerspiele und japanische Animationsfilme produziert; für Freunde klassischer Musik dürfte wichtiger sein, dass im schönen Konzertsaal alle fünf Jahre der Chopin-Wettbewerb veranstaltet wird.

Von außen hat das im Jahr 1900 in nur 12 Monaten fertiggestellte Gebäude allerdings viel von seiner früheren Pracht eingebüßt, weshalb ein Neubau auf dem plac Defilad geplant ist. Die grellgrünen Neonröhren mit dem Schriftzug „Filharmonia" passen auch so gar nicht zu einem Haus, das sich der anspruchsvollen klassischen Musik widmet. Eine Anekdote erzählt von den deutschen Komponisten Christoph Gluck und Georg Friedrich Händel, deren Büsten in den Vorkriegsjahren nebeneinander an der Fassade zu sehen waren. „Glück im Handel" wünschten sich dann die geschäftstüchtigen Warschauer auf Deutsch, wenn sie hier vorbeikamen.

Kasse: Mo–Sa 10–14 und 15–19 Uhr, So bei Veranstaltungen 10–14 Uhr. Karten 6–12 €, erm. 3–6 €. ✆ 22-5517111, filharmonia.pl. Ul. Jasna 5.

Tram 4, 18, 35, 36, Bus 100, 107, 125, 127, 150, 151, 155, 171, 174, Haltestelle Metro Świętokrzyska. Ⓜ Świętokrzyska.

Centrum
Karte S. 158/159

Paradeplatz (plac Defilad)

Auf dem bisher noch weitläufigen Platz mit dem Kulturpalast wird in den nächsten Jahren *das* neue Zentrum Warschaus entstehen, das alle anderen Citys in Europa in den Schatten stellen soll. Geplant sind u. a. ein Neubau für das *Museum für Zeitgenössische Kunst*, ein neues *Philharmoniegebäude*, diverse Wolkenkratzer, Einkaufspassagen, Glaspaläste sowie der dringend benötigte *Bahnhofsneubau*. So wird der in sozialistischer Zeit (und bis heute) beliebte Witz wohl bald seinen Sinn verlieren: „Wo hat man den schönsten Blick auf Warschau? Vom Kulturpalast: Von dort aus sieht man ihn nicht."

Die aktuellen Pläne für den Paradeplatz sind entweder auf der leider nur polnischsprachigen Homepage zu besichtigen – oder mit bewegten Bildern auf youtube, wo man einfach den Namen des Platzes eingibt. Nach der Realisierung des Großprojekts wäre wohl auch eine Umbenennung angezeigt, denn für Schauspiele wie Militärparaden wird auf dem plac Defilad, der nach dem Krieg noch Stalin-Platz hieß, kein Platz mehr sein.

www.placdefilad.pl. Tram 4, 7, 8, 9, 18, 22, 24, 25, 35, 36. Bus 100, 105, 107, 118, 131, 151, 175. Haltestelle Centrum. Ⓜ Centrum.

Evolutionsmuseum PAN (Muzeum Ewolucji PAN)

Kinder und Dino-Fans werden inmitten der Skelette und Modelle ihren Spaß haben, auch wenn die Art der Präsentation fast schon prähistorischen Charakter hat. Trotzdem begeistern sich Generationen von Kindern stets aufs Neue für Dinosauriergerippe und Modelle frühzeitlicher Menschenahnen.

Im *Palast der Jugend* gibt es zudem Sporthallen, ein Schwimmbad sowie regelmäßig Veranstaltungen für Kinder und Teenager, von Theater über Tanz bis zu Sprachkursen.

Museum: Di–Sa 8–16 Uhr, So 10–14.30 Uhr, Mo/Feiertage geschlossen. Eintritt 2 €, erm. 1 €. ✆ 22-6566637, www.muzewol.pan.pl.

Palast der Jugend: ✆ 22-6203363, www.pm.waw.pl. Plac Defilad 1, Eingang ul. Świętokrzyska.

Tram 4, 18, 35, 36, Bus 100, 107, 125, 127, 150, 151, 155, 171, 174, Haltestelle Metro Świętokrzyska. Ⓜ Świętokrzyska.

Kultur- und Wissenschaftspalast (Pałac Kultury i Nauki)

Für die von 1952 bis 1956 dauernden Bauarbeiten wurden eigens 3500 russische Arbeiter abgestellt, die zusammen mit ihren polnischen Kollegen den 231 m hohen Turm des Kulturpalastes in Rekordzeit vollendeten. Obwohl der russische Architekt Lew Rudniew durch ganz Polen reiste, um traditionelle Bauwerke zu studieren und deren Stile in den Palast einfließen zu lassen, gefiel der Wolkenkratzer den Warschauern kein bisschen. Die Spitznamen wie Bejing (Anlehnung an die Abkürzung PKiN), Pajac (polnisch: Clown, Verballhornung von Pałac/Palast), „Stalinstachel" oder, etwas milder, „russische Hochzeitstorte" hängen sicher damit zusammen, dass die überwiegende Mehrheit der Polen sowohl den Diktator als auch den Sozialismus entschieden ablehnte. So waren auch die 2007 aufkommenden Proteste gegen die Aufnahme des Gebäudes in das Denkmalschutzregister großteils politisch motiviert.

Die Fassade des Kulturpalastes schmücken mächtige Säulen und Skulpturen. Polenkennern wird auffallen, dass die Attiken den Renaissance-Tuchhallen in Krakau nachempfunden sind. Beherrschend sind die sozialistischen Allegorien der Figuren, die Wissenschaft, Arbeit und Kunst darstellen. Die Phase der Entstalinisierung nach dem Tod des Diktators ist an einem Detail zu erkennen: Bei der Skulptur mit dem Buch in der Hand wurde der ursprünglich unter Marx, Engels und Lenin eingravierte Name Stalins entfernt.

Einige der Innenräume mit „sozialistischen“ Kronleuchtern, Marmorfluren und weiteren, in der Regel faszinierenden, aber überdimensionierten Details sind öffentlich zugänglich, unter anderen die Museen und Theater. Man sollte es sich nicht nehmen lassen, auch den Clubs auf der Westseite, dem Café Kulturalna im Teatr Dramatyczny und der Kinoteka einen Besuch abzustatten.

Über die Ostseite gelangt man zum Aufzug, der zum „Gotischen Saal“ im 30. Stock auf 114 m Höhe fährt. Publikumsmagnet dort ist natürlich die Aussichtsterrasse mit Rundblick über die Stadt. Angeblich soll der russische Kosmonaut Jurij Gagarin an dieser Stelle Höhenangst bekommen haben, obwohl er der erste Mensch im Weltall war. Das Sicherheitsgitter ließ man übrigens erst einbauen, als sich schon acht Lebensmüde von der Brüstung in den Tod gestürzt hatten.

Aussichtsterrasse tägl. 9–18 Uhr, Juni bis Aug. bis 23 Uhr, Sept. bis 20 Uhr. Eintritt 5 €, erm. 4 €, abends 5 €, Gruppe 3 €. ✆ 22-6567600, www.pkin.pl. Plac Defilad 1. Tram 4, 7, 8, 9, 18, 22, 24, 25, 35, 36. Bus 100, 105, 107, 118, 131, 151, 175. Haltestelle Centrum. Ⓜ Centrum.

Technikmuseum (Muzeum Techniki)

Das zweite Museum im Kulturpalast wartet in Teilen ebenfalls noch auf die Wende, 50-jährige Warschauer behaupten gar, hier habe sich seit ihrer Kindergartenzeit nichts geändert. Insofern zeigt das Haus eher die Geschichte der Technik, allerdings mit sehenswerten Exponaten wie historischen Haushalts- und Telekommunikationsgeräten. Die Kosmonautenprogramme und Ausstellungen zum Hüttenwesen hingegen lassen den Geist des jungen Sozialismus der 50er-Jahre spüren. Die beiden interessantesten Ausstellungen sind leider nur mit polnischsprachiger Führung zu besichtigen und kosten zusätzlichen Eintritt: Das sog. *Glasmädchen* zeigt die Anatomie des menschlichen Körpers, das *Planetarium* erwartungsgemäß die Himmelskörper unseres Universums.

April bis Sept. Di–Fr 9–17 Uhr, Sa/So 10–17 Uhr. Okt. bis März Di–Fr 8.30–16.30 Uhr, Sa/So 10–17 Uhr. Mo immer geschlossen.

Centrum Karte S. 158/159

Kulturpalast und Skyline aus ungewöhnlicher Perspektive

Eintritt 3 €, erm. 1 €. Planetarium 1 €. Glasmädchen 1 €. ✆ 22-6566747, www.muzeum-techniki.waw.pl. Plac Defilad 1.
Tram 4, 7, 8, 9, 18, 22, 24, 25, 35, 36. Bus 100, 105, 107, 118, 131, 151, 175. Haltestelle Centrum. Ⓜ Centrum.

Kongresssaal (Sala Kongresowa)

Das Sahnestück des Kulturpalastes bietet beinahe 3000 Menschen Platz. Hier fanden früher die Kongresse der Kommunistischen Partei statt, hier spielten aber auch schon Größen wie die Stones, Miles Davis, Marlene Dietrich oder Louis Armstrong. Der halbrunde Konzertsaal ist eigentlich nur bei Aufführungen, Messen und Tagungen zu besichtigen, mit etwas Glück fällt Ihr Warschaubesuch aber auf die lange Nacht der Museen oder den Tag des offenen Denkmals, vielleicht gibt auch einer Ihrer Lieblingsmusiker gerade ein Konzert. Noch mehr Glück oder viel Charme braucht man, um zu den Kassenöffnungszeiten einen Blick in das rot-weiß-goldene Innere werfen zu dürfen.

Kasse: Mo–Fr 10–18 Uhr, Sa 11–15 Uhr und vor Veranstaltungen. Karten 18–110 €. ✆ 22-6567299, www.kongresowa.pl. Plac Defilad 1. Tram 7, 8, 9, 10, 16, 17, 22, 24, 25, 33. Bus 100, 105, 118, 119, 130, 131, 160, 175. Haltestelle Dworzec Centralny. Ⓜ Centrum.

Einkaufszentrum Goldene Terrassen (Złote Tarasy)

An dem extravaganten Gebäude scheiden sich die Geschmäcker. Für die einen ist der Konsumtempel geschmackloser Kitsch, für andere ein Gewinn für die Stadt. Fakt ist, dass er schon kurz nach Fertigstellung 2007 zu einem neuen Wahrzeichen Warschaus und das Team um den US-amerikanischen Architekten Jon Jerde mit Preisen überhäuft wurde. Interessant ist vor allem das gewellte Glasdach, das aus acht ineinander fließenden Kuppeln besteht. Der Name bezieht sich übrigens weder auf die Lage noch auf den Umsatz der auf 225.000 m² verteilten Geschäfte, Boutiquen, Restaurants, Kinos und Büros, sondern auf die Straße, an der die Shopping Mall liegt.

Mo–Sa 10–22 Uhr, So 10–20 Uhr. ✆ 22-2222200, www.zlotetarasy.pl. Ul. Złota 59. Tram 7, 8, 9, 10, 16, 17, 22, 24, 25, 33, Bus 100, 105, 118, 119, 130, 131, 160, 175, Haltestelle Dworzec Centralny. Ⓜ Centrum.

Złota-44-Wolkenkratzer (Złota 44 Tower)

Bei diesem Projekt geht es nach Aussagen der Verantwortlichen um nicht weniger, als Warschau auf die Weltkarte der Architektur und ins öffentliche Interesse Europas zurückzubringen. Mit Daniel Libeskind hat man in mehrfacher Hinsicht den Richtigen für die Aufgabe gewählt. Der in Warschau geborene Stararchitekt kennt den Ort seit seiner Kindheit, hat die Weichselmetropole oft als architektonisch interessanteste Stadt Europas bezeichnet und wurde nicht zuletzt wegen seiner vielgelobten Entwürfe beauftragt. Der zurzeit in Bau befindliche Wolkenkratzer wird, harmonisch von einer segelförmigen Hülle verschlungen, 192 Meter in den Himmel ragen und dabei modernste ökologische Standards erfüllen. Die Finanzkrise führte im Sommer 2009 zum Baustopp, im Frühjahr 2010 sollen die Arbeiten wieder aufgenommen werden – die für 2010 geplante Fertigstellung wird sich damit um bis zu zwei Jahre verzögern.

www.zlota44tower.com. Ul. Złota 44. Tram 7, 8, 9, 10, 16, 17, 22, 24, 25, 33, Bus 100, 105, 118, 119, 130, 131, 160, 175, Haltestelle Dworzec Centralny. Ⓜ Centrum.

Intercontinental-Wolkenkratzer (InterContinental)

Die seltsame Form des 164 m hohen Turms erklärt sich durch Bauauflagen (→ Kastentext oben). Seit seiner Fertigstellung 2003 ist der Wolkenkratzer eines der höchsten Hotels der Welt. Wer über das nötige Kleingeld für die

Rondo-ONZ 1-Wolkenkratzer und moderne Architektur

Centrum
Karte S. 158/159

Mitgliedskarte oder eine Übernachtung verfügt, sollte sich einen Wellness-Tag im 43. und 44. Stock des Hotels leisten – es gibt kaum einen Ort in Warschau mit besserer Sicht.

RiverView Wellness Centre: Mo–Fr 6–23 Uhr, Sa/So 7–21 Uhr. ✆ 22-3288640, www.warszawa.intercontinental.com, www.riverview.com.pl. Ul. Emilii Plater 49.
Tram 7, 8, 9, 10, 16, 17, 22, 24, 25, 33, Haltestelle Dworzec Centralny. Bus 100, 102, 160, Haltestelle Emilii Plater. Ⓜ Świętokrzyska.

Warschauer Finanzzentrum (Warszawskie Centrum Finansowe)

Nach zweijähriger Bauzeit wurde der mit 165 m noch in den Topten der höchsten Gebäude Warschaus befindliche Wolkenkratzer 1998 für die Finanzwelt geöffnet. Leider sind die ebenfalls sehenswerten Innenräume nicht zu besichtigen, so bleibt der Blick auf die Fassade des von einem polnisch-amerikanischen Architektenteam entworfenen Turms.

www.wfc.pl. Ul. Emilii Plater 53. Tram 7, 8, 9, 10, 16, 17, 22, 24, 25, 33, Haltestelle Dworzec Centralny. Bus 100, 102, 160, Haltestelle Emilii Plater. Ⓜ Świętokrzyska.

Rondo-ONZ 1-Wolkenkratzer (Rondo ONZ 1)

Mit 194 m ist der Wolkenkratzer des Architekturkonzerns Skidmore, Owings and Merrill noch das dritthöchste Gebäude Warschaus. Nachdem 2006 die Arbeiten nach dreijähriger Bauzeit beendet waren, freuten sich die Warschauer über einen gelungenen Turm. Die Investoren mussten ihn jedoch wegen der auf 200 Millionen Euro gestiegenen Baukosten verkaufen und erzielten sogleich nach Fertigstellung 260 Millionen Euro. Besonders interessant sind die Aufzüge, die auch vom Erdgeschoss aus zu beobachten sind.

www.rondo1.pl. Tram 10, 16, 17, 33. Bus 105, 125, 150, 155, 160, 174, 178. Haltestelle Rondo ONZ. Ⓜ Świętokrzyska.

Ilmet-Hochhaus (Ilmet)

Von weither durch den Mercedes-Stern auf dem Dach zu erkennen ist der 1997 gebaute Turm einer Immobilienfirma, in dem Daimler-Benz, die Volkswagen-Bank, AirSwiss und andere ihren Sitz haben. Mit seinen rötlich-lachsfarbenen

Querverstrebungen, den dunklen Fenstern und seiner harmonischen Form zählt er sicher zu den schöneren Hochhäusern der Stadt.
www.ilmet.com.pl. Al. Jana Pawła II 15. Tram 10, 16, 17, 33, Bus 105, 125, 150, 155, 160, 174, 178, Haltestelle Rondo ONZ. Ⓜ Centrum.

Reste der Ghettomauer (Fragmenty murów getta)

Von der 1940 gebauten Ghettomauer sind nur vereinzelte Teile stehen geblieben. So im Hinterhof dieses Mietshauses, was zudem zeigt, wie weit sich das Ghetto nach Süden ausgedehnt hat.
Ul. Sienna 55, Zugang über ulica Złota 62. Tram 10, 16, 17, 33, Bus 105, 125, 150, 155, 160, 174, 178, Haltestelle Rondo ONZ. Ⓜ Centrum.

Warta-Hochhaus (Warta-Tower)

Selten treten in Warschau die Kontraste so klar hervor wie bei diesem gläsernen Hochhaus einer Versicherungsgesellschaft mit großzügiger Raumaufteilung in den ersten Stockwerken. Die unmittelbare Umgebung ist nämlich noch von Holzhütten, alten Garagen und eher ärmlichen Wohnblocks geprägt.
Als einer der wenigen modernen Bürotürme ist das Warta-Hochhaus auch innen zu besichtigen – wegen des mit Bambus und modernen Skulpturen gestalteten Patios durchaus lohnenswert.
Ul. Chmielna 85. Tram 7, 8, 9, 22, 24, 25, Bus 127, 130, 157, 158, 175, Haltestelle plac Starynkiewicza.

Praktische Infos

(→ Karte S. 158/159)

Restaurants

Porta 13 (11), Polens erstes vollkommen auf Biogerichte ausgerichtetes Restaurant eröffnete 2008 und eroberte Warschau im Sturm. Minimalistisch, edel und trotzdem sehr gemütlich ist die Einrichtung – und die Crème Brulée mit Pflaumen war das beste Dessert, was wir je gegessen haben! Auch die Hauptgerichte überzeugen, z. B. das polnische Berglamm mit frischem Gemüse (12 €). Spezielle Frühstücks- und Lunch-Angebote. Tägl. 6.30–23 Uhr. Ul. Chmielna 13a, ✆ 22-5059199, www.restauracja.porta13.com.

Gar (2), wie die anderen Kreationen von Magda Gessler verzaubert auch dieses Restaurant mit kreativen Einfällen. Ein Holzhirsch sitzt im Kamin, barocke Lampen spenden dem von Cremefarben und hellem Holz bestimmten Interieur wärmendes Licht. Viele Eintöpfe wie Cassoulet mit Gans und Lamm, weißen Bohnen, Thymian, Rosmarin für 15 €, aber auch „fast ein Meter Hering, fast ohne Salz, fast gratis" für 8 €. Tägl. 12–23 Uhr. Ul. Jasna 10, ✆ 22-8282605, www.gar.com.pl.

Centorrino (15), die Spezialitäten von Küchenchef Antonio Centorino ließen sich schon Sophia Loren und Dariusz Michalszewski schmecken. Bei gutem Wetter Tische im sehr gemütlichen Innenhof. Hauptgericht 10–14 €. Mo–Sa 11–23 Uhr, So 12–22 Uhr. Ul. Chmielna 28 a, ✆ 22-8266930, www.centorrino.pl.

Willa na Pańskiej (27), süß eingerichtetes Restaurant mit Buntglasfenstern; liebevoller Service. Polnische Hauptgerichte 7–12 €. Tägl. 10–22 Uhr. Ul. Pańska 85, ✆ 22-6528102, www.restauracjapanska.pl.

Borpince (12), ungarisches Keller-Restaurant mit langer Weinkarte und vielen vegetarischen Gerichten. Spezialitätenplatte für 2 Pers. 17 €. Tägl. 12–23 Uhr. Ul. Zgoda 1, ✆ 22-8282244, www.borpince.pl.

Jajo Spaghetteria (12), Nudeln in unzähligen Variationen, z. B. mit scharfen Chilis, Knobi und Olivenöl. Spaghetti 5–6 €. Tägl. 12–23 Uhr. Ul. Zgoda 3, ✆ 22-8264493.

Krokiecik (12), beliebte Selbstbedienungs-Lunchbar. Bohnensuppe 2 €, Hg. 2–4 €. Tägl. 8–20 Uhr. Ul. Zgoda 1, ✆ 22-8273037, www.krokiecik.com.

Greenway (6), Warschaus älteste Vegetarier-Bar bringt frische Salate und aufgewärmte Hauptgerichte zu fairen Preisen auf den Tisch. Mo–Sa 10–21 Uhr. Ul. Szpitalna 6, ✆ 22-6250055, www.greenway.pl.

Cafés & Pubs

między nami (16), „unter uns", lautet der Name. Das deutsche Magazin PolenPlus entdeckte das „Lebensgefühl des stilvollen Warschaus", die italienische Glamour fand hier den „Rhythmus einer Hauptstadt". Polenweit gilt das Café inzwischen als Marke, und auch in Berlin ist man auf den polnischen Geschmack gekommen, dort wurde eine Filiale eröffnet. Mo–Do 10–23 Uhr, Fr/Sa 10–24 Uhr, So 16–23 Uhr. Ul. Bracka 20, ✆ 22-8285417, www.miedzynamicafe.com.

Wedel (4), eine polnische Institution, die den Geist des 19. Jh. atmet. Seit mehr als 150 Jahren wird unter den Kronleuchtern von Kellnerinnen in Uniform eine heiße Schokolade serviert, die nicht von dieser Welt zu sein scheint. Frühstück für 6 € von 8–12 Uhr. Mo–Sa 8–22 Uhr, So 11–20 Uhr. Ul. Szpitalna 8, ✆ 22-8272916, www.wedelpijalnie.pl.

Kawiarnia Zakątek (9), schönes Kellercafé, versteckt in einem Hinterhof. Tägl. 12–24 Uhr. Ul. Chmielna 5, ✆ 22-5059199, www.zakatek.ovp.pl.

Studio 18 (16), ein Fotostudio und Café, an den Wänden hängen bolivianische und tibetische Kinderfotos. Die Kaffeepreise sind okay, WiFi ist verfügbar, Frühstück gibt es bis 11.30 Uhr. Mo–Fr 7.30–22 Uhr, Sa 8–22 Uhr, So 11.30–22 Uhr. Ul. Bracka 18, ✆ 22-8284002, www.studio18.com.pl.

Grycan (19), serviert angeblich das beste Eis der Stadt, v. a. die Sorbets sollte man probiert haben. Tägl. 10–21 Uhr. Ul. Chmielna 21, www.grycan.pl.

Między Słowami (15), eine Oase der Ruhe im lärmenden Stadtzentrum zu sein, ist hier mehr als nur ein Versprechen: sympathisches Café mit Tischen im Innenhof und vielen Brettspielen. Mo–Fr 7.30–23 Uhr, Sa/So 8.30–23 Uhr. Ul. Chmielna 30, ✆ 22-8267468, www.miedzyslowami.com.

Nachtleben

Lemon Club & Café (1), das Café öffnet um 7.30 Uhr, wenn der Club schließt, ist aber weiter offen, wenn der Club um 20.30 Uhr öffnet. Selbst mitten in der Nacht ist es brechend voll, was auch an den guten DJs liegen dürfte. Mo Ruhetag. Ul. Sienkiewicza 6, ✆ 22-8295544, www.lemonclub.pl.

Café Kulturalna (23), ein Künstlercafé der Warschauer Intelligenz im Teatr Dramatyczny, dramatisch geht es mitunter auch bei den Freejazz- und Rockkonzerten oder bei DJ-Sets zu. Die Inneneinrichtung im Stil der 50er hat man gelassen. So–Do 14–1 Uhr, Fr/Sa 14–3 Uhr. Im Kulturpalast, plac Defilad 1, ✆ 22-6566281, www.kulturalna.pl.

Club Mirage (25), Technoclub mit einer einer Tanzfläche, die wie in einem entfesselten LSD-Trip farbig blinkt. Ansonsten gibt es einen Brunnen und viele sozialistische Kronleuchter. Manchmal werden auch Hits aufgelegt. Di–Sa ab 21 Uhr. Eintritt ab 3 €. Im Kulturpalast, plac Defilad 1, ✆ 22-6201454, www.clubmirage.pl.

Klub 55 (18), einer der beliebtesten Dancefloors Warschaus, auf dem Minimal, House und Drum'n'Bass die Massen bewegen. Mi–Sa 21–6 Uhr. Im Kulturpalast, plac Defilad 1, www.klub55.pl.

Akwarium Jazzarium (31), der hässlichste Jazzclub der Welt mit einer abscheulich schrecklichen Deko. Man sollte sich von der Inneinrichtung aber nicht täuschen lassen, sie ist das krasse Gegenteil dessen, was internationale und polnische Jazzstars auf der Bühne darbieten. Tägl. 11–2 Uhr. Złote Tarasy, Ul. Złota 59, ✆ 22-4282027, www.adamiakjazz.pl.

Hard Rock Cafe Warsaw (29), wem die überall gleiche Mischung aus überteuerten Burgern und Rockmusik gefällt, wird auch die Warschauer Filiale mögen. Aber oft gute Live-Acts! So–Mi 12–24 Uhr, Do–Sa 12–2 Uhr. Złote Tarasy, Ul. Złota 59, ✆ 22-2220700, www.hardrockcafe.pl.

Klub Rio (28), einer der größten Clubs in Polen. Es gibt Bollywood- und Ibiza-Partys, Latino-Dance und statt eines roten Teppichs eine grün angestrahlte Treppe. Tägl. ab 21 Uhr. Ul. Pańska 97, www.klubrio.pl.

Icebar (21), der Clubber, der in die Kälte kam: Minus acht Grad herrschen im Clubraum. Mit ausleihbaren Jacken versehen, ist man dann zum Tanzen zwischen den Eisskulpturen gezwungen, die alle vier Monate neu gestaltet werden. Zum Aufwärmen gibt es Wodka und einen Nebenraum mit Zimmertemperaturen. Tägl. 15–1 Uhr. Ul. Pańska 61, ✆ 22-6545634, www.iceclub.com.pl.

Einkaufen

Smyk (24), macht seit mehr als 50 Jahren Kinder froh. Das erste Kaufhaus der Kette ist ein mehrstöckiges Paradies für die Kleinen, die hier Spielzeug, Plüschtiere, Bekleidung und Spiele finden. Mo–Fr 9.30–20.30 Uhr, Sa 9–20 Uhr, So 10–16 Uhr. Ul. Krucza 50, www.smyk.com.

Traffic Club (17), riesige Buchhandlung in einem sehr schönen, modernistischen Gebäude mit Jugendstil-Buntglasfenstern. Fotografieren ist offiziell verboten, knipsen Sie also nicht zu auffällig. Ansonsten kostenloses WiFi an Plätzen mit Steckdosen für den

Laptop. Mo–Sa 10–22 Uhr, So 10–19 Uhr. Ul. Bracka 25, www.traffic-club.pl.

Forgetmenot (11), edle Abendmode, ungewöhnliche Taschen und Schmuck, v. a. von polnischen, spanischen und französischen Designern. Mo–Fr 11–19 Uhr. Ul. Chmielna 15, www.forgetmenot.pl.

Kaffeehaus Wedel

Misiolandia (11), wunderschöne Teddybären der in Schweden lebenden polnischen Designerin Barbara Bukowski. Ein Paradies für Kinder und Träumer. Auch schöne Souvenirs. Mo–Fr 11–19 Uhr. Ul. Chmielna 15, www.forgetmenot.pl, www.bukowski.se.

side one (19), Plattenladen mit interessanten Vinyls für DJs und Sammler. Mo–Fr 13–19 Uhr, Sa 12–16 Uhr. Ul. Chmielna 21, www.sideone.pl.

Cepelia (5), polnisches Kunsthandwerk, schöne Mitbringsel. Mo–Fr 10–18 Uhr, Sa 10–14 Uhr. Ul. Chmielna 8, www.cepelia.pl.

Tiszert (19), die kreativen T-Shirts sind in ganz Polen der Renner, man findet Aufdrucke der Warschauer Palme, ostalgische Motive und Statements zu unbeliebten polnischen Politikern. Mo–Fr 11–19 Uhr, Sa 11–16 Uhr. Ul. Chmielna 21 (im Innenhof), www.tiszert.com.

Galeria Centrum (8), Kaufhaus mit Mode, Schmuck und Kosmetik. In den benachbarten Läden Boutiquen und die große Buchhandlung Empik. Galeria: Mo–Sa 9.30–21 Uhr, So 11–20 Uhr. Empik: Mo–Sa 9–22 Uhr, So 11–20 Uhr. Ul. Marszałkowska 104/122, www.galeriacentrum.pl, www.empik.com.

Złote Tarasy (30), im Konsumtempel mit seinen mehr als 200 Geschäften, Kinos, Fast-Food-Restaurants und Cafés verbringen manche Touristen einen ganzen Tag. Mo–Sa 10–22 Uhr, So 10–20 Uhr. Ul. Złota 59, ✆ 22-2222200, www.zlotetarasy.pl.

Artis Gallery (20), das Kunsthandwerk mit Puppen, Engelsfiguren und Schnitzereien ist vielleicht das Einzige, was man in den benachbarten Goldenen Terrassen nicht bekommt. Mo–Fr 11–19 Uhr, Sa 11–14 Uhr. Ul. Emilii Plater 47, www.artisgaleria.pl.

Galerien

Le Guern (22), aufregende Ausstellungen aus verschiedenen Bereichen zeitgenössischer Kunst, u. a. Fotografie, Malerei, Bildhauerei, Installationen, Filme, Videokunst oder Performances. Di–Sa 12–19 Uhr. Ul. Widok 8, ✆ 22-6906969, www.leguern.pl.

Galeria Jabłkowskich (19), interessante Fotoausstellungen, sehr oft im Innenhof des Gebäudes. Ul. Chmielna 21, www.braciajablkowscy.pl.

Galeria Teatr Studio (13), das nach Polens Vorzeige-Avantgardisten Witkacy benannte Kunstzentrum zeigt zeitgenössische polnische Werke, während im Theater nicht weniger Ambitioniertes aufgeführt wird. Di–So 12–18 Uhr, Juli/Aug. geschlossen. ✆ 22-6566980, www.teatrstudio.pl.

Kultur

Teatr Lalka (10), Puppentheater mit langer Tradition im Kulturpalast. Eintritt 5–6 €. Pałac Kultury i Nauki, plac Defilad 1, ✆ 22-6204950, www.teatrlalka.waw.pl.

Am Denkmal der Ghettohelden machte Willy Brandt seinen berühmten Kniefall

Śródmieście Północne
(Nördliche Innenstadt)

Von der tragischen Geschichte des Viertels in der nördlichen Innenstadt ist kaum noch etwas zu erahnen. Auf der Fläche des einstigen jüdischen Ghettos erinnern nur mehr vereinzelte Mauerreste, Mahnmäler und Museen an die Verbrechen der Nazis. Ansonsten präsentiert sich das Quartier in einem weitgehend chaotischen Stilmix: Wohnblocks des „Sozialistischen Realismus", Plattenbauten und zeitgenössische Architektur wechseln sich ab.

Wie sehr die Schrecken der Geschichte im Bewusstsein der Warschauer dennoch verwurzelt sind, zeigt die Tatsache, dass die Grenzen des früheren Ghettos nicht nur auf Touristenkarten, sondern in fast jedem Stadtplan verzeichnet sind. Mahnmäler und Museen, die an den Zweiten Weltkrieg erinnern, sind über ein Gebiet verstreut, das die damalige Größe des Ghettos verdeutlicht.

Das *Museum des Warschauer Aufstands* zählt zu den ambitioniertesten historischen Projekten, die in den letzten Jahren in Europa verwirklicht wurden. Und das im Bau befindliche *Historische Museum der polnischen Juden* wird sich nicht weniger eindrucksvoll präsentieren. Doch nicht nur mit dem Naziterror verbundene Stätten findet man in der nördlichen Innenstadt. Rund um den plac Grzybowski sind einige jüdische Institutionen präsent, die wegen der Rückkehr vieler Juden aus Israel oder den USA derzeit erweitert werden.

In den *Mirów-Markthallen* werden wie seit Jahrhunderten die täglichen Einkäufe erledigt, im neuen *Warsaw Trade Tower* wird gearbeitet. Als Père Lachaise Warschaus gilt der sich über eine enorme Fläche im Nordwesten ausbreitende *Powązki-Friedhof*. Die Gräber reicher und berühmter Polen mit kunstvoll gestalteten Grabsteinen sind hier ebenso zu bestaunen wie die Parkanlage, an die sich der ebenfalls sehenswerte *Jüdische Friedhof* anschließt.

Sendlers Liste

Polen war das einzige der von den Nazis besetzten Länder, in dem eine staatliche Organisation zur Rettung der Juden existierte. Die im Untergrund agierende polnische Exilregierung gründete als eines ihrer Organe den „Rat für die Unterstützung der Juden", besser bekannt unter dem Codenamen *Żegota*. Ins Leben gerufen wurde er von der Sozialistin Wanda Krahelska-Filipowicz und der Schriftstellerin Zofia Kossak-Szczucka. Wie letztere betonte, beruhte die Hilfe für jüdische Polen auf der tiefen Überzeugung, Protest und Widerstand seien die Pflicht eines jeden Menschen und Katholiken. Władysław Bartoszewski, derzeit außenpolitischer Berater des polnischen Ministerpräsidenten Donald Tusk, machte sich u. a. durch sein organisatorisches Geschick verdient und kämpfte gegen die Szmalcowniki genannten polnischen Nazi-Kollaborateure.

Unter den vielen bekannten und vergessenen Widerständlern ging besonders die Krankenschwester *Irena Sendler* in die Geschichte ein. Rund 2500 jüdische Kinder schmuggelte sie aus dem Warschauer Ghetto und versteckte sie unter neuen Namen in Klöstern, bei polnischen Familien, in Waisenhäusern. Obwohl sie von der Gestapo aufgespürt und in der Haft gefoltert wurde, verriet sie die neuen Namen der Kinder nicht; zwecks späterer Familienzusammenführung hatte sie die Namenslisten in Einmachgläsern unter einem Apfelbaum versteckt. Auf dem Weg zu ihrer Hinrichtung schlug ein bestochener SS-Mann sie nieder und ließ sie in einem Straßengraben liegen, worauf sie von der Żegota gerettet werden konnte – ihr Name tauchte später auf den Listen der hingerichteten Polen auf.

Denkmal der Ghettohelden

Irena Sendler blieb bis zu ihrem Tod 2008 bescheiden: „Jedes mit meiner Hilfe gerettete Kind ist die Berechtigung meiner Existenz auf dieser Erde, nicht jedoch ein Anrecht auf Ruhm", sagte Irena Sendler über ihr selbstloses Tun. Dank gefälschter Dokumente, ausgeklügelter Fluchtwege und Verstecke konnten im ganzen Land allein von der Żegota etwa 75.000 Juden gerettet werden. Hinzu kommen weitere Organisationen und zahllose Privatleute, die für ihre jüdischen Mitmenschen das Leben riskierten: Polen war im Zweiten Weltkrieg das einzige Land, in dem auf die Juden gewährte Hilfe ausdrücklich die Todesstrafe stand. Und trotzdem: Die meisten der „Gerechten unter den Völkern" in der israelischen Gedenkstätte Yad Vashem stammen aus Polen.

Tour 7: Auf den Spuren des Ghettos

Ausgangspunkt ist das Hochhaus der Polnischen Telefon-Aktiengesellschaft (PAST-a) in der ul. Zielna 39 (Zentrumsnähe). Anfahrt mit Bus 100, 102, 125, 127, 150, 151, 155, 171, 174, Haltestelle Metro Świętokrzyska. Ⓜ Świętokrzyska.

Ende: Jüdischer Friedhof (Cmentarz Żydowski), ul. Okopowa 49. Rückfahrt mit Tram 1, 22, 27. Bus 180. Haltestelle Cm. Żydowski, Fahrzeit ins Zentrum mit Tram 13 Min., mit Bus 20 Min.

Dauer: Reine Gehzeit der Tour 4½ bis 6 Std. Eine Zweiteilung der Tour kann sinnvoll sein.

Diese Tour ist die längste in diesem Reisebuch; nehmen Sie sich also genug Zeit und benutzen Sie zwischen den einzelnen Stationen eventuell öffentliche Verkehrsmittel – oder teilen Sie den Rundgang auf.

Die beim Startpunkt, dem Hochhaus der → **Polnischen Telefongesellschaft** (PAST-a) abzweigende → **Próżna-Straße** (ulica Próżna) wurde nach dem 2. Weltkrieg vernachlässigt, in ihrem halb verfallenen Zustand hat sie die tragische Ausstrahlung einer Kriegsruine. In den 1920er und 30er Jahren eines der Zentren des jüdischen Warschaus, soll sie in den kommenden Jahren aufwendig restauriert werden. Die Próżna-Straße führt direkt auf den → **Grzybowski-Platz** (plac Grzybowski) zu, an dem zur Linken die → **Allerheiligenkirche** (Kościół Wszystkich Świętych) und geradeaus in westlicher Richtung das → **Jüdische Theater** (Teatr Żydowski) steht. Ein weiteres Relikt der goldenen Zeit des Warschauer Judentums ist die → **Nożyk-Synagoge** (Synagoga Nożyków) nur einige Schritte hinter dem Theater. Auf der ulica Twarda geht es weiter zum → **TP S. A.-Tower** der Polnischen Telekom und anschließend nach rechts in die aleja Jana Pawła II. An der nächsten Kreuzung ist auf der rechten Seite der → **PZU-Tower** zu sehen, auf der linken ragt der → **Westin-Tower** in den Himmel.

Der folgende Teil der Tour ist lang; wer sie nicht vollständig gehen mag, geht nach Süden zur Bushaltestelle beim Rondo ONZ, steigt für drei Haltestellen in die Linie 155 in Fahrtrichtung Karolin ein und bei der Haltestelle Muzeum Powstania Warszawskiego wieder aus. Wer die 1,2 km lange Fußstrecke vorzieht, geht auf der ulica Grzybowska geradeaus weiter, überquert nach einigen Minuten die breite ulica Towarowa, geht ein paar Schritte weiter geradeaus, die erste Möglichkeit nach links und gelangt so zum → **Museum des Warschauer Aufstands** (Muzeum Powstania Warszawskiego), eines der modernsten Museen in Europa. Weniger markant präsentiert sich das → **Waisenhaus** (Dom Sierot), in dem der berühmte Pädagoge Janusz Korczak tätig war. Bekannt wurde Korczak nicht nur für seine bahnbrechenden Ideen in der Kindererziehung, sondern auch als tragischer Märtyrer, der für die von ihm betreuten Waisenkinder in den Tod ging. Man erreicht das Waisenhaus über die ulica Towarowa, die man 200 m nach Norden läuft, und dann links in die ulica Jaktorowska einbiegt, bis zur Haus-Nr. 6.

Nach dem Besuch des Waisenhauses überqueren wir erneut die ulica Towarowa und stehen vor dem vielleicht eindrucksvollsten der neuen Hochhaustürme, dem → **Warsaw Trade Tower**. Wer nun rechts auf der ulica Chłodna an Autowerkstätten und Baugrundstücken vorbeigeht, entdeckt nach Überquerung der ulica Żelazna an der nördlichen Straßenseite ein Schild, das an den nicht mehr erhaltenen → **Übergang über das**

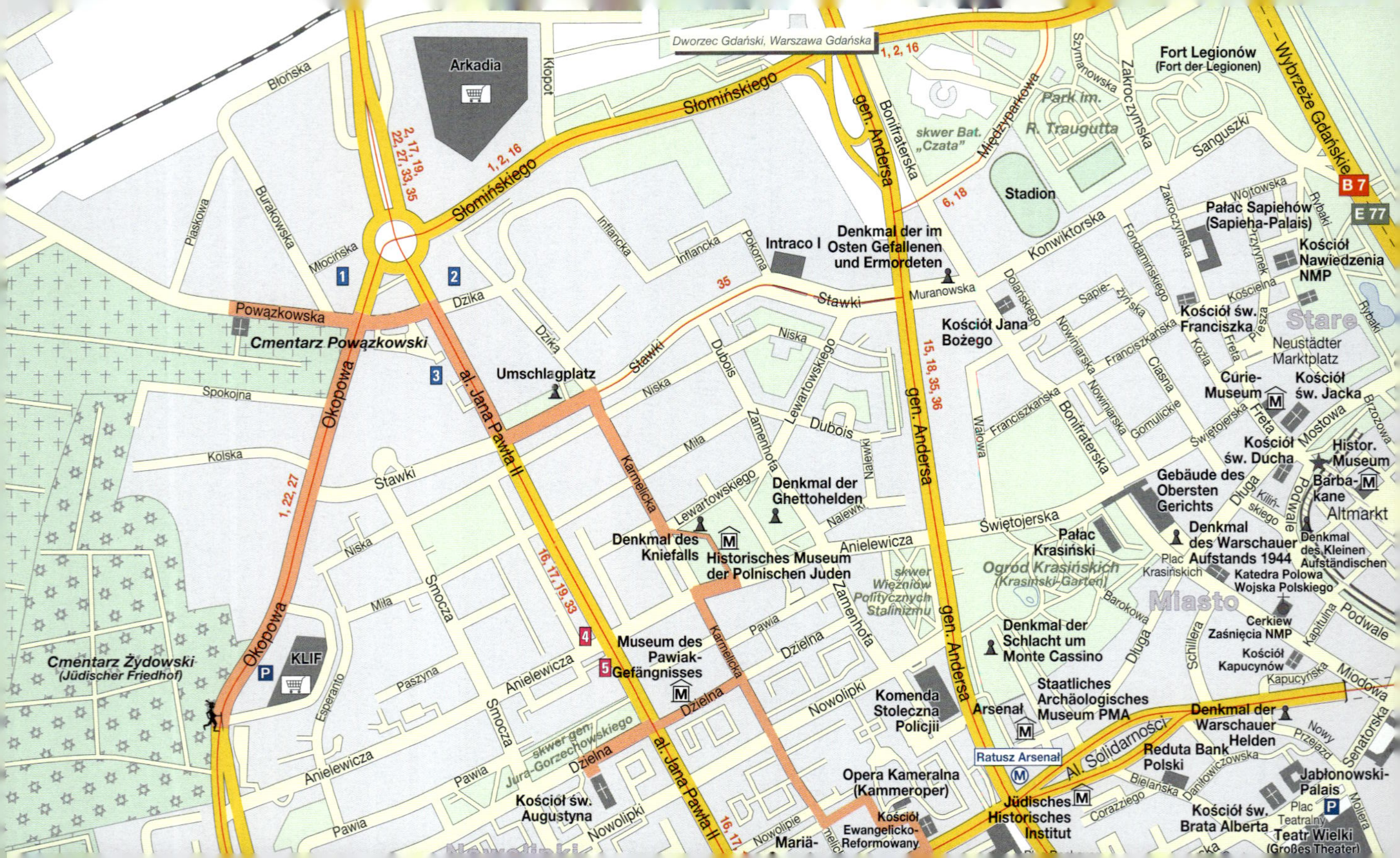
Dworzec Gdański, Warszawa Gdańska
Arkadia
Fort Legionów
(Fort der Legionen)
Wybrzeże Gdańskie
B 7
E 77
Park im. R. Traugutta
skwer Bat. „Czata"
Stadion
Pałac Sapiehów
(Sapieha-Palais)
Kościół Nawiedzenia NMP
Intraco I
Denkmal der im Osten Gefallenen und Ermordeten
Kościół Jana Bożego
Kościół św. Franciszka
Stare
Neustädter Marktplatz
Curie-Museum
Kościół św. Jacka
Kościół św. Ducha
Histor. Museum
Barbakane
Altmarkt
Gebäude des Obersten Gerichts
Denkmal des Warschauer Aufstands 1944
Denkmal des Kleinen Aufständischen
Katedra Polowa Wojska Polskiego
Pałac Krasiński
Ogród Krasińskich
(Krasiński-Garten)
Miasto
Cerkiew Zaśnięcia NMP
Kościół Kapucynów
Denkmal der Schlacht um Monte Cassino
Staatliches Archäologisches Museum PMA
Arsenał
Komenda Stołeczna Policjii
Denkmal der Warschauer Helden
Reduta Bank Polski
Ratusz Arsenał
Jabłonowski-Palais
Plac Teatralny
Kościół św. Brata Alberta
Teatr Wielki
(Großes Theater)
Jüdisches Historisches Institut
Opera Kameralna
(Kammeroper)
Kościół Ewangelicko-Reformowany
Umschlagplatz
Denkmal der Ghettohelden
Denkmal des Kniefalls
Historisches Museum der Polnischen Juden
skwer Więźniów Politycznych Stalinizmu
Museum des Pawiak-Gefängnisses
Kościół św. Augustyna
skwer gen. Jura-Gorzechowskiego
Cmentarz Powązkowski
Cmentarz Żydowski
(Jüdischer Friedhof)
KLIF
Słomińskiego
gen. Andersa
al. Jana Pawła II
Okopowa
Powązkowska
Stawki
Dzika
Inflancka
Pokorna
Muranowska
Konwiktorska
Bonifraterska
Międzyparkowa
Zakroczymska
Sanguszki
Szymanowska
Dolańskiego
Franciszkańska
Nowiniarska
Ciasna
Świętojerska
Freta
Mostowa
Długa
Podwale
Miodowa
Senatorska
Al. Solidarności
Bielańska
Danilowiczowska
Corazziego
Nowolipki
Nowolipie
Karmelicka
Dzielna
Pawia
Smocza
Anielewicza
Zamenhofa
Lewartowskiego
Dubois
Niska
Miła
Nalewki
Wałowa
Barokowa
Schillera
Kapitulna
Kapucyńska
Esperanto
Paszyna
Kolska
Spokojna
Burakowska
Błońska
Piaskowa
Młocińska
Kłopot
Wójtowska
Rybaki
Przyrynek
Kościelna
Kozla
Piesza
Gomulickiego
Plac Krasińskich
Brzozowa
Nowy Przejazd
Moliera
Wierzbowa
1, 2, 16
2, 17, 19, 22, 27, 33, 35
6, 18
35
15, 18, 35, 36
16, 17, 19, 33
1, 22, 27
16, 17

Tour 7: Śródmieście Północne
Übernachten
1 Czarny Kot
2 Babka Tower
3 Maria
12 Ibis Warszawa Centrum
17 Radisson SAS Centrum
20 Westin
21 Mercure F. Chopin
27 Hilton Warsaw Hotel & Convention Centre
Einkaufen
6 Vintage
8 Galeria XX1
9 Kultowe Dobranocki
16 Galeria Velt
23 Galeria Napiórkowska
24 Swiat Monet
Essen & Trinken
4 Akashia
5 Jas i Malgosia
7 Vega
11 Florian
13 Pod Czerwonym Wieprzem
15 Churrasco
17 Latino Brasserie
22 Folk gospoda
25 Ti Amo
26 Cwaniak Warszawski
Cafés
14 Chlodna 25
16 Cafe Prózna
18 Mamele
19 Babie lato
Nachtleben
10 GaleriaClub
26 Club 70
Museum der Johannes-Paul II.-Kollektion
Kościół św. Antoniego
Grabmal des Unbekannten Soldaten
Ogród Saski (Sächsischer Garten)
Nationale Kunstgalerie Zachęta
Kościół św. Trójcy
Ethnograph. Museum
Kościół Miłosierdzia Bożego
Hale Mirowskie (Mirów-Markthallen)
Übergang über das ehem. Ghetto
Kościół św. A. Apostoła
Kościol Chrześcijan Baptystów
Warsaw Trade Tower
PZU Tower
Teatr Żydowski
Synagoga Nożyków
PAST-a
Kościół Wszystkich Świętych
National-philharmonie
Westin-Tower
TP S.A. Tower
Warszawskie Centrum Finansowe
Rondo ONZ 1
Park Świętokrzyski
Evolutions-museum PAN
Teatr Lalka
Pałac Kultury i Nauki (Kultur- und Wissenschaftspalast)
Teatr Dramatyczny
InterContinental
Sala Kongresowa
Ilmet (Ilmet-Hochhaus)
Złote Tarasy
Technik-museum
Warszawa Centrum
Warszawa Śródmieście
Warszawa Śródmieście WKD
Warszawa Centralna
Dom Sierot (Waisenhaus)
Museum des Warschauer Aufstands
Mirów
Czyste
Al. Solidarności
Marszałkowska
Świętokrzyska
al. Jana Pawła II
Prosta
Towarowa
Grzybowska
Chłodna
Elektoralna
Leszno
Okopowa
Obozowa
gen. Andersa
Królewska
Żelazna
Twarda
Złota
Sienna
Śliska
Pańska
Chmielna
E. Plater
Rondo
ONZ
Daszyńskiego
Dmowskiego
70 m

punkt der Warschauer Juden. Gespielt werden seit der Gründung 1950 vor allem Dramen, gelegentlich auch Musicals. Eine Besonderheit des Theaters ist, dass hier als einziger Institution weltweit regelmäßig Stücke in jiddischer Sprache auf die Bühne kommen.

Kasse: Mo–Fr 11–14 und 15–18 Uhr, Sa 12.30–19 Uhr, So 14.30–18 Uhr. Karten 3–13 €. ✆ 22-6206281, www.teatr-zydowski.art.pl. Plac Grzybowski 12.

Bus 102, 125, 127, 150, 151, 155, 171, 174, Haltestelle Metro Świętokrzyska. Bus 100, 102, Haltestelle plac Grzybowski. Ⓜ Świętokrzyska.

Nożyk-Synagoge (Synagoga Nożyków)

Von den Hunderten von jüdischen Gebetshäusern in Warschau ist dies das einzige, das den Zweiten Weltkrieg überlebt hat. Heute ist es für die wachsende jüdische Bevölkerung Warschaus als Synagoge von Bedeutung. Mit Michael Schudrich steht der Gemeinde der Oberrabbiner von Polen vor. Den Auftrag zum Bau der orthodoxen Synagoge vergab im späten 19. Jh. der Kaufmann Zalman Nożyk an Leandro Marconi (1834–1919), den Sohn von Henryk Marconi. Von diesem stammt die 1902 fertiggestellte neoromanische Fassade mit byzantinischen Details. Das wertvollste Objekt im Innern ist eine Thora-Rolle, die aus der 1943 zerstörten Großen Synagoge am plac Bankowy (→ Tour 5) in die USA gerettet werden konnte.

In der Nożyk-Synagoge

Tägl. von Sonnenaufgang bis -untergang, Fr. Abend und Sa geschlossen. Käppi kann ausgeliehen werden. Eintritt 2 €. ✆/℻ 22-6522805, www.warszawa.jewish.org.pl. Ul. Twarda 6.

Tram 4, 18, 35, 36, Bus 102, 125, 127, 150, 151, 155, 171, 174, Haltestelle Metro Świętokrzyska. Bus 100, 102, Haltestelle plac Grzybowski. Ⓜ Świętokrzyska.

TP S. A.-Tower

Die interessante 128 m hohe Komposition aus steinernen Quadern und Zylindern wurde nach Finanzierungsproblemen 2003 fertiggestellt. Ein weiterer Grund für die Verzögerung war der Fund einer 580 kg schweren Fliegerbombe aus dem Zweiten Weltkrieg während der Bauarbeiten, die nach der sog. Top-Down-Methode (gleichzeitiges Bauen der ober- und unterirdischen Teile) realisiert wurden. Das Dach zieren weder Helm noch Antenne, es dient als Hubschrauberlandeplatz. Eine Besonderheit ist der von außen sichtbare, in einem Winkel von 14° gebaute Aufzugsschacht, in dem die Lifte mit 2,5 Metern pro Sekunde hoch- und hinunterschießen.

Ul. Twarda 14. Tram 10, 16, 17, 33. Bus 105, 125, 150, 155, 160, 174, 178, Haltestelle Rondo ONZ. Ⓜ Świętokrzyska.

PZU-Tower

Von 1997 bis ins Jahr 2000 zogen sich die Arbeiten an dem Büroturm eines Versicherungsunternehmens.

Besonders gelungen ist das Atrium, zu dem der Zutritt leider nicht gestattet ist. Bemerkenswert ist zum einen die an einer Seite auffallend gerundete Form des Gebäudes, zum anderen das ausgeklügelte Lüftungs- und Heizungssystem, das Sonneneinstrahlung und natürliche Luftströme intelligent nutzt und damit den Verbrauch fossiler Energien nahezu auf Null reduziert.

Al. Jana Pawła II 24. Tram 10, 16, 17, 33. Bus 105, 125, 150, 155, 160, 174, 178, Haltestelle Rondo ONZ. Bus 151, Haltestelle Aleja Jana Pawła II. Ⓜ Świętokrzyska.

Westin-Tower

Besonders hoch ist das Gebäude zwar nicht, architektonisch dafür umso gelungener. Unter anderem wurden beim Bau 2001–2003 auch Stilelemente der umliegenden Gebäude mit aufgenommen. Faszinierend ist der „Anbau" des Panorama-Aufzugsschachts, den die Lifte mit 3,5 m/s hochschießen. Eine Visite wert ist auch das Patio; im Zweifelsfall kann man sagen, dass man eventuell ein Zimmer sucht.

www.westin.pl. Al. Jana Pawła II 21. Tram 10, 16, 17, 33. Bus 105, 125, 150, 155, 160, 174, 178, Haltestelle Rondo ONZ. Bus 151, Haltestelle Aleja Jana Pawła II. Ⓜ Świętokrzyska.

Panorama-Aufzugschacht des Westin-Towers

Museum des Warschauer Aufstands (Muzeum Powstania Warszawskiego)

Der blutige Aufstand der Warschauer Bevölkerung gegen die deutschen Besatzer im Juli 1944 wurde in stalinistisch-sozialistischer Zeit totgeschwiegen – die für ein freies Polen Kämpfenden wurden lange Zeit als Verräter diskreditiert und teilweise in sowjetische Straflager verschleppt. Kein Wunder, dass nach der Wende die Forderung aufkam, endlich die eigene Geschichte schreiben zu können. Zum 60. Jahrestag des Aufstands war es dann soweit. Das Gebäude des ehemaligen Straßenbahnkraftwerks wurde pünktlich zum 31. Juli 2004 feierlich eingeweiht.

Unabhängig vom historischen Hintergrund ist das Haus aus einem weiteren Grund bemerkenswert. Die federführenden Museumsdesigner Jarosław Kłaput, Dariusz Kunowski und Mirosław Nizio haben hier Polens modernstes Museum geschaffen – und eines der ambitioniertesten weltweit. Alle zeitgemäßen museumsdidaktischen Konzepte wurden berücksichtigt, Interaktivität ist kein leeres Versprechen: Die Informationen muss man sich selbst suchen, man hört im Vorbeigehen etwas, steuert ein Video, kriecht durch Kanalrohre, schlüpft also in die Rolle der Aufständischen.

Auf dreieinhalb Etagen verteilen sich die Ausstellungen, für die man mindestens zwei, eher vier Stunden einplanen sollte. Zu den spektakulärsten Objekten zählen ein komplett erhaltenes Bombenflugzeug (eine Consolidated B-24), der von den Aufständischen eingesetzte Panzerwagen Kubuś und eine exakte Nachbildung des Palladium-Kinos, in dem wie einst Filme des Informationsbüros der Polnischen Armee laufen. Sehr spannend sind auch die zahllosen persönlichen Briefe und Tagebücher von Aufständischen.

Foto einer jungen Krankenschwester vor dem Museum des Warschauer Aufstands

Über den Aufzug erreicht man die Aussichtsterrasse mit guter Sicht auf die Umgebung.

Vor dem Gebäude erinnert eine 156 m lange Mauer, die Mur Pamięci, an die Aufständischen; die Namen von etwa 10.000 getöteten Kämpfern sind hier eingraviert.

Polenweit gab es eine lange und heftige Diskussion um die Frage, ob das Museum historisch korrekt oder vielleicht deutschfeindlich sei. Letzteres trifft nach unserer Meinung nicht zu, an den Tatsachen wurde nicht gerüttelt. Zu Wort kommt in einem Film beispielsweise auch ein Mitglied des Sturm-Pionier-Regiments Herzog, ein Pionier-Bataillon der Wehrmacht, das zur Niederschlagung des Aufstands eingesetzt wurde. Allerdings: Für Kinder scheint uns das Museum wenig geeignet, auch wenn oder gerade weil es eine spezielle Kinderabteilung gibt: Eine gewaltfreie Erziehung wird hier ad absurdum geführt, stattdessen dürfen die Kleinen ein bisschen Krieg spielen. Wie bei anderen Weltkriegsausstellungen empfehlen wir einen Besuch erst ab 14 Jahren, bei reifen Kindern vielleicht schon ab 12 Jahren.

Museum: Mo/Mi/Fr 8–18 Uhr, Do 8–20 Uhr, Sa/So 10–18 Uhr, Di geschlossen. Eintritt 1 €, erm. 0,50 €, So frei. Gruppen nach Voranmeldung (12–20 Pers.) 5 €, deutschsprachige Führung 15 €. ✆ 22-5397905, ℻ 22-5397924, www.1944.pl. Ul. Grzybowska 79, Eingang ul. Przyokopowa.

Lesesaal: Mo/Mi/Fr 10–17.30 Uhr, Do 11.30–19 Uhr, Di/Sa/So geschlossen.

Tram 1, 22, 24. Bus 100, 151, 155, Haltestelle Muzeum Powstania Warszawskiego.

Waisenhaus der Sierot-Gesellschaft (Dom Sierot)

„Güte darf man verlangen, aber keine, die Aufopferung ist.“ Der Mann, der dies sagte, hielt sich nicht an seine Worte, stattdessen opferte er sein Leben für „seine“ Kinder: Janusz Korczak, der wohl einflussreichste Pädagoge seiner Generation, wurde 1878 als Henryk Goldszmit in Warschau geboren. Zunächst arbeitete der polyglotte Sohn einer jüdischen Familie als Kinderarzt, bevor er zu schreiben begann. Schon seine ersten Romane und Kinderbücher waren erfolgreich, was auch seiner Karriere als Arzt förderlich war. Mit dem erwirtschafteten Gewinn finanzierte er dann sein Herzensprojekt, das Waisenhaus (Dom Sierot).

Im Museum des Warschauer Aufstands

Diese Lebensaufgabe prägte in den 1930er Jahren auch sein pädagogisches Hauptwerk, das für Kinderrechte eintrat und die Bedürfnisse der Kinder ernst nahm. Da sich das Waisenhaus außerhalb des von den Nazis eingezäunten Ghettos befand, wurde Korczak zur Verlegung ins Ghetto gezwungen. Im August 1942 holte die SS dort die ungefähr 200 Kinder ab, um sie in das Vernichtungslager Treblinka zu verschleppen. Korczak bestand darauf mitzufahren, obwohl er wusste, dass dies seinen Tod bedeuten würde. In den letzten Tagen vor ihrem Tod wollte er „seinen" Kindern Trost spenden, wovon auch das erhaltene Tagebuch erzählt, das er im Ghetto zu schreiben begann.

Heute ist im Dom Sierot ein Forschungszentrum zu Leben und Werk von Janusz Korczak eingerichtet, das sog. Korczakianum. Die (auch englischsprachige) Ausstellung zur Geschichte des Waisenhauses ist nach Voranmeldung zu besichtigen.

Mo–Do 10–14 Uhr (Voranmeldung nötig). ✆ 22-6323027, www.pskorczak.org.pl, www.janusz-korczak.de. Ul. Jaktorowska 6.

Tram 1, 22, 24. Bus 100, 151, 155. Haltestelle Muzeum Powstania Warszawskiego.

Warsaw Trade Tower

Das mit 208 m zweithöchste Gebäude Warschaus und Polens ist eine Arbeit von Piotr Majewski und Andrzej Wyszyński. 1999 nach nur zweijähriger Bauzeit fertiggestellt, zählt der Wolkenkratzer zu den gelungensten seiner Art, was auch die kritischen Warschauer einräumen. Mit 7 m/s gehören die Aufzüge zu den schnellsten Europas. Ein Blick ins Foyer lohnt sich, auch wenn man als Tourist nicht höher als bis zum zweiten Stock durchkommt.

www.wtt.pl. Ul. Chłodna 51. Tram 1, 13, 22, 23, 24, 26, 27, 46. Bus 171, 190. Haltestelle Okopowa.

Übergang über das ehemalige Ghetto (Most łączący dwie części getta)

Auf Höhe des heutigen Hauses mit der Nr. 22 befand sich bis zur Auflösung des Ghettos 1943 ein hölzerner Fußgängerübergang, der den nördlichen mit dem südlichen Teil des Ghettos verband. Heute erinnert nur noch ein Schild an die Opfer und die längst abgerissene Brücke.

Ul. Chłodna 22 (früher 24/26). Tram 1, 13, 22, 23, 24, 26, 27, 46. Bus 171, 190. Haltestelle Okopowa.

Mirów-Markthallen (Hale Mirowskie)

Die um 1900 gebauten Hallen aus rotem Backstein waren bis zu ihrer Zerstörung im Zweiten Weltkrieg die größten ihrer Art in Warschau. Ihre ursprüngliche Funktion als Marktplatz erfüllen heute wohl die Goldenen Terrassen (→ Tour 6 Centrum). Doch im Gegensatz zu den üblichen Konsumtempeln kann man in den Mirów-Hallen noch immer vergleichsweise ursprünglich und unterhaltsam einkaufen. Die Hallen wurden nach dem Krieg rekonstruiert, doch verfallen sie seit den 80er Jahren leider mehr und mehr; viele schöne architektonische Details sind bereits nicht mehr zu erkennen.

Mo–Fr 7–21 Uhr, Sa 7–20 Uhr. Plac Mirowski 1. Tram 16, 17, 33, Haltestelle Hala Mirowska.

Baum vorm Museum des Pawiak-Gefängnisses

Kammeroper (Opera Kameralna)

In dem von außen beinahe wie ein Einfamilienhaus anmutenden Gebäude werden hauptsächlich barocke Werke, mittelalterliche Singspiele sowie fast vergessene und zeitgenössische polnische Opern gespielt, gelegentlich auch italienische Komponisten. Berühmt ist das Haus als Kammeroper, das als einziges das gesamte Opern-Oeuvre von Mozart im Repertoire hat.

Kasse: Tägl. 10–19 Uhr. Karten 10–80 €. ✆ 22-8312240, www.operakameralna.pl. Al. Solidarności 76 b.
Tram 18, 23, 26, 32, 35, 36, 46. Bus 100, 107, 111, 127, 190. Haltestelle Ratusz Arsenał. Ⓜ Ratusz Arsenał.

Museum des Pawiak-Gefängnisses (Muzeum Więzienia Pawiak)

Das 1830 gebaute Gefängnis hat eine lange und erschütternde Geschichte. Doch die schlimmsten Verbrechen gegen seine Häftlinge geschahen während der deutschen Besatzung, als die Gestapo das Gebäude für Verhöre und Folterungen nutzte. Geschätzte 120.000 Insassen durchliefen von 1939 bis 1944 das Gefängnis, von denen 37.000 anschließend in und um Warschau hingerichtet wurden, weitere 60.000 kamen in die Vernichtungslager.

„Wir werden Pawiak rächen“, war eine in den letzten Kriegsjahren oft gehörte Parole. 1944 sprengten die Nazis vor ihrem fluchtartigen Rückzug alle Einrichtungen; vor dem Gebäude steht ein Baum mit Gedenkplaketten, der die

Zerstörungen auf wundersame Weise überlebt hat. Das heutige Museum und Mausoleum dokumentiert die Schrecknisse dieser Zeit, der Besuch ist erst ab 14 Jahren erlaubt.

Mi 9–17 Uhr, Do/Sa 9–16 Uhr, Fr 10–17 Uhr, So 10–16 Uhr, Mo/Di geschl. Eintritt frei. ✆/℡ 22-8319289, www.muzeumniepodleglosci.art.pl. Ul. Dzielna 24.

Tram 16, 17, 33. Bus 107, Haltestelle Nowolipki.

St.-Augustyn (Kościół św. Augustyna)

Ende des 19. Jh. gebaut, ist die Kirche weniger wegen ihrer eigentlich reizvollen Neorenaissance-Architektur bekannt. Vielmehr wurde sie durch das Foto, das die Kirche nach der Niederschlagung des Ghettoaufstands zeigt, zum Sinnbild für die Zerstörungen und Morde in Warschau: Das Bild des inmitten von Trümmern stehenden Gotteshauses, eine der drei Kirchen im Ghetto, zählt zu den bekanntesten Motiven des Zweiten Weltkriegs. Der Kirchturm wurde als Beobachtungspunkt und Maschinengewehrstand von der SS zweckentfremdet.

Tägl. 10–18 Uhr, Messe Mo–Fr 7, 8, 9, 18.30 Uhr. Sa 18 Uhr, So 7, 8.30, 10, 11.30, 13, 18.30, 19.30 Uhr. www.swaugustyn.rubikon.pl. Ul. Nowolipki 18.

Tram 16, 17, 33. Bus 107. Haltestelle Nowolipki.

Historisches Museum der polnischen Juden (Muzeum Historii Żydów Polskich)

An der Stelle der derzeitigen knallig blauen Kunstinstallation „Ohel" (Zelt) wird ab 2011 das Museum stehen. Seine architektonisch ausgeklügelte Gestaltung stammt von den finnischen Architekten Ilmari Lahdelma (geb. 1959) und Rainer Mahlamäki (geb. 1956), die sich bei dem internationalen Wettbewerb u. a. gegen Daniel Libeskind durchsetzten, der das Jüdische Museum Berlin plante. Mit quadratischer Grundfläche, gläsernen Außenwänden und wellenförmigen Galerien im Innern setzt das Gebäude neue Maßstäbe in der polnischen Museumsarchitektur. Das Haus soll nicht nur Raum für Ausstellungen zur 1000-jährigen Geschichte der polnischen Juden bieten, sondern auch die Jahrhunderte langen guten Beziehungen zwischen katholischen und jüdischen Polen fortsetzen.

Provisor. Ausstellungsgelände, bei Redaktionsschluss noch im Bau. ✆ 22-8330021 (Institution), www.jewishmuseum.org.pl. Ul. Warecka 4/6 (Zugang über ul. Kubusia Puchatka), plac Bohaterów Getta (künftige Adresse).

Bus 100, 111, 180, Haltestelle Nalewki. Tram 16, 17, 33, Haltestelle Anielewicza.

Denkmal der Ghettohelden (Pomnik Bohaterów Getta)

Schon am fünften Jahrestag des Ghetto-Aufstands von 1943 wurde das Mahnmal enthüllt. Auf seiner Westseite zeigt es eine Menschenmenge in der Schlacht, auf der Ostseite die Erlösung der Märtyrer. Als Material wählte man schwedischen Labradorit, ein Gestein, das auch Albert Speer für seine nationalsozialistischen Großbauten verwendete. Auf einer Tafel steht auf Polnisch, Jiddisch und Hebräisch folgende Widmung: „Für diejenigen, die in der nie dagewesenen heldenhaften Schlacht für die Würde und Freiheit des jüdischen Volkes, für ein freies Polen und für die Befreiung des Menschen gekämpft haben. Polnische Juden." Hier, an dieser Stelle, kniete 1970 Bundeskanzler Willy Brandt nieder, als er anlässlich der Unterzeichnung der Ostverträge nach Warschau gekommen war.

Von der ulica Zamenhofa bis zum Umschlagplatz (→ unten) verteilen sich 16 schwarze Granitblöcke, die an die Menschen und Ereignisse im Ghetto erinnern.

Plac Bohaterów Getta, ul. Zamenhofa. Bus 100, 111, 180, Haltestelle Nalewki. Tram 16, 17, 33, Haltestelle Anielewicza.

Śródmieście Północne
Karte S. 172/173

Denkmal des Kniefalls (Pomnik przyklękającego Willy'ego Brandta)

„Unter der Last der jüngsten Geschichte tat ich, was Menschen tun, wenn die Worte versagen. So gedachte ich Millionen Ermordeter.“ Mit diesen Worten erklärte der damalige Bundeskanzler Willy Brandt später seinen berühmten Kniefall vom 7. Dezember 1970 – ein symbolischer Akt, der für die Polen von ungeahnter Bedeutung war: Nur ein paar Schritte vom eigentlichen Ort des Geschehens entfernt, benannten die Warschauer den Platz nach diesem Ereignis, an das auch ein kleines Denkmal erinnert. Für Deutsche, die den einstigen Kanzler dafür noch immer verurteilen, sind die Worte des Hamburger Journalisten Hermann Schreiber so aktuell wie damals: „Dann kniet er, der das nicht nötig hat, für alle die, die es nötig haben, aber nicht knien – weil sie es nicht wagen oder nicht können oder nicht wagen können.“

Skwer W. Brandta. Bus 100, 111, 180, Haltestelle Nalewki, Tram 16, 17, 33, Haltestelle Anielewicza.

Umschlagplatz (Umschlagplatz)

Von diesem Ort aus, einem nicht mehr existierenden Güterbahnhof, wurden seit dem 22. Juli 1942 täglich 5000 bis 6000 Menschen nach Treblinka transportiert, an manchen Tagen bis zu 10.000. Seit 1988 steht zum Gedenken an die Opfer ein Monument von Hanna Szmalenberg und Władysław Klamerus an der Stelle des früheren Bahnhofseingangs. Stellvertretend für die rund 450.000 Juden des Ghettos sind 448 Vornamen von Abel bis Żanna in die Mauer eingraviert. An der Mauer des benachbarten Hauses ist auf Polnisch, Jiddisch und Hebräisch zu lesen: „Ach Erde, bedecke mein Blut nicht, und mein Schreien finde keine Ruhestatt. (Hiob 16.18)“

Ul. Stawki 10. Tram 16, 17, 33, 35, 36, 41. Bus 100, 157, Haltestelle Stawki.

Powązki-Friedhof (Cmentarz Powązkowski)

Mit 43 Hektar Fläche ist der 1790 entstandene Friedhof so groß wie der Vatikan, etwa 2.500.000 Menschen liegen hier begraben. Kein Wunder, dass der

Mahnmal am Umschlagplatz

Cmentarz Powązkowski oft als Chronik der Stadt bezeichnet wird. Abgesehen von seiner Größe lohnt ein Besuch wegen der Harmonie der Kunstwerke und der Gestaltung des Parks.

Während des Warschauer Aufstands 1944 nutzte die polnische Armee die vielen Versteckmöglichkeiten zwischen den Gräbern und versorgte von hier aus das nahe Ghetto mit Nahrungsmitteln, Medikamenten und Waffen. Auf einer weitläufigen Fläche im nördlichen Teil sind die Opfer des Aufstands begraben. Da viele Namen der Getöteten unbekannt waren, tragen ihre Gräber oft nur eine Identifikations-Nummer des Polnischen Roten Kreuzes.

Neben den kunstvollen Grabsteinen und Skulpturen an einzelnen Gräbern ist auch das Mausoleum mit vielen Größen der polnischen Geschichte, aber auch von Architekten wie Dominik Merlini (1730–1797) einen Besuch wert. Eine Besonderheit ist die sog. aleja Zasłużonych, die „Allee der Verdienten“ zwischen dem Eingangstor II (Brama św. Honoraty) an der ulica Powązkowska und der ulica Spokojna. Hier und an weiteren Orten des Friedhofs stößt man auf die Grabstätten wichtiger Warschauer Künstler, darunter der Lyriker und Dramatiker Zbigniew Herbert (1924–1998), der Tenorsänger Jan Kiepura (1902–1966), Regisseur Krzysztof Kieślowski (1941–1996), Jazzpianist und Filmkomponist Krzysztof Komeda (1931–1969), Rocksänger Czesław Niemen (1939–2004) und der Pianist Władysław Szpilman (1911–2000).

Am Eingangstor findet sich ein genauer Lageplan der Gräber. Trotzdem sind sie nicht immer einfach zu finden, da wegen der ständigen Erweiterungen keine einheitliche Kennzeichnung der Parzellen möglich war – manche sind mit Großbuchstaben, die meisten aber mit Zahlen markiert, einige wenige mit römischen Ziffern oder kleinen Buchstaben; so liegen beispielsweise die Parzellen 1 und 2 neben den Parzellen 181 und 159 usw. ... Etwas Zeit und Geduld sollte man also mitbringen.

Skulptur auf dem Powązki-Friedhof

Dez. bis April tägl. 7–17 Uhr, Mai bis Sept. tägl. 7–20 Uhr, Okt. bis 19 Uhr, Nov. bis 18 Uhr. Ul. Powązkowska 14. Tram 1, 22, 27. Bus 170, 180. Haltestelle Powązkowska.

Jüdischer Friedhof (Cmentarz Żydowski)

Die 1806 gegründete Ruhestätte, einer der größten jüdischen Friedhöfe in Europa, wird bis heute genutzt. Hier finden sich u. a. die Gräber von großen Rabbis wie Ber Meisels und Szlomo Lipszyc oder jüdischer Autoren wie Icchok Lejb Perec. Im Ausland weit bekannt ist beispielsweise Ludwik Za-

Eines von vielen sozialistischen Details im Viertel MDM

Śródmieście Południowe

(Südliche Innenstadt)

In der südlichen Innenstadt sollte entlang einer beim Kulturpalast beginnenden Achse rund um die ulica Marszałkowska eine sozialistische Vorzeigesiedlung entstehen. Obwohl die Arbeiten nie vollendet wurden, ist die sogenannte MDM ein Musterbeispiel des Sozialistischen Realismus. Nicht zuletzt hat das Viertel den Ruf des hippen Warschaus mit vielen Restaurants, Cafés, Clubs und Galerien.

Geprägt wird das Viertel durch die in den frühen 50er Jahren entstandenen Bauten im Stil des Sozialistischen Realismus. Die modernen, verhältnismäßig großzügigen Wohnungen waren damals sehr begehrt. Dies sollte sich bald ändern, da ihr Baustil untrennbar mit dem ungeliebten Sozialismus verbunden war. Inzwischen haben sich die Warschauer mit den wuchtigen Blocks und den damals politisch korrekten Wandbildern abgefunden.

Viele Cafés, Restaurants, Geschäfte und Galerien locken in diesem südlichen Teil der Innenstadt. Am besten ist das Treiben auf dem *Erlöserplatz* und dem *Verfassungsplatz* zu beobachten. Treffen wird man hier auch auf angehende Ingenieure und Techniker der nahen *Politechnika*, die mit einem wirklich traumhaften Hauptgebäude verwöhnt sind: Die Aula der Hochschule sollte man gesehen haben; sie zählt im Bezirk zu den wenigen Vorkriegsbauten, die wie verlorene Farbtupfer im Sozialistischen Realismus wirken. Die Zeiten ebenfalls überdauert hat das *Fotoplastikon,* das sog. Warschauer Stereoskop, derzeit einer der angesagtesten Geheimtipps der Stadt: Der faszinierende Vorläufer des Kinos mit seiner unvergleichlichen, sentimentalen Atmosphäre zeigt unter anderem bewegte Originalaufnahmen des alten Warschaus.

Im westlich der südlichen Innenstadt gelegenen Stadtbezirk *Ochota* trägt die östlichste Siedlung den Namen *Filtry*, die bedeutendste Sehenswürdigkeit des Bezirks. Die *Wasserfilteranlagen* waren im 19. Jh. ein Meilenstein der Stadtentwicklung, der sich schon in ihrer Größe zeigt: Die Anlagen erstrecken sich auf einer riesigen Grundfläche bis zur südlichen Innenstadt.

Tour 8: Im Herz des Sozialistischen Realismus

Ausgangspunkt ist der zentrale plac Zawiszy, an der Ecke des charakteristischen → Millennium-Plaza-Hochhauses.
Anfahrt mit Tram 1, 7, 8, 9, 22, 24, 25. Bus 100, 127, 130, 157, 159, 175, Haltestelle plac Zawiszy.

Ende: Novotel-Hochhaus, ul. Marszałkowska 94.
Verbindungen: Tram 4, 7, 8, 9, 18, 22, 24, 25. Bus 100, 105, 107, 117, 127, Haltestelle Centrum. Ⓜ Centrum.

Dauer: Reine Gehzeit der Tour 2 bis 2¾ Std.

Technische und architektonische Errungenschaften prägen diesen Stadtrundgang. Vom plac Zawiszy, dem Startpunkt, erreichen wir über die ulica Raszyńska bei der ersten Möglichkeit links die ulica Koszykowa, die entlang einer langen Mauer am Areal der → **Lindley-Filteranlagen** (Filtry Lindleya) verläuft. Immer wieder erspäht man hier Pumpen und Wasserhäuser aus rotem Backstein, die den Zweck der Anlage verraten. Leider ist das Gelände bislang nur an wenigen Tagen im Jahr öffentlich zugänglich, was sich in naher Zukunft ändern soll. Nach dem Ingenieur Lindley, der die Anlage bauen ließ, ist auch die Straße benannt, in die wir links einbiegen und so auf die → **Kind-Jesus-Kirche** (Kościół Dzieciątka Jezus) stoßen. Der Schädel auf dem Obelisken vor dem Gotteshaus erinnert an die Toten eines Armenspitals, das am heutigen plac Powstańców Warszawy stand.

Weniger gruselig wird es in der ulica Nowogrodzka, in die wir rechts einbiegen und die im weiteren Verlauf an der Mauer eines Krankenhauses vorbeiführt. An der breiten Hauptstraße, der ulica Chałubińskiego, gehen wir ein paar Schritte nach links und stehen vor dem → **ORCO-Tower**. Durch die Unterführung kommen wir auf die andere Straßenseite, an der der → **Lilium-Tower** entstehen soll – der für 2009 geplante Baubeginn wurde aber wegen der Finanzkrise verschoben. Der faszinierende Turm der iranischen Stararchitektin Zaha Hadid wird nach seiner Fertigstellung den schräg gegenüber liegenden Kulturpalast an Höhe und sicher auch an Schönheit übertreffen.

In unmittelbarer Umgebung ragen bereits der → **Marriott-Wolkenkratzer** und der → **Oxford-Tower** in den Himmel. Weiter geht es auf der ulica Nowogrodzka, dann bei der ersten Möglichkeit links und über die ulica Emilii Plater zur Hauptstraße, der aleje Jerozolimskie, von der wir schon den Kulturpalast und die anderen Bauwerke auf der nördlichen Seite sehen. Etwas schwerer zu finden ist das → **Warschauer Stereoskop** (Fotoplastikon Warszawski), ein Vorläufer des neuzeitlichen Kinos, das in eine vergangene Zeit entführt; es liegt versteckt im Hinterhof des Hauses al. Jerozolimskie 51.

Übernachten
2 Novotel
3 Polonia Palace Hotel
4 Metropol
5 Marriott
7 Grand
20 Nathan's Villa
21 Jan III Sobieski
28 Hotel Rialto
32 MDM Hotel
37 Jump Inn
39 Riviera
Nachtleben
8 Teatr Roma
19 Nobo
22 Klub Dekada
34 Plan B
Essen & Trinken
11 Grand Kredens
13 Przegryz sobie cos pysznego
14 Orange
17 Inaba
24 Mandala
26 Delicja Polska
29 Dyspensa
32 U Szwejka
35 Bastylia
36 Greenway
Cafés
1 Alibi
6 Radio Café
12 Cykloza Café
15 Kawangarda
24 Korkociag
25 Slodki...Slony
27 Galeria Rio
30 Kawka
33 Filtry
35 Karma
38 Kolonia
Einkaufen
9 Galeria Raster
10 Galeria Hoza
16 Zoom
18 Selected with Love
23 Galeria Arkady und Galeria Farbiarnia
31 Warszawska Nike
Warszawskie Centrum Finansowe
Park Świętokrzyski
Rondo ONZ
Rondo ONZ 1
Evolutions-museum PAN
Inter Continental
Ilmet (Ilmet-Hochhaus)
Sala Kongresowa
Złote Tarasy
Technik museum
Warszawa Centralna
Warszawa Śródmieście WKD
Marriott
Lilium Tower
ORCO Tower
Oxford Tower
Warszawa Ochota
Warszawa Główna
Rondo Daszyńskiego
Plac Zawiszy
Millennium Plaza
Plac Starynkiewicza
Kościół Dzieciątka Jezus (Kind-Jesus-Kirche)
Filtry Lindleya (Lindley-Filteranlagen)
Plac Narutowicza
Prosta
Aleje Jerozolimskie
al. Jana Pawła II
Towarowa
Chałubińskiego
al. Niepodległości
Koszykowa
Nowogrodzka
Raszyńska
Grójecka
Niemcewicza
Filtrowa
Nowowiejska
Wawelska
Krzywickiego
Żelazna
Złota
Chmielna
Sienna
Śliska
Pańska
Twarda
Miedziana
Srebrna
Platynowa
Lindleya
Oczki
Daleka
Tarczyńska
Asnyka
Akademicka
Uniwersytecka
Mochnackiego
Mianowskiego
Krzyckiego
Dantyszka
Reja
al. Wielkopolski
Łęczycka
bł. Ładysława z Gielniowa
Solariego
Langiewicza
Jesionowa
Sędziowska
Czubaty
Fińska
Leszowa
Pługa
E. Plater

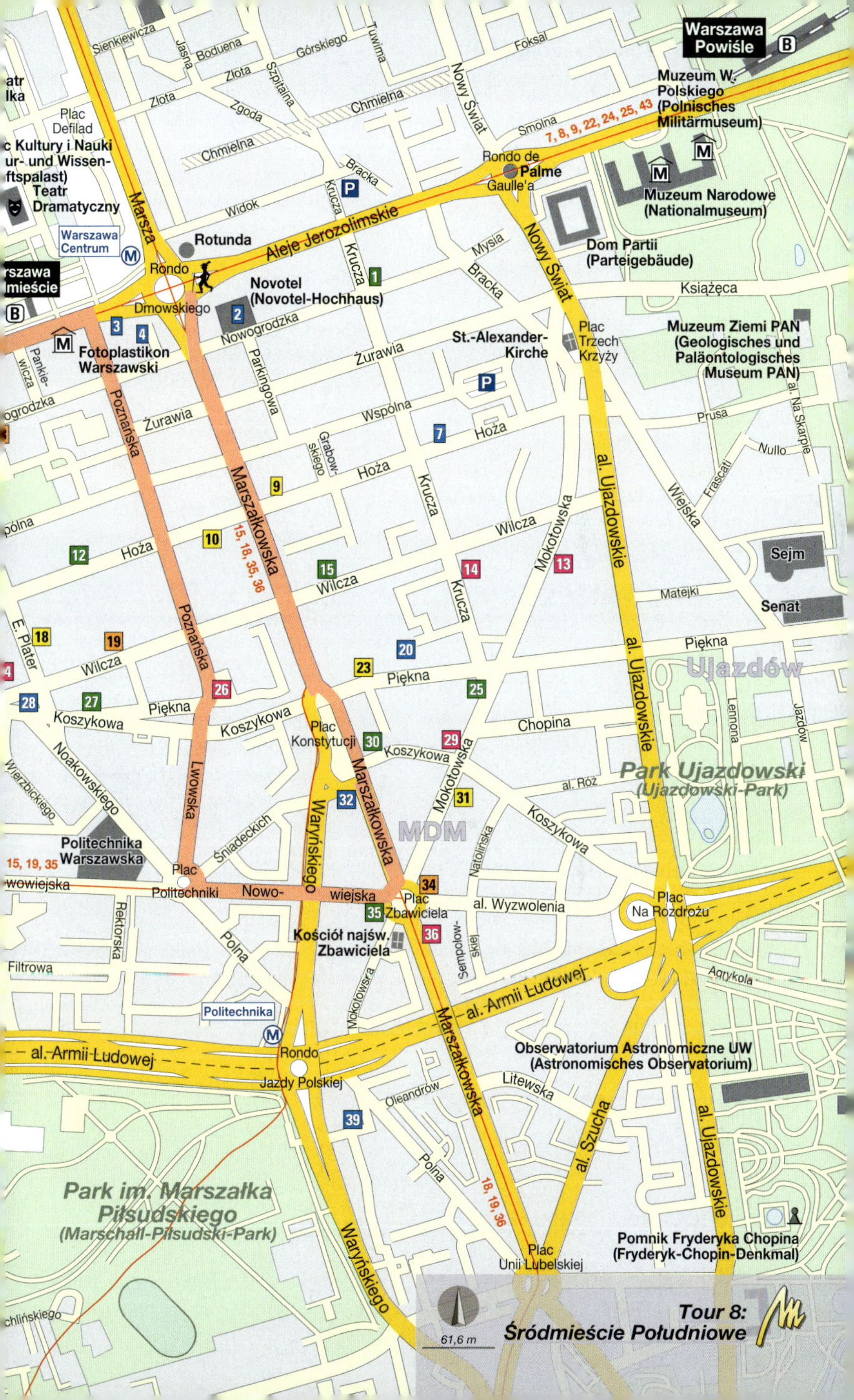

Warszawa Powiśle
B
Muzeum W. Polskiego (Polnisches Militärmuseum)
7, 8, 9, 22, 24, 25, 43
Sienkiewicza
Jasna
Boduena
Górskiego
Tuwima
Foksal
Nowy Świat
Złota
Szpitalna
Chmielna
Zgoda
Smolna
Plac Defilad
Pałac Kultury i Nauki (Kultur- und Wissenschaftspalast)
Teatr Dramatyczny
Warszawa Centrum
Warszawa Śródmieście
Marsza
Widok
Bracka
Krucza
Rondo de Gaulle'a
Palme
Muzeum Narodowe (Nationalmuseum)
Rotunda
Aleje Jerozolimskie
Mysia
Dom Partii (Parteigebäude)
Rondo Dmowskiego
Novotel (Novotel-Hochhaus)
Książęca
Nowogrodzka
Fotoplastikon Warszawski
Parkingowa
Żurawia
St.-Alexander-Kirche
Plac Trzech Krzyży
Muzeum Ziemi PAN (Geologisches und Paläontologisches Museum PAN)
Pankiewicza
Poznańska
Wspólna
Grabowskiego
Hoża
Prusa
al. Na Skarpie
Nullo
Frascati
Wiejska
Marszałkowska
15, 18, 35, 36
Mokotowska
al. Ujazdowskie
Wilcza
Sejm
Matejki
Senat
E. Plater
Piękna
Ujazdów
Koszykowa
Plac Konstytucji
Chopina
Lennona
Jazdów
Park Ujazdowski (Ujazdowski-Park)
al. Róż
Noakowskiego
Wierzbickiego
Lwowska
Śniadeckich
Waryńskiego
MDM
Natolińska
Politechnika Warszawska
15, 19, 35
Nowowiejska
Plac Politechniki
Plac Zbawiciela
al. Wyzwolenia
Plac Na Rozdrożu
Rektorska
Polna
Kościół najśw. Zbawiciela
Sempołowskiej
Agrykola
Filtrowa
Politechnika
al. Armii Ludowej
Obserwatorium Astronomiczne UW (Astronomisches Observatorium)
Rondo Jazdy Polskiej
Litewska
Oleandrów
al. Szucha
Park im. Marszałka Piłsudskiego (Marschall-Piłsudski-Park)
18, 19, 36
Pomnik Fryderyka Chopina (Fryderyk-Chopin-Denkmal)
Plac Unii Lubelskiej
Chodkiewicza
61,6 m
Tour 8: Śródmieście Południowe

Nach dieser beeindruckenden Zeitreise gehen wir die erste Möglichkeit nach rechts in die ulica Poznańska, auf der wir 800 m zurücklegen. Dort ändert die Straße ihren Namen in ulica Lwowska, auf der es weitere 300 m geradeaus geht. Wer müde Füße oder wenig Zeit hat, kann stattdessen mit der Metro von der Station Centrum in Richtung Süden zur Station Politechnika fahren. Unser Ziel ist jeweils das Hauptgebäude des → **Warschauer Polytechnikums** (Politechnika Warszawska) mit seiner faszinierenden Aula aus dem Jahr 1901. Von dem sternförmigen Platz zieht sich die ulica Nowomiejska 400 m bis zum → **Erlöserplatz** (plac Zbawiciela) mit seinem interessanten Architekturmix, der von den beiden Türmen der → **Erlöserkirche** (Kościół Najśw. Zbawiciela) dominiert wird.

In purem Sozialistischen Realismus zeigt sich der mächtige → **Platz der Verfassung** (plac Konstytucji) mit seinen riesigen Kandelabern, der nach 200 m auf der ulica Marszałkowska in Richtung Norden erreicht ist. Der Platz ist das Herz des → **Wohnbezirks Marszałkowska-Straße** (Marszałkowska Dzielnica Mieszkaniowa – MDM), den wir, vorbei an den typischen Wohnblocks, immer geradeaus nach Norden in Richtung Zentrum ablaufen. Den Abschluss unseres Rundgangs bildet das → **Novotel-Hochhaus**, das wie schon das Millennium-Plaza-Haus beim Auftakt der Tour ein guter Orientierungspunkt ist.

Sehenswertes

Millennium-Plaza-Hochhaus

Ein zweites Las Vegas mit Formel 1-Strecke und Spielkasinos wollte der umstrittene türkische Architekt und Geschäftsmann Vahap Toy im ostpolnischen Biała Podlaska aus dem Boden stampfen. Im Gegensatz zu dieser Investitionspleite wurde sein 116 m hoher Turm in der Hauptstadt 1999 vollendet. Die Warschauer mögen ihn trotzdem nicht und tauften ihn mit schmeichelhaften Namen wie Duschkabine, Dixie-Klo oder Red-Bull-Dose im Schraubstock. In den ersten Stockwerken befindet sich ein Einkaufszentrum, in höhere Aussichtshöhen gelangt man als Tourist leider nicht.

www.millenniumplaza.pl. Al. Jerozolimskie 123a.
Tram 1, 7, 8, 9, 22, 24, 25. Bus 100, 127, 130, 157, 159, 175. Haltestelle plac Zawiszy.

Lindley-Filteranlagen (Filtry Lindleya)

Rote Ziegelsteine prägen das Bild der Pump- und Filteranlagen und Säle, die das historische Wasserwerk der Stadt bilden. Das bis heute in Betrieb befindliche, wenn auch modernisierte Industriedenkmal soll in den nächsten Jahren in die Liste des UNESCO-Weltkulturerbes aufgenommen werden. Verantwortlicher Ingenieur war der Engländer William Lindley (1808–1900), einer der Pioniere der Ver- und Entsorgungstechnik, der Stromversorgung, des Eisenbahn- und Hafenbaus – kurz, der gesamten Stadtinfrastrukturplanung. Nachdem Lindley schon in Hamburg, Leipzig, Düsseldorf und Frankfurt moderne Wasserversorgungssysteme installiert hatte, führte sein gleichnamiger Sohn die Arbeiten in Warschau ab 1883 aus, und schon 1886 konnten die Einheimischen das Ergebnis schmecken. Wer Glück hat, kann im Sommer an den Tagen der offenen Tür eine Führung mitmachen (bisher nur auf Polnisch). Auch wenn man die Sprache nicht versteht, sollte man sich diese Gelegenheit nicht entgehen lassen. Die unterirdische Wasserwelt mit ihren Ziegelsteinsälen und -tunnels sowie die anschließende Verkostung des frisch gefilterten Wassers fasziniert nicht nur Technikbegeisterte. Auskünfte erhält man beim Portier am Tor der ulica Koszykowa, mit einiger Geduld unter der unten genannten Telefonnummer sowie in den Tourist-Informationen. Für die nächsten Jahre ist eine dauerhafte Öffnung geplant, was wohl auch mit der angestrebten Aufnahme in die Weltkulturerbe-Liste zusammenhängt.

An Tagen der offenen Tür 7–18 Uhr; im Juli/Aug. jeden Samstag; dauerhafte Öffnung geplant. Eintritt frei. ✆ 22-6224404, www.mpwik.com.pl. Ul. Koszykowa 81. Tram 7, 8, 9, 22, 24, 25. Bus 127, 130, 157, 158, 175, Haltestelle Plac Starynkiewicza. Oder Bus 159, Haltestelle Lindleya.

Kind-Jesus-Kirche (Kościół Dzieciątka Jezus)

Die Anfang des 20. Jh. gebaute neugotische Kirche wirkt etwas verloren, was daran liegt, dass das dazugehörige backsteinerne Hospital nach dem Krieg nicht wieder aufgebaut wurde. Als einer der wichtigsten Vertreter des Warschauer Historismus schuf Józef Pius Dziekoński hier ein Gotteshaus, das von außen interessanter ist als von innen. Unheimlich und traurig wirkt der Totenschädel auf dem Obelisken vor dem Gotteshaus, der im 18. Jh. zur Erinnerung an die 30.000 im Spital Verstorbenen aufgestellt wurde. Die hygienischen Zustände im Krankenhaus sollen damals nicht die besten gewesen sein.

Tägl. 8.30–18 Uhr, Messe Mo–Sa 7, 8, 18 Uhr. So 8, 9.15, 10.30, 12, 18 Uhr. www.dzieciatko-jezus.pl. Ul. Lindleya 2.
Tram 7, 8, 9, 22, 24, 25. Bus 127, 130, 157, 158, 175. Haltestelle Plac Starynkiewicza.

ORCO-Tower

115 m ragt das auch als FIM-Tower bekannte Gebäude in die Höhe, das wohl besonders wegen seiner rosafarbenen Verstrebungen von den Warschauern zu den hässlichsten Bauten der Stadt gekürt wurde. Doch Besserung ist in Sicht, denn kaum fünfzehn Jahre nach der Fertigstellung 1996 soll er umgebaut werden, wobei auch weniger dominante Farben versprochen werden. Von der Form her war das gläserne Hochhaus sowieso schon interessant.

Kein Zutritt. Al. Jerozolimskie 81. Tram 7, 8, 9, 10, 16, 17, 22, 24, 25, 33. Bus 100, 118, 119, 127, 131, 175. Haltestelle Dworzec Centralny. Ⓜ Centrum.

Marriott-Wolkenkratzer

Der offizielle Name des 1980–1989 errichteten 170 m-Bauwerks ist Centrum LIM, durchgesetzt hat sich der Name der Hotelkette. Die Architekten Jerzy Skrzypczak, Andrzej Bielobradek und Krzysztof Stefański haben hier einen recht simplen Turm realisiert, der aber nachts überzeugt, wenn seine Fassade weiß leuchtet. Auf den ersten Stockwerken residieren viele, teils noble Geschäfte. 1998 kletterte der als Spiderman gerühmte französische Freeclimber Alain Robert den Turm hinauf, wofür er gerade mal 17 Minuten benötigte. Für Ungeübte gibt es einen Aufzug in den Panorama Club, der auf den höchsten Etagen des Wolkenkratzers vor allem nachts einen faszinierenden Blick über die Stadt gewährt. Hier oben kostet das Bier nicht mehr als 3 €, was bei dem Ausblick zu verschmerzen ist.

Panorama-Bar im 40. Stock: Tägl. 18–24 Uhr. www.marriott.com/wawpl, www.lim.com.pl. Al. Jerozolimskie 65.
Tram 7, 8, 9, 10, 16, 17, 22, 24, 25, 33. Bus 100, 118, 119, 127, 131, 175. Haltestelle Dworzec Centralny. Ⓜ Centrum.

Lilium-Tower

2010 waren die Arbeiten noch nicht begonnen, offenbar verzögert sich das Projekt wegen der Finanzkrise, zu hoffen bleibt, dass der faszinierende Entwurf der iranischen Stararchitektin Zaha Hadid wie geplant bis 2012 umgesetzt wird. Der Wolkenkratzer soll dann nicht nur den Kulturpalast überragen, sondern zugleich ein Signal für die nächste Bauetappe zeitgenössischer Architektur sein. Der Turm mit vier flügelförmigen Kanten soll für Luxusappartements und ein Hotel genutzt werden.

Al. Jerozolimskie/ul. Chałubińskiego. Tram 7, 8, 9, 10, 16, 17, 22, 24, 25, 33. Bus 100, 118, 119, 127, 131, 175. Haltestelle Dworzec Centralny. Ⓜ Centrum.

Oxford-Tower

Auch als Intracco II bekannt, ist der 150 m-Wolkenkratzer im minimalistischen „Internationalen Stil" gehalten. Nach Fertigstellung 1979 durfte der Turm im polnischen Kinderfilm „Herr Kleks im Kosmos" von Krzysztof Gradowski die Rolle einer Grundschule „spielen".

Spannende Zeitreise im Warschauer Stereoskop

Ul. Chałubińskiego 8. Tram 7, 8, 9, 10, 16, 17, 22, 24, 25, 33. Bus 100, 118, 119, 127, 131, 175. Haltestelle Dworzec Centralny. Ⓜ Centrum.

Warschauer Stereoskop (Fotoplastikon Warszawski)

Vor einigen Jahren noch als absoluter Geheimtipp gehandelt, wird das nostalgische Kino immer mehr zu einer der Hauptsehenswürdigkeiten der Stadt. In der zweiten Hälfte des 19. Jh. entstanden überall in Europa zahllose Spielorte der in Deutschland erfundenen Anlage, die unter dem Namen „Kaiserpanorama" vermarktet wurde. Mit dem Auftreten der ersten neuzeitlichen Kinos verschwanden die Fotoplastika dann nach und nach. Nicht so in Warschau: Das Vorführgerät befindet sich als weltweit einziges seiner Art seit der Eröffnung 1904 ununterbrochen in Betrieb – und immer noch am selben Ort; es handelt sich hier also nicht um eine „Revitalisierung".

Der magische Ort lässt der Fantasie freien Lauf, und den Poeten und ersten Betreiber Tadeusz Chudy inspirierte das Fotoplastikon zu diesen Worten: „Es dreht sich langsam die Riesentrommel, wie das Weltall, in die vergangene Welt." Während der deutschen Besetzung diente die Anlage auch dazu, lebenswichtige Informationen auszutauschen, z. B. Pläne und Aufnahmen zu zeigen. In den Nachkriegsjahren erfüllte das Fotoplastikon wieder seine Funktion als Ort, um dem Alltag für ein paar Stunden zu entfliehen. Dabei können in der hölzernen Trommel bis zu 20 Personen dreidimensionale Fotos an sich vorbeiziehen lassen.

Gezeigt werden heute Bilder aus der Zeit des Vorkriegswarschaus, die belegen, dass die polnische Hauptstadt einst eine der schönsten europäischen Metropolen war; auch historische und aktuelle Ansichten anderer Weltstädte sind zu sehen sowie Aufnahmen des heutigen Warschaus. Seit 2008 ist das Fotoplastikon vorerst für vier Jahre eine Abteilung des *Museums des Warschauer Aufstands*, wodurch sich der Eintrittspreis deutlich verringerte. Der Besitzer aber bleibt Tomasz Chudy, der Enkelsohn des Gründers.

Mi–Mo 10–18 Uhr. Eintritt vorerst 0,25–1 €, So frei. ✆ 22-6253552, www.fotoplastikonwarszawski.pl, www.fotoplastikon.stereos.com.pl. Al. Jerozolimskie 51 (Hinterhof). Tram 4, 7, 8, 9, 18, 22, 24, 25, 35, 36. Bus 100, 105, 107, 117, 127, 131, 151, Haltestelle Centrum. Ⓜ Centrum.

Warschauer Polytechnikum (Politechnika Warszawska)

Wenn die Schönheit eines Unigebäudes Einfluss auf die Leistungen der Studenten hätte, müssten die Absolventen des Warschauer Polytechnikums sehr gefragt sein. Tatsächlich gilt die Technische Hochschule als eine der besten des Landes. Für Touristen ist der fünfeckige, 1901 fertiggestellte Bau von Stefan Szyller (1857–1933) interessanter. Besonders gelungen ist die Aula, ein Innenhof, der mit farbigem Glas überdacht ist. 2008 fanden hier aufwendige Renovierungsarbeiten statt.

Mo–Fr 7–21 Uhr, Sa 8–18 Uhr. ✆ 22-2347211, www.pw.edu.pl. Plac Politechniki 1. Tram 10, 14, 35. Bus 117, 119, 131, 182, 187, 188, Haltestelle Metro Politechnika. Ⓜ Politechnika.

Innenhof des Warschauer Polytechnikums

Erlöserkirche (Kościół Najśw. Zbawiciela)

Nachdem in den 1880er Jahren der gleichnamige Platz bebaut worden war, folgte zwischen 1901 und 1927 der Bau der Kirche. Das Gotteshaus vereint moderne Interpretationen von polnischer Renaissance und Barock. Im Zweiten Weltkrieg verlor die dreischiffige Basilika bei Bombenangriffen ihre schlanken Türme und wurde beim Warschauer Aufstand fast vollständig zerstört. Aus ästhetischen und ideologischen Gründen wollte man beim Bau der sozialistischen Siedlung Marszałkowska-Straße (MDM) eigentlich auf die Rekonstruktion der beiden Türme verzichten, entschied sich zum Glück aber anders. Im Inneren warten prunkvolle Details, so der Hauptaltar mit der Weltkugel im Zentrum, die farbig abgesetzte Kanzel und die aufwendig gestalteten Seitenkapellen. Auch wer sich für sakrale Bauten wenig interessiert, sollte hier einen Blick riskieren.

Tägl. 8.30–18.30 Uhr, Messe Mo–Sa 6.30 (nur im Winter) 7, 7.30, 8, 9 (nur im Winter), 17 (nur im Winter) und 18.30 Uhr. So 7, 8.30, 10, 10.30 (nur Winter), 11.30, 13, 18.30 Uhr. www.parafiazbawiciela.org. Ul. Marszałkowska 37. Tram 4, 10, 14, 18, 35, 36. Bus 100, 117, 119, Haltestelle Plac Zbawiciela. Ⓜ Politechnika.

Erlöserplatz (Plac Zbawiciela)

Auf dem runden, von Hofarchitekt und Gartenbaumeister Jan Chrystian Szuch (1752–1813) als Park einer königlichen Achse angelegten Platz kreuzen sich drei wichtige Straßenzüge. Viel prägender aber sind die hier aufeinander prallenden Architekturstile, die ihm eine verblüffend harmonische Gestalt geben. Dominant ist natürlich die Erlöserkirche mit ihren hohen Türmen, ansonsten zeigen die runden Wohnblocks Stilelemente der Jahrhundertwende, vereinzelt Jugendstil-Details und natürlich den Stil des Sozialistischen Realismus. Die Restaurants, Cafés und Kneipen sind fast touristenfrei, bei den Warschauern aber sehr beliebt. Im Sommer sorgen Tische unter den Arkaden für mediterranes Lebensgefühl. Der polnische Regisseur Krzysztof Krauze schenkte dem plac Zbawiciela in seinem gleichnamigen Film eine „Hauptrolle".

Tram 4, 10, 14, 18, 35, 36. Bus 100, 117, 119, Haltestelle Plac Zbawiciela. Ⓜ Politechnika.

Erlöserkirche auf dem Erlöserplatz

Platz der Verfassung (Plac Konstytucji)

Der dreieckige Platz zählt zu den weltweit größten und interessantesten Anlagen im Stil des Sozialistischen Realismus und bildet so das passende Gegenüber für den Kulturpalast. An den Fassaden sind viele der typischen Menschendarstellungen der sozialistischen Propaganda zu entdecken. Eindrucksvoll sind auch die riesigen Kandelaber, mehrarmige, säulenartige Straßenlaternen. Hinter den östlichen Fassaden blieben an der ulica Piękna und ulica Koszykowa vereinzelt Vorkriegsgebäude erhalten, was einen ungewöhnlichen Kontrast zur „sozialistischen Moderne" schafft.

Tram 4, 18, 35, 36. Bus 100, 101, 117, 119, 131, 159, Haltestelle Plac Konstytucji. Ⓜ Politechnika.

Wohnbezirk Marszałkowska-Straße (Marszałkowska Dzielnica Mieszkaniowa – MDM)

1950 wurden die Ruinen der klassizistischen und sezessionistischen Bauten aus der Vorkriegszeit abgetragen, in den folgenden zwei Jahren entstand hier eine moderne Siedlung für 45.000 Menschen. Ziel der Architekten war es, die Ideale des Sozialistischen Realismus in Form von mächtigen Wohnblocks mit breiten Balkonen und weitläufigen Arkaden zu verwirklichen. Dabei knüpften sie auch an die Bautraditionen der Hauptstadt an; so zeigen zum Beispiel einige Fassaden Sgraffiti, die an Warschauer Altstadthäuschen erinnern. Dagegen sind die an der aleja Wyzwolenia stehenden Blocks eine Reminiszenz an die Pariser Place Vendôme. Wie ehrgeizig die Pläne für das MDM-Viertel waren, verdeutlicht die Tatsache, dass die 1952 fertiggstellten Gebäude nur ein Achtel des ursprünglich geplanten Projekts darstellen!

Gegenwärtig ist die Siedlung trotz ihrer Mächtigkeit bei den Warschauern akzeptiert und recht beliebt; ein Grund dürfte sein, dass ihr Stil durchgängig ist und sich auch in der Bauqualität deutlich von späteren Bausünden abhebt. Und während die Denkmalschützer die Aufnahme des Viertels in ihre Liste vorantreiben, freuen sich ihre Bewohner über zahlreiche Cafés, Restaurants, Geschäfte und Galerien.

Tram 4, 18, 35, 36. Bus 100, 101, 117, 119, 131, 159, Haltestelle Plac Konstytucji. Ⓜ Politechnika.

Novotel-Hochhaus

Das frühere Hotel Forum zieht durch seine weiße Front und die schmale, längliche Form die Blicke auf sich. 1972–1974 gebaut, war es damals das modernste Hotel mit westlichem Standard – und mit 111 m das höchste.

Auch dieses Hochhaus spielte in einem polnischen Film eine Rolle: In dem 1993 von Barbara Sass gedrehten Streifen „Pajęczarki“ (abgeleitet von pająk, dem polnischen Wort für Spinne) nutzt die Protagonistin das Hochhaus wie Spiderman als „Gymnastikgerät“.

Platz der Verfassung, Herz des MDM

Ul. Marszałkowska 94. Tram 4, 7, 8, 9, 18, 22, 24, 25. Bus 100, 105, 107, 117, 127, Haltestelle Centrum. Ⓜ Centrum.

Praktische Infos

(→ Karte S. 188/189)

Restaurants

Mandala (24), vielleicht das beste asiatische Restaurant in Warschau. Minimalistisches Design, indisch-thailändische Kreationen des nepalesischen Chefkochs und Tische im abbruchreifen Innenhof. Ungewöhnlich also in jeder Hinsicht, ist das Lokal bei den jungen und alternativen Warschauern ein Renner. Ebenso beliebt ist der Club, in dem auf Partys Weltmusik und House zu hören sind – oder Stand-up-Comedians auftreten und Kurzfilme gezeigt werden. Lunch Mo–Fr 12–17 Uhr 5–6 €, Tandoori-Gerichte 5–10 €. Mo–Do 12–21 Uhr, Fr–So 13–22 Uhr, Club Mo–Sa ab 18 Uhr. Ul. Emilii Plater 9/11, ✆ 22-4284454, www.mandalaklub.com.

Grand Kredens (11), für manchen mag es Kitsch sein, doch die meisten Besucher fühlen sich in diesem vor ungewöhnlichen Einfällen nur so überquellenden Restaurant pudelwohl. Unserer Meinung nach gibt es kaum ein Plätzchen, an dem das Warschau der Vorkriegszeit so zu spüren ist. Die Betreiber wollten allerdings eine Atmosphäre irgendwo zwischen den Straßen von Paris, den Plätzen des antiken Roms und einer irischen Taverne schaffen. Ach ja, statten Sie der Toilette einen Besuch ab, auch wenn Sie nicht müssen! Gegrillte Forelle mit Mandelsauce 13 €. Mo-Fr 10–2 Uhr, Sa/So 11–2 Uhr. Al. Jerozolimskie 111, ✆ 22-6298008, www.kredens.com.pl.

Inaba (17), im Keller der japanischen Hochschule bekommt man hervorragendes Sushi und vollendete Kochkunst aus Nippon; häufig Karaokeveranstaltungen. Menü 30–50 €, Hauptgericht 5–12 €, Lunch-Menü 12–15 Uhr 11 €. Tägl. 12–23 Uhr. Ul. Nowogrodzka 84/86, ✆ 22-6225955, www.inaba.com.pl.

Im Królikarnia-Palast befindet sich das sehenswerte Xawery Dunikowski-Museum

Abstecher zur Królikarnia

Im Królikarnia-Palast, dem „Kaninchenhaus“, befanden sich zur Zeit der Sächsischen Epoche im frühen 18. Jahrhundert die Kaninchengehege für Jagden. Im Park rund um das Palais tummeln sich heute statt der kleinen Nager allerdings eher Freunde der Kunst. Zu ihrem Glück ist die Anlage im südlichen Stadtteil Mokotów nur ein paar Schritte von der nächsten Metro-Station entfernt.

Der klassizistische Palast wurde anstelle eines Kaninchengeheges zwischen 1782 und 1786 für Karol de Valery-Thomatis, den Haushofmeister von König Stanisław August Poniatowski, gebaut. Das Projekt von Dominik Merlini weist mit seiner viereckigen Form und einer Kuppel deutliche Anleihen von der zu dieser Zeit oft kopierten Villa Capra „La Rotonda“ im italienischen Vincenza auf. In der bei den Anwohnern beliebten Gartenanlage mit verstreut stehenden und liegenden Skulpturen gibt es im Sommer häufig Konzerte, Festivals und Happenings.

Im Palais residiert seit 1965 das *Xawery Dunikowski-Museum*, in dem wie im Park Skulpturen und weitere Werke des Künstlers sowie Ausstellungen zu wechselnden Themen zu sehen sind. Der oft als bester polnischer Bildhauer des 20. Jh. gefeierte Dunikowski überlebte seine Internierung in Auschwitz; mehrere Male sollte der Künstler hingerichtet werden, unter anderem, weil er sich weigerte, ein Modell des Konzentrationslagers zu bauen.

Ein sonderbares Bauwerk ist in der Nähe des Parks, etwas weiter südlich in der ulica Czerniowiecka, zu entdecken. Hier steht an einer Böschung inmitten eines Wohnviertels eine verfallene Skisprungschanze. Sie wurde 1955–59 errichtet und 40 Jahre später stillgelegt.

Królikarnia-Palast: Di, Mi, Fr, So 10–16 Uhr, Do/Sa 10–18 Uhr, Mo geschl. Eintritt 2 €, erm. 1 €, Do frei. ✆ 22-8431586, www.krolikarnia.mnw.art.pl. Ul. Puławska 113 a. Ⓜ Wierzbno, Tram 4, 10, 14, 18, 36. Bus 505, Haltestelle Królikarnia.

Gondelfahrt in einer der schönsten Parkanlagen Europas

Łazienki Królewskie

Warschaus grüne Lunge zählt zu den schönsten Parkanlagen in Europa. Bei Touristen und Warschauern gleichermaßen beliebt, wird es hier an Sommerwochenenden normalerweise voll. Wer mehr Ruhe sucht, sollte möglichst an einem Tag unter der Woche kommen – in diesem Fall wird man allerdings eines der sonntäglichen Chopin-Konzerte verpassen.

Schon im 13. Jh. befand sich an der Stelle der heutigen Grünanlagen die Siedlung Jazdów, bei der die masowischen Herzöge eine Burg bauten und unter König Zygmunt III. Waza ein Schloss entstand. Eigentlich handelt es sich bei den heutigen Parkflächen um drei durch Straßen voneinander getrennte Teile: Im Norden über der aleja Armii Ludowej breitet sich der eher unspektakuläre Park *Ujazdowski* aus, gleich darunter die *Agrykola* zwischen Allee und der gleichnamigen Straße, an der sich Botschaften und das Schloss befinden. Der interessanteste Teil aber sind die *Łazienki Królewskie*, was mit „Königliche Bäder" übersetzt wird und auf den ursprünglichen Zweck der Parkanlage hinweist: Prinz Stanisław Herakliusz Lubomirski ließ hier im 17. Jh. von Tylman van Gameren den ersten Badepavillon bauen. Rund ein Jahrhundert später wurde der Pavillon in ein Wasserschlösschen umgestaltet, das König Stanisław August Poniatowski fortan als Sommerresidenz diente. In den letzten Blütejahren vor den Teilungen Polens wurden hier die klassizistischen Ideale des Königs realisiert, die als „Styl Stanisławowski" (→ Architektur) bekannt sind und an kaum einem anderen Ort der Stadt so harmonisch umgesetzt wurden.

Die Baumeister Dominik Merlini und Jan Chrystian Kamsetzer, die Bildhauer und Maler Marcello Bacciarelli und Jan Bogumił Plersch sowie der Landschaftsgärtner Jan Christian Schuch verwandelten die Łazienki Królewskie in eine beeindruckende Landschaft voller

Karte S. 201

Seen, Blumenbeete, Teiche, klassizistischer Gebäude und an die Antike erinnernde Statuen, in der auch ein Amphitheater nicht fehlte. Nach dem Tod des Königs ging der Besitz an den russischen Zaren Alexander I. über, der den Park, heute eine der großen Sehenswürdigkeiten Polens, noch um einige Gebäude erweiterte. Seit Ende des Ersten Weltkriegs steht der Park wieder den Polen offen, die seine Schönheiten oft und gern genießen.

Wo kleine Barbaras aus der Hand fressen

Wo früher die Könige badeten, sich vergnügten und erholten, unternehmen heute viele Warschauer ihren Sonntagsspaziergang, geraten alljährlich zahllose Touristen ins Schwärmen. Doch nicht nur die Menschen fühlen sich in den Łazienki Królewskie wohl. Die Schwäne zeigen sich von ihrer fotogenen Seite, während die Pfauen zwischen klassizistischen Skulpturen umherstolzieren. Hier, wo sich im 16. Jahrhundert noch ein Reservat für wilde Tiere erstreckte, haben mittlerweile auch zahllose Eichhörnchen Beziehung zum Menschen geknüpft und sind entsprechend zutraulich. Nüsse fressen sie aus der Hand, posieren dabei vor der Linse des Fotografen und manchmal lassen sie sich sogar streicheln. Vergessen Sie also nicht, eine Tüte mit den Nagetierleckereien mitzunehmen oder sich am Eingang eine zu kaufen. Sollte man mit dem Anlocken keinen Erfolg haben, schwören die Warschauer auf diese Methode: Mit sanfter Stimme soll man die polnische Koseform des Namens Barbara rufen. Das wiederholte „Basia, Basia, Basia“ wird man im Park oft zu hören bekommen, wobei das „si“ wie ein „ch“ ausgesprochen wird, nicht wie in „Bach“, sondern wie in „Becher“. Falls Ihnen diese Kurzlektion in polnischer Phonetik zu kompliziert ist, können Sie Ihr Glück auf Deutsch versuchen und die Tierchen mit „Babsi, Babsi, Babsi“ locken; ob Sie so Ihr Ziel erreichen, wollen wir aber nicht versprechen.

Übernachten
2 Agrykola
13 Hotel Karat
14 Belwederski
15 Reytan
16 Hyatt Regency
Einkaufen
4 Spis treści
8 Galeria Wodozbiór
Sonstiges
7 Muzeum Łowiectwa i Jeździectwa
10 Rejs gondolą
Essen & Trinken
1 Mar y Sol
3 Prowansja
4 Qchnia artystyczna
12 Belvedere
17 Dziki Ryż
Cafés
5 Café Instytut
6 Café Flora
9 Trou Madame
11 Amfiteatr
Deutsche Botschaft
Wasserturm
Paderewski-Denkmal
Ujazdowski-Park
Justizministerium
Sportzentrum Agrykola
Legia
Schloss Ujazdowski
Kultus- und Sportministerium
Botanischer Garten der Universität
Eremitage
Jan III. Sobieski-Denkmal
Astronomisches Observatorium
Alte Orangerie
Alte Hauptwache
Stanisław-August-Denkmal
Myślewicki-Palais
Sienkiewicz-Denkmal
Kadettenschule
Palais auf dem Wasser
Kozietulski-Denkmal
Wysocki-Denkmal
Fryderyk-Chopin-Denkmal
Weißes Haus
Neue Hauptwache
Kanzlei des Ministerpräsidenten
Piłsudski-Denkmal
Diana-Tempel
Theater auf der Insel
Belvedere
Neue Orangerie
Verteidigungsministerium
Ägyptischer Tempel
Österreichische Botschaft
Aleje Ujazdowskie
Aleja Armii Ludowej
Al. J.Ch. Szucha
Belwederska
Spacerowa
Goworka
J. Gagarina
Wiejska
Piękna
Jazdów
Myśliwiecka
J. Hoene-Wrońskiego
Rozbrat
Górnośląska
Fabryczna
F. Chopina
J. Lennona
Koszykowa
Łazienkowska
J. Kusocińskiego
Kawalerii
Agrykola
Szwoleżerów
Listopada
Bagatela
Klonowa
Parkowa
A. Sulkiewicza
Łądowa
Podchorążych
Stępińska
Sielecka
70 m
Tour 9: Łazienki

Tour 9: Im grünen Warschau

Ausgangspunkt ist die Bushaltestelle Łazienki Królewskie, erreichbar mit den Linien 100, 116, 166, 180, 195.

Ende: Park Ujazdowski, Bus 100, 116, 138, 151, 166, 180, 195, Haltestelle Plac Na Rozdrożu.

Dauer: Reine Gehzeit 1¼ bis 1¾ Std. Anfahrt vom Zentrum 8 Min.

Von der Bushaltestelle geht es ein paar Schritte nach Norden in Richtung Zentrum für die, die den schönen → **Botanischen Garten der Universität** (Ogród Botaniczny UW) besuchen möchten. Anschließend auf den aleje Ujazdowskie zurück zur Haltestelle, in deren Nähe das Józef-Piłsudski-Denkmal vor dem Palast steht. Wer die Eichhörnchen im Park füttern will, kann hier ein paar Nüsse kaufen, dann durch den Haupteingang hinein in den Park und geradeaus auf das berühmte → **Fryderyk-Chopin-Denkmal** (Pomnik Fryderyka Chopina) zu. An dem von Blumenbeeten geschmückten Wahrzeichen der Stadt am kleinen Teich darf man an Sommersonntagen den kostenlosen Konzerten lauschen. Danach geht es auf dem halbkreisförmigen Weg hinter dem See nach links in Richtung der Allee und nach einem Viertelkreis nach rechts zum Denkmal für den polnischen Literaturnobelpreisträger Henryk Sienkiewicz. Von hier aus ist das Observatorium des Botanischen Gartens zu sehen. Dort gehen wir rechts, fast parallel zum Botanischen Garten, und gelangen nach 200 m zu → **Wasserturm** (Wodozbiór) und → **Alter Orangerie** (Stara Pomarańczarnia).

Auf der Königspromenade genannten Hauptachse ist nach 100 m das → **Weiße Haus** (Biały Domek) erreicht, weiter auf dem breiten Weg folgt nach 200 m die → **Neue Hauptwache** (Nowa Kordegarda). Zwar ist von hier aus schon das „Palais auf dem Wasser" zu sehen, doch führt unser Weg erst am See entlang und weg vom Palast. Nach der 350 m entfernten Brücke am südlichen Ufer halten wir uns rechts und gehen bei der ersten Möglichkeit schräg links und geradeaus auf die → **Neue Orangerie** (Nowa Pomarańczarnia) zu. Anschließend kehren wir auf demselben Weg zurück oder wählen zur Abwechslung den schräg rechts abzweigenden. Wieder zurück am See, überqueren wir bei einer kleinen Kaskade und der Neptun-Skulptur eine weitere Brücke und gehen zum links schon sichtbaren → **Theater auf der Insel** (Teatr na Wyspie), das an ein antikes Amphitheater erinnert.

150 m weiter steht das → **Palais auf dem Wasser** (Pałac na Wodzie), eines der Warschauer Wahrzeichen und der Höhepunkt des Parkbesuchs; seine formvollendete Schönheit darf man von innen und von außen bewundern. Nordöstlich des Palais stehen dicht beieinander die → **Kadettenschule** (Podchorążówka), die → **Alte Hauptwache** (Stara Kordegarda) und das → **Myślewicki-Palais** (Pałac Myślewicki), letzteres sollte man auch von innen gesehen haben.

Über den sich von der Frontseite des Myślewicki-Palais entfernenden Weg verlassen wir den Park Łazienki Królewskie. Draußen geht es links auf die *ulica Agrykola* und die zweite Möglichkeit nach rechts bis zur → **Eremitage** (Ermitaż). Wieder zurück auf der ulica Agrykola, passieren wir das Reiterdenkmal zu Ehren des Türkenbezwingers Jan III. Sobieski und gehen durch das 150 m entfernte Tor bei den Sportanlagen nach rechts in diesen Teil des Parks, der wie die Straße Agrykola heißt, bis nach 200 m zur Rechten der

Piaseczyński-Kanal auftaucht. Gegenüber vom Kanal führen Treppen zum → **Schloss Ujazdowski** (Zamek Ujazdowski) hinauf, das vor allem für seine Ausstellungen zeitgenössischer Kunst bekannt ist.

Wer der Parks noch nicht überdrüssig ist, kann abschließend den → **Ujazdowski-Park** (Park Ujazdowski) besichtigen, der weit weniger von Touristen überlaufen ist als der Park Łazienkie-Królewskie. Dorthin geht es über die Hauptstraße führende Fußgängerbrücke nördlich des Schlosses und dann 300 m nach links in Richtung aleje Ujazdowskie.

Außerhalb des Rundgangs

Abseits der oben vorgeschlagenen Tour sind weitere Gebäude und Skulpturen in ähnlichem Stil einen Besuch wert – beispielsweise der *Ägyptische Tempel* (Świątynia Egipska) im südwestlichen Teil des Łazienki-Parks, westlich der Neuen Orangerie. Oder der *Diana-Tempel* (Świątynia Diany) auf Höhe des Belvedere-Palasts und südwestlich des Chopin-Denkmals; beide wurden 1822 von Jakub Kubicki geplant.

Sehenswertes

Die Łazienki Królewskie sind von Sonnenaufgang bis Sonnenuntergang geöffnet. Dez. bis Feb. 6.30–16 Uhr, März/Nov. 6–17 Uhr, April/Mai und Aug. bis Okt. 6–20.30 Uhr, Juni/Juli 6–21 Uhr, Eintritt zum Park frei.

Botanischer Garten der Universität (Ogród Botaniczny UW)

1818 auf Initiative des ersten Direktors Michał Szubert gegründet, erwarb sich der Botanische Garten schnell den Ruf, eine der interessantesten Anlagen in Europa zu sein. Doch als Reaktion auf den Novemberaufstand 1830 wurde er von den russischen Besatzern zur Strafe verkleinert. Heute genießt der Besucher einen auf die frühere Größe erweiterten Park mit 5000 Pflanzenarten und tropischen Gewächshäusern, in denen es nur so spießt und blüht. Einen historischen Einblick gewähren die alten Fundamente des „Tempels der Göttlichen Vorsehung“, der hier zum Gedenken an die Verfassung von 1791 entstehen sollte, aber erst jetzt, mehr als 200 Jahre später, in Wilanów errichtet wird (→ Tour 12, Kastentext). Sehenswert ist auch das Astronomische Observatorium mit der 1824 geschaffenen neoklassizistischen Fassade an der Südseite des Gartens.

Garten: April bis Aug. Mo–Fr 9–20 Uhr, Sa/So 10–20 Uhr, Sept. tägl. 10–18 Uhr, Okt. Mo–Fr 10–17 Uhr, Sa/So 10–18 Uhr. ✆ 22-5530511,

www.ogrod.uw.edu.pl. Al. Ujazdowskie 4. **Gewächshäuser**: Mitte Mai bis Mitte Sept. So 10–17 Uhr; nach tel. Anmeldung ganzjährig So–Fr 9–15.30 Uhr, ✆ 22-5530514.
Eintritt Park und Gewächshäuser 2 €, erm. 1 €, nur Park 1 €.
Bus 100, 116, 166, 180, 195, Haltestelle Łazienki Królewskie.

Belvedere (Belweder)

In der zweiten Hälfte des 17. Jh. zunächst im Barockstil errichtet, wurde der Palast 1818–1822 von Jakub Kubicki im Stil des Neoklassizismus umgebaut. Hier residierte der als Statthalter des russischen Zaren eingesetzte Großherzog Konstanty – beim Novemberaufstand 1830 war das Palais ein entscheidendes Angriffsziel der Kadetten; der für seine Grausamkeit berüchtigte Herzog konnte jedoch rechtzeitig fliehen. In der Zwischenkriegszeit und nach der Wende 1989 fungierte das Belvedere als Sitz des Präsidenten, heute wird es vom polnischen Präsidenten und Premier nur noch für Empfänge genutzt. Vor dem Schloss steht eine Statue des Marschalls Józef Piłsudski nach einem Entwurf des polnischen Exilpräsidenten Stanisław Ostrowski (1892–1982).

Ul. Belwederska 54. Bus 100, 116, 166, 180, 195, Haltestelle Łazienki Królewskie.

Fryderyk-Chopin-Denkmal (Pomnik Fryderyka Chopina)

Das Jugendstildenkmal zu Ehren des bekanntesten polnischen Komponisten wurde 1909 von Wacław Szymanowski (1859–1930) entworfen, wegen der Diskussionen um seinen künstlerische Qualität aber erst 1926 feierlich enthüllt. Es zeigt Chopin unter einer der für Masowien so typischen Trauerweiden, deren Äste über dem Kopf des Romantikers hängen. Wegen Chopins Ansehen bei den patriotischen Polen zerstörten die Nationalsozialisten 1940 das Denkmal, das erst 1958 rekonstruiert wurde. Rund um Skulptur und Teich breiten sich Rosen- und Blumenbeete aus, dazwischen sitzt und steht das Publikum, wenn hier in der Sommersaison die sonntäglichen Chopin-Konzerte stattfinden.

Konzerte Mitte Mai bis Sept. jeden So um 12 und 16 Uhr (kostenlos). www.lazienki-krolewskie.pl. Łazienki Królewskie.
Bus 100, 116, 166, 180, 195, Haltestelle Łazienki Królewskie.

Belwedere

Fryderyk-Chopin-Denkmal

Wasserturm (Wodozbiór)

Von hier aus wurde das Wasser zu den Palästen, Brunnen und Bädern des Parks gepumpt. Seine runde Gestalt erhielt der Turm 1777, bei Umbauarbeiten 1827 nahm sich der Architekt Christian Piotr Aigner das Grabmal der Caecilia Metella an der römischen Via Appia zum Vorbild und gab dem Bauwerk sein heutiges Aussehen. Heute sind im Innern des Wasserturms gelegentlich Ausstellungen moderner oder klassischer Kunst zu sehen.

Tägl. 10–20 Uhr, im Winter bis 16 Uhr. ✆ 22-6216241. Łazienki Królewskie. Bus 100, 116, 166, 180, 195, Haltestelle Łazienki Królewskie.

Alte Orangerie (Stara Pomarańczarnia)

Dominik Merlini (1730–1797) war der Baumeister der 1786–1788 errichteten Orangerie. Genutzt wurde sie ursprünglich, um die südländischen Gewächse vor Frost zu schützen, darunter, wie der Name verrät, auch Orangen. Im östlichen Flügel residiert das bis heute genutzte *Hoftheater* (Teatr Stanisławowski) mit Fresken und Marmorarbeiten von Jan Bogumił Plersch (1732–1817); die anderen Innenräume zeigen über 800 Skulpturen verschiedener Bildhauer vom 16. bis zum 20. Jh.

Di–So 9–16 Uhr, Mo geschlossen. Eintritt 2 €, erm. 1 €, So frei. www.lazienki-krolewskie.pl. Łazienki Królewskie.
Bus 100, 116, 166, 180, 195, Haltestelle Łazienki Królewskie.

Weißes Haus (Biały Domek)

Wahrscheinlich war das Gebäude an der Königspromenade das erste, das Dominik Merlini in den Łazienki Królewskie errichtete; seine Bauzeit (1774–1776) und sein Zweck stehen hingegen fest: Es diente König Stanisław August Poniatowski als Liebesnest, in dem er seine Mätresse traf. Im Gegensatz zu den meisten Gebäuden im Park über-

Weißes Haus, das Liebesnest von Stanisław August Poniatowski

stand das Weiße Haus den Zweiten Weltkrieg fast unbeschadet, was besonders wegen der Fresken von Jan Bogumił Plersch und Jan Ścisło ein Grund zur Freude ist. An der Südfassade zeigt eine Sonnenuhr von 1776, welche Stund' geschlagen hat.

Mai bis Sept. Di–So 9–16 Uhr, Mo geschl. Eintritt 1 €, So frei. www.lazienki-krolewskie.pl. Łazienki Królewskie.
Bus 100, 116, 166, 180, 195, Haltestelle Łazienki Królewskie.

Neue Hauptwache (Nowa Kordegarda)

Architekt war auch hier Dominik Merlini, für Bau und Inneneinrichtung (1779–1780) zeichnet Jan Bogumił Plersch verantwortlich; 1830 fügte Jakub Kubicki die Säulen und das klassizistische Dach hinzu. Obwohl der Name anderes vermuten lässt, wurde die Neue Hauptwache als Festpavillon und höfisches Komödientheater genutzt. Heute residiert hier ein Café mit dem Namen „Trou-Madame“, unter dem das Gebäude ebenfalls bekannt ist.

www.lazienki-krolewskie.pl. Łazienki Królewskie. Bus 108, 162, Haltestelle Agrykola.

Neue Orangerie (Nowa Pomarańczarnia)

Adam Loeve und Józef Orłowski schufen den viktorianischen Glaspalast im Jahr 1860. Das Innere diente damals wie heute der Aufzucht von tropischen und subtropischen Pflanzen. 1989 eröffnete hier das Restaurant Belvedere seine Pforten, das bei betuchten Gourmets und Staatsgästen als feine Adresse gilt. Eine Besichtigung ohne Restaurantbesuch ist leider nicht gern gesehen.

Restaurant tägl. 12–24 Uhr. www.lazienki-krolewskie.pl. Łazienki Królewskie. Bus 116, 119, 131, 166, 167, 168, 180, 195, Haltestelle Spacerowa.

Die Neue Orangerie ist heute ein Luxusrestaurant

Theater auf der Insel (Teatr na Wyspie)

Klarer als bei diesem Amphitheater von 1790 könnten die Anspielungen auf die Antike, in diesem Fall das Theater von Herculaneum am Golf von Neapel, nicht sein. Die Bühne auf einer künstlichen Insel im ebenso künstlich angelegten See schmückte Jan Chrystian Kamsetzer mit Ruinen und Skulpturen aus der griechischen Mythologie; die oberste Reihe des gegenüberliegenden Zuschauerrunds zieren ebenfalls klassizistische Skulpturen. Im Sommer gibt es hier regelmäßig Konzerte, Musicals und Theaterstücke.

✆ 22-506101, www.lazienki-krolewskie.pl. Łazienki Królewskie.
Bus 108, 162, Haltestelle Agrykola.

Palais auf dem Wasser (Pałac na Wodzie)

Ohne Frage der architektonische Höhepunkt in den Łazienki Królewskie. Den Vorgängerbau, ein Badehaus, ließ Prinz Stanisław Herakliusz Lubomirski von 1680 bis 1690 von Tylman van Gameren errichten. Damals schon stand das Gebäude auf einer künstlichen Insel, die den See zweiteilt und über zwei Arkadenbrücken mit dem Park verbunden ist. Das heutige Palais planten Dominik Merlini und Jan Chrystian Kamsetzer von 1772 bis 1793 für König Stanisław August Poniatowski. Seine Fassade gliedert eine von Säulen getragene Attika. Von Andre Le Bruns geschaffene Allegorien der vier Kontinente (ohne Australien) zieren die Fassade am äußeren Rand, über den Säulen sind es die vier Jahreszeiten und im Zentrum des Dachs die vier Elemente.

Seit 1775 diente das Palais auf dem Wasser als königliche Sommerresidenz, hier fanden an Donnerstagen die be-

Das Palais auf dem Wasser ist der architektonische Höhepunkt in den Łazienki Królewskie

rühmten Tafelgespräche statt, die der aufgeklärte Monarch mit Freigeistern, Künstlern und Freimaurern führte. Nach der 1795 erzwungenen Abdankung von König Stanisław August ging das Palais in die Hand von Prinz Józef Poniatowski über, seit 1817 nutzten es die russischen Zaren.

Die Nationalsozialisten wollten den Pałac na Wodzie vor ihrem Rückzug eigentlich noch sprengen, doch das schnelle Vordringen der Roten Armee ließ „nur" noch ein Brandschatzen zu. Unter Leitung des Architekten Jan Dąbrowski wurde nach dem Krieg sofort mit dem Wiederaufbau begonnen, die Arbeiten dauerten bis 1960. Seitdem ist die alte Pracht auch im Inneren wieder zu bestaunen: Malereien, Skulpturen und Marmorarbeiten, die meisten von Marcello Bacciarelli und Jan Bogumił Plersch.

Während das *Przedpokój* (Vorzimmer) recht nüchtern ist, zeigt die *Sala Jadalna* (Speisesaal) prunkvolle Säulenarbeiten und Skulpturen römischer Kaiser. Wer sich für Malerei interessiert, wird in der *Galeria Obrazów* (Gemäldegalerie) mit dem schwarzem Marmorkamin und im *Gabinet Portretowy* (Porträtkabinett) fündig; zu sehen sind hier u. a. weniger bekannte Werke von Rembrandt und Rubens. Beim *Pokój Bachusa* (Bacchuszimmer) handelt es sich um das ursprünglich im chinesischen Stil gestaltete Badezimmer; sein Deckengemälde über den holländischen Kacheln und der größtenteils barocken Dekoration zeigt Bacchus, Ceres und Venus mit Armor. Zusammen mit dem *Przedsionek* (Vorhalle) bildet es den Teil des Badehauses, der auf die Zeit von Prinz Stanisław Herakliusz Lubomirski zurückgeht.

Besonders eindrucksvoll ist die zentrale, marmorne *Rotunda* (Rotunde) mit dem Pantheon der großen polnischen Könige (Kazimierz Wielki, Zygmunt I., Stefan Batory, Jan III. Sobieski) sowie der Kuppel, welche die vier Tageszeiten zeigt.

Die *Sala Salomona* (Salomonsaal) war der Hauptsalon der Residenz.

Die von zwei gegenüberstehenden Kaminen geprägte *Sala Balowa* (Ballsaal) wurde für Empfänge, formelle Dinner und natürlich Bälle genutzt. Auf der einen Seite wird das mit einer Herkulesstatue geschmückte Sims von einem Zentaur und Zerberus gestützt, auf der anderen befindet sich die von Satyr Marsyas und König Midas gestützte Statue des Apoll.

Der wichtigste Raum des Palais ist natürlich der *Pokój Kąpielowy* (Badepavillon), der mit zwei Wannen ausgestattet war. Die wunderschön herausgearbeiteten Hochreliefs zeigen fünf Szenen aus Ovids Metamorphosen. Das sechste Relief ließ der König übrigens entfernen, um Platz für eine Heizung zu schaffen.

Di–So 9–16 Uhr, Mo geschl. Eintritt 3 €, erm. 2 €, So frei. Anmeldung für eine deutschsprachige Führung (20 €/Gruppe) 3 Tage im Voraus: ✆ 22-5060167. www.lazienki-krolewskie.pl. Łazienki Królewskie. Bus 108, 162, Haltestelle Agrykola.

Kadettenschule (Podchorążówka)

Das ursprünglich als Küche und Bedienstetenunterkunft, später als Schule für die Offiziersanwärter genutzte Gebäude ist weniger architektonisch interessant als vielmehr geschichtlich: Hier begann der Novemberaufstand von 1830, der vor allem von den Kadetten ausging und ein Ziel hatte: ein von Russland befreites Polen. In den Räumlichkeiten befindet sich heute ein Museum, das sich mit dem polnischen Komponisten, Pianisten und Premier Ignacy Jan Paderewski sowie der Geschichte der Exilpolen befasst. Für historisch Interessierte kann der Besuch lohnen.

Di–So 9–16 Uhr. Eintritt 1 €. ✆ 22-5060101, www.lazienki-krolewskie.pl. Ul. Agrykola 1. Bus 108, 162, Haltestelle Agrykola.

Alte Hauptwache (Stara Kordegarda)

Auch wenn hier nur die Leibgarde des Königs untergebracht war, weist die zwischen 1791 und 1792 entstandene Kordegarda eine majestätische Fassade auf: Da der König von seinem „Palais auf dem Wasser" direkt auf das Gebäude blickte, wollte man ihm wohl keinen nüchternen Zweckbau zumuten; mit der Planung beauftragt wurde Jan Chrystian Kamsetzer. Derzeit wird das Gebäude für wechselnde Gemäldeausstellungen genutzt.

www.lazienki-krolewskie.pl. Łazienki Królewskie. Bus 108, 162, Haltestelle Agrykola.

Myślewicki-Palais (Pałac Myślewicki)

Der frühklassizistische Palast zieht durch seine an eine Konzertmuschel erinnernde Form den Blick auf sich, geplant und gebaut wurde er 1775–79 von Dominik Merlini im Auftrag von König Stanisław August Poniatowski. Von den Innenräumen sind besonders der Speisesaal und das Badezimmer sehenswert, beide dekorierte Jan Bogumił Plersch mit Wandmalereien.

So–Di 9–16 Uhr, Mi–Sa geschlossen. Eintritt 1 €. ✆ 22-5060101, www.lazienki-krolewskie.pl. Łazienki Królewskie. Bus 108, 162, Haltestelle Agrykola.

Eremitage (Ermitaż)

Das quadratische Gebäude mit einem Mansardendach von Tylman van Gameren diente Prinz Stanisław Heraklitusz Lubomirski als Rückzugsort. Außer für seine militärischen und politischen Fähigkeiten war der Prinz auch als Poet, Theaterdramaturg und Verfasser von philosophischen, religiösen und historischen Abhandlungen bekannt. Heute finden hier ganz im Sinne Lubomirskis

Charakteristisch für den Park sind die vielen Pfauen

Ausstellungen, Konzerte und Literatentreffen statt.

www.lazienki-krolewskie.pl. Łazienki Królewskie. Bus 108, 162, Haltestelle Agrykola.

Schloss Ujazdowski (Zamek Ujazdowski)

Die Schlossanlage thront über dem Park Agrykola mit dem Piaseczyński-Kanal, der über einige hundert Meter in Richtung Weichselufer führt. Im 13. Jh. stand an dieser Stelle ein Jagdschloss der masowischen Fürsten, das Matteo Castelli (1560–1632) für König Zygmunt III. Waza im barocken Stil umbaute (1620–1624). Seine heutige Gestalt verdankt das Schloss dem klassizistischen Umbau im späten 18. Jh. Während es im 19. Jh. als Militärspital genutzt wurde, ist es heute die Heimat des überaus ambitionierten *Zentrums für Zeitgenössische Kunst* (Centrum Sztuki Współczesnej). In den ansprechend gestalteten Galerien stößt man auf die Werke der derzeit größten polnischen Künstler. Wer sich für die Avantgarde und außergewöhnliche Werke der Bildenden Kunst, Videokunst sowie Musik und Theater interessiert, sollte für einen Besuch genügend Zeit einplanen; besonders spannend ist das Schaffen der jeweiligen „artists in residence", 2009 waren dies u. a. die Schweizer Christoph Draeger und Rudolf Steiner.

Di–So 12–19 Uhr, Fr bis 21 Uhr, Mo geschlossen. Eintritt 3 €, erm. 2 €. ✆ 22-62812713, ✆ 6289550, www.csw.art.pl. Ul. Jazdów 2. Bus 100, 116, 138, 151, 166, 180, 195, Haltestelle pl. Na Rozdrożu.

Ausstellung im Zentrum für Zeitgenössische Kunst im Schloss Ujazdowski

Ujazdowski-Park (Park Ujazdowski)

Der Landschaftspark mit vielen Kastanienbäumen wurde 1893 von Gartenbaumeister Franciszek Szanior geplant; die Anlagen sind nicht annähernd so von Touristen überlaufen wie der Park Łazienki Królewskie, weshalb man den Teich mit kleinem Wasserfall und die über den Park verteilten Skulpturen entspannt betrachten kann. Die interessantesten Werke schufen die Bildhauer Pius Weloński (1849–1931) mit seinem „Gladiator" (1892) sowie Edward Wittig (1879–1941) mit „Ewa" (1911); einen Blick wert ist auch die öffentliche Waage am nördlichen Eingang zur ulica Piękna, die bis heute in Gebrauch ist.

Tägl. 6–24 Uhr. Al. Ujazdowskie. Bus 100, 116, 138, 151, 166, 180, 195, Haltestelle pl. Na Rozdrożu.

Praktische Infos

(→ Karte S. 201)

Restaurants

Qchnia artystyczna (4), eigentlich schon eine Sehenswürdigkeit ist diese europaweit gerühmte „Kunstküche", die an ein Improvisationstheater erinnert. In punkto Einrichtung trifft man auf schlichte, geschmackvolle Eleganz, die sich ebenso ständig ändert wie die Karte: Überrascht wird man von stets neuen Küchenkreationen sowie immer wieder neu und kunstvoll aufgespannten Vorhängen, liebevoll verzierten Vasen und originellen, zum Menü passenden Einfällen! Die Chefin Marta Gessler lernte vor vielen Jahren, alternativ zu kochen, da ihr Sohn Allergiker ist; aus der Not heraus entwickelte sie kreative Rezepte, die inzwischen halb Polen nachkocht. Bemerkenswert sind auch die Kinderfreundlichkeit und die wahrscheinlich sympathischsten und schnellsten Kellner Warschaus. Hauptgericht 12–17 €. Tägl. 12–24 Uhr. Ul. Jazdów 2 (Zamek Ujazdowski), ✆ 22-625 7627, www.qchnia.pl.

Belvedere (12), eines dieser Luxusrestaurants, in die Staatspräsidenten ihre Gäste einladen, um mit der Schönheit und guten Küche ihres Landes zu prahlen. So speisten hier u. a. Helmut Kohl und Hillary Clinton, aber auch Promis wie Mick Jagger oder Sophie Marceau. Der Gourmettempel residiert im viktorianischen Glasbau der Neuen Orangerie mit ihren vielen tropischen Pflanzen, sogar das Vorzelt hat einen Kronleuchter. Gedünsteter Zander aus den Masuren mit Spargel und Pilzrouladen 18 €. Tägl. 12–24 Uhr. Ul. Agrykoli 1, ✆ 22-8412250, www.belvedere.com.pl.

Dziki Ryż (17), erst 2006 eröffnet, ist das „Wildreis"-Restaurant für Stammgäste aus der gastronomischen Landschaft inzwischen ebenso wenig wegzudenken wie der charismatische chinesische Chef Ou Lu Juan. Das Beste der indischen, thailändischen, japanischen, koreanischen und chinesischen Küche kommt hier auf den Teller. Riesenplatte für 6 Pers. 110 €. Ul. Puławska 24 b, ✆ 22-8480060, www.dzikiryz.pl.

Mar y Sol (1), beliebtes Restaurant mit polnischer Gastfreundschaft und spanischem Temperament. Tapasplatte für 2 Pers. 20 €, Paella für 2 Pers. 16–21 €. Mo–Sa 11–23 Uhr, So 12–23 Uhr. Ul. Rozbrat 8/1, ✆ 22-6225000, www.mar-y-sol.com.pl.

Prowansja (3), in Sachen Küche und Einrichtung wie ein schöner Kurztrip in die Provence. Dorade vom Rost auf provençalischem Anis-Ratatouille 14 €. Tägl. 11–23 Uhr. Ul. Koszykowa 1, ✆ 22-6214258, www.prowansja.pl.

Cafés & Pubs

Amfiteatr (11), die erstklassige Lage bestimmt den Preis, die Qualität des Kaffees ist trotzdem eher dürftig, der Service gestresst. Unter den Sitzreihen des Theaters auf der Insel (Teatr na Wyspie). Tägl. 10 Uhr bis Sonnenuntergang, www.belvedere.com.pl.

Trou Madame (9), Kaffee und Kuchen sind eher weniger zu empfehlen, die garantierten Besucherströme motivieren anscheinend nicht. Unser Tipp: sich lieber eine der leckeren, aber leider auch teuren Waffeln holen und auf eine Parkbank setzen. Tägl. 10 Uhr bis Sonnenuntergang. Nowa Kordegarda, ✆ 22-5586746, www.belvedere.com.pl.

Café Flora (6), winziges Café mit Tischen im Botanischen Garten. Frühstück mit Kaffee 4 €. Tägl. 9–19 Uhr. Al. Ujazdowskie 4.

Café Instytut (5), ruhiges, minimalistisches Café mit wirklich gutem Espresso. Tägl. 9–22 Uhr. Im Instytut Teatralny, Ul. Jazdów 1.

Einkaufen

Galeria Wodozbiór (8), drei Geschäfte in einem, man bekommt Schmuck und Gemälde; nett zum Stöbern. Tägl. 10–20 Uhr, im Winter bis 16 Uhr. Wodozbiór, ✆ 22-6216241.

Spis treści (4), Kunstkataloge und Alben, aber auch Souvenirs wie die Warschauer Picasso-T-Shirts und die einfallsreichen Spielzeuge von Kalimba (→ Tour 11, Einkaufen). Di–So 11–19 Uhr, Fr bis 21 Uhr. Zamek Ujazdowski, Ul. Jazdów 2, www.spistresci.pl.

Sonstiges

Muzeum Łowiectwa i Jeździectwa (7), das Jagd- und Reitermuseum ist für Pferdenarren und Jagdbegeisterte einen Abstecher wert. Di/Mi/Fr 10–16 Uhr, Do 10–15 Uhr, Sa/So 10–17 Uhr, im Winter Mi–So 10–15 Uhr. Eintritt 2 €, erm. 1 €. Ul. Szwoleżerów 9, ✆ 22-5226630, www.muzeum.warszawa.pl.

Rejs gondolą (10), Gondelfahrten auf dem Teich beim Palast. 10 Min. 2 €/Pers, erm. 1 €. ✆ 0502-381389 (mobil), www.gondole.of.pl.

Typisches Flair in Praga: pittoresk verfallene Fassade

Praga

„Dort drüben am anderen Weichselufer hört Polen auf und beginnt Weißrussland. Oder Asien. Oder was auch immer", beschrieb ein Warschauer Manager die Unterschiede zwischen dem reichen und dem armen Teil seiner Heimatstadt. Und der Kontrast ist wirklich groß. Warum also sollte man dann „ans andere Ufer" fahren? Ganz einfach: Praga ist authentisch, spannend, alternativ, voller Kultur und quicklebendig – und das wahre Warschau sowieso.

Vom linksseitigen Weichselufer unterscheidet sich Praga zunächst durch seine Geschichte. 1432 wird Praga erstmals urkundlich erwähnt, als eigenständige Siedlung auf der Höhe der Altstadt, dort, wo heute der Zoo liegt und sich vor 600 Jahren dichte Wälder ausbreiteten; wie bei der tschechischen Hauptstadt geht der Name Praga auf das slawische Wort für Brandrodung zurück.

In der zweiten Hälfte des 16. Jh. wurde hier eine der damals längsten Brücken Europas gebaut, was die Entwicklung von Praga natürlich förderte; 1648 verlieh König Władysław IV. Waza der Siedlung das Stadtrecht. Doch im Gegensatz zur Warschauer Altstadt waren die meist hölzernen Häuser nicht durch Mauern geschützt, weshalb die Nachbarstadt unter Brandschatzungen und Kriegen stark zu leiden hatte. Auch die Brücke hielt nicht dauerhaft stand. Nachdem 1776 eine zweite Brücke die Weichsel überspannte, wurde Praga 1791 offiziell ein Teil Warschaus. Nur drei Jahre nach der Eingemeindung rächten sich die russischen Truppen für den Kościuszko-Aufstand (→ Stadtgeschichte) mit dem sogenannten Gemetzel von Praga. Fast alle Gebäude waren danach zerstört, die Häuser und Kirchen geplündert. Die Chronik berichtet von 23.000 Toten auf polnischer Seite, ihr Blut soll über die Straßen in die Weichsel geflossen sein und sie rot gefärbt haben. Beim Novemberaufstand von 1830 tobten in Praga erneut Kämpfe zwischen polnischen und russischen Truppen. In den Jahrzehnten danach gab es erste Schritte zu einer Industrialisierung, Praga entwickelte sich zu einem typischen Arbeitervorort.

Der vielleicht folgenreichste historische Unterschied zwischen Warschau und Praga ist durch den Verlauf des Zweiten Weltkriegs bedingt. Begünstigt durch die Lage am rechten, östlichen Weichselufer, rückte die Rote Armee 1944 schnell bis Praga vor – und wartete erst einmal ab. Und während im Westteil der Stadt der „Warschauer Aufstand" ausbrach, war in Praga Frieden eingekehrt. Deshalb hielt sich die Zerstörung in Grenzen. Die wahre, unzerstörte Altstadt sei in Praga, sagen die, deren Familien schon seit Jahrhunderten hier leben. „The right side of Warsaw", nennen es doppeldeutig die Zugezogenen.

Pragas Charme gründet auch darin, dass hier noch der alte Warschauer Dialekt gesprochen wird und das Kopfsteinpflaster vieler Straßen noch so aussieht wie vor 100 Jahren. Ursprünglich, beinahe dörflich erscheint der Stadtteil. Besonders beeindrucken die in fast allen Hinterhöfen zu entdeckenden Opferstöcke, die der Muttergottes gewidmet sind; herausgeputzt sind sie, geschmückt und oft so farbenfroh, wie man es eher in Südamerika vermuten würde – sie zeigen Pragas wahre Seele.

Während die Opferstöcke grellbunt strahlen, pendeln Pragas Farben ansonsten zwischen Abgasgrau und Rostrot. Die oft verfallenen Häuser zeigen Einschusslöcher, abblätternden Putz, Löcher in Treppen – Praga war auch im Sozialismus das vernachlässigte Stiefkind. Und wenn sich Warschau/West heute als Wirtschaftswunderstadt feiert, hat die kleine östliche Schwester noch immer den Ruf weg, ein Ort voller Trostlosigkeit, Alkoholismus und Gewalt zu sein. Wie die Berliner Mauer teile die Weichsel Warschau in ein besseres Westufer und ein schlechteres Ostufer, schrieb der Warschauer Journalist Edwin Bendyk. Dabei erlaubt sich Polens Hauptstadt auf der östlichen Weichselseite noch den Luxus eines fast unbegradigten Flussufers, das man eher auf dem Land als in einer Zweimillionenmetropole erwarten würde.

Pragas eigenartige Mischung ist authentisch, ehrlich, ungekünstelt. Deshalb zog es seit Jahren mehr und mehr Musiker, Künstler, Schauspieler und Kreative hierher, und nach den Künstlern kamen die Intellektuellen und Studenten. In Praga zu leben ist ein Lebensgefühl, eine Philosophie, das Kulturleben ist schrill und bunt, die Zahl der alternativen Cafés, Kneipen und hippen Clubs groß. Inzwischen zieht der Stadtteil nicht mehr nur Nachteulen und Outsider an; Großinvestitionen wie das neue Nationalstadion und neue Wohnkomplexe beginnen, die Mieten nach oben zu treiben, und dort, wo es vorher nur alternative Kneipen gab, öffnen feine Restaurants ihre Türen.

Pragaliebhaber sehen die Entwicklung mit einem weinenden Auge; der gefräßige Kapitalismus ist längst angekommen, die erste klimatisierte Shopping-Mall gibt es schon. Und auch das Weichselufer von Praga wird wohl nicht mehr lange so friedlich und unberührt bleiben, wie es bisher war.

Praga Karte S. 216/217

→ **Maria-Magdalena-Kirche** (Cerkiew św. Marii Magdaleny). Anschließend auf dem Zebrastreifen über die aleja Solidarności zurück in die ulica Jagiellońska, wobei wir zur Linken ein schönes Liceum (Gymnasium) mit Jugendstilelementen passieren.

Das → **Theater Baj** (Teatr Baj), auf das wir nach 200 m auf der linken Seite der ulica Jagiellońska stoßen, ist vor allem wegen seiner jüdischen Geschichte erwähnenswert. Ein paar Schritte weiter steht rechts das 2006 errichtete, gewöhnungsbedürftige *Denkmal der Hinterhofkapelle von Praga* (Pomnik Praskiej Kapeli Podwórzowej). Wer eine SMS mit dem Text „kapela" und die Nummer eines Liedes an die polnische Nummer

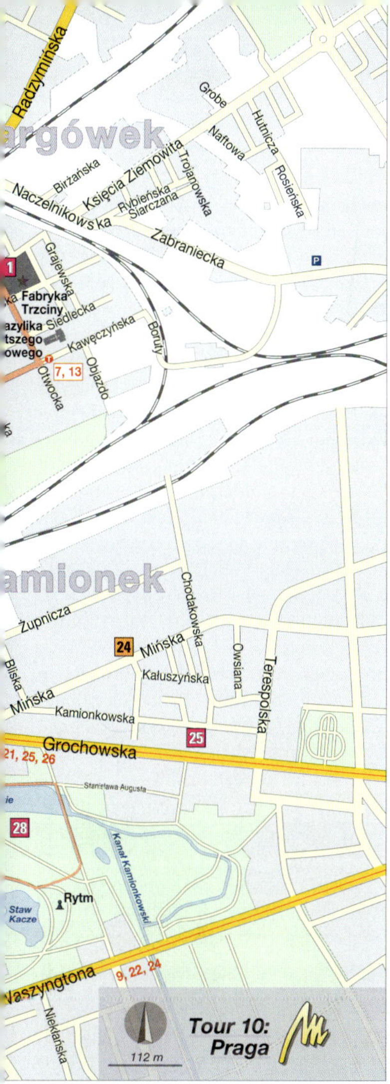

7141 schickt, bekommt für 35 Cent Geiger, Akkordeonspieler, Gitarristen, Banjospieler und Trommler zu hören. Die Nummern der hundert (lokal-)patriotischen oder romantischen Lieder sind auf dem Schild verzeichnet.

Gegenüber dem Denkmal, im kleinen Park mit Spielplatz neben dem Theater Baj, stand Jahrhunderte lang die Synagoge von Praga, das in diesem Viertel sehr jüdisch geprägt war. Nach der Zerstörung durch die Nazis wurden die verbliebenen Reste 1961 leider abgerissen. Ein Fehler, der rückgängig gemacht werden soll – eine Rekonstruktion der Synagoge ist in Planung.

Ein paar Schritte weiter in der ulica Kłopotowskiego befand sich in Vorkriegszeiten im Haus Nr. 31 die Mykwe, das rituelle Badehaus der Juden. Durch eine Unterführung (Achtung: Kopf einziehen!) geht es nun auf die andere Seite der ulica Targowa, auf der wir bereits zu Beginn der Tour waren.

Dort angekommen, biegen wir in die *ulica Ząbkowska* ein, auf der das Flair des Stadtteils am ehesten zu spüren ist – hier haben sich viele Kneipen, Cafés und Galerien niedergelassen. Die alte → **Wodkafabrik Koneser** (Fabryka Wódek Koneser, nach 500 m zur Linken) ist heute das neue kulturelle Zentrum Pragas, auch wenn aktuelle Investitionen eine rein kommerzielle Nutzung des alten Industriegeländes befürchten lassen.

600 m weiter geradeaus ändert die ulica Ząbkowska ihren Namen und wird zur ulica Kawęczyńska, auf der wir weitergehen. Die von hier etwa 800 m entfernte → **Herz-Jesu-Basilika** (Bazylika Najświętszego Serca Jezusowego) an der Ecke zur ulica Otwocka, eine Mischung aus frühchristlicher und modernistischer Architektur, war für Papst Paul VI. die schönste Kirche Polens.

Die letzte Sehenswürdigkeit unseres Rundgangs ist die → **Fabryka Trzciny** am nördlichen Ende der ulica Otwocka, eine ehemalige Marmeladenfabrik, die 2003 zu einem der angesehensten Kulturzentren Warschaus umfunktioniert wurde; die Fabryka ist wegen ihres Programms, aber auch wegen ihrer Industriearchitektur den Abstecher wert.

Praga
Karte S. 216/217

Sehenswertes

Nationalstadion (Stadion Narodowy)

Einst der Stolz Nachkriegspolens, verfiel das 1955 eröffnete, auf den Trümmern des Zweiten Weltkriegs gebaute Stadion Dziesięciolecia („Stadion des Zehnjährigen Jubiläums“) seit den 80er Jahren immer mehr: Wo früher 100.000 Zuschauer Sportveranstaltungen und Paraden beklatscht hatten, entstand nach der Wende der „Jarmark Europa“, ein Markt mit polnischen, russischen und asiatischen Händlern. Zu seinen besten Zeiten Europas größter Basar, hat sich der Markt inzwischen in Richtung Busbahnhof verlagert. Bis vor nicht allzu langer Zeit wurde hier alles feilgeboten, von Raubkopien über Markenfälschungen bis zu schweren Waffen, angeblich sogar atombombenfähiges Uran! Gerüchten zufolge wurden besonders die russischen Matrjoschka-Schachtelpuppen als Versteck für allerhand Verbotenes benutzt. Der zusehends gefährliche und illegale Markt mit jährlichen Milliardenumsätzen (!) beflügelte nicht nur die Fantasie der Warschauer; zahllose Reportagen, Filme, sogar ein Agententhriller entstanden hier.

Doch das alles scheint Geschichte zu sein. Der 2008 begonnene Abriss des Stadions und der rund 300 Millionen Euro teure Neubau bringen neue Nüchternheit in die Umgebung, wenngleich die in den polnischen Nationalfarben gehaltene Arena mit 55.000 Sitzplätzen zu den architektonisch schönsten Stadien Europas zählen wird. Bis Mitte 2011 werden die Bauarbeiten beendet sein, bis dahin kann man sich im Pavillon anhand eines Stadionmodells ein Bild machen. Die offizielle Einweihung folgt im November 2011 mit einem Länderspiel gegen den Wunschgegner, Deutschlands Nationalelf. Ein halbes Jahr nach dieser Eröffnung werden

Staffelläufer vorm Nationalstadium

dann hier das Auftaktspiel, Gruppenspiele, ein Viertelfinale und ein Halbfinale der EM 2012 ausgetragen.

Nach den Europameisterschaften sollen in unmittelbarer Nähe weitere Prestige-Projekte folgen, was für die gesamte rechte Weichselseite große Veränderungen mit sich bringen dürfte.

www.stadioncity.pl, www.euro2012.poland.com. Kreuzung al. Poniatowskiego/ul. Wybrzeże Szczecińskie. Tram 7, 8, 9, 22, 24, 25. Bus 101, 102, 111, 117, 158. Haltestelle Rondo Waszyngtona.

Skaryszewski-Park (Park Skaryszewski)

Als zweitgrößter Park und einer der schönsten in Warschau ist er bei den Einheimischen sehr beliebt. Seine diversen Bereiche stellen die unterschiedlichen Landschaften Polens dar, man findet Bäche, einen See, Kaskaden, Hügel, fast waldähnliche Baumreihen und blumengeschmückte Promenaden. Besonders schön sind die vielen Skulpturen in dem 1906 bis 1922 vom Warschauer Gartenbaumeister Franciszek Szanior gestalteten Park. Vor allem die Skulpturen *Rytm* (Rhythmus – Henryk Kuna, 1929; Standort am See), *Kąpiąca się* (Die Badende – Olga Niewska, 1929; beim Teich) und *Tancerka* (Die Tänzerin – Stanisław Jackowski, 1927; im Rosengarten) haben es uns angetan. Sollten Sie dabei den Geruch von Schokolade in der Nase haben, handelt es sich nicht um ein Café – es ist die Schokoladenfabrik Wedel, die man bei entsprechender Windrichtung schon von weitem riechen kann.

www.skaryszewski.pl. Tram 7, 8, 9, 22, 24, 25. Bus 101, 102, 111, 117, 158. Haltestelle Rondo Waszyngtona.

Różycki-Basar (Bazar Różyckiego)

Der Markt gilt als Überbleibsel des alten Warschaus, gehandelt wird hier wie vor 100 Jahren, und einige Marktfrauen scheinen auch so gekleidet zu sein. Ge-

Skulptur im Skaryszewski-Park

radezu folkloristisch muten die Stände an, an denen vor allem Kleidung und Dinge des täglichen Bedarfs feilgeboten werden. Unbedingt probieren sollten Sie die *Pierogi ruskie* (Teigtaschen mit Kartoffel-Quark-Füllung) oder die *flaki* (Kutteln), sofern Sie selbige mögen. Zwar ist es hier lange nicht mehr so unsicher wie noch vor ein paar Jahren, doch sollte man bei dem Gedränge auf Wertsachen und Taschendiebe achten.

Mo–Fr 6–17 Uhr, Sa 6–15 Uhr. ✆ 22-6198642, www.br.waw.pl. Ul. Targowa 54.
Tram 3, 22, 23, 25, 28. Bus 101, 120, 135, 144, 160, 162. Haltestelle Dw. Wileński.

St.-Florian-Kathedrale (Bazylika katedralna św. Floriana)

Die 1887–1904 nach Plänen von Józef Pius Dziekoński gebaute Kathedrale

Praga
Karte S. 216/217

zählt zu den sehenswertesten der Stadt. In Form und Stil interpretiert sie die masowische Gotik, die sich in der Verwendung von Backstein und in den hohen Spitztürmen zeigt. Vor der Kirche stehen die Statuen des Heiligen Florian von Lorch und des Erzengels Michael. Im Zweiten Weltkrieg wurden beide Türme zerstört, danach aber wieder aufgebaut, sodass sie wie einst die Ansicht von Praga bestimmen, die man vom linken Weichselufer aus hat. 1997 erhielt das Gotteshaus den päpstlichen Ehrentitel „Kleinere Basilika".

Tägl. 8–18 Uhr, Messe Mo–Sa 6, 7, 8, 18 Uhr, So 6.30, 8, 9.30, 11, 12.30, 18 Uhr. www.katedra-floriana.wpraga.opoka.org.pl. Ul. Floriańska 3.

Tram 4, 13, 23, 26, 46. Bus 100, 160, 190. Haltestelle Park Praski.

Giraffe auf dem Weg zum Zoo

Zoologischer Garten (Miejski Ogród Zoologiczny)

Obwohl 1928 eröffnet, gab es in Warschau schon seit dem 17. Jh. private Menagerien, die der Öffentlichkeit zugänglich waren. Bis zum Weltkrieg wurde der Zoo ständig erweitert. Doch schon nach den ersten Bombenangriffen waren viele Gehege und Gebäude zerstört, Soldaten und SS-Truppen schlachteten Tiere zum Spaß ab, die seltenen und wertvollen Arten wurden nach Berlin und in andere deutsche Zoos verschleppt.

Zoodirektor Jan Żabiński gelang es allerdings, auf dem Gelände Hunderte von Juden vor den Nazis zu verstecken. Nachdem er anfangs noch auf sich allein gestellt war und Essen, Medizin und Kleidung aus eigener Tasche bezahlte, half ihm später die Żegota (→ Stadtgeschichte). Israel ehrte ihn nach dem Krieg als „Gerechter unter den Völkern". Den Niedergang des Zoos konnte Żabiński allerdings nicht verhindern. So aß die hungernde Bevölkerung in ihrer Not die verbliebenen Tiere auf.

Nach 1948 wuchs die Anlage wieder auf ihre heutige Größe an, und schon zur Wendezeit gehörte der Tierpark erneut zu den großen Zoologischen Gärten Europas. Exakt 4203 Tiere sowie 533 heimische und exotische Gattungen lebten 2009 im Warschauer Zoo.

Tägl. 9–18 Uhr, Sommer bis 19 Uhr. Eintritt 4 €, erm. 2 €. ✆ 22-6194041, www.zoo.waw.pl. Ul. Ratuszowa 1.

Tram 4, 13, 23, 26, 46. Bus 100, 160, 190. Haltestelle Park Praski.

Kirche der Muttergottes von Loreto (Kościół Najświętszej Matki Bożej Loretańskiej)

Pragas älteste, 1640–1644 erbaute Kirche war ursprünglich nur eine Kapelle des Bernhardiner-Ordens, dessen mächtiges Kloster sich ebenfalls in ba-

Katholische St.-Florian-Kathedrale

Orthodoxe Maria-Magdalena-Kirche

rockem Stil zeigte. Das Gotteshaus ist dem Heiligen Haus in Italiens Wallfahrtsort Loreto nachempfunden. Im Weltkrieg von Artilleriefeuer zerstört, wurde die Kirche 1953 rekonstruiert.

www.mbloretanska.republika.pl. Ul. Ratuszowa 5a. Tram 3, 4, 22, 23, 25, 26, 46. Bus 100, 101, 120, 135, 144, 160, 162. Haltestelle Dw. Wileński.

Maria-Magdalena-Kirche (Cerkiew św. Marii Magdaleny)

Nachdem die russisch-orthodoxe Kirche auf dem heutigen plac Piłsudskiego (→ Tour 5) nach dem Ende der russischen Besatzung Mitte der 1920er Jahre zerstört worden war, war die 1867–1869 gebaute Maria-Magdalena-Kirche das wichtigste russisch-orthodoxe Gotteshaus in Warschau und ganz Polen. Heute sind die Warschauer froh, dass sich nach der Befreiung die Wut gegen die Russifizierung nicht auch gegen diese Kirche richtete. Der gedrungene Bau mit den charakteristischen Zwiebeltürmen zeigt sehenswerte Wandmalereien und eine kostbare, reich verzierte Ikonostase.

Besuch nur So und an Feiertagen vor den Gottesdiensten. www.cerkiew.pl. Al. Solidarności 52.

Tram 3, 4, 22, 23, 25, 26, 46. Bus 100, 101, 120, 135, 144, 160, 162. Haltestelle Dw. Wileński.

Theater Baj (Teatr Baj)

Polens ältestes Puppentheater begeistert nicht nur Kinder. Seit 1928 beflügeln Marionetten, Masken, Schattenspiele und natürlich Puppen die Fantasie von Jung und Alt. In der Vorkriegszeit wurde das Gebäude auch als Synagoge genutzt, zwischenzeitlich traten hier jüdische Theatergruppen auf.

Kasse Di–Fr 9–16 Uhr, Sa/So 10–14 Uhr. Eintritt 6 €. ✆ 22-8180821 (Kasse), www.teatrbaj.waw.pl. Ul. Jagiellońska 28.

Tram 3, 4, 22, 23, 25, 26, 46. Bus 100, 101, 120, 135, 144, 160, 162. Haltestelle Dw. Wileński.

Wodkafabrik Koneser (Fabryka Wódek Koneser)

Früher liefen hier alljährlich rund eine Million Flaschen der besten polnischen

Praga Karte S. 216/217

Wodkasorten vom Band, darunter Wyborowa, Luksusowa und Żubrówka. Heute haben sich in den Fabrikanlagen Galerien, ein Theater und ein Restaurant angesiedelt, weshalb das Industriemonument inzwischen als das kulturelle Herz von Praga gilt.

Unter dem Titel „lato konesera“ (Koneser-Sommer) finden in der heißen Jahreszeit zahlreiche beliebte Veranstaltungen für Kinder statt. Nicht zuletzt deshalb sind Anwohner und Stammgäste von den von der Stadtverwaltung genehmigten Plänen enttäuscht: Auf dem Gelände sollen luxuriöse Lofts, Geschäfte und ein kommerzieller Musikclub entstehen, für das alternative Kulturzentrum und die Galerien wird dann kein Platz mehr sein. Spätestens ab 2012 wird das kulturelle Herz des Stadtteils woanders schlagen müssen.

Ul. Ząbkowska 27/31. Bus 138, 140, 170, Haltestelle Markowska.

Kulturzentrum Fabryka Trzciny

Herz-Jesu-Basilika (Bazylika Najświętszego Serca Jezusowego)

Die von Herzogin Maria Radziwiłłowa in Auftrag gegebene Basilika wurde 1907–23 gebaut. Architekt Łukasz Wolski ließ sich dabei von frühen christlichen Kirchen inspirieren und verwendete dabei auch modernistische und klassizistische Stilemente. Die 24 aus einem Block gehauenen korinthischen Granitpfeiler waren eigentlich für die Basilica di San Paolo in Rom gedacht, der die Herz-Jesu-Basilika sehr ähnelt. Da sie für das römische Gotteshaus aber zu kurz geraten waren, wurden sie auf Bitten der Herzogin im Ersten Weltkrieg auf einer Odyssee quer durch das kriegserschütterte Europa transportiert. Der spätere Papst Paul VI., der 1923 bei der Weihe der Kirche zugegen war, bezeichnete sie später als Polens schönste Kirche. Im Zweiten Weltkrieg blieb die Basilika zum Glück unbeschädigt; der schöne Innenraum bietet eine hervorragende Akustik, weshalb hier oft Konzerte stattfinden.

Mo–Sa 8–18 Uhr, Messe Mo–Sa 7, 8, 12, 18 Uhr. So 7, 8.30, 10, 11.30, 13.00, 16, 18, 19.30 Uhr. www.bazylika-nsj.com. Ul. Kawęczyńska 53.

Tram 7, 13, Haltestelle Kawęczyńska. Bus 138, 140, 170, Haltestelle Grodzieńska.

Fabryka Trzciny

Die backsteinernen Fabrikgebäude aus den 20er Jahren wurden 2003 unter Federführung des Komponisten und Fernsehproduzenten Wojciech Trzciński zu einem Kulturzentrum umfunktioniert. Heute zählt die Fabryka zu den wichtigsten Kulturzentren der Hauptstadt und wohl ganz Polens. Die Mischung aus Konzerthalle, Kunstgalerie, Theater, Konferenzzentrum, Bar und Restaurant ist aber nicht nur bei Veranstaltungen einen Besuch wert. Bei der Restaurierung wurde darauf geachtet, dass der ursprüngliche Fabrikcharakter des Gebäudekomplexes erhalten bleibt. So gibt es Winkel, Ecken und Kanten, keineswegs ist alles auf Hochglanz poliert, die Innenarchitektur beeindruckt durch viele durchdachte Details, wie alte Rohre und ehemalige Schaltkästen, die auf den ersten Blick gar nicht auffallen.

Kasse Di–Fr 13–20 Uhr, Sa/So 15–18 Uhr, Mo geschlossen. ✆ 22-8186039, www.fabrykatrzciny.pl. Ul. Otwocka 14.
Tram 7, 13, Haltestelle Kawęczyńska. Bus 138, 140, 170, Haltestelle Grodzieńska.

Praktische Infos

(→ Karte S. 216/217)

Restaurants

Karczma u Dedka (27), sowohl im urigen Restaurant wie im verträumten Innenhof fühlt man sich wie auf dem Land. Und tatsächlich: Ob Kaninchen in Sahne oder Lamm mit Gemüse (beides 7 €) – das Fleisch kommt direkt vom Bauern. Tägl. 12–23 Uhr. Al. Zieleniecka 6/8, ✆ 22-6194752, www.karczmaudedka.pl.

pastacafe! (25), Liegestühle im Garten, kleiner Kinderspielplatz, eine große Gartenterrasse und viele Tische im Inneren – das Bistro, das sich engagiert der Pastakultur widmet, ist bei Anwohnern beliebt und eine gute Adresse für den schnellen Teller Nudeln. Pasta 4–6 €, Pizza 5–7 €. Mo–Sa 10–19 Uhr, So 11–20 Uhr. Ul. Kamionkowska 48 a, ✆ 22-8700373, www.pastacafe.pl.

Pod Pstrągiem (28), für Grillfans wird direkt am See des Parks Skaryszewski gesorgt. Szaszlyk 3–4 €, Forelle 6 €. Und: Wir sollen die Deutschen zum gemeinsamen Biertrinken vorbeischicken, wurde uns gesagt. Gern geschehen. Österreicher und Schweizer sind sicher genauso willkommen. April bis Sept. Mo (falls es nicht regnet, sonst Ruhetag) sowie Di–Do 12–22 Uhr, Fr 12–23 Uhr, Sa 10–23 Uhr, So 10–22 Uhr. Al. Zieleniecka 2, ✆ 22-8707748, www.podpstragiem.eu.

Babalu (19), nach eigenen Angaben ein „Open-Fusion-Restaurant", unserer Meinung nach nichts Feines, sondern etwas für den Riesenhunger: Für 8 € kann man so viel essen wie man will. Tägl. 12–23 Uhr. Ul. Kłopotowskiego 33, ✆ 22-4246666, www.babalu.pl.

PortoPraga (23), edles, geschmackvolles Restaurant, die Cocktailbar gilt als die beste in ganz Warschau. Das fünfgängige Tasting Menu kostet nur 22 €, die Erdbeeren mit Portwein gesprenkelt und Ricotta nur 5 €! Mo–Mi 12–1 Uhr, Do–Sa 12–2 Uhr, So 12–24 Uhr. Ul. Stefana Okrzei 23, ✆ 22-6985001, www.portopraga.pl.

Le Cedre (14) bietet seit über zehn Jahren libanesische Küche mit orientalischer Gemütlichkeit samt Wasserpfeife. Inmitten von Kissen, Sofas und dicken Teppichen kann man sich's gut gehen lassen und libanesisches Tatar (6 €) oder eines der vegetarischen Gerichte (8 €) genießen. Tägl. 11–23 Uhr. Al. Solidarności 61, ✆ 22-6701166, www.lecedre.pl.

fabryka trzciny (1), das Restaurant des Kulturzentrums ist stilvoll eingerichtet wie die anderen Räumlichkeiten, aber auch die Speisen können sich sehen lassen. Spinatblätter mit Erdbeeren, Ziegenkäse und Nüssen 6 €. Mo 13–15 Uhr, Di–So 12–23 Uhr. Ul. Otwocka 14, ✆ 22-6191705, www.fabrykatrzciny.pl.

Bar Ząbkowski (21), eine Kult-Milchbar mit mehr als 50-jähriger Geschichte. Mo–Fr 7–19 Uhr, Sa 7–18 Uhr, So 9–17 Uhr. Ul. Ząbkowska 2, ✆ 22-6191388.

Cafés & Pubs

Misianka (29), residierend in einem ehemaligen Toilettenhäuschen, das früher als geheimer Schwulentreff bekannt war, hat dieses Café inzwischen Kultstatus. Das dürfte u. a. an den leckeren, hausgemachten Kuchen und Torten liegen. Im Sommer entspannte Stimmung und viele junge Familien auf der zum Park gelegenen Terrasse. Mo–So 10–19.30 Uhr. Im Park Skaryszewski, an der al. Waszyngtona, ✆ 22-8156423.

Decoteria Café (16), alte Fotos, jüdische Bilder, eine Tür, die ins Nichts führt, und Zigarettenqualmer, gegen die Altkanzler Helmut Schmidt ein Gelegenheitsraucher ist. Tägl. 10–23 Uhr. Ul. Ząbkowska 16. ✆ 0603-602252 (mobil).

studio.melon (4), wenig Auswahl, dafür Toast für nur 1 €, der Kaffee nur 2 €. Alternative Akzente setzen die Ausstellungen mit junger, moderner Kunst. Hier kann man Kunstwerke von den vielleicht kommenden polnischen Starfotografen zu noch bezahl-

Praga Karte S. 216/217

baren Preisen ergattern. Mo–Fr 9–19 Uhr, Sa/So 11–19 Uhr. Ul. Inżynierska 3/7, ✆ 22-8187998, www.studiomelon.pl, www.melon-njus.blogspot.com.

La Playa (8), ein Strand mit Beachvolleyballnetzen, Strandkörben, Grill, Cocktailbar, einer wundervollen Sicht auf die wilde Weichsel und die gegenüberliegende Alt- und Neustadt, auf Kulturpalast und Wolkenkratzer. Abends steigt dann die Strandparty, So ab 15 Uhr die berühmte Salsa-Fiesta. Eintritt bei DJ-Sets ca. 5 €, sonst frei, Getränke und Essen müssen allerdings vor Ort gekauft werden. Mai bis Aug. tägl. ab 10 Uhr, Partys ab 22 Uhr. Ul. Wybrzeże Helskie 1/5, ✆ 22-3314975, www.laplaya.pl.

Nachtleben

Łysy Pingwin (13), die Kneipe, die Pragas Ruf als Zentrum des außergewöhnlichen Nachtlebens begründet hat. Aus einer Bierlaune heraus von einem sonnengebräunten schwedischen Traveller eröffnet, gibt es hier inzwischen viele Ausstellungen, Konzerte und Künstlertreffen. So–Do 15–24 Uhr, Fr/Sa 15–5 Uhr. Ul. Ząbkowska 11, ✆ 22-6180256, www.lysypingwin.pl

Opary Absurdu (20), auf Kinostühlen oder Sofas sitzend, kann man alte Radios und Fotos betrachten, Freejazz hören und sich am Absurden erfreuen. Alternatives Nachtleben in Reinkultur, Konzerte, Ausstellungen, 60er-Jahre-Kino. Eine Tarantel an der Fassade begrüßt die Gäste. Tägl. 12–3 Uhr. Ul. Ząbkowska 6, www.oparyabsurdu.pl.

Po drugiej stronie lustra (17), „Auf der anderen Seite des Spiegels", so der Name, wartet eine Kneipe mit Sofas und Sakralkitsch in einem halb verfallenen Haus. Oft fließt hier mehr Wodka als Bier durch die Kehlen. Tägl. 10–24 Uhr. Ul. Ząbkowska 5, www.po2stronielustra.com.

M25 (24), „in electro we trust" kündet das Motto des Technoclubs mit international bekannten DJs. Im Hinterhof einer ehemaligen Fabrik tanzen regelmäßig die Raver, manchmal gibt's auch Gothic-Nights. Die Chilloutzone liegt neben dem Schornstein aus roten Ziegeln. Eintritt 7–12 €. Fr/Sa ab 22 Uhr, an anderen Tagen oft DJ-Sets und Happenings. Ul. Mińska 25, www.m25.waw.pl.

Skład Butelek (2), kein Club, keine Kneipe, sondern ein Ort der Begegnung lautet das Motto. Hier trifft sich Pragas künstlerische Elite und feiert sich und die Künstler auf der Bühne. Eintritt meist 3 €. Do–Sa 19–3 Uhr, Sommergarten Di–Sa 16–22 Uhr. Ul. 11 Listopada 22, www.skladbutelek.pl.

Hydrogazdka (2), alternativer Club mit großem Konzertsaal im roten Ziegelgemäuer. Überall wird es im Winter sehr kalt, was der Stimmung trotzdem nicht zu schaden scheint. Eintritt meist 3 €, mitunter weniger oder frei. Fr/Sa ab 21 Uhr, manchmal auch an anderen Tagen. Ul. 11 Listopada 22, www.hydrozagadka.waw.pl.

Saturator (2), ein Indieschuppen, gelegentlich Livekonzerte von Punk über Metal bis Alternativerock. Eintritt um 3 €. So–Do 19–24 Uhr, Fr/Sa 19–4 Uhr. Ul. 11 Listopada 22, www.saturator.art.pl.

Związ mnie (2), nach Almodóvars Film „Fessle mich" benannte Disko mit vielen 80er Clubhits, aber ohne den Snobismus dieser Zeit. Schwule und Lesben sind willkommen, und das Bier ist immer kalt, wie die Betreiber betonen. Eintritt 2 €. Mi/Do 18–0 Uhr, Fr/Sa 18–4 Uhr. Ul. 11 Listopada 22.

Einkaufen

green establishment (5), nichts Geringeres als die Zerrissenheit, das Chaos und die Widersprüche Warschaus möchten die Designerinnen in ihren Kleidungsstücken ausdrücken. Und keine Frage, das gelingt ihnen, und zwar zu bezahlbaren Preisen. Schlimm muss es für die Gründerinnen Kamila Kanclerz und Kinga Kowalewska gewesen sein, als sie zu Beginn ihrer Karriere noch für eine Firma schuften mussten, die in China und Indien nähen ließ. Jetzt endlich haben sie ihre Freiheit und wissen sie zu nutzen. Mo–Fr 10–19 Uhr, Sa 10–15 Uhr. Ul. Wileńska 13/46, ✆ 22-6702076, www.green establishment.pl, www.saltandpepper.pl.

Galeria Klitka (18), ein Fotostudio, in dem man sich in Kleidern aus der Zeit um 1850 fotografieren lassen kann. Zudem kleine Schmuckboutique, Galerie und ein winziges, aber heimeliges Café. Mo–Fr 11–19 Uhr, Sa 11–15 Uhr. Ul. Ząbkowska 12, ✆ 22-6188343, www.klitka.com.

magazyn praga (10), teils ungewöhnliche Designartikel von internationalen oder polnischen *projektanci*. Di–Fr 11–19 Uhr, Sa/So 11–16 Uhr. Im Kulturzentrum der Wodkafabrik Koneser, Ul. Ząbkowska 27/31, ✆ 22-6701185, www.magazynpraga.pl.

Szuflada (9), ein Geschäft, eine Galerie oder ein Kramladen mit allem, was man nicht braucht, aber in der Wohnung süß, schön oder interessant aussieht. Auch einfallsreiche Kleidungsstücke und Hüte sowie Keramik aus eigener Herstellung. Mo–Fr 10–18 Uhr, Sa 10–14 Uhr. Ul. Kawęczyńska 4, ✆ 22-6195217, www.szuflada-galeria.blog.onet.pl.

Jarmark Europa (26), nach der Schließung des alten Stadions ist noch nicht klar, wohin sich der (Schwarz-)Markt verlagert. Zurzeit gibt es viele Stände mit Kleidung, Raubkopien, Lebensmitteln und technischen Geräten in der Nähe des Busbahnhofes. Noch immer ist Vorsicht geboten, da es trotz vermehrter Polizeipräsenz regelmäßig Diebstähle und auch Schlägereien gibt. Unbedingt zu empfehlen sind aber die ostasiatischen Suppenküchen für den Snack zwischendurch. Tägl. von 5 (!) bis 15 Uhr. www.jarmark.damis.pl.

Galerien

Luksfera (7), Galerie in der ehemaligen Wodkafabrik Koneser mit schönen Schwarz-Weiß-Fotografien junger polnischer Künstler. Regelmäßig Ausstellungen und Workshops. Kunstfotos kann man hier zum Schnäppchenpreis erwerben. Mi–Fr 14–19 Uhr, Sa/So 11–17 Uhr. Fabryka Wódek Koneser, Ul. Ząbkowska 27/31, ✆ 22-6199163, www.luksfera.pl.

Galeria Klimy (6), ambitionierte, moderne Werke junger oder unbekannter Künstler, neue Volkskunst und Ausstellungen unter Titeln wie „Diaries of the Tamagotchi Generation". Di–Sa 12–18 Uhr. Fabryka Wódek Koneser, Ul. Ząbkowska 27/31, ✆ 22-6702190, www.bochenskagallery.pl.

Galeria Synteza (12), Fotogalerie mit den besten Fotografen Warschaus, einige Werke sind für Preise zwischen 225 und 1000 € zu haben. Mi–Fr 16–20 Uhr, Sa 11–15 Uhr. Ul. Ząbkowska 38, ✆ 0501-240789 (mobil), www.galeriasynteza.pl.

Nizio Gallery (4), der Architekt und Museumsdesigner Mirosław Nizio hat im künstlerisch „unverdorbenen Praga" sein Studio. Nach zehn erfolgreichen Jahren in New York kehrte in die Heimat zurück und brütet hier über seinen Projekten – u. a. war er für die eindrückliche Gestaltung des Museums des Warschauer Aufstands verantwortlich! In seiner Galerie protegiert er junge, noch unbekannte Warschauer Künstler, die hier, fernab vom Kommerz der linken Weichselseite, ihre Werke ausstellen. Di–Fr 10–17 Uhr, Sa 12–16 Uhr. Ul. Inżynierska 3/4, ✆ 22-6187202, www.nizio.com.pl.

Sonstiges

Infopraga (12), jahrelang residierte das Informationszentrum in der ulica Ząbkowska 36, ab Mitte 2010 soll im südlicheren Saska Kępa eine neue Heimat gefunden werden. Der beginnende Praga-Liebhaber sollte unbedingt vorbeischauen, das Team hält nämlich die besten und aktuellsten Tipps bereit, auch online. Mo–Fr 10–18 Uhr, Sa 10–14 Uhr. Adresse bei Redaktionsschluss noch unbekannt, ✆ 22-6700156, www.info praga.com.pl, www.warszawskapraga.pl.

Narodowe Centrum Sportu (30), das Nationale Sportzentrum organisiert die Vorbereitungen für die Fußball-EM 2012. Im Pavillon in der Nähe des Stadions kann man ein Modell, Zeichnungen und Fotomontagen begutachten und sich über die künftigen Bauprojekte informieren. Mo–Fr 8–16 Uhr. Al. Powiatowskiego 1, www.stadioncity.pl, www.euro2012.poland.com.

Bootsverleih (28) im Park Skaryszewski. Kajak/kleines Boot 5 €/Std., Tretboot/großes Boot 6 €/Std.

Die Metrostation am Plac Wilsona wurde zum weltweit schönsten U-Bahnhof der letzten Jahre gekürt

Żoliborz

Ruhig geht es zu in dem nördlich an die Neustadt angrenzenden Stadtteil. Im 18. Jahrhundert erschlossen Mönche das Land, das sie in Parzellen einteilten. Eine von ihnen erhielt den französischen Namen „Jolie Bord", das später polonisierte Żoliborz. Die deutsche Bedeutung „Schöner Damm" hat hier noch immer oder wieder seine Berechtigung.

Die Anfangsjahre des noch ländlichen Stadtteils in der Nähe des Mönchsklosters verliefen friedlich, doch das sollte sich mit dem Widerstand gegen die Besatzer des zaristischen Russlands ändern. Als Reaktion auf den Kadettenaufstand von 1830 (→ Stadtgeschichte) folgten russische Vergeltungsaktionen gegen die Bevölkerung: Der damalige Wohnbezirk wurde zerstört, die Anwohner vertrieben. Für die danach von den Russen gebaute Zitadelle, die der Stationierung der russischen Truppen diente, mussten die Warschauer auch noch Steuern entrichten. Schlimmer waren allerdings die berüchtigten Gefängnisse; hier und außerhalb der Zitadelle wurden viele Widerständler gefoltert und hingerichtet. Auch in den beiden Weltkriegen diente die Zitadelle militärischen Zwecken und war erneut Ort von Folter und Hinrichtungen.

Nach dem Krieg wurde im Stadtteil zunächst nur spärlich restauriert. In den letzten Jahren entwickelte sich Żoliborz allerdings zu einem der beliebtesten und teils exklusivsten Wohnviertel in Warschau; die Mieten stiegen drastisch, aber auch neue Großprojekte wurden realisiert, darunter die Metrostation und das Olympiazentrum. Insgesamt präsentiert sich der Stadtteil als eine ruhige und schöne Ecke Warschaus, in die sich nur selten ausländische Touristen verirren.

Wie eine große Idee an einem kleinen Baum scheiterte

Sonnenuhren sind bei Jung und Alt beliebt, haben aber den Nachteil, bei schlechtem Wetter die Zeit nicht anzeigen zu können. In Żoliborz gibt es eine Sonnenuhr, die dies sogar bei strahlendem Sonnenschein nicht schafft. Gebaut wurde sie in der wohl schönsten Ecke des Stadtteils auf dem runden plac Słoneczny, dem Sonnenplatz. Dabei sollte eine hoch wachsende Pappel den als Polstab bezeichneten Schattenwerfer bilden, die zwölf niedrigen, in einem Halbkreis drumherum angeordneten Häuser die Stunden des „Zifferblatts". Doch nicht jeder Baum wächst in den Himmel. Statt einer Pappel wurde nämlich ein niedrigwüchsiger Silberahorn gepflanzt, was die schöne Idee der Uhrmacher zunichte machte. Wegen seiner buschigen Verästelungen und gedrungenen Form warf und wirft der Stamm partout keinen Schatten, der bis zu den Häusern reichen würde.

Trotz dieses Malheurs ist das Zentrum des früheren Offiziersviertels einen Abstecher wert. Die Gestaltung des Sonnenplatzes durch die Architekten Antoni Aleksander Jawornicki und Kazimierz Tołłoczko ist mehr als 80 Jahre nach seiner Entstehung noch immer so faszinierend wie es die zwölf Häuser von Romuald Gutt und Adolf Świerczyński sind. Für eine 100 qm große Parterrewohnung in einem der Häuser wurden 2009 übrigens Interessenten gesucht – die monatliche Warmmiete betrug schlappe 2000 €.

Städtebaulich und architektonisch interessant sind die modernistischen Wohnblöcke und Einfamilienhäuser aus den 20er Jahren, die mitunter den Berliner Siedlungen von Walter Gropius, Hans Scharoun oder Bruno Taut ähneln. Diese in Deutschland unter den Begriffen „Neue Sachlichkeit" oder „Bauhaus" bekannte funktionelle Bauweise ist am besten an den Villen der so genannten Offiziers-Siedlung rund um den plac Słoneczny (→ Kastentext) und an den Wohnblöcken rund um den plac Wilsona zu sehen.

Tour 11: Von der Zitadelle ins modernistische Warschau

Ausgangspunkt ist das Fort der Legionen (Fort Legionów). Wie alle Rundgänge können Sie auch diese Tour abkürzen oder später beginnen.
Anfahrt mit Tram 1, 16, 18, 28, 41. Bus 127, 170, Haltestelle Park Traugutta. Ⓜ Dworzec Gdański.

Ende: Plac Wilsona, Rückfahrt ins Zentrum Ⓜ Plac Wilsona.

Dauer: Reine Gehzeit der Tour 1¾ bis 2½ Std. Anfahrt vom Zentrum mit der Metro 9 Min., mit Bus/Tram 15 Min.

Vom → **Fort der Legionen** (Fort Legionów) gehen wir zur Zakrzoczymska-Straße, dann rechts und überqueren den Zebrastreifen (dabei auf Formel 1 spielende Raser achten). Zur Linken ist nach 200 m der sogenannte *Königsbrunnen* zu sehen.

Unsere Tour führt aber durch den an eine Tropfsteinhöhle erinnernden Tunnel und auf der ulica Jeziorańskiego geradeaus bis zum Tor der → **Warschauer Zitadelle** (Cytadela Warszawska), die zurzeit noch als Kaserne dient, aber zu einem Museum umfunktioniert werden soll. Anschließend geht es ein paar Schritte zurück und über den parallel zur ulica Krajewskiego verlaufenden Trampelpfad am Tümpel vorbei bis zur breiten ulica Wybrzeże Gdyńskie, in die wir links einbiegen. Man kann hier den Weg auf dem Gehsteig oder durch den 1950 angelegten Park entlang der Zitadellenmauer wählen, wobei wir jeweils rechts die Weichsel sehen. Nach 500 m führen Treppenstufen und eine Straße hoch zum → **Hinrichtungstor** (Brama Straceń) und zum → **X-Pavillon-Museum** (Muzeum X Pawilonu), die beide an die kriegerische Vergangenheit des Ortes erinnern.

Nach der Besichtigung gehen wir nicht zurück, sondern in derselben Richtung, in der wir zum Museum gekommen sind, weiter und gelangen über eine Treppe in einem Tunnelgang zu einem Tor, durch das es wieder zurück zur Hauptstraße geht. An der Zitadellenmauer entlang gehen wir nach 200 m an einem Teich vorbei, dann nochmals 200 m weiter und bei der Haltestelle unter der T-förmigen Brücke hindurch in Richtung Weichsel. Auf der anderen Straßenseite folgen wir dem Schild, das zum → **Olympiazentrum** (Centrum Olimpijskie) und → **Sport- und Tourismus-Museum** (Muzeum Sportu i Turystyki) weist.

Nach der Begutachtung des Olympiazentrums geht es wieder zurück Richtung Unterführung, diesmal nehmen wir aber vom Museum aus gesehen die erste Möglichkeit, um wieder auf die andere Straßenseite zu kommen. Rechts führt ein Weg in den → **Kępa-Potocka-Park** (Park Kępa Potocka), den wir an dem länglichen See entlang bis zur 400 m entfernten Brücke durchqueren (dabei auf die schnellen Radler achten, die sich hier oft mächtig in die Pedale legen). Über die Brücke gelangen wir ans andere Ufer, an dem wir zurückgehen und dabei eine Schrebergartensiedlung passieren. Bei der Fußgängerampel überqueren wir die ulica Gwiaździsta, dann geht es nach links. Nach einem Viertelkreis in der Kurve,

Vorm Olympiazentrum stehen polnische Olympiateilnehmer vor der Abreise zu den Spielen in Peking 2008

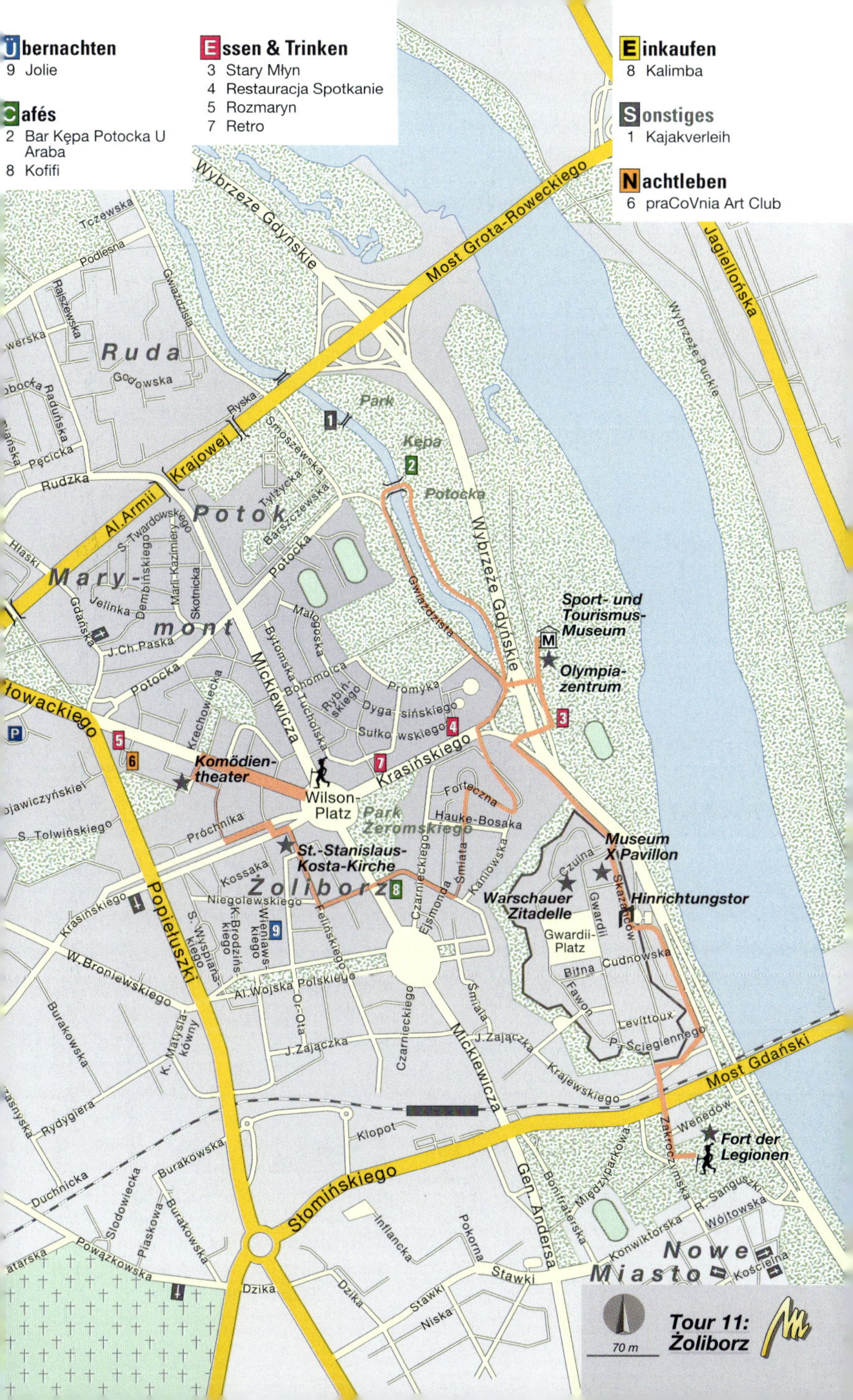

Übernachten
9 Jolie
Cafés
2 Bar Kępa Potocka U Araba
8 Kofifi
Essen & Trinken
3 Stary Młyn
4 Restauracja Spotkanie
5 Rozmaryn
7 Retro
Einkaufen
8 Kalimba
Sonstiges
1 Kajakverleih
Nachtleben
6 praCoVnia Art Club
Ruda
Potok
Mary-mont
Park Kępa Potocka
Most Grota-Roweckiego
Wybrzeże Gdyńskie
Sport- und Tourismus-Museum
Olympia-zentrum
Komödien-theater
Wilson-Platz
Park Żeromskiego
St.-Stanislaus-Kosta-Kirche
Żoliborz
Museum X Pavillon
Warschauer Zitadelle
Hinrichtungstor
Gwardii-Platz
Most Gdański
Fort der Legionen
Nowe Miasto
Mickiewicza
Krasińskiego
Popiełuszki
Słowackiego
Słomińskiego
Al. Armii Krajowej
Jagiellońska
Wybrzeże Puckie
Gen. Andersa
Powązkowska
Tour 11: Żoliborz
70 m

in der zur Rechten Wohnblocks stehen, steigen wir die Treppen hinunter und überqueren die ulica Zygmunta Krasińskiego auf dem Zebrastreifen.

Hier beginnt das noble **Offiziersviertel** mit seinen architektonisch bemerkenswerten Villen. Die Richtung Süden führende ulica Kaminiowska gehen wir 300 m bis zum Ende, biegen dann nach rechts und die erste Möglichkeit erneut nach rechts in die ulica Forteczna. Nach 200 m ist der *Sonnenplatz* (plac Słoneczny → Kastentext) erreicht, das Herz der Siedlung. Auf der ulica Śmiała passieren wir weitere modernistische Villen und biegen nach 400 m rechts in die ulica Mierosławskiego ein.

Wer mit Kindern unterwegs ist, kann auf dem gepflegten Kinderspielplatz im Park zur Rechten eine Pause einlegen. Die Hauptstraße (ulica Adama Mickiewicza) ein paar Schritte weiter geradeaus überqueren wir auf dem Zebrastreifen, gehen auf der anderen Straßenseite auf der ulica Mierosławskiego weiter, bis rechts an der ulica Felińskiego die → **St.-Stanislaus-Kostka-Kirche** (Parafia św. Stanisława Kostki) auftaucht, in der der 1984 ermordete oppositionelle Priester Jerzy Popiełuszko predigte.

Auf dem Zebrastreifen die breite ulica Krasińskiego überqueren. Auf dieser erst links, nach 150 m rechts in die ulica Suzina und anschließend wieder links in die ulica Sierpecka kommen wir zum → **Komödientheater** (Teatr Komedia), das in einem architektonisch eigenartigen Bau residiert.

Zum Abschluss der Tour gehen wir auf der ulica Sarmatów bis zur breiten ulica Słowackiego, auf der wir nach rechts 400 m bis zur Metrostation am → **Wilson-Platz** (plac Wilsona) zurücklegen, aber nicht nur, um einfach ins Zentrum zurückzufahren: Der U-Bahnhof selbst ist die schönste Station in Warschau, den Platz darüber prägt eine interessante Bebauung aus den 20er Jahren.

Sehenswertes

Fort der Legionen (Fort Legionów)

Das Fort wurde 1851–53 von der russischen Armee als Teil eines weitläufigen Befestigungsrings um Warschau gebaut, um nach dem Novemberaufstand 1830 die Stadt besser kontrollieren zu können. Seinen ursprünglichen Namen Fort Włodzimierz verlor das Fort mit dem Abzug der zaristischen Truppen, doch spielte es während der Aufstände und Kämpfe im Ersten und Zweiten Weltkrieg eine wichtige Rolle. Über die künftige Nutzung des Ziegelbaus, der etappenweise restauriert wird, wird immer wieder diskutiert – bislang ohne Ergebnis. Unabhängig davon wird die Anlage gern für Filmaufnahmen, Bankette und Hochzeitsfeiern genutzt.

Führung durch die Tunnels und Kelleranlagen an einigen Sa um 10–14 Uhr oder nach Voranmeldung. Eintritt 2 €, Foto-/Filmgebühr 3 €. ✆ 0602-494806 (mobil), www.fl2004.republika.pl. Ul. Zakroczymska 12 (Eingang an der Weichselseite).
Tram 1, 16, 18, 28, 41. Bus 127, 170. Haltestelle Park Traugutta. Ⓜ Dworzec Gdański.

Warschauer Zitadelle (Cytadela Warszawska)

Die Zitadelle wurde 1832–34 auf Befehl von Zar Nikolaus I. als Antwort auf den gescheiterten Novemberaufstand von 1830 errichtet, bei dem vor allem junge Warschauer Kadetten gegen die russischen Besatzer gekämpft hatten. Zur Strafe wurden in Żoliborz ganze Straßenzüge zerstört, rund 15.000 Bewohner wurden vertrieben. Der für die Zitadelle verantwortliche Generalmajor Iwan Dehn orientierte sich bei dem Bau an der Festung von Antwerpen und schuf ein pentagonförmiges Bollwerk. In dem über 36 Hektar großen Innenbereich waren bis zu 17.000 Soldaten und einige berüchtigte Gefängnisse untergebracht. Hinrichtungen von Aufständischen waren unter der russischen Besatzung ebenso üblich wie unter der deutschen während des Ersten und Zweiten Weltkriegs, als die Festung wegen ihrer Lage eine wichtige strategische Funktion hatte. Zurzeit dient die Zitadelle noch als Militärbasis, weshalb mit Ausnahme des Zugangs zum X-Pavillon-Museum der Zutritt an der östlichen Seite nicht möglich ist. Eine zivilere Nutzung ist jedoch in Planung: Bis 2013 sollen hier 40.000 m^2 Ausstellungsfläche für das Polnische Armeemuseum bereitstehen.

Keine Besichtigung des Festungsinneren möglich. Tram 1, 16, 18, 28, 41 sowie Bus 127, 170. Haltestelle Park Traugutta. Ⓜ Dworzec Gdański.

An der Mauer der Zitadelle

Hinrichtungstor (Brama Straceń), **X-Pavillon-Museum** (Muzeum X Pawilonu)

Die Warschauer Zitadelle diente nicht nur der Stationierung russischer Truppen, sie war auch Gefängnis und Tatort zahlloser Hinrichtungen. An die Opfer erinnern 137 Steinkreuze und einige jüdische Grabsteine an der Böschung auf dem Weg zum eigentlichen Hinrichtungstor. Der General und Anführer des Januaraufstands von 1863, Romuald Traugutt, und andere Widerstandskämpfer des Aufstands gegen die zaristischen Besatzer wurden hier 1864 hingerichtet. Die Liste der in den Gefängniszellen Inhaftierten nennt viele bekannte Namen des polnischen und europäischen Widerstands, darunter auch der spätere Präsident Polens Gabriel Narutowicz, der erwähnte Traugutt, der Vater des Schriftstellers Joseph Conrad, Marschall Józef Piłsudski sowie auch Rosa Luxemburg. Den für die politischen Häftlinge gebauten Hochsicherheitstrakt, den sogenannten X-Pavillon, durchliefen insgesamt allein mehr als 40.000 Polen, die Mitglied in patriotischen Organisationen, der Arbeiterbewegung oder Teilnehmer an Aufständen waren. Folter, Hinrichtung und Transport nach Sibirien waren an der Tagesordnung. Während des Ersten und Zweiten Weltkriegs setzten die deutschen Besatzer die schreckliche Nutzung der Räume fort, auch sie setzten Folter als Verhörmethode ein. Heute erinnert in den Räumen des X-Pavillons ein Museum an die Opfer; eine Ausstellung widmet sich den Inhaftierten, eine weitere Józef Piłsudski und eine dritte den Polen, die von 1940 bis 1956 nach Sibirien verschleppt worden waren.

Museum: Mi–So 9–16 Uhr. Bereich innerhalb der Mauern: Tägl. 6–19 Uhr. Eintritt frei. Ul. Skazańców 25.

Führung: 10–15 € je nach Gruppengröße. ✆ 22-8391268, www.muzeumniepodleglosci.art.pl.

Bus 118, 185, Haltestelle Cytadela. Tram 1, 16, 18, 28, 41, Haltestelle Park Traugutta. Ⓜ Dworzec Gdański.

Żoliborz Karte S. 229

Ein neues Wahrzeichen für Warschau

Wer in Warschau nur das Zentrum besucht, bekommt den Eindruck, dass sich die zeitgenössische Architektur auf Konsumtempel und Wolkenkratzer beschränkt. Doch vor allem im Stadtsüden gibt es einige Beispiele eindrucksvoller moderner Kirchenbaukunst, von denen das imposanteste derzeit entsteht. Der „Tempel der Göttlichen Vorsehung" (Świątynia Opatrzności Bożej) der Architekten Wojciech und Lech Szymborski gilt als das seit drei Jahrhunderten bedeutendste sakrale Bauwerk in Polen. Dabei beeindrucken schon die Zahlen: Die Grundfläche beträgt 84 mal 84 Meter, die Höhe 75 Meter, der Durchmesser des Kirchenschiffs 68 Meter, die Baukosten 40 Millionen Euro. Die Form des Bauwerks ist einem schlichten griechischen Kreuz mit vier gleich langen Armen nachempfunden. 26 kreisförmig um den Tempel angeordnete Säulen markieren den Mantel in Form eines Engels. In der Krypta befindet sich übrigens eine exakte Kopie der Grabstätte von Johannes Paul II. im Petersdom, der 1999 den Grundstein für den Tempel legte; in der Krypta sollen weitere verdiente Polen ihre letzte Ruhestätte finden (Krypta derzeit Sa 10–19 Uhr, So 16–19 Uhr). Inzwischen wird die Kirche bereits für Messen und Veranstaltungen genutzt. Im Jahr 2010 oder 2011 soll der Tempel fertig sein, der künftig wohl zu den neuen Wahrzeichen der Stadt zählen wird.

Wer sich über den Stand der Bauarbeiten informieren möchte, kann dies unter www.swiatynia.pl tun und natürlich vor Ort: Ul. Księdza Prymasa Augusta Hlonda 1, gelegen zwischen Wilanów und Natolin in einem Neubauviertel mit weiteren interessanten Bauprojekten.

Tour 12: In barock-klassizistischer Pracht

Ausgangspunkt und Ende: Stary Cmentarz Wilanowski, ul. Przyczółkowa.

Anfahrt zu allen Sehenswürdigkeiten mit Bus 116, 117, 130, 180, 519 bis Endhaltestelle Wilanów. Von dort in Fahrtrichtung nach links über die Straße.

Dauer: Reine Gehzeit ¾–1¼ Std. inklusive Park, aber ohne Besuch von Museum und Schloss. Anfahrt vom Zentrum 30 Min.

Die Endhaltestelle der Buslinien befindet sich beim Friedhof. Wir gehen jedoch in Fahrtrichtung nach links über den Zebrastreifen, wobei Vorsicht angebracht ist – obwohl die breite Przyczółkowa-Straße täglich von vielen Touristen überquert wird, gibt es (noch) keine Ampel, stattdessen jede Menge Raser ... Wohlbehalten auf der anderen Seite angekommen, gehen wir einige Schritte nach rechts und dann die beginnende Straße auf die schöne → **St.-Anna-Kirche** (Kościół św. Anny) zu. Danach folgt auf dem Weg zum Schloss das → **Potocki-Mausoleum** (Mauzoleum Potockich). Vor dem Schlossbesuch sollte man auf keinen Fall das → **Plakatmuseum** (Muzeum Plakatu) mit der weltweit größten Kunstplakatsammlung verpassen; es residiert, rechts vom Eingangstor der Schlossanlage, in der ehemaligen Reitschule. Zuvor empfiehlt es sich aber, die Karten für das → **Wilanów-Palais** (Pałac Wilanowski) zu kaufen (Kasse am Eingangstor). Der eigentliche Eingang zum Schloss befindet sich im rechten Flügel.

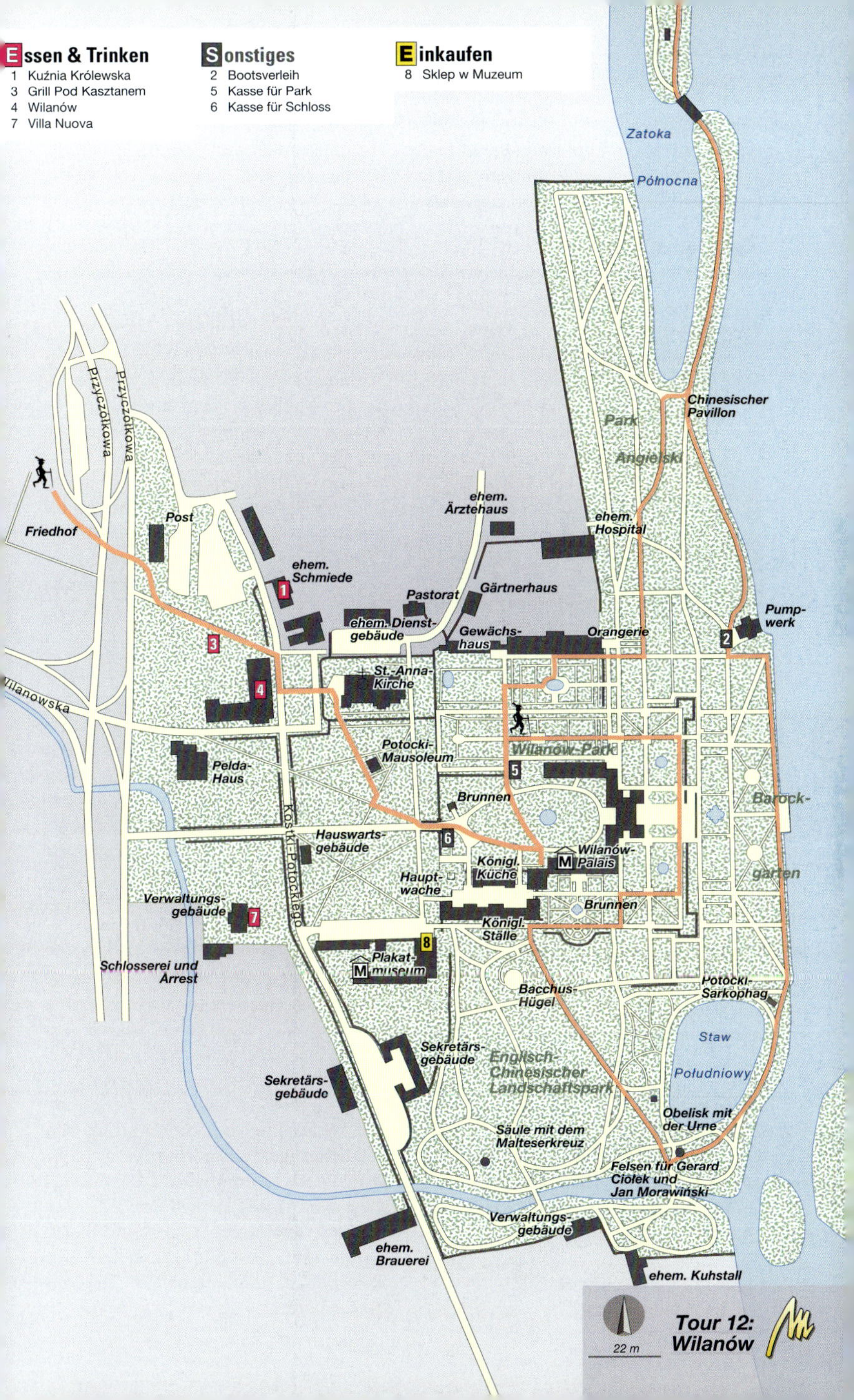
Essen & Trinken
1 Kuźnia Królewska
3 Grill Pod Kasztanem
4 Wilanów
7 Villa Nuova
Sonstiges
2 Bootsverleih
5 Kasse für Park
6 Kasse für Schloss
Einkaufen
8 Sklep w Muzeum
Zatoka
Północna
Przyczółkowa
Przyczółkowa
Chinesischer Pavillon
Park
Angielski
ehem. Ärztehaus
ehem. Hospital
Friedhof
Post
ehem. Schmiede
Pastorat
Gärtnerhaus
Pump-werk
ehem. Dienst-gebäude
Gewächs-haus
Orangerie
Wilanowska
St.-Anna-Kirche
Potocki-Mausoleum
Wilanów-Park
Pelda-Haus
Brunnen
Barock-garten
Hauswarts-gebäude
Kostki Potockiego
Königl. Küche
Wilanów-Palais
Haupt-wache
Brunnen
Verwaltungs-gebäude
Königl. Ställe
Plakat-museum
Schlosserei und Arrest
Bacchus-Hügel
Potocki-Sarkophag
Staw
Południowy
Sekretärs-gebäude
Englisch-Chinesischer Landschaftspark
Sekretärs-gebäude
Obelisk mit der Urne
Säule mit dem Malteserkreuz
Felsen für Gerard Ciołek und Jan Morawiński
Verwaltungs-gebäude
ehem. Brauerei
ehem. Kuhstall
22 m
Tour 12: Wilanów

Nach dem Schlossbesuch geht es in Richtung des gegenüberliegenden Seitenflügels zum → **Wilanów-Park** (Park Wilanowski), Kasse und Eingang direkt unter dem linken Flügel. Die Gartenanlagen sind weitläufig, deshalb genügend Zeit einplanen.
Detaillierte Beschreibung für den Park-Spaziergang siehe Sehenswertes.

Sehenswertes

Potocki-Mausoleum

Anfahrt zu allen Sehenswürdigkeiten mit Bus 116, 117, 130, 180, 519 bis Endhaltestelle Wilanów.

St.-Anna (Kościół św. Anny)

Die heutige Kirche ist bereits das dritte Gotteshaus an dieser Stelle. Ihr Aussehen im Stil der Neorenaissance verdankt sie dem Umbau von 1857 bis 1870 unter Henryk Marconi, dem Architekten. Auftraggeber waren Aleksandra Potocka und August Potocki, die damaligen Eigentümer von Wilanów. Im Inneren beeindrucken prachtvolle Marmorarbeiten und schön gearbeitete farbige Wandgemälde. Rund um die Kirche führt ein Kreuzgang, dahinter steht die Glocke „Stimme der Freiheit", die für den „Tempel der Göttlichen Vorsehung" (→ Kastentext) bestimmt ist.
Tägl. 8–18 Uhr, Messe Mo–Sa 7, 17, 18 Uhr, Fr/Sa auch 12 Uhr. So 7, 8.30, 10, 11.30, 13, 18 Uhr. Ul. Biedronki 1a.

Potocki-Mausoleum (Mauzoleum Potockich)

Das neugotische Grabmal über der Potocki-Gruft wird von vier Löwenskulpturen bewacht, ein beliebtes Fotomotiv, das in der Dämmerung einen morbiden Charme ausstrahlt. Das Mausoleum (Bauzeit 1799–1892, Grabmal 1832–36) diente als symbolisches Grab für den adeligen Politiker und Freigeist Stanisław Kostka Potocki und seine Frau Aleksandra. Architekt war ebenfalls Henryk Marconi.
Ul. Potockiego 10/16.

Plakatmuseum (Muzeum Plakatu)

Dass das weltweit erste Plakatmuseum 1968 ausgerechnet in Warschau eröffnete, zeigt, wie bedeutend dieser Kunstzweig in Polen ist. Polnische Plakatkünstler sind international gefragt, ihre Werke können sich durchaus mit Gemälden großer Meister messen. Die wechselnden und ständigen Ausstellungen in dieser Filiale des Nationalmuseums präsentieren deshalb vor allem die hohe Kunst der polnischen Plakatgestalter, aber auch internationale Größen wie Andy Warhol, Holger Matthies oder Rosemarie Tissi sind vertreten. Zudem widmet sich das Museum der Forschung und veranstaltet in den Räumlichkeiten seit 1966 die internationale Plakat-Biennale, die nächsten Male 2010 und 2012, jeweils von Juni bis September.
Im Museumsshop gibt es Poster, Postkarten und Ausstellungskataloge mit historischen und aktuellen Motiven (→ Einkaufen).

Di–Sa 10–16 Uhr, Mo 12–16 Uhr (Juni bis Sept. bis 17 Uhr). Eintritt 3 €, erm. 2 €, Mo frei. ✆ 22-8424848, www.postermuseum.pl. In der früheren Reitschule, Ul. Kostki-Potockiego 10/16.

Wilanów-Palais (Pałac Wilanowski)

Die vielleicht prächtigste barocke Schlossanlage in Polen wurde von König Jan III. Sobieski in Auftrag gegeben. Baumeister Augustyn Wincenty Locci schuf von 1677 bis 1696 in drei Etappen die Frontseite, den zentralen Bau sowie die angrenzenden Flügel. Die beiden Seitenflügel wurden später von der adeligen Sieniawski-Familie errichtet, die Familien Potocki und Branicki ließen den Flügel gegenüber der Orangerie im Stil der Neorenaissance bauen. Die farbenfrohe Fassade mit verspielten Stuckarbeiten und Skulpturen zeigt sich heute vor allem im Stil des Barock und Klassizismus. Aber auch innen ist das Schloss sehenswert. Bereits 1805 öffnete General Stanisław Kostka Potocki, der damalige Besitzer, das Schloss für die Öffentlichkeit und schuf hier eines der ersten Museen in Polen. Die ebenfalls barock und klassizistisch gestalteten Innenräume strahlen heute wieder im Prunk der Anfangszeit. Zu sehen sind Grabporträts, Marmorkunst, herrschaftliches Mobiliar, Wandmalereien und Gemälde, darunter das wohl bekannteste, das König Jan Sobieski als berittenen Türkenbezwinger bei der Schlacht vor Wien zeigt. Freskengeschmückte Säle, die Kapelle, die Königsbibliothek, die Schlafgemächer und das „Große Karmesinrote Zimmer“ mit eindrucksvoller Gemäldegalerie gehören zu den Höhepunkten des Rundgangs.

Im früheren Küchengebäude und der Orangerie sind wechselnde Ausstellungen z. B. zum Thema Jagd zu sehen.

Schloss: Mo, Mi, Sa 9.30–18.30 Uhr, Di, Do, Fr 9.30–16.30 Uhr, So 10.30–18.30 Uhr. Sept. bis April nur bis 16.30 Uhr (Di geschlossen);

Plakatmuseum

Mitte Dez. bis Jan. geschlossen. Kasse ab 9 Uhr geöffnet. Eintritt 4 €, erm. 3 €, mit Führung 2 € bzw. 1 € mehr. Audioführer 2 €, Sonntag frei.

Küchengebäude und Orangerie: Tägl. 10–18.30 Uhr. Sept. bis April nur bis 16.30 Uhr (Di geschlossen); Eintritt 1–3 €.

✆/℡ 22-8420795 (Mo–Fr 9–15.30 Uhr), www.wilanow-palac.art.pl. Ul. Kostki-Potockiego 10/16.

> Tipp: Die Tickets für das Wilanów-Palais gleich nach der Ankunft in Wilanów kaufen; die Karten sind für jeden Tag limitiert und haben vorgeschriebene Eintrittszeiten. In der Hauptsaison möglichst schon vor 9 Uhr an der Kasse sein. Wer zwischen Kartenkauf und Schlossbesuch länger warten muss, kann in der Zwischenzeit das Plakatmuseum, den Park oder die Kirche besichtigen.

Wilanów-Park (Park Wilanowski)

Die seit 1677 bis auf etwa 43 Hektar gewachsene Parkanlage zeigt in ihrer

Wilanów
Karte S. 237

heutigen Form die wechselnden Moden herrschaftlicher Gartengestaltung bis ins 19. Jh. sowie einige sehenswerte Häuschen und Skulpturen, die sich im Park verstecken.
Die vorgeschlagene Route ist die wohl einfachste, um alles zu sehen.

Zunächst betreten wir den ersten Garten bei der Orangerie und dann das Gebäude selbst, in dem gelegentlich Ausstellungen stattfinden. Gepflegte Hecken, antikisierende Statuen, die Orangerie und die benachbarte Figarnia, das Feigengewächshaus, prägen das Bild. Danach geht es zur *Adlersäule*, dabei passieren wir zur Linken die Gewächshäuser, in die man häufig einen Blick werfen kann.

In Richtung Norden erstreckt sich der **Englische Landschaftspark**, der, wie bei solchen Anlagen üblich, keine strenge Anordnung zu haben scheint und dennoch nach festen Regeln gestaltet ist. Über den schräg abbiegenden Weg gelangen wir zum *Chinesischen Pavillon*, ein schöner Ruhepunkt. An der Landzunge zwischen der Bucht zur Linken und dem See entlang zur Rechten kommen wir zur Brücke, die zur Insel führt. Links sind die Villen und Bootsstege der Anwohner zu sehen. Hier bietet sich eine kurze Umrundung der Insel an, bei der wir ein Denkmal passieren, das an die Schlacht von Raszyn (1809) zwischen den Truppen Warschaus und Österreichs erinnert.

Zurück auf der Landzunge, bleiben wir am Ufer und kommen so zur *Pompownia* (Pumpwerk), das im Übergang zum barocken Prachtgarten steht, im Sommer ein beliebtes Motiv für Hochzeitsfotos. Wer mag, kann sich hier ein Boot leihen und über den See paddeln.

Über die barocke Uferpromenade mit den für Masowien so typischen Trauerweiden erreichen wir den **Südlichen Teich**, den wir halb umrunden. Ein Stück weiter südlich stoßen wir auf eine kleine Kaskade und die Holendernia, den früheren königlichen Stall. An einem Obelisken mit Urne vorbei gehen wir schräg auf die Schlossfassade zu und kommen dabei zur *Góra Bachusowa* (Bacchus-Hügel), von der wir bereits den Rosengarten sehen (s. u.). Auch dieser Teil des Gartens, der **Englisch-Chinesische Landschaftspark**, wirkt mehr oder weniger sich selbst überlassen und setzt einen interessanten Kontrast zum folgenden, im Stil der Neorenaissance gestalteten **Rosengarten**, der mit Brunnen, Skulpturen und Beeten ein harmonisches Bild mit der Schlossfassade abgibt.

An der zum See gerichteten Fassade des östlichen Schlossflügels folgt der Höhepunkt des Rundgangs: der älteste Teil des Parks, bei dessen Restaurierung in den letzten Jahren mit archäologischen Grabungen begonnen wurde, die bis heute andauern.

Die nach italienischem Vorbild gestaltete **barocke Gartenanlage** erstreckt sich prachtvoll über zwei Ebenen. Die strenge Anordnung bezaubert mit Skulpturen, Brunnen und der geometrischen Ausrichtung der Bäume und Pflanzen. Viel Arbeit für den Gärtner – und viel Genuss fürs Auge des Betrachters.

Am nördlichen Seitenflügel vorbei geht es zurück zum Eingangsbereich, der zugleich der Ausgang ist.

Tägl. 9 Uhr bis zur Dämmerung. Eintritt 1 €, Do frei; deutschsprachiger Führer 25 €. www.wilanow-palac.art.pl. Ul. Kostki-Potockiego 10/16.

Im Schlossgarten verstecken sich einige sehenswerte Skulpturen

Praktische Infos

(→ Karte S. 237)

Restaurants

Villa Nuova (7), edles Restaurant in einer alten Villa mit Kronleuchtern, großem Garten und Wintergarten. Am überzeugendsten sind die Fischgerichte, z. B. Thunfisch-Sashimi in Limetten und chinesischem Koriander (15 €) oder Heilbutt mit Pistazien und Nudeln in Butter-Nuss-Sauce (22 €). Tägl. 12–22 Uhr. Ul. Kostki-Potockiego 23, ✆ 22-8851502, www.villanuova.pl.

Kuźnia Królewska (1), laut Namen die königliche Hufschmiede; die Küche ist allerdings eher für den Gaumen des Schmieds als für den des Königs gedacht. Altpolnische Küche ohne Schnörkel, fast ausnahmslos Fleischgerichte, die Steinpilze für 8 € werden im Brotlaib serviert. Hauptgericht 10–18 €. Tägl. 11–23 Uhr. Ul. Kostki-Potockiego 24, ✆ 22-8423171.

Wilanów (4), keine Touri-Absteige, sondern eines der bekanntesten und beliebtesten Warschauer Restaurants. Einzig der Service lässt teilweise zu wünschen übrig. Viele Wildgerichte, z. B. gegrillter Fasan mit Bacon, gebackenem Apfel, Kroketten und Moosbeerensauce (13 €). Tägl. 12–23 Uhr. Ul. Kostki-Potockiego 27, ✆ 22-8421852, www.restauracjawilanow.pl.

Grill Pod Kasztanem (3), unter Kastanien sitzend, kann man hier billiger als im zugehörigen Restauracja Wilanów Gerichte vom Grill genießen. Lachs oder Schaschlik je 6 €. Tägl. 12–23 Uhr. Ul. Kostki-Potockiego 27, ✆ 22-8421852, www.restauracjawilanow.pl.

Einkaufen

Sklep w Muzeum (8), wem nach dem Besuch des Plakatmuseums der Sinn nach Verschönerung der eigenen vier Wände steht, darf hier hemmungslos zuschlagen. Plakate ab 6 bis 21 €, Postkarten 1 €, Kataloge ab 3 €. Di–Sa 10–16 Uhr, Mo 12–16 Uhr (Juni bis Sept. bis 17 Uhr). Ul. Kostki-Potockiego 10/16, ✆ 22-8424848, www.postermuseum.pl.

Sonstiges

Bootsverleih (2), paddeln wie die Könige? Die Fahrt auf der Gondel kostet 2 €/Pers., ein Boot ganz für sich allein 6 €/Std. Ul. Środkowa 39, ✆ 22-6595931.

Fassadendetails am Palais

Abstecher nach Natolin

Das College of Europe ist Europas ältestes und renommiertestes Institut für postgraduierte „European Studies". Der eine Sitz der Elite-Hochschule befindet sich in der historischen Altstadt von Brügge, der andere im Warschauer Süden inmitten eines Naturschutzgebiets. An manchen Tagen öffnen sich die Tore aber auch für Touristen.

An dieser Institution zu studieren ist ein Privileg. Privilegiert ist man als Student aber auch, wenn man auf dem Warschauer Campus leben darf. König Jan III. Sobieski ließ hier, in der Nähe des Schlosses von Wilanów, im späten 17. Jh. eine Fasanerie gründen, von 1780 bis 1782 entstand dann der klassizistische Palast. Spätere Umbauten gab es vor allem im Auftrag der adeligen Besitzerin Natalia Potocka, nach der Anlage und Vorort benannt sind. Ihr zu Ehren und nach ihren Wünschen wurde auch der weitgehend der Natur überlassene romantische Landschaftspark gestaltet. Nach ihrem frühen Tod schmückte Henryk Marconi den Park mit dorischen Säulen, einem römischen Aquädukt und einem Grabmal für Natalia.

Leider steht die sehenswerte Schloss- und Gartenanlage nur an ausgewählten Tagen für Besucher offen, zudem ist eine vorherige Anmeldung bei einem Touristbüro nötig; bei der Besichtigung darf man sich nur mit einem Führer bewegen, der seine Geschichten und Anekdoten normalerweise auf Polnisch erzählt. Wer an einer englisch- oder deutschsprachigen Führung interessiert ist, sollte sich rechtzeitig an die unten genannte Kontaktadresse wenden.

Auf dem Weg zwischen Metrostation und Park kommt man übrigens an einer 1000-jährigen Stieleiche vorbei, die nach Polens erstem Herrscher Mieszko I. benannt ist; das Alter ist ihr anzusehen, ohne die montierten „Krücken" wäre sie längst umgestürzt.

April bis Okt. Do/Sa 10–17 Uhr. Karten 1 €. Vorbestellung über Przewodnickie Biuro Turystyczne TRAKT, ul. Kreditowa 6, ✆ 22-8278069, www.trakt.com.pl.
Ⓜ Natolin, von dort in Fahrtrichtung links in die ul. Belgradzka bis zum Ende, dann rechts entlang des Zauns. Ul. Nowoursynowska 84, www.natolin.edu.pl, www.coleurop.be.

Romantischer Landschaftspark der Schloss- und Gartenanlage Natolin

▲ Hin und weg – für östlich von Warschau liegende Ausflugsziele überquert man oft die Świętokrzyski-Brücke

Ausflüge in die Umgebung

Traumhafte, gut ausgeschilderte Wanderwege gibt es im Kampinos-Nationalpark

Ausflüge in die Umgebung

Chopins Geburtsort Żelazowa Wola, der Kampinos-Nationalpark (Puszcza Kampinoska) und das Vernichtungslager Treblinka – von den Ausflugszielen in der Umgebung von Warschau sind dies die meistbesuchten. Daneben bieten sich hier nicht beschriebene Ausflüge zu weiter entfernten Zielen an, z. B. in die einstige polnische Hauptstadt Krakau, zum entzückenden Renaissance-Städtchen Kazimierz Dolny oder in die traumhafte Seenlandschaft der Masuren.

In Masowien und damit in der näheren Umgebung Warschaus sind zudem die Altstädte von *Czersk* (www.zamekczersk.pl), *Pułtusk* (www.pultusk.pl) und *Płock* (www.ump.pl) sowie der romantische *Park von Arkadia* (www.nieborow.art.pl) sehenswert. Die Landschaft Masowiens mit ihren charakteristischen Weiden längs der Feldwege und Raine hat vor allem im Frühling und Sommer ihren besonderen Reiz.

Łódź als die nächstgelegene Großstadt hat sich in den letzten Jahren zu einem Geheimtipp entwickelt. Entlang der ulica Piotrkowska wandelt man auf dem polnischen Walk of Fame, auf dem wie im fernen Hollywood Kinostars verewigt sind. „Holly-Łódź" ist aber nicht nur das Zentrum der polnischen Filmindustrie, es ist eine Stadt voller interessanter Museen, alter Fabrikanlagen und Unternehmerpaläste. Wem genug Zeit vergönnt ist, kann über all diese Ausflugsziele in den Warschauer Touristbüros weitere Informationen zu Anfahrt und Öffnungszeiten anfordern. Płock (s. o.), Łódź (www.cityoflodz.pl) und Kazimierz Dolny (www.kazimierz-news.com.pl) haben zudem hervorragende deutsche Internetseiten.

Geburtshaus von Chopin

Żelazowa Wola

Das kleine Dorf in der Gemeinde Sochaczew etwa 50 km westlich von Warschau wäre nicht weiter erwähnenswert, hätte hier nicht am 1. März 1810 einer der berühmtesten Polen das Licht der Welt erblickt: Frédéric Chopin. Sein Geburtshaus zieht seit mehr als hundert Jahren die Freunde des Romantikers an.

Der Komponist und Pianist mit dem Geburtsnamen Fryderyk Franciszek Szopen ist bis heute einer der Protagonisten der Romantik. Nachdem die Familie nach Warschau umgezogen war, komponierte das Wunderkind bereits im Alter von sieben Jahren und zeigte schon damals eine erstaunliche Fähigkeit zur Improvisation. Sein Lehrer Józef Elsner bescheinigte ihm am Ende des Studiums sein musikalisches Genie. Auch als Pianist machte Chopin bald von sich reden. Für die Polen hat der Musiker aber auch einen patriotischen Nimbus. Wegen der Repressionen infolge der Teilungen Polens floh Chopin ins Exil nach Paris. Obwohl er sich dort sehr wohl fühlte, viele Freunde gewann und großen Erfolg hatte, vermisste er doch seine Heimat. Kritiker entdeckten in seinen Werken eine slawische Melancholie, sein früher Tod im Jahr 1849 förderte eine romantische Verklärung seines Lebens. Chopin wurde auf dem Pariser Friedhof Père Lachaise bestattet, sein Herz aber setzte man, wie er es gewünscht hatte, in Warschau in der Heiligkreuzkirche bei (→ Tour 3).

Sein pünktlich zum 200. Geburtstag 2010 renoviertes Geburtshaus in Żelazowa Wola ist seit 1931 ein Museum; es zeigt Erinnerungsstücke, Porträts, Möbel und natürlich die Musikinstrumente der Familie. In der Sommersaison gibt es an jedem Wochenende Konzerte mit bekannten Interpreten seiner Werke, aber auch mit hoffnungsvollen Nachwuchstalenten.

Wer nach dem Besuch des Museums oder nach einem Konzert noch Zeit hat, sollte sich einen Spaziergang durch den Park rund um das Anwesen gönnen; dort erinnern drei Denkmäler an den großen polnischen Komponisten. Weniger empfehlen wir einen Besuch im Restaurant – dort wird mit zu wenig Liebe für zu viele Touristen hochpreisig gekocht.

Praktische Infos

• *Information* Im Chopin-Institut in Warschau, das an Sommerwochenenden Fahrten in Minibussen organisiert (s. u.). Pl. Piłsudskiego 9, ✆ 22-8275473, 8279599, www.chopin.nifc.pl, www.infochopin.pl, www.chopin2010.pl.
Informationen über Chopins Leben und Werk: www.chopin.pl.

Chopin-Büste im Garten

• *Anreise* **Bus**: Bequem, aber teuer mit den Minibussen zahlloser privater Anbieter (aktuelle Flyer in den Touristinformationen). Oder wesentlich billiger (7 €) an Wochenenden mit *Minibussen des Chopin-Instituts*: Abfahrt von der Chopin-Akademie in der ul. Okólnik 2 am Sa 10.30 Uhr, So 13.30 Uhr, Rückfahrt ab Geburtshaus Sa 13 Uhr, So 16.15 Uhr.
Infos/Reservierung: ✆ 22-8275473-108 und zwysocki@nifc.pl.
Auf eigene Faust: 3-mal tägl. um 9.45, 15.30, 19 Uhr mit dem PKS-Bus von PKS Żyrardów ab Warschauer Busbahnhof Dworzec Zachodni (→ S. 45) nach Żelazowa Wola.

Bahn: Ab Warszawa Śródmieście bis Sochaczew; von dort mit Buslinie 6 oder einem der zahlreichen Minibusse weiter nach Żelazowa Wola.

Auto: über die Landstraße A 2 in Richtung Sochaczew; von dort über Landstraße 580 nach Żelazowa Wola. Oder direkt von Warschau auf der 580 über Leszno und Kampinos.

• *Sehenswertes* **Geburtshaus von Frédéric Chopin (Dom Urodzenia Fryderyka Chopina)**: Feierliche Wiedereröffnung am 23. April 2010. Di–So 9–16 Uhr, Mo geschlossen, April bis Okt. bis 17.30 Uhr. Eintritt 3 €, erm. 1 €, engl.-sprachige Führung 25 €; deutschsprachige Audio-Guides. ✆ 46-8633300, 8634076, www.chopin.nifc.pl. Żelazowa Wola 15 in Sochaczew.

Park: Mo 9–17.30 Uhr, Di–So 9–20 Uhr, Sept./Okt. und März/April Mo–So 9–17.30 Uhr, Mitte Okt. bis Feb. 9–16 Uhr. Eintritt 1 €, erm. 0,50 €.

• *Konzerte* In der Sommersaison an allen Wochenenden; in den letzten Jahren Sonntag 12 und 15 Uhr sowie an manchen Samstagen. Die Konzerte finden im Haus statt, wegen des beschränkten Platzes werden im Garten Bänke aufgestellt, die Fenster zum Garten bleiben geöffnet.

Der Kampinos-Nationalpark ist auch im Winter einen Abstecher wert

Puszcza Kampinoska

Direkt an Warschaus nordwestlichem Rand beginnt der Kampinos-Nationalpark mit den für die Gegend so typischen Dünen- und Sumpfgebieten. Hier erstreckte sich inmitten eines großen Waldes einst das Ursprungstal der Weichsel. Natur pur, traumhafte Radwege, interessante Städtchen und Museen an den Rändern des Parks sowie einige historische Mahnmäler ziehen Touristen, aber auch viele Warschauer an.

Was die Unesco nüchtern als „Biosphären-Reservat" bezeichnet, nennen die Warschauer ihre Lunge. In der Tat verdankt die Metropole ihre recht gute Luftqualität neben den vielen Parks im Zentrum auch dem nahen Nationalpark. Am besten lässt sich das fast 400 Quadratkilometer große Naturschutzgebiet auf Schusters Rappen oder einem (geliehenen) Fahrrad erkunden: Nicht weniger als 360 km Wander- und 200 km Radwege erschließen die Puszcza Kampinoska mit ihrer einzigartigen Fauna (Biber, Luchse, Wisente) und Flora (Sanddünen, Moore, Kiefernwälder). Den Elch, das Wappentier des Parks, zieht es übrigens oft ins Stadtgebiet, wie spektakuläre Fotos und witzige Zeitungsmeldungen gelegentlich dokumentieren.

In *Sochaczew* wartet zudem eines der größten Schmalspureisenbahn-Museen Polens auf Fans historischer Lokomotiven und Schienenfahrzeuge. Als Ausgangspunkte eignen sich aber auch einige Städtchen oder Dörfer am Rand des Nationalparks, wie *Izabelin*, *Kampinos* und *Leszno* sowie Warschaus nordwestliche Vororte *Bemowo* oder *Żoliborz*. Neben den Naturschönheiten sind im Park einige sehenswerte Klöster und Kirchen zu entdecken, aber auch Denkmäler und der *Friedhof von Palmiry*, wo zwischen 1939 und 1941 mehr als 2000 Warschauer von NS-Truppen ermordet wurden.

Karten mit eingezeichneten Routen erhält man, falls vorrätig, kostenlos in den Touristbüros oder preiswert in Buchhandlungen.
Erreichbar ist das Warschauer Naherholungsgebiet auch mit einigen Ausflugs-Eisenbahnen, ein Vergnügen für Jung und Alt.

Praktische Infos

• *Information* Bei den Warschauer Touristbüros oder über den Kampinoski Park Narodowy, ul. Tetmajera 38 in Izabelin, ✆ 22-7226001, ℻ 7226560, www.kampinoski-pn.gov.pl, www.puszczakampinoska.pl.

• *Anreise* Nützlich ist eine Karte des Parks, auf der Wander- und Radwege sowie Anfahrtsstraßen eingezeichnet sind; erhältlich in Buchhandlungen und Touristbüros.

Bus: *Stadtbus 110* ab der leider schwer zu findenden Haltestelle Marymont bis Haltestelle Akcent oder Wółczyńska; oder jeweils ab der Haltestelle Metro Młociny mit *Linie 701* bis Haltestelle Kampinoska; mit *Linie 708/714* bis Endhaltestelle Skibińskiego; oder mit *Linie 712* bis Haltestelle Lipków; Fahrzeit jeweils etwa 30 Min.
Mit *PKS-Bussen* ab Dworzec Zachodni je nach Augsgangspunkt nach Piaseczno, Leszno, Kampinos oder Sochaczew.

Bahn: Ab Dworzec Zachodni nach Piaseczno oder Sochaczew, je nach Ausgangspunkt.

Auto: Über die al. Solidarności auf die ul. Leszno und immer geradeaus auf die südlich des Parks verlaufende Landstraße 580 von Babice über Zaborów, Leszno und Kampinos bis nach Sochaczew. Nach Palmiry bei Stare Babice nach rechts Richtung Izabelin, weiter geradeaus über Truskaw bis zum Parkplatz Palmiry.

Fahrrad: Auf Radwegen von Warschaus nordwestlichen Vororten Bemowo, Bielany oder Żoliborz. Karte bei den Touristbüros.

Fahrradverleih → Unterwegs mit dem Rad.

• *Ausflugsfahrten* **Muzeum Kolei Wąskotorowej (Schmalspur-Eisenbahn-Museum)**: Fahrten in den Park von Mai bis Okt. an ausgewählten Tagen. Abfahrt 9.30 Uhr, Rückkehr 15 Uhr. Eintritt ins Museum 2 €, erm. 1 €, Fotogebühr 2 €, Zugfahrt 5 €, erm. 4 €. Ul. Towarowa 7 in Sochaczew, ✆/℻ 46-8625975, www.mkw.e-sochaczew.pl.

Piaseczyńska Kolej Wąskotorowa (Schmalspurbahn): Ausflug mit Lagerfeuer und Grillwurst. Abfahrt von Piaseczno um 11 Uhr, Rückkehr 16 Uhr. Fahrpreis 5 €, erm. 3 €. Piaseczyńskie Towarzystwo Kolei Wąskotorowej. Ul. Sienkiewicza 14 in Piaseczno, ✆ 22-7567638, www.kolejka-piaseczno.com.

• *Sehenswertes* **Muzeum Walki i Męczeństwa/Palmiry (Museum des Kampfes und Märtyrertums/Palmiry)**: Di–So 9–16 Uhr (im Winter nur bis 14.30 Uhr), Mo geschlossen. Beim Friedhof in Palmiry (Ausgangspunkt Truskaw, Stadtbus 708/714), ✆ 22-7944256, www.palmiry.mhw.pl.

Gut gekennzeichnete Wander- und Radwege

Die Inschriften der Granitgrabsteine erinnern an die Herkunftsorte der Ermordeten

Gedenkstätte Treblinka

Unter dem Tarnnamen Aktion Reinhardt betrieben die Nationalsozialisten die systematische Ausrottung der Juden, Sinti und Roma im deutsch besetzten Polen. Zu diesem Zweck wurde Treblinka als drittes Vernichtungslager gebaut. Zwischen Juli 1942 und Oktober 1943 wurden mehr als 1,2 Millionen Menschen umgebracht, die aus Warschau und ganz Europa hierher verschleppt worden waren.

Eng verbunden mit dem Namen Treblinka ist die polnische Hauptstadt, denn die meisten Juden aus dem Warschauer Ghetto wurden hier ermordet, darunter auch Janusz Korczak (→ Tour 7), zudem viele Sinti, Roma sowie katholische Polen. Zur Tarnung und Vorbereitung wurde in Treblinka 1941 zunächst ein Arbeitslager errichtet, auch Treblinka I. genannt. 1942 gab Heinrich Himmler dann den Befehl zum Bau des Vernichtungslagers Treblinka II, in dem die Überlebenden des Ghettos vergast oder erschossen wurden. Am 2. August 1943 kam es erstmals zu einem Aufstand in einem NS-Vernichtungslager, bei dem rund 200 Inhaftierten (vorübergehend) die Flucht gelang.

Die heutige Gedenkstätte in Treblinka ist nicht zu vergleichen mit denen in Auschwitz, Dachau oder Majdanek; Grund dafür ist die traurige Tatsache, dass es nahezu keine Überlebenden gab und dass es den Nationalsozialisten, anders als in anderen Vernichtungslagern, gelang, fast alle Spuren zu beseitigen. So steht das seit 1964 an die Verbrechen erinnernde Mahnmal von Wäldern und Feldern umgeben einsam und verloren in der Landschaft. An der Stelle der Gaskammern befindet sich heute ein großer Turm aus Quadern, um den ca. 17.000 Granitgrabsteine verteilt sind, deren Inschriften an die Städte und Länder erinnern, aus denen Juden nach Treblinka verschleppt worden waren. Der Weg zum früheren Arbeitslager ist durch Steinblöcke kenntlich gemacht. In einem kleinen Museumsgebäude informiert eine Ausstellung über die Geschichte des Lagers. Berühmt wurde in diesem Zusammenhang übrigens auch die Mahnung des Warschauer Literaturnobelpreisträgers und passionierten Vegetariers Isaac B. Singer: „Für die Tiere gibt es ein unendliches Treblinka."

Praktische Infos

• *Information* Bei den Warschauer Touristbüros oder im Museum (s. u.).

• *Anreise* Die Anfahrt zu dem Dorf 75 km nordöstlich von Warschau ist kompliziert, weshalb es Sinn macht, auf Angebote von Reiseagenturen zurückzugreifen (→ Unterwegs).

Mahnmal für die Opfer im Vernichtungslager

Auf eigene Faust: **Bus**: Ab Busbahnhof Warszawa Stadion in Praga (→ Karte Tour 10) mit PKS-Bussen nach Kosów Lacki, Fahrtzeit etwa 2½ Std. Von dort mit Minibus oder Taxi Richtung Treblinka, den Fahrer am besten beim Einsteigen bitten, in der Nähe der Gedenkstätte zu halten.

Bahn: Ab Bahnhof Warszawa Wileńska in Praga (→ Karte Tour 10) nach Prostyń, Fahrtzeit etwa 1½ Std. Mit dem kostenlosen Minibus nach Poniatowo. Von dort noch 2 km zu Fuß in Fahrtrichtung aus dem Ort und dem Straßenverlauf folgen.

Auto: Von der rechten Weichselseite über die Schnellstraße E 67 in Richtung Białystok, nach 53 km nach rechts auf der Landstraße 694 14 km nach Brok. Dort rechts auf Landstraße 50 in Richtung Sadowne, nach 2,3 km links auf die nicht nummerierte Straße Richtung Morzyczyn und Kiełczew. Nach Kiełczew nach rechts und dem Straßenverlauf folgend links über die Bahngleise Richtung Prostyń und weiter nach Treblinka. Von dort nach rechts in Richtung und vorbei an Poniatowo, von wo die Gedenkstätte ausgeschildert ist.

Tipp: Meiden Sie vorerst den von vielen Navi-Geräten empfohlenen Weg über Małkinia Górna – die dortige Brücke über den Fluss Bug ist seit 2008 für Autos gesperrt und wird voraussichtlich erst im Spätherbst 2010 wieder für den Verkehr freigegeben.

• *Sehenswertes* **Muzeum Walki i Męczeństwa/Treblinka (Museum des Kampfes und Märtyrertums/Treblinka)**: April bis Okt. tägl. 9–18.30 Uhr, Nov. bis März tägl. 9–16 Uhr. Besichtigung des Geländes ab 14 Jahren. Spende von 0,50 € erbeten. Kosów Lacki, ✆ 25-7811658, www.muzeum-treblinka.pl.

Was haben Sie entdeckt?

In welchem Hotel haben Sie sich wohlgefühlt, wo befindet sich Ihre liebste Kawiarnia, in welcher Karczma war es am urigsten, in welchem Restaurant am feinsten? Wenn Sie Tipps, Anregungen oder Verbesserungsvorschläge zum Buch haben, lassen Sie es uns bitte wissen.

Magdalena Niedzielska/Jan Szurmant
c/o Michael Müller Verlag
Stichwort „Warschau“
Gerberei 19
91054 Erlangen

E-Mail: niedzielska.szurmant@michael-mueller-verlag.de

Etwas Polnisch

Aussprache

Die Aussprache ist sicher nicht einfach für deutsche Zungen, die weniger aufwändige Bewegungen gewohnt sind. Was aber auf dem Papier nach unaussprechlich aussieht, klingt beim Hören oft schon viel machbarer. Viele Buchstaben haben denselben Laut wie im Deutschen, die Ausnahmen sind im Folgenden angegeben.

Betonung fast ausnahmslos auf der vorletzten Silbe. Also nicht Hotẹl, sondern hotel und nicht **Au**tobus, sondern aut**o**bus.

ą: wie französisch Gr**an**d-Prix
c: wie **Z**oo
ć: wie Hän**dch**en
ę: wie französisch Cous**in**
h: wie Ba**ch**
ł: wie **W**estern
ń: wie französisch Ko**gn**ak
ó: wie **u** (Kraków = Krakuff)
s: immer wie da**ss** (stimmloses S)
ś: wie e**ch**t
y: wie h**i**ndern
z: wie **S**onne (stimmhaftes S)
ź: zwischen stimmhaftem S und Sch
ż: wie französisch **G**endarm
ch: immer wie Kra**ch**
cz: wie **tsch**üs
sz: wie **Sch**ule
rz: → ż
dż: wie **Dsch**ungel
dź: weicher als dż
dz: in etwa wie **Z**oll

Basis

Ja	*Tak*
Nein	*Nie*
Bitte	*Proszę*
Danke/vielen Dank	*Dziękuję (bardzo)*
Entschuldigung	*Przepraszam*
Ich verstehe nicht	*Nie rozumiem*
Sprechen Sie (Mann/Frau) Deutsch/Englisch?	*Czy Pan/Pani mówi po niemiecku/angielsku?*
Gut/schlecht	*Dobry/zły*
Groß/klein	*Duży/mały*
Billig/teuer	*Tani/drogi*
Mehr/weniger	*Więcej/mniej*
Heiß/kalt	*Gorące/zimne*
Mit/ohne	*z/bez*
Warschau	*Warszawa*
Deutschland/aus Deutschland	*Niemcy/z Niemiec*
Ich bin Deutscher/Deutsche	*Jestem Niemcem/Niemką*
męski	*Männer/Herren*
damski	*Frauen/Damen*

Grüße, Fragen und Antworten

Guten Morgen/guten Tag	*Dzień dobry*
Guten Abend	*Dobry wieczór*
Gute Nacht	*Dobranoc*
Hallo/Tschüs	*Cześć*
Auf Wiedersehen	*Do widzenia*
Bis bald	*Na razie*
Ich heiße … (Vorname)	*Mam na imię …*
Ich heiße … (ganzer Name)	*Nazywam się …*
Sehr erfreut	*Bardzo mi miło*
Wie geht es Dir/Ihnen (Mann/Frau)?	*Jak się masz/Pan(i) ma?*
(Sehr) gut	*(Bardzo) dobrze*
Und Dir/Ihnen (Mann/Frau)?	*A ty/a Pan(i)*
Gibt es …?	*Czy jest…?*
Was kostet das?	*Ile to kosztuje?*
Wissen Sie (Mann/Frau) …	*Czy Pan/Pani wie…?*
Haben Sie (Mann/Frau) …?	*Czy Pan/Pani ma…?*
Ich (m/w) möchte …	*Chciałbym/chciałabym*
Wo/wann	*Gdzie/kiedy*
Wer/was	*Kto/co*
Wissen Sie (Mann/Frau), wo … ist?	*Czy Pan/Pani wie, gdzie jest…*
Können Sie (Mann/Frau) mir helfen?	*Czy Pan/Pani mógłby/mogłaby mi pomóc?*

Zahlen

1/1.	*Jeden/pierwszy*
2/2.	*Dwa/drugi*
3/3.	*Trzy/trzeci*
4/4.	*Cztery/Czwarty*
5/5.	*Pięć/piąty*
6/6.	*Sześć/szósty*
7/7.	*Siedem/siódmy*
8/8.	*Osiem/ósmy*
9/9.	*Dziewięć/dziewiąty*
10/10.	*Dziesięć/dziesiąty*
20	*Dwadzieścia*
50	*Pięćdziesiąt*
100	*Sto*
1000	*Tysiąc*

Zeit, Tage und Monate

Heute	*Dziś/dzisiaj*
Gestern	*Wczoraj*
Morgen	*Jutro*
Übermorgen	*Pojutrze*
Jetzt	*Teraz*
Gleich	*Zaraz*
Montag	*Poniedziałek*
Dienstag	*Wtorek*
Mittwoch	*Środa*
Donnerstag	*Czwartek*
Freitag	*Piątek*
Samstag	*Sobota*
Sonntag	*Niedziela*

Januar	*Styczeń*	September	*Wrzesień*
Februar	*Luty*	Oktober	*Październik*
März	*Marzec*	November	*Listopad*
April	*Kwiecień*	Dezember	*Grudzień*
Mai	*Maj*	Frühling	*Wiosna*
Juni	*Czerwiec*	Sommer	*Lato*
Juli	*Lipiec*	Herbst	*Jesień*
August	*Sierpień*	Winter	*Zima*

Unterwegs

Ich (m/w) möchte ein Auto mieten	*Chciałbym/Chciałabym wynająć samochód*
Tankstelle	*Stacja benzynowa*
Benzin	*Benzyna*
Diesel	*Diesel*
Wo kann man parken?	*Gdzie można zaparkować?*
Autobus	*Autobus*
(Bus-) Bahnhof	*Dworzec (autobusowy)*
Haltestelle	*Przystanek*
Fahrkarte	*Bilet*
Einfach/hin und zurück	*W jedną stronę/tam i z powrotem*
Abfahrt	*Odjazd*
Ankunft	*Przyjazd*
Ich (m/w) möchte in der Nähe von … aussteigen.	*Chciałbym/Chciałabym wysiąść w pobliżu …*
Ich suche …	*Szukam …*

PKW	*Auto/Samochód*
Flugzeug	*Samolot*
Fahrrad	*Rower*
Omnibus	*Autobus*
Fähre	*Prom*
Eisenbahn, Zug	*Pociąg*
Bahnhof	*Dworzec, Stacja*
Busbahnhof	*Dworzec autobusowy*
Taxi	*Taksówka*
Zu Fuß	*Piechotą; pieszo*

Übernachten & Essen

Haben Sie ...?	*Czy mają Państwo ...?*
... ein freies Doppel- (Einzel-)Zimmer	*... wolny pokój dwu- (jedno)osobowy*
... für eine Nacht/Woche	*... na jedną noc/jeden tydzień*
... mit Dusche/Bad	*... z prysznicem/łazienką*
... mit Frühstück	*... ze śniadaniem*
Guten Appetit!	*Smacznego!*
Prost!	*Na zdrowie!*
Die Rechnung bitte!	*Rachunek poproszę!*
Ich (m/w) würde gerne zahlen	*Chciałbym/chciałabym zapłacić*
Stimmt so	*Zgadza się/Dziękuję*
Ich bin Vegetarier/Veganer	*Jestem wegetarianinem/weganem*
Ich bin „Fisch-Esser" (Vegetarier, der Fisch isst)	*Jestem jaroszem*
Welche Gerichte sind vegetarisch/fleischlos?	*Które danie są wegetariańskie/bezmięsne?*
Ist dieses Gericht vegetarisch/fleischlos?	*Czy to danie jest wegetariańskie/bezmięsne?*

Notfall

Arzt	*Lekarz*
Zahnarzt	*Stomatolog/dentysta*
Krankenhaus	*Szpital*
Apotheke	*Apteka*
Unfall	*Wypadek*
Verletzung	*Zranienie*
Ich habe hier Schmerzen	*Boli mnie tutaj*
Ich benötige dringend einen Arzt	*Pilnie potrzebuję lekarza*
Polizei	*Policja*

Polnisch lernen

Nicht umsonst gilt Polnisch als eine schwer zu erlernende Sprache. Hat man jedoch die Anfangsschwierigkeiten überwunden, stellt sich mit dem Erfolg die Befriedigung ein, es geschafft zu haben. Polen belohnen diese Bemühungen mit großem Respekt. Laut einer landesweiten Umfrage bewegt nichts so sehr das Herz eines Polen, wie ein Ausländer, der diese schwierigste slawische Sprache gemeistert hat.

Viele Volkshochschulen in Deutschland bieten Polnisch-Kurse an, für das Selbststudium sind die Lehrbücher aus dem Hueber Verlag sehr gut geeignet. Noch mehr Spaß macht aber sicherlich ein Sprachkurs vor Ort:

Centre for Polish Studies: Private Sprachschule mit gutem Ruf. Ein 4-Wochen-Kurs kostet etwa 800 €, die Schule kümmert sich auf Wunsch auch um eine preiswerte Unterkunft in einem Studentenwohnheim, bei einer polnischen Familie oder in einem Ferienhaus. Ul. Świętokrzyska 20, ✆ 022-3803036, www.learnpolish.edu.pl.

Centrum Języka Polskiego: Private Sprachschule mit regelmäßigen Kursen, auch Vorbereitung auf die staatlichen Prüfungen. 2-Wochen-Intensivkurs 515 €. Ul. Mokotowska 35, ✆ 022-6269671, www.cjp.pl.

Register

Die (in Klammern gesetzten) Koordinaten verweisen auf die beigefügte Warschau-Karte.